Le travail

Virgile, *Les Géorgiques*
Simone Weil, *La Condition ouvrière*
Michel Vinaver, *Par-dessus bord (version hyper-brève)*

Kishore Christophe Annoussamy
Benoît Brousse
Emmanuel Caquet
Muriel van Vliet

Le travail

Virgile, *Les Géorgiques*
Simone Weil, *La Condition ouvrière*
Michel Vinaver, *Par-dessus bord*
(version hyper-brève)

puf

ISBN : 978-2-13-083440-3
Dépôt légal — 1re édition : 2022, mai

170 bis, boulevard du Montparnasse, 75014 Paris

Sommaire

PREMIÈRE PARTIE
Cours

SECONDE PARTIE
Outils

PREMIÈRE PARTIE
Cours

Introduction générale

La première difficulté à laquelle doit faire face celui qui souhaite entamer une réflexion sur *le* travail consiste à affronter un certain désordre dans l'usage de la notion. Ce que nous avons coutume de nommer « travail » désigne une multiplicité de réalités difficilement conciliables et parfois même contradictoires : qu'y a-t-il de commun entre la fatigante besogne d'un agriculteur, les missions d'un employé de bureau et le labeur répétitif d'un ouvrier qui travaille à la chaîne ? Peut-on dire d'un artiste qu'il travaille dans le même sens où un salarié d'entreprise travaille ? La multiplicité des acceptions ne s'arrête pourtant pas à la multiplicité des métiers : on parle également du « travail scolaire » d'un élève, du « travail de l'accouchement » ou encore des tâches ménagères comme des « travaux domestiques ». De plus, une même activité peut tantôt être désignée comme un travail, tantôt comme un loisir : la lecture d'un roman pour le correcteur d'une maison d'édition n'a rien à voir avec le moment de détente qui caractérise l'activité du vacancier. L'extension du concept de travail n'est donc pas seulement trop ample, elle semble également recouvrir des activités que nous concevons comme opposées. Face à cette pagaille de la réalité empirique du travail, il importe de tracer les contours conceptuels de cette notion pour y mettre de l'ordre.

On appelle généralement « travail » l'activité par laquelle l'homme modifie volontairement son environnement. Cependant, la minimalité de cette définition conduit à négliger certains traits essentiels de chaque activité nommée « travail » : peut-on vraiment caractériser le travail d'un infirmier par l'idée d'une transformation de son environnement ou le travail à la chaîne par sa dimension volontaire ? Quel discours pourrait-on tenir sur le travail si la notion ne désigne à chaque fois que ce qui est inessentiel dans chaque activité ? Est en jeu ici *le problème de l'unité du concept* : on peut légitimement douter de l'utilité d'une catégorie si elle ne sert qu'à regrouper, sans ordonner, une multiplicité d'activités sous une idée vague. On peut néanmoins dégager trois dimensions qui sous-tendent le concept de travail et qui expliquent pourquoi il peut désigner des réalités si différentes :

(1) Le travail désigne toute activité qui suppose un effort prolongé, intellectuel ou physique, et s'applique à une certaine matière afin de lui imprimer une nouvelle forme (« travailler le bois »). Cette activité a pour effet le développement d'aptitudes et de savoir-faire qui demandent souvent de l'exercice et de la discipline : le processus laborieux appelle alors la mise en œuvre de techniques qui l'accompagnent et le facilitent.

(2) Le travail désigne toute activité tournée vers son résultat qui constitue l'intérêt de la tâche : soit en tant que le produit du travail s'offre immédiatement à l'usage de son producteur (« travailler dans son jardin »), soit en tant que le produit du travail est échangé contre une rémunération (« avoir un travail »). De ce point de vue, on comprend pourquoi on peut appeler « travail » non plus l'activité en elle-même, mais le produit de sa peine (« les travaux d'Hercule »).

(3) Le travail désigne aussi le type d'activité exercé au sein d'un système socio-économique qui permet de situer l'individu dans l'espace social et qui lui donne une certaine valeur : « travail » désigne ici le métier d'un individu et offre un statut qui structure son identité sociale. L'accent est alors mis sur les droits et la reconnaissance sociale que donne le travail.

Hélas, ces trois accents – l'effort laborieux, les produits du travail et le statut social – conduisent moins à réunir la diversité du concept qu'à mettre en péril l'idée de disposer d'une catégorie unifiée. Sans opérateur commun, c'est l'unité du discours sur le travail qui disparaît : il faudrait se résoudre à déployer des discours différents sur des activités différentes. Mais comment pourra-t-on comparer le travail à l'usine que décrit Simone Weil dans *La Condition ouvrière* avec le travail d'entreprise tel qu'il apparaît dans *Par-dessus bord* de Michel Vinaver ? Le terme de « travail » est-il encore valable pour analyser ce que Virgile dit du labeur agricole dans *Les Géorgiques* si les anciens ne disposaient pas eux-mêmes d'un mot unique pour rassembler l'activité du commerçant, de l'artisan et de l'agriculteur ? En raison de la diversité de ce que le travail a pu désigner, on ne pourra pas faire l'économie d'une histoire du concept de travail, quitte à ce que l'uniformité de la catégorie en pâtisse.

Quand bien même on se contenterait d'envisager le travail d'un point de vue contemporain, en tant qu'activité rémunérée qui structure le quotidien des hommes, serait-il possible de le décrire uniformément ? L'expérience individuelle du travail diffère radicalement selon qu'elle est collective ou non, répétitive ou créatrice, salariale et commandée par un autre ou entrepreneuriale et libre. Au-delà du désordre empirique de ce qu'on désigne par « travail », il faut aussi considérer l'*ambivalence de la valeur du travail*, toujours prise entre deux discours qui en font tour à tour une activité qui permet de se réaliser pleinement ou une activité contraignante, voire aliénante. La divergence des expériences personnelles n'est-elle que le reflet de l'implosion du concept et de la différence des métiers, ou bien faut-il y voir la conséquence d'un mode particulier d'organisation du travail ? Derrière ce débat se joue la capacité du travail à définir l'humanité en la distinguant de l'animalité : on considère facilement que le travail est susceptible de nous déterminer dans notre être, de déterminer notre essence, voire d'exprimer l'essence de l'homme. La place prépondérante que nos sociétés donnent aujourd'hui au travail contraste fortement avec le chômage de masse auquel nous sommes dorénavant habitués : l'importance que nous donnons à la notion en dit long sur ce que nous pensons de l'essence de l'homme, de la valeur des loisirs, du temps libre, de la retraite. Dans ce contexte, le travail ne peut pas être un objet indifférent et son étude est d'autant plus pressante qu'il est aujourd'hui au cœur de tous les discours politiques.

La malédiction du travail

L'expérience la plus commune du travail est d'abord celle de la contrainte pénible, mais vitale. Personne ne veut travailler et pourtant « il faut travailler pour vivre » : le travail se donne sous la forme d'une nécessité à laquelle personne ne peut échapper. Ce sens négatif du travail se retrouve dans son étymologie : le *tripalium* désigne un instrument composé de trois pieux pour maintenir des bêtes de somme en vue de les ferrer, à la suite de quoi on en a fait un instrument de torture. L'expérience du travail se trouve alors enracinée dans cette dimension de souffrance et principalement dans la souffrance corporelle. Quoique cette première approche ne puisse pas rendre compte de l'ensemble du phénomène, elle permet tout de même de faire éclater une première vérité de la réalité du travail, confirmée par notre expérience quotidienne : le travail est fatigant, éreintant, il abîme notre corps, et on ne peut y échapper, ce qui révèle sa nature contraignante. C'est parce que la nature ne produit pas par elle-même les éléments nécessaires à notre survie que l'homme doit mobiliser sa propre énergie pour tirer d'elle les moyens de sa subsistance et cela, sa vie durant : on n'échappe pas au travail quand on veut échapper à la mort.

Cette conception qui voit dans le travail une contrainte pénible mais vitale du fait de la pénurie naturelle dans laquelle nous vivons est en fait tributaire du mythe biblique du jardin d'Éden, où le travail correspond à la malédiction que Dieu inflige aux hommes pour avoir désobéi à sa parole en mangeant le fruit défendu. Ce mythe a pour fonction de donner la cause et la raison du caractère irrémédiablement laborieux de l'existence humaine et, en lui donnant un sens, configure l'imaginaire judéo-chrétien qui structure la pensée occidentale :

> Dieu dit à l'homme : puisque tu as écouté ta femme et mangé du fruit au sujet duquel je t'avais donné cet ordre « tu n'en mangeras pas », le sol est maudit à cause de toi. C'est avec peine que tu en tireras ta nourriture tous les jours de ta vie. Il te produira des ronces et des chardons et tu mangeras

> de l'herbe des champs. C'est à la sueur de ton visage que tu mangeras du pain, et ce jusqu'à ce que tu retournes à la terre, puisque c'est d'elle que tu as été tiré. Oui, tu es poussière et tu retourneras poussière [...]. Ainsi dieu le chassa du jardin d'Éden pour qu'il cultive la terre d'où il avait été tiré [1].

L'apparition du travail dans la vie humaine reçoit au moins trois déterminations dans ce récit : le travail apparaît (1) comme une malédiction, (2) comme un fait douloureux et (3) comme un fait biologique. Comme malédiction, il est la conséquence de la désobéissance des hommes au commandement divin, ce qui permet de donner une raison à son existence : la vie laborieuse est une punition méritée. Cependant, il est bon de remarquer que la malédiction ne porte pas exactement sur l'homme lui-même, mais sur la terre qui ne donnera plus spontanément du fruit, ce qui a pour conséquence de condamner l'homme à la travailler pour extraire par la sueur ce que la nature ne consent plus à lui donner. Ainsi, la nécessité du travail ne découle pas directement de la parole divine, mais indirectement : elle est la conséquence de la fin de l'abondance édénique. On pourrait dès lors supposer que le travail n'est pas une fatalité puisqu'il dépend d'une condition qui n'est peut-être pas nécessaire : on peut imaginer un retour de l'abondance qui mettrait fin au travail – idée également présente dans l'imaginaire antique où l'âge d'or, qui est derrière nous, porte également la promesse de son retour cyclique comme on le retrouve exprimé dans *Les Bucoliques* de Virgile. Mais, *a contrario*, si l'on conçoit l'abondance naturelle comme une condition impossible, il faut bien reconnaître que le travail est une partie constitutive de la condition humaine : tant que la nature n'apportera pas d'elle-même la subsistance nécessaire aux hommes, ceux-ci auront la tâche de la produire eux-mêmes. C'est à une terre hostile et peu généreuse que les hommes ont affaire, ce qui place d'emblée le concept de travail dans son opposition à la nature.

Deuxièmement, c'est en tant que fait douloureux que le travail est immédiatement caractérisé : la peine et la fatigue deviennent

1. *Bible Segond 21*, Genèse, III, 17-19, Paris, Salvator, 2007.

alors le marqueur définitif de la condition laborieuse. La sueur, signe d'un soleil trop chaud et d'une terre aride, vient confirmer qu'il n'y aura pas de travail facile : en plus de se piquer aux chardons et aux ronces, ce n'est qu'au prix d'un surcroît d'énergie, d'une dépense physique que l'homme obtiendra son pain. La fatigue devient le lot commun de l'existence humaine et de ce point de vue, on peut estimer que les débats sur la souffrance au travail font fausse route : il n'y a rien à débattre si cette souffrance est consubstantielle à l'activité du travailleur. La condamnation à la douleur du travail est, dans le récit de la Genèse, redoublée par la condamnation à la douleur de l'enfantement : « Dieu dit à la femme : j'augmenterai la souffrance de tes grossesses. Dans la douleur, tu enfanteras [1]. » La souffrance n'est plus seulement le marqueur du travail et de la production de sa subsistance, mais aussi celui de la reproduction de l'espèce : la condition humaine est de part en part pénétrée par la dépense, le coût et le sacrifice personnel.

Troisièmement, on peut caractériser le travail comme un fait biologique à partir de l'ambivalence symbolique de la « terre » dans l'extrait cité. Celle-ci est à la fois ce qui rend possible la vie à condition de la travailler, et ce qui vient la délimiter en amont et en aval : l'homme est né poussière et destiné à redevenir poussière, son existence est cernée par le néant de la mort. Dans le court laps de temps où nous nous sommes arrachés de la terre, nous avons à en arracher davantage pour prolonger notre existence : la vie se définit par le travail, processus par lequel nous retardons la mort. Cette étroite intrication permet bien de déterminer le travail comme fait biologique, comme ce qui absorbe toute notre vie, la dirige et la commande.

Le travail comme métabolisme

Il y a une ambiguïté supplémentaire qui apparaît quand on détermine le travail comme un fait biologique : d'un côté, l'homme

1. *Ibid.*, Genèse, III, 16.

a des besoins que la nature ne satisfait pas d'elle-même et qui exigent qu'il mette en œuvre un effort prolongé de son corps, ce qui ferait du travail une activité naturelle, voire instinctive ; de l'autre, on ne peut pas identifier si facilement le travail humain à une donnée naturelle puisque son mode opératoire semble se distinguer des activités purement animales, à la fois par l'antécédence de sa représentation sur l'action et par l'usage d'un système d'outils et de techniques qui le facilitent. Peut-on penser le travail comme un fait biologique sans perdre immédiatement sa spécificité humaine ? Et à rebours : peut-on penser la spécificité humaine du travail sans prendre en compte qu'il s'enracine dans une nécessité biologique ? En voulant mettre l'accent sur la naturalité des forces qui s'échangent entre l'homme et la nature dans l'activité laborieuse, nous pourrions définir le travail comme un « métabolisme », c'est-à-dire comme un ensemble de réactions chimiques naturelles qui permettent à un organisme de se maintenir en vie. Bien que cette caractérisation permette de prendre le relais de l'explication mythologique de la nécessité du travail (l'expulsion de l'Éden) par une explication biologique (un métabolisme naturel), elle met le travail humain au niveau de n'importe quelle transformation d'énergie qui permet le maintien d'un individu vivant : dans cette perspective, tous les éléments de la nature seraient *au travail*.

Même si cette définition du travail a une extension trop large et ne permet plus de comprendre ce qui est réellement en jeu dans le travail humain, elle a le mérite d'envisager la possibilité d'un *travail inconscient*, c'est-à-dire d'un travail qui ne passe pas par le médium de la représentation. C'est en ce sens qu'on peut parler de « travail d'une force » en physique, expression qui désigne les transferts d'énergie qui ont lieu quand un système exerce une force sur un autre système. Or, la notion de travail physique, introduite au début du XIXe siècle par Gaspard-Gustave Coriolis [1], tire elle-même son origine du milieu de l'économie où l'on décide d'abandonner la dimension psychologique du travail comme labeur pour

1. Gaspard-Gustave Coriolis, *Sur une nouvelle dénomination et sur une nouvelle unité à introduire dans la dynamique*, Académie des sciences, 1826.

la remplacer par l'idée plus objective d'une transformation efficace qu'on peut mesurer, évaluer et améliorer. Dans son ouvrage *Le Travail : économie et physique, 1780-1830*, le sociologue du travail François Vatin souligne la solidarité conceptuelle qui relie les problèmes de l'économie et de la mécanique [1] : l'une comme l'autre tentent de résoudre le problème de la mesure de la différence entre ce qui est obtenu (le produit, le résultat, l'effet utile) et l'intensité de l'activité (la dépense, la fatigue, l'énergie, la force), et ainsi de maximiser leur rapport. Cela présuppose de pouvoir donner une unité de mesure commune entre la peine et le résultat, entre la force et l'effet. Le concept économique de travail humain, vu abstraitement comme un échange d'énergie qui permet un effet bénéfique, s'exporte insensiblement vers la physique et permet de solidifier l'idée d'un travail qui se passe de l'idée de représentation de son action. Cette évolution sémantique trouve une forme encore plus radicale dans l'expression « ça me travaille » en parlant d'un événement ou d'une émotion qui modifie lentement et involontairement la disposition psychique d'un individu : summum de la dépersonnalisation d'un processus qui transforme, macère, digère une matière pour en donner une autre. L'homme n'est plus celui qui travaille, mais celui qui est travaillé par l'événement psychique : il n'est plus le sujet de l'activité, mais l'objet – inversion finale rendue possible par l'ambiguïté sémantique de l'idée de travail dès qu'on la dépersonnalise.

Il est certainement possible de mettre à l'origine de cette ambiguïté sémantique la détermination du travail comme un métabolisme entre l'homme et la nature qui le fait tendre vers sa naturalisation et sa dépersonnalisation. Or, on retrouve le coup d'envoi de cette ambiguïté à l'intérieur des pages si commentées de Marx où il définit pour la première fois le travail dans le *Capital* :

1. « La naissance au début du XIXe siècle de la mécanique du travail apparaît étroitement liée à la révolution industrielle dont simultanément l'économie politique "classique" fournissait le cadre doctrinal », François Vatin, *Le Travail : économie et physique, 1780-1830*, Paris, Puf, 1993, p. 22.

> Le travail est de prime abord un acte qui se joue entre l'homme et la nature. L'homme y joue lui-même vis-à-vis de la nature le rôle d'une puissance naturelle. Les forces dont son corps est doué, bras et jambes, tête et mains, il les met en mouvement afin de s'assimiler des matières en leur donnant une forme utile à sa vie. En même temps qu'il agit par ce mouvement sur la nature extérieure et la modifie, il modifie sa propre nature, et développe les facultés qui y sommeillent. Nous ne nous arrêtons pas à cet état primordial du travail où il n'a pas encore dépouillé son mode purement instinctif[1].

Ces premières lignes affirment le caractère naturel du travail qui est décrit comme le déploiement d'une force appartenant à la nature pour transformer la nature afin de l'assimiler à son corps – le travail représente bien une forme de métabolisme. Le processus du travail consiste ici à donner une nouvelle forme aux éléments naturels afin qu'ils deviennent adéquats à un certain usage : la nature apparaît à l'homme comme une réserve de matières premières, et toute matière première apparaît comme un objet de travail. Mais les effets du travail sont doubles : en transformant la matière, l'homme se transforme lui-même puisqu'il assimile de nouvelles matières et développe de nouvelles facultés. C'est que le travail est en fait une modification de soi : le travailleur réveille en lui une nature qui sommeillait et s'accomplit dans ce qu'il accomplit. Qualifier ainsi le travail rend tout particulièrement étrange le projet d'abolition du travail tel qu'il est formulé dans *L'Idéologie allemande* : comment pourrait-on vouloir abolir l'activité par laquelle l'homme a le pouvoir de s'accomplir ? La raison vient de ce que cette première définition du travail reste dans l'abstraction et ne doit pas avoir le dernier mot. Il s'agit d'un état « primordial », d'une analyse « de prime abord » qui ne prend en vue les composantes du travail que de manière abstraite : Marx décrit l'activité du travail *en général* – c'est-à-dire de manière trans-historique, ou an-historique – mais il faut en venir à la qualification du travail humain *en particulier.*

1. Karl Marx, *Le Capital* (1867), livre I, chapitre 7, trad. J. Roy, Paris, Flammarion, t. 1, 2014, p. 139.

Décrire le travail comme métabolisme a l'intérêt d'envisager cette activité comme une double transformation de la nature et de soi, mais cela exige d'être complété par une analyse concrète, comme le fait la suite du texte :

> Notre point de départ doit être le travail sous une forme qui appartient exclusivement à l'homme. Une araignée fait des opérations qui ressemblent à celles du tisserand, et l'abeille confond par la structure de ses cellules de cire l'habileté de plus d'un architecte. Mais ce qui distingue dès l'abord le plus mauvais architecte de l'abeille la plus experte, c'est qu'il a construit la cellule dans sa tête avant de la construire dans la ruche. Le résultat auquel le travail aboutit préexiste idéalement dans l'imagination du travailleur. Il n'opère pas seulement un changement de forme dans les matières naturelles, il réalise du même coup son propre but, dont il a conscience [...] [1].

La spécificité humaine du travail réside d'abord dans l'antécédence de la représentation qui fait du produit du travail le résultat d'un projet conscient, la concrétisation d'une volonté, un objectif atteint : le produit préexiste dans l'imagination du travailleur, ce qui permet de décrire l'expérience du travail comme une expérience de réalisation de soi. Quand l'artisan tient dans sa main ce qu'il avait précédemment dans son esprit, son travail n'est plus seulement l'activité qui lui permet de combler ses besoins, mais plutôt l'activité par laquelle il s'extériorise et s'augmente. Or, cette extériorisation de soi s'accompagne d'un mouvement contraire par lequel l'homme intériorise certains de ses produits pour en faire de nouveaux « organes » qui lui servent dans son travail : il développe des outils et des instruments qui augmentent ses capacités d'action et de mesure. Par là, le travail humain prend une dimension radicalement historique : ses conditions réelles d'existence sont configurées par ses propres réalisations, de telle sorte qu'il n'est plus possible de tenir un discours sur le travail humain sans considérer ses conditions concrètes et historiques.

En le décrivant comme un métabolisme, Marx fait du travail une donnée anthropologique. En le considérant comme la réalisation d'un projet conscient, il lui donne une dimension historique.

1. *Ibid.*, p. 140.

Ces deux aspects ne peuvent pas se juxtaposer sans poser un problème : d'un côté, le travail est ce qui me lie à ma nature biologique, à la nécessité de répondre à mes besoins ; de l'autre, le travail est ce qui me permet de me réaliser, de m'accomplir, et il prend le sens d'une certaine liberté d'action. L'alternative fait biologique/fait historique redouble alors une autre alternative : soumission à la nécessité des besoins ou expression et réalisation de sa liberté.

Travail, esclavage et loisirs

Dans l'Antiquité, la question du travail peut s'envisager à partir de l'alternative précédente, mais la réponse semble univoque : le travail est le lieu de la confrontation de l'homme à la nécessité naturelle où l'enchaînement aux besoins le réduit à sa condition animale. La volonté d'obtenir tout ce qui peut être utile à sa maison et à sa vie privée ne diffère pas du comportement des animaux grégaires qui chassent le gibier ou récoltent des fruits ensemble : on ne voit dans le travail qu'une soumission à l'ordre impitoyable de la nature qui exige que nous satisfassions sans cesse nos besoins toujours renaissants. Ce qui est cependant particulièrement curieux, c'est que la notion de travail n'est jamais thématisée comme telle, comme si on jugeait à l'époque qu'il n'était pas digne d'en faire un sujet de discussion. Le travail, en tant qu'activité qui permet de satisfaire des besoins, semble bien avoir été un angle mort de la philosophie antique. Depuis les analyses de Arendt, il est devenu commun de conclure que l'Antiquité « a méprisé » le travail à cause de sa nature asservissante :

> Dire que le travail et l'artisanat étaient méprisés dans l'Antiquité parce qu'ils étaient réservés aux esclaves, c'est un préjugé des historiens modernes. Les Anciens faisaient le raisonnement inverse : ils jugeaient qu'il fallait avoir des esclaves à cause de la nature servile de toutes les occupations qui pourvoyaient aux besoins de la vie. C'est même par ces motifs que l'on défendait et justifiait l'institution de l'esclavage. Travailler, c'était l'asservissement à la nécessité, et cet asservissement était inhérent aux conditions de la

> vie humaine. Les hommes étant soumis aux nécessités de la vie ne pouvaient se libérer qu'en dominant ceux qu'ils soumettaient de force à la nécessité. La dégradation de l'esclave était un coup du sort, un sort pire que la mort, car il provoquait une métamorphose qui changeait l'homme en un être proche des animaux domestiques [...]. L'institution de l'esclavage dans l'Antiquité fut une tentative pour éliminer de la vie le travail. Ce que les hommes partagent avec les autres animaux, on ne le considérait pas comme humain [1].

Au lieu de succomber à la facilité de la critique de l'esclavage du haut de notre modernité, Arendt se propose de comprendre ce qui pouvait rendre justifiable cette pratique aux yeux des Anciens. Puisque le travail nous inscrit dans la cyclicité du besoin animal, ce n'est pas en travaillant que nous nous humaniserons – bien au contraire : celui qui passe sa vie à travailler ne se distinguera pas de l'animal. Face à l'insupportable nécessité du travail, il fallait que l'on trouvât une solution pour vivre *humainement*. Dans l'esprit antique, la finalité de l'esclavage consiste à circonscrire la sphère de la nécessité, à mettre une limite à l'animalité sans cesse renaissante de notre nature afin de dégager un espace de liberté où le maître pourra développer ses facultés proprement humaines.

On trouve en effet chez Aristote la qualification de l'esclave comme un « instrument animé [2] » qui permet d'accomplir le travail nécessaire à la bonne tenue de la maisonnée. À l'époque classique, on évalue qu'il était besoin de deux ou trois esclaves pour entretenir une propriété familiale moyenne et permettre au maître de s'acquitter de ses devoirs civiques [3]. La condition de ces travailleurs ne semble pas avoir été trop mauvaise puisqu'ils étaient considérés comme faisant partie de la famille à titre de biens : il était interdit de frapper l'esclave d'autrui et il existait même certains recours

1. Hannah Arendt, *Condition de l'homme moderne* (1958), chapitre III : « Le travail », trad. G. Fradier, Paris, Calmann-Lévy, 1961, p. 127-129.

2. Aristote, *Les Politiques*, livre I, chapitre 4, trad. P. Pellegrin, Paris, Flammarion, 2008, p. 17.

3. François Lefèvre, *Histoire du monde grec antique,* Paris, Librairie générale française, 2007, p. 229.

contre les mauvais traitements infligés par le maître. Certains esclaves avaient la charge de l'éducation des enfants, d'autres pouvaient accumuler un certain pécule en commerçant au point qu'il était possible de « racheter » sa liberté [1]. En leur donnant le statut d'« instruments », il ne faut pas croire qu'Aristote n'imagine pas qu'ils puissent être des hommes, mais seulement qu'il refuse de leur donner le statut d'homme : l'esclavage est la condition de possibilité de la liberté réelle de l'humanité en tant qu'il permet de dresser une frontière imperméable entre le règne de la nécessité biologique et le règne de la liberté humaine. Voilà pourquoi Aristote s'évertue à montrer qu'il existe des esclaves « par nature » : si l'esclavage était seulement de convention, il n'y aurait pas de rempart véritable qui protégerait la liberté humaine du fardeau que représente la vie laborieuse – vie qui absorbe par sa cyclicité toute la dignité humaine.

Dans cette lignée, Arendt reprend à son compte cette conception du travail comme aliénation de l'humanité à sa dimension biologique. Il ne s'agit évidemment pas de prôner un retour à l'esclavage mais d'expliquer ce que peut ressentir le salarié épuisé par son travail : il perd sa vie à tenter de la gagner, et surtout il n'a pas l'occasion de développer l'humanité qui est en lui. Toutes les glorifications du travail passent outre la condition animale qui caractérise la vie laborieuse : l'épanouissement au travail est souvent devenu aujourd'hui la norme du bonheur. Si le travail nous donne les moyens de vivre, il ne répond pas à la question de savoir comment *bien* vivre. La question de la vie heureuse, de la vie épanouie ne peut trouver de réponse que dans le concept que les Grecs opposent à l'idée de travail, à savoir le loisir : *scholê*. La traduction masque l'étymologie du verbe « tenir [2] », qui fait du loisir ce qui permet à la vie humaine de « tenir bon » contre la logique dévastatrice de l'activité laborieuse. C'est bien dans les loisirs que nous donnons sens à notre vie : ce qu'on fait de son week-end ou de la

1. *Ibid.*, p. 230.

2. Le « loisir », σχολὴ, vient du verbe σχεῖν, qui signifie « tenir », mais aussi « tenir bon ».

fin de sa journée de travail est le signe de ce à quoi nous donnons de l'importance, ce dans quoi nous voulons investir notre liberté.

Il ne faut pourtant pas confondre le loisir véritable avec le délassement et le divertissement que procurent nos loisirs modernes. L'idée de délassement suppose celle d'un repos rendu nécessaire par une accumulation de tensions, notamment par les tensions du temps de travail : si le temps libre n'était voué qu'au délassement, la finalité des loisirs serait le travail lui-même et ceux-ci ne pourraient pas constituer une fin en soi. Aristote critique lui-même ceux qui s'adonneraient à des jeux sans fin dans leur temps libre en montrant qu'ils ne font que se décharger frénétiquement pour mieux retourner ensuite au sérieux de la vie [1]. Le loisir véritable doit au contraire se réaliser dans l'activité qui accomplit notre humanité, c'est-à-dire dans le développement de ce qui est le plus proprement humain – le λόγος. Signifiant à la fois « parole » et « raison », le λόγος peut éclore dans deux directions : d'un côté, la vie politique où le λόγος rassemble les hommes en une communauté civique pour débattre du juste et de l'injuste, de l'utile et du nuisible ; de l'autre, la vie contemplative où le λόγος permet l'étude des réalités éternelles qui ne changent jamais. Finalement, ce qui explique la dépréciation du travail, c'est son incapacité à développer les facultés qui nous rendent humains : il n'y a pas de λόγος dans le labeur quotidien, mais seulement une soumission à la nécessité de la nature.

Historicité problématique du concept de travail

L'absence de thématisation du travail en tant tel dans l'Antiquité a été interprétée par Arendt comme un « mépris » : elle a fait du silence des Anciens un mutisme volontaire. Mais ne peut-on imaginer qu'il s'agisse seulement d'un silence involontaire, au sens où les

1. Aristote, *Éthique à Nicomaque*, livre X, chapitre 6, trad. P. Pellegrin, Paris, Nathan, 1998.

Anciens n'avaient pas les moyens conceptuels d'envisager *le* travail comme un concept unifié ? C'est la thèse que défend l'anthropologue Marie-Noëlle Chamoux, pour qui le concept de travail tel que nous l'entendons ne se retrouve pas dans toutes les sociétés, ou plutôt on n'y retrouve que certains aspects de ce concept – l'idée de peine, l'idée de transformation, l'idée de lutte – qui ne sont jamais réunis dans une seule et même idée :

> La notion générale de travail n'est pas universelle. Quantité de sociétés semblent ne pas en avoir eu besoin. Dès lors elle a tendance à nous apparaître sous les figures négatives de l'absence, de l'éclatement en plusieurs notions, ou du décalage de son contenu en référence à celui que nous lui donnons [1].

Nous aurions tort de faire une histoire du travail sans comprendre que notre notion de travail est elle-même historique : s'il n'existe pas de notion universelle de travail, comment peut-on encore dire que « les Anciens méprisaient le travail » sans unifier abstraitement des activités qui probablement ne pouvaient pas l'être ?

Quelques années auparavant, Jean-Pierre Vernant soulignait déjà le problème s'agissant de la Grèce antique. En partant du principe que le concept général et abstrait de travail peut s'appliquer sans problème à n'importe quelle société et n'importe quelle époque, nous risquons de ne pas être attentifs à ce qui fait la spécificité des différents sens de travail dans l'Antiquité. D'ailleurs, puisque le travail proprement humain ne doit pas s'envisager en dehors de ses conditions concrètes d'organisation et donc de ses conditions historiques selon l'idée de Marx, ne peut-on légitimement imaginer que le concept abstrait de travail est lui aussi une construction historique ? L'abstraction demande en effet qu'on puisse indifférencier tout type de travail en les réduisant à leur dimension de labeur. Vernant remarque alors qu'il n'existe pas en grec de syntagme fixe et délimité qui permettrait de traduire notre

1. Marie-Noëlle Chamoux, « Sociétés avec et sans concept de travail », *Sociologie du travail*, 36e année, hors-série, *Les Énigmes du travail*, 1994, p. 57-71.

concept moderne de « travail ». Dans son article [1], il recense plusieurs ensembles sémantiques qui renvoient à chaque fois à des activités différentes : on désigne par πόνος toutes les activités qui exigent un effort pénible, mais cela ne s'applique pas uniquement aux travaux qui produisent de la valeur socialement utile ; ensuite, le verbe ἐργάζεσθαι peut renvoyer autant au travail agricole (τὰ ἔργα) qu'aux activités financières et commerciales (ἐργασία χρημάτων) ; ce à quoi on peut également ajouter les termes qui reprennent la racine indo-européenne « tek- » qui désigne cette fois-ci les fabrications techniques, les activités qui produisent un objet détachable de la besogne du travailleur et se rattache au sens de ποιεῖν, ce à quoi il faut opposer le πράττειν, activité qui n'a pas d'autre fin qu'elle-même. De là, il conclut :

> Ces faits de vocabulaire nous font soupçonner, entre des activités qui constituent à nos yeux l'ensemble unifié des conduites de travail, des différences de plan, des aspects multiples, voire des oppositions [...]. De l'agriculture au commerce, nous ne trouvons pas en Grèce un type de conduite unique, le travail, mais des formes d'activités qui nous ont paru s'organiser suivant des rapports quasi dialectiques. À l'intérieur de l'agriculture, une opposition se dessine entre l'effet de la fécondité naturelle de la terre et l'effort humain du laboureur. Mais prises dans leur ensemble, les activités agricoles font contraste avec les opérations des artisans comme une production naturelle à la fabrication technique. À leur tour, les ouvrages des artisans se rangent avec les produits du sol dans une économie naturelle qui suit le besoin, contrairement aux manipulations d'argent qui ont valeur de convention [2].

L'éclatement de la notion rend impossible la tenue d'un discours unique sur *le* travail : l'article de Vernant a eu un certain retentissement dans les milieux universitaires où l'on pensait pouvoir appliquer uniformément la même notion de travail à différentes époques. L'auteur met ainsi en lumière l'historicité d'un

1. Nous suivons l'exposition de Jean-Pierre Vernant dans « Travail et nature dans la Grèce ancienne », *Mythe et pensée chez les Grecs : études de psychologie historique*, Paris, Maspéro, 1965, p. 197-198.
2. *Ibid.*, p. 216-217.

concept qui n'a peut-être pas lieu d'être dans l'Antiquité. On pourrait dire que Vernant joue Marx contre Marx en montrant que s'il existe un concept historique de travail, peut-être que la notion abstraite de travail, réduite à sa dimension biologique de labeur, est elle-même un produit historique. Mais au-delà de la critique de l'uniformité du concept, Vernant ouvre la voie à de nouvelles analyses du travail dans l'Antiquité qui prendraient en vue non plus le travail en général, mais à chaque fois un travail particulier : le travail agricole, le travail artisanal ou encore le commerce. Avec cette implosion de l'idée de travail, le regard peut en découvrir de nouvelles facettes, jusque-là effacées par l'abstraction conceptuelle.

Du travail aux champs à la spiritualité du travail

S'agissant du travail agricole, Vernant décline le contenu psychologique du travailleur et son rapport à la nature en fonction du type de culture : en reprenant la distinction de Xénophon [1] entre « Terre des semences » et « Terre des plantations », on peut voir se dessiner une opposition entre les cultures arbustives et les cultures céréalières qui n'est pas seulement d'ordre technique et économique, mais aussi d'ordre psychologique. L'arboriculture engendre dans l'esprit du travailleur l'idée que les produits de son travail ne sont pas tant le mérite de son labeur que la bénédiction des divinités. On reçoit les fruits comme on reçoit un don du ciel : le travailleur n'est pas en lutte avec la nature, mais dans une dimension de soin et de célébration qui donne au travail une forme de religiosité : « L'homme participe moins par son labeur que par le retour périodique de fêtes et de festins qui réalisent la communion avec les dieux [2]. »

Le rapport à la terre diffère dans le travail des champs céréaliers : s'il faut aussi se mettre dans la faveur des dieux, le travailleur a

1. Xénophon, *Économique*, trad. de P. Chantraine, Paris, Les Belles Lettres, 2008.
2. Jean-Pierre Vernant, *Mythe et pensée chez les Grecs*, *op. cit.*, p. 198.

conscience de devoir participer à la tâche et que la récolte dépend de son effort. C'est Déméter qui préside aux travaux des champs : sa fonction n'est pas tant de faire croître directement le blé, mais plutôt de garantir la régularité des saisons et l'ordre de la nature – condition nécessaire de toute culture, mais condition non suffisante. Le travail de l'homme doit concourir à l'action divine, comme on peut le lire dans ce qui est sûrement le premier hymne au travail :

> Va, souviens-toi toujours de mon conseil : travaille, Persès, noble fils, pour que la faim te prenne en haine et que tu te fasses chérir de l'auguste Déméter au front couronné, qui remplira ta grange du blé qui fait vivre. La faim est partout la compagne de l'homme qui ne fait rien. Les dieux et les mortels s'indignent également contre quiconque vit sans rien faire et montre les instincts du frelon sans dard, qui, se refusant au travail, gaspille et dévore le labeur des abeilles [1].

Hésiode présente le travail des champs, non pas comme une lutte contre la nature, mais comme une lutte contre la mort, dont la faim est le symbole : celle-ci est la conséquence de « l'homme qui ne fait rien », c'est-à-dire la conséquence de la paresse. Par un jeu d'opposition avec l'oisif, Hésiode construit un système de représentations qui donne au travail une valeur intrinsèque et autre que celle d'assurer sa subsistance : le travail donne une juste inquiétude pour la vie, il rapproche des dieux et de la nature, il forme le caractère afin qu'on endure les intempéries du ciel et les accidents de la fortune, il enseigne la prudence, la justice, éloigne des guerres insensées et porte notre attention au détail de la jeune pousse qui mérite un soin particulier. Certes soumis à la rudesse de la terre, le paysan d'Hésiode découvre cependant qu'on peut faire de la nécessité une vertu.

Que le travail nous rapproche des dieux ne doit pas être apprécié par le lecteur moderne comme un simple exotisme antique :

1. Hésiode, *Théogonie*, trad. P. Mazon, Paris, Les Belles Lettres, 2002, p. 97, vers 298-306.

on peut largement déduire de la condition laborieuse l'éveil d'une sensibilité religieuse. En effet, la rigueur et la ferveur avec laquelle on travaille la matière, accompagnées de la conscience de se soumettre à la nécessité, ne peuvent que donner le sentiment d'une extériorité radicale, le sentiment que le monde existe en dehors de soi et nous résiste, qu'il y a quelque chose qui nous dépasse radicalement. On retrouve cette intuition que le travail nous met au contact du divin dans la philosophie de Simone Weil pour qui la peine, consubstantielle au travail, est une sorte de dégoût qui élève : bien qu'il y ait toujours une brutalité de la matière qui sert de support à la nécessité, en même temps « le travail est le consentement à l'ordre de l'univers [1] ». Dans ce « consentement », il faut entendre l'épreuve, où la sensibilité atteint le réel, dans laquelle nous nous abîmons. En prenant au sérieux l'extériorité à laquelle nous avons affaire dans le travail, Weil met l'accent sur le fait que le labeur nous met en prise avec la transcendance du monde, avec quelque chose qui ne peut que nous résister et par là révèle la solidité de ce qui s'impose à nous : l'activité laborieuse ne peut pas se réduire à l'idée d'une *production*, elle est toujours en même temps *révélation*. Par l'épreuve quotidienne de la nécessité, « le travail est quelque chose de semblable à la mort : c'est une soumission à la matière [2] ». La malédiction du travail se renverse en épreuve personnelle qui prend des accents christiques : abîmer le corps élève l'esprit et rapproche du divin – rapprochement qui sera la pierre de touche de *L'Encyclique sur le travail humain* [3] de Jean-Paul II, qui permet au catholicisme de réintégrer les travailleurs de son temps dans une théologie plus globale.

Cette spiritualité du travail, quoiqu'elle ne soit pas présente sous la forme d'un dolorisme chrétien, se retrouve sous la plume

1. Simone Weil, *La Connaissance surnaturelle*, Paris, Gallimard, 1950, p. 331.

2. *Ibid.*, p. 316.

3. Jean-Paul II, *Encyclique sur le travail humain*, 1981 : « En supportant la peine du travail en union avec le Christ crucifié pour nous, l'homme collabore en quelque sorte avec le fils de Dieu à la rédemption de l'humanité. Il se montre le véritable disciple de Jésus portant à son tour la croix de chaque jour dans l'activité qui est la sienne. »

d'Hésiode et de Virgile au travers des descriptions des gestes techniques qui ont une allure de rituels religieux. Il y a un temps et une attitude qui conviennent à chaque entreprise dans les champs : il faut parfois attendre le retour d'un oiseau migrateur pour commencer à semer ; on lance une prière avant de bêcher ; il y a un ordre à respecter dans l'arrosage des premières pousses ; certains jours sont religieusement réservés au repos des terres. Les derniers vers de la *Théogonie* énoncent : « Heureux et fortuné celui qui, sachant tout ce qui concerne les jours, fait sa besogne sans offenser les Immortels, consultant les avis célestes et évitant toute faute [1]. » Grâce à leur travail ritualisé, les hommes sont alors pris en affection par les dieux.

La perméabilité de l'activité laborieuse et du rituel vient de ce qu'on peut trouver une parenté troublante entre le geste technique et le geste ritualisé. C'est parfois un certain détail sur la manière de tenir l'outil qui permet au geste technique d'être efficace. Les analyses d'André Leroi-Gourhan dans *L'Homme et la matière : évolutions et techniques* [2] sur la préhension et la percussion de la matière peuvent à ce titre éclairer la proximité de la technique et du rite : selon la robustesse du matériau, il faut accrocher ses doigts, pincer, saisir à pleine main, autant de gestes que les outils viennent suppléer et décupler. L'importance de la percussion pour transformer la matière exige qu'on apprenne à bien répartir la force humaine dans l'outil : il faut soit imprimer directement la force du muscle sur l'outil qui transmet le même mouvement, soit élancer un mouvement brusque, plus fort mais moins précis, pour créer un choc, ou encore cumuler les deux techniques en coordonnant ses mains – l'une tient avec précision l'outil posé sur la matière, l'autre applique une percussion lancée comme pour enfoncer un clou avec un marteau. L'acquisition de ces gestes techniques est lente et laborieuse, mais développe une intelligence pratique soucieuse du détail de la matière : on n'utilise pas

1. Hésiode, *Théogonie, op. cit.*, p. 186, vers 826-828.

2. André Leroi-Gourhan, *L'Homme et la matière : évolutions et techniques*, Paris, Albin Michel, 1943.

n'importe quel outil pour n'importe quelle matière. Se développe alors une codification implicite du bon usage de la technique, au point que l'on peut en venir à penser que le geste technique n'est efficace que parce qu'il respecte cette codification, autrement dit que parce qu'il obtient une dimension ritualisée. Dans *Naissance des divinités, naissance de l'agriculture* [1], Jacques Cauvin fait même coïncider la codification des religions avec la sédentarisation des peuples nomades et le développement de l'agriculture : la révolution technique du néolithique s'accompagne également d'une révolution symbolique. Les nouvelles techniques concourent autant à inventer de nouveaux rituels qu'à fabriquer de nouveaux objets de culte (figurines, bijoux et autres artefacts) qui servent de support à ces rituels. L'apparition du travail agricole ouvre, par sa nouvelle technicité, la voie au développement des rites des religions.

Valorisation du travail par son produit

Les quelques glorifications du travail dans l'Antiquité peuvent servir de levier pour comprendre la revalorisation du concept de travail qui a eu lieu autour du XVIIIe siècle. Cependant, cette revalorisation ne concerne plus un type de travail en particulier (le travail des champs), mais l'idée abstraite de travail en tant qu'elle se donne sous la forme de travail productif. Un tel changement de paradigme n'est possible qu'à la condition de pouvoir penser la lente évolution qui a permis d'uniformiser les différentes activités de travail dans le concept unique et moderne dont nous disposons aujourd'hui. Cette entreprise a notamment été celle de Dominique Méda qui, dans *Le Travail : une valeur en voie de disparition* [2], estime que la reconnaissance de la valeur travail a longuement cheminé

1. Jacques Cauvin, *Naissance des divinités, naissance de l'agriculture* (1994), Paris, Flammarion, 1998.
2. Dominique Méda, *Le Travail : une valeur en voie de disparition* (1995), Paris, Flammarion, 1998, p. 18.

jusqu'au XVIIIe siècle, en passant par l'idée d'une contribution à l'utilité commune chez Thomas d'Aquin, par l'émergence du terme *tripalium* au XIIe siècle qui donne au travail le sens d'une activité quotidienne pénible mais utile, par l'allongement progressif de la liste des métiers honnêtes au Moyen Âge [1], par la reconnaissance des travaux manuels à la Renaissance. Au XVIIIe siècle, le développement du capitalisme permet enfin de trouver l'unité du concept puisqu'il est nécessaire de pouvoir échanger tout type de travail et, partant, de trouver une commune mesure entre toutes les activités productives. Autrement dit, c'est la nécessité de l'échange qui oblige à penser une « équivalence de tous les travaux [2] ».

L'unification du concept de travail dépend donc entièrement de la possibilité de l'échange généralisé des travaux, et par conséquent du commerce. Si Aristote est le premier à avoir posé la question de l'égalité des travaux, il n'arrive pas à fonder la valeur du travail sur autre chose que le besoin [3] : ce qui fait l'égalité entre *x* chaussures et *y* maisons, c'est le besoin réciproque que le cordonnier et l'architecte en ont. Mais Aristote ne comprend pas la régularité de cette égalité puisqu'elle est fondée sur une valeur d'usage relative à chaque sujet. Ce n'est qu'avec la distinction établie par Adam Smith entre la valeur d'usage et la valeur marchande qu'on peut parvenir à comprendre la commune mesure qui unifie tous les travaux. Dans les *Recherches sur la nature et les causes de la richesse des nations*, Smith démontre que c'est le travail qui est la source de la valeur marchande, et par conséquent de toute richesse :

> La *valeur* d'une denrée quelconque pour celui qui la possède et qui n'entend pas en user ou la consommer lui-même, mais qui a l'intention de l'échanger pour une autre chose, est égale à la quantité de *travail* que cette denrée le met en état d'acheter ou de commander. Le *travail* est donc la mesure réelle de la valeur échangeable de toute marchandise [4].

1. Jacques Le Goff, *Pour un autre Moyen Âge : temps, travail, culture en Occident*, Paris, Gallimard, 1977.
2. Expression de Karl Marx dans *Le Capital, op. cit.*, livre I, chapitre 5.
3. Aristote, *Éthique à Nicomaque, op. cit.*, livre V, chapitre 5.
4. Adam Smith, *Recherches sur la nature et les causes de la richesse des nations* (1776), I, 5, trad. G. Garnier, Paris, Flammarion, 1991, p. 99.

C'est en fonction de l'intensité du sacrifice présente dans l'activité du travail que le produit reçoit une certaine valeur. Il n'est plus question de fonder la valeur du travail sur le besoin auquel il répond, mais bien sur la quantité d'énergie requise à la production de l'objet. Or, ce qui permet de comparer l'ensemble des travaux, c'est bien la réduction des activités productives à leur dimension de pur labeur, de dépense énergétique – d'où l'exportation possible du concept de travail économique vers le domaine de la mécanique.

Le travail met d'emblée le travailleur dans une situation de commerce : les hommes doivent échanger leur labeur afin de se procurer les denrées nécessaires à la vie, de sorte que tout travailleur doit toujours être en même temps le commerçant de son propre travail. Par ma sueur, je peux acheter le produit d'un autre travailleur qui représente la même quantité de sueur. Finalement, le produit de mon travail est une manière de commander le travail des autres : la valeur de la marchandise, c'est ce qui permet d'acheter le travail d'autrui. Pourtant, on a pu reprocher à Smith d'identifier hâtivement la quantité de travail contenue dans la marchandise et la quantité de travail qu'une marchandise permet de commander : l'objection de Ricardo [1] met le doigt sur les facteurs de productivité qui permettent de produire en moins de temps un même objet et souligne ainsi le décalage qu'il peut exister entre deux objets identiques qui auront le même prix marchand sans contenir la même quantité de travail.

Cette hésitation recoupe en fait l'ambiguïté de ce qui fait réellement la valeur du travail : soit on considère l'effort dépensé ou épargné dans l'activité de travail, soit on considère le résultat de l'activité transformatrice. Mais dans l'un et l'autre cas, ce qui fonde l'unité et la valeur du travail se fait en dehors du travail lui-même, car l'effort dépensé n'est visible et appréciable qu'en tant qu'il est concentré dans le produit final. On comprend par là la déconsidération que Smith a pour le travail improductif : « le travail du domestique ne se fixe ou ne se réalise sur aucun objet, sur aucune chose

1. David Ricardo, *Des principes de l'économie politique et de l'impôt* (1817), chapitre 1, trad. C. Soudan, Paris, Flammarion, 1993, p. 64-68.

qu'on puisse vendre [1] ». Il n'y a que la production réelle qui puisse rendre visible le travail et le valoriser, ce qui revient à dire que le travail n'a de valeur que par autre chose que lui-même – son produit. La valeur du travail ne peut apparaître qu'une fois le produit fini, qu'une fois que l'activité laborieuse a cessé. On peut dès lors affirmer que cette première revalorisation du travail est en fait la valorisation des produits du travail et non de l'activité laborieuse en elle-même. Le travail ne peut être réel que s'il est tout entier dirigé vers le marché, destiné à être échangé sous forme de marchandise. Le travail-processus doit disparaître dans le travail-produit pour qu'il puisse être valorisé : la valeur du travail ne peut se donner qu'en dehors du temps de travail, en dehors de l'activité qui n'a pas elle-même de valeur. Ce qui revient à dire que l'abstraction du concept de travail trouvée originellement dans le labeur du processus s'efface au profit de la marchandise : l'unité du concept du travail se fonde dans ce qu'il n'est pas, à savoir son produit.

Valorisation du travail comme essence de l'homme

En lieu et place d'une valorisation du travail par le résultat de cette activité, il y a toute une tradition qui voit dans le travail l'activité propre de l'homme, par laquelle il se différencie des autres animaux et accède à son humanité. Dans son rapport aux choses extérieures qu'il transforme, l'homme se caractérise d'abord par la conscience de son projet. C'était dans l'optique de Marx, ce qui rendait le travail de l'homme incomparable aux meilleurs ouvrages de l'abeille. Du fait de la précédence de la représentation sur l'action, l'homme sent qu'il sort de lui une partie de son être pour l'extérioriser, pour le faire passer du statut de ce qui est seulement idéel à ce qui sera réel. « Travailler » signifie bien une « réalisation de soi » au sens ontologique : toute la littérature qui voit dans le travail un moyen de s'accomplir et de s'épanouir se fonde en fait sur l'idée que le travail *réalise* une pensée dans une œuvre.

1. Adam Smith, *Recherches sur la nature et les causes de la richesse des nations, op. cit.*, I, 1, 2.

Une telle conception du travail place la relation à la nature et à la matière au cœur de sa définition : l'objet de travail apparaît pour la conscience laborieuse comme ce qui doit changer de forme, ce à quoi il faut se rapporter comme une altérité pure – comme ce qui n'est pas moi et sur quoi je dois laisser ma trace, que je dois m'approprier. Aux yeux de Hegel, pour l'homme qui travaille, la nature apparaît comme l'autre, comme ce qu'il n'est pas et c'est la conscience de cette différence qui spécifie l'humain en général : « l'essence de l'esprit consiste en ceci qu'il se trouve opposé à une nature, combat cette opposition et revient à soi-même en tant que vainqueur de la nature [1] ». L'esprit de l'homme ne peut pas s'en tenir à rester en lui-même : il ne prend conscience de lui que dans l'action transformatrice, et en particulier dans l'action du travail qui nie l'altérité de la nature en lui donnant une nouvelle forme – sa forme.

Cette histoire de la liberté humaine s'exprime symboliquement dans la dialectique du maître et de l'esclave que Hegel développe dans *Phénoménologie de l'esprit* [2], où l'un et l'autre exposent leur liberté en luttant à mort pour la reconnaissance de l'autre. Mais ce qui va renverser la domination du maître sur l'esclave, c'est précisément le fait que l'esclave est « au travail » : d'un côté, le maître vit dans le luxe de l'immédiateté car les choses viennent à lui sous une forme dont il peut jouir sans besoin de la transformer : l'esclave lui apporte ce dont il a besoin. Sa jouissance a le sens d'une « négation » de la chose en tant qu'il peut la consommer immédiatement. À l'inverse, l'esclave est celui qui doit fournir le travail nécessaire pour donner aux choses la forme adéquate : lui « se rapporte aussi négativement à la chose [3] », mais il ne peut pas les supprimer de manière immédiate, il doit *travailler*. Le travail est l'activité par laquelle il concentre ses efforts pour façonner les choses, pour réduire l'extériorité première

1. Hegel, « Conférence d'Iéna du semestre de l'été 1803 », in *Gesammelte Werke*, t. 5, 2020, p. 370.
2. Hegel, *Phénoménologie de l'esprit*, IV, A, trad. G. Jarczyk et P.-J. Labarrière, Paris, Gallimard, 1993.
3. *Ibid.*, p. 196.

du monde. L'esclave reçoit de son travail une forme d'indépendance. De son côté, le maître ne connaît pas l'extériorité : les choses se donnant immédiatement à lui, il devient en fait dépendant du travail de son esclave. Les rôles s'inversent : le maître devient l'esclave de l'esclave, et l'esclave devient le maître du maître : « Dans le Monde naturel, donné, brut, l'Esclave est l'esclave du Maître. Dans le Monde technique, transformé par son travail, il règne – ou du moins régnera un jour – en Maître absolu [1]. »

Dans cette dialectique, le travail représente la possibilité pour l'esprit de produire son monde et de se libérer de la servitude de la nature. Le maître ne le peut pas car son rapport au monde est médiatisé par le travail d'un autre : *id est*, par son absence de travail. Il vit dans l'illusion d'une liberté qui s'inverse en fait en servitude puisqu'il dépend de l'esclave pour satisfaire ses besoins. De son côté, la liberté du travailleur se caractérise par le retardement du désir : au lieu de le placer dans la consommation immédiate, le travail repousse l'échéance du désir afin de l'élaborer et de donner à la chose la forme adéquate. En ce sens, on peut dire que le travail demande une abnégation du caractère pressant du besoin, ou encore une certaine négation de soi pour s'affirmer comme un être au travail : la patience que le travail demande est le temps nécessaire à la libération des contraintes naturelles, et en retardant le besoin, l'homme au travail dépasse sa condition animale. La puissance du travail devient quelque chose de valeureux en soi : le travail est une liberté créatrice.

Cette valorisation du travail qui mérite par lui-même qu'on s'y adonne conduit à y voir non seulement une réalisation de soi, mais aussi une source de joie. On trouve dans les écrits de Marx un passage qui exprime ce que devrait être la réalité de l'expérience du travail :

> Supposons que nous produisions comme des êtres humains : chacun de nous s'affirmerait doublement dans sa production, à l'égard de soi-même et de l'autre. Dans ma production, je réaliserais mon individualité, ma particularité ; j'éprouverais, en travaillant, la jouissance d'une manifestation

1. Commentaire d'Alexandre Kojève dans *Introduction à la lecture de Hegel*, Paris, Gallimard, 1947, p. 28.

> individuelle de ma vie, et dans la contemplation de l'objet, j'aurais la joie individuelle de reconnaître ma personnalité comme une puissance réelle, concrètement saisissable et échappant à tout doute. Dans ta jouissance ou ton emploi de mon produit, j'aurais la joie spirituelle de satisfaire par mon travail un besoin humain, de réaliser la nature humaine et de fournir au besoin d'un autre l'objet de sa nécessité. J'aurais conscience de servir de médiateur entre toi et le genre humain, d'être reconnu et ressenti par toi comme un complément à ton propre être et comme une partie nécessaire de toi-même, d'être accepté dans ton esprit comme dans ton amour. J'aurais, dans mes manifestations individuelles, la joie de créer la manifestation de ta vie, c'est-à-dire de réaliser et d'affirmer dans mon activité individuelle ma nature, ma sociabilité humaine. Nos productions seraient autant de miroirs où nos êtres rayonneraient l'un vers l'autre [1].

La supposition initiale doit être prise au sérieux car Marx n'estime pas que cette description du travail soit valable dans la société où il écrit : il imagine l'essence du travail en dehors de ses conditions concrètes d'organisation, à savoir en dehors du capitalisme et du salariat où le travailleur n'est pas maître de son activité. Si le travail permet de nous réaliser, c'est à deux niveaux qu'il faut l'entendre : le travail me réalise en tant qu'il réalise ma singularité, mais aussi en tant qu'il réalise mon appartenance au genre humain.

Le premier niveau s'explique en considérant l'objet fabriqué comme *ma* production : le travail réalise mon individualité qui se reconnaît dans ce qu'elle produit et obtient le sentiment de ne pas exister qu'en soi-même, mais aussi au-dehors, dans les choses qui portent ma marque. C'est l'idée selon laquelle la conscience de soi, tant qu'elle reste au niveau de l'introspection et du sentiment intérieur, a quelque chose d'irréel, voire d'incertain : le travail permet de rendre la conscience de soi concrète, saisissable et certaine par l'objectivité qu'elle acquiert en se faisant objet. Par le travail, l'homme devient enfin ce qu'il est supposé être.

Le second niveau amène une considération supplémentaire : le travail procure une nouvelle joie dès lors qu'il permet de satisfaire

1. Karl Marx, « Notes de lecture », *Économie et Philosophie*, in *Œuvres*, t. II, Paris, Gallimard, « Bibliothèque de la Pléiade », 1979, p. 22.

les besoins d'un autre. On y obtient la satisfaction de se sentir utile à celui qui profitera de son travail au point qu'on devient « un complément » pour l'existence d'autrui, voire une condition nécessaire. Il dépend de notre travail tout comme nous dépendons de son travail : la reconnaissance de cette interdépendance ne peut que conduire à produire un sentiment de solidarité et la conscience d'appartenir à quelque chose qui nous dépasse – d'appartenir à l'humanité. La luminosité qui se dégage de l'image finale (« autant de miroirs où nos êtres rayonneraient l'un vers l'autre ») ne peut que renforcer l'idée que, par le travail, ce n'est pas uniquement l'homme qui se réalise, mais l'humanité tout entière.

Faire du travail ce qui permet à l'homme de rendre sa liberté effective, c'est donner à cette activité une valeur qu'elle n'avait encore jamais eue : le travail n'est plus seulement désirable en vue des biens qu'il produit, mais aussi et surtout en lui-même, parce qu'il est une activité qui décrit la manière d'être de l'homme, comment il se rapporte à la nature, s'en libère et accomplit son humanité. Cependant, on peut s'interroger sur la compatibilité de ces deux couches de signification : peut-on dire en même temps que le travail vaut pour lui-même et qu'il vaut par son produit sans amener des logiques de valorisation contradictoires [1] ? Cette question est celle de la division du travail qui, par son gain de productivité, permet de valoriser le travail en tant qu'il devient plus productif mais amène dans le même instant une scission dans l'activité du travailleur, qui perd alors l'unité de son processus : comment pourrait-on encore se réaliser comme individu dans une activité fragmentée ?

De la division du travail au travailleur divisé

La question de la division du travail est sûrement aussi récente que le concept moderne de travail. L'impératif de la productivité

1. Thèse centrale de Dominique Méda, *Le Travail : une valeur en voie de disparition*, *op. cit.*

qui permet de valoriser le travail dans la perspective de Smith amène à interroger l'organisation sociale du travail. En toute rigueur, on ne peut parler de « division » du travail qu'à condition de considérer au préalable que le travail forme un « tout » : c'est la dimension sociale de la richesse produite qui conduit Smith à penser les bienfaits de la division du travail. De plus, cette organisation économique s'enracine dans une « disposition naturelle des hommes à trafiquer et échanger » et permet à Smith de montrer la naturalité du processus de spécialisation. Mais il faut noter que la condition logique de la division du travail consiste à affirmer la divisibilité de ce même travail : ce n'est que parce que le travail est divisible en *opérations* que la division du travail peut être efficace. Cette condition est elle-même conditionnée par la possibilité de considérer le travail dans son abstraction de labeur – labeur qui n'a pas besoin d'être conscient de l'ensemble des tâches qui conduisent à produire un objet. Dès lors, on peut déjà apercevoir en quoi la valorisation du travail par sa productivité est en flagrante contradiction avec l'idée que le travailleur peut se réaliser dans son produit.

Adam Smith voit dans cette division des tâches un triple gain de productivité : premièrement, les travailleurs gagneront en habileté individuelle puisque la répétitivité de la tâche à laquelle ils sont affectés accroît la performance de leur geste ; deuxièmement, la division économise le temps perdu à passer d'une tâche à une autre : le travailleur n'a plus à transformer son attention, à changer ses outils et son geste – temps mort de la production précisément en tant qu'il n'est plus productif – ; troisièmement, la division du travail encourage l'invention de nouvelles machines qui pourront faciliter le geste, voire le remplacer tout à fait. Il s'ensuit qu'il n'est plus besoin de disposer d'une main-d'œuvre qualifiée, en raison de la simplicité des opérations. C'est d'ailleurs cette « simplicité » qui rendra possible le travail des enfants : rien de plus facile que de faire le contrepoids d'un piston dans la fabrique d'épingles que Smith décrit au début de son ouvrage. Si l'on peut aujourd'hui s'émouvoir face à une organisation du travail qui autorise le travail des enfants, il faut également y voir une infantilisation du travail de l'adulte. Smith lui-même semble en avoir été conscient :

> Un homme qui passe toute sa vie à accomplir un petit nombre d'opérations simples, dont les effets sont peut-être aussi toujours les mêmes ou presque, n'a point d'occasion d'employer son intelligence, ou d'exercer ses capacités inventives à trouver des expédients pour surmonter les difficultés. Il perd naturellement l'habitude d'un tel effort et devient généralement aussi bête et ignorant qu'une créature humaine peut le devenir [1].

En promouvant l'équivalence qualitative de toutes les opérations du travail, l'activité du travailleur perd toute sa créativité, la répétitivité de la tâche le conduit à perdre de vue la finalité du labeur : destiné à être absorbé dans la somme du labeur d'autrui, l'objet du travail semble presque disparaître dans le flux de la production générale. Le travail tel qu'il se présente dans l'industrie, par la parcellarisation et la rationalisation des tâches qu'elle organise, permet incontestablement un gain non négligeable de productivité, mais engage dans le même instant la disparition des « métiers ». Combinant et rassemblant les opérations du travail dans l'unité d'un sujet, le travail artisanal ne peut plus rivaliser avec la productivité du travail divisé.

On peut cependant comprendre la division du travail d'un point de vue tout autre : puisque le travail est réduit à sa vérité de pur labeur, il est inévitable que l'ouvrier ait la volonté de s'abstraire le plus possible de cette activité, conçue comme pénible. La flânerie et la paresse se donnent comme des comportements prévisibles et compréhensibles de la part des travailleurs. Pour remédier à cela, l'entrepreneur Taylor estime qu'il faut davantage diviser la production afin de créer un cadre plus transparent à la surveillance des paresseux. Dans les *Principes d'organisation scientifique des usines* [2], il

1. Adam Smith, *Recherches sur la nature et les causes de la richesse des nations*, *op. cit.*, V, 1, p. 441.
2. Frederick Taylor, *Principes d'organisation scientifique des usines*, Paris, Dunod et Pinat, 1912.

expose les grandes lignes d'une nouvelle « organisation scientifique du travail » (OST) : en analysant le plus rigoureusement les opérations et les techniques de travail et en établissant un mode opératoire qui définit le séquençage optimal des tâches, Taylor souhaite achever la rationalisation qui a eu lieu tout au long du XIXe siècle. La division qu'il appelle de ses vœux comporte à la fois une dimension verticale et une dimension horizontale : verticale en tant qu'il faut séparer le temps de la conception et le temps de l'exécution, qui offre un meilleur encadrement des ouvriers et une plus grande transparence ; horizontale en tant que le séquençage de l'exécution est dorénavant chronométré et cantonne strictement chaque ouvrier à sa tâche, ce qui permet de repérer immédiatement le lieu où la chaîne de production ralentit.

Henri Ford ajoutera une fonction supplémentaire à cette organisation : en standardisant les pièces fabriquées, la production en masse gagne en productivité et trouve beaucoup plus facilement des débouchés. La stimulation de la production ne s'envisage plus seulement en amont, mais aussi en aval, au point que Ford a l'idée de mettre en place le principe du « *Five dollars a day* », dont le but déclaré est, en augmentant le salaire des ouvriers, de leur permettre d'acheter leur propre production – modification qui pourrait se lire comme un retour au besoin de se reconnaître dans son travail. Cependant, cette décision reflète en réalité une stratégie économique : l'augmentation de salaire exprime la volonté d'éviter un renouvellement constant de la main-d'œuvre qui, certes, ne nécessite pas une grande qualification, mais demande à chaque fois de se réadapter à la cadence de la chaîne de production.

Il ne faut pas croire que ces modes d'organisation du travail ne sont que des « modes » aujourd'hui éculées. On retrouve la logique initiale d'éclaircir l'espace de production dans le modèle ohnien que Taiichi Ohno installe dans les usines de Toyota, mais certaines données changent : premièrement, par la plurispécialisation, on invite les ouvriers à changer régulièrement de poste, ce qui permet un contrôle permanent de la qualité de la production et enlève aux ouvriers la possibilité de se retirer, de se mettre en retrait – le travailleur est sans cesse mobilisé – ; deuxièmement, le critère du fonctionnement correct de l'usine est celui d'une absence de stock. Tout doit fonctionner en « flux tendu », c'est-à-dire que la méthode de production inverse de bout en bout la logique productive, comme l'explique Benjamin Coriat dans *Penser à l'envers*[1] : ce n'est plus l'aval qui dépend de l'amont, mais l'inverse, afin de faire dépendre le rythme productif du carnet de commandes. Face au déséquilibre, le seul remède consiste à licencier et réembaucher au gré de la demande des consommateurs. En réorganisant l'espace productif toujours réagençable, l'usine invente un espace pragmatique qui localise et distribue les outils et les hommes en fonction des objectifs de la journée. L'espace de travail est comme décomposé en unités de position dans lesquelles l'homme doit sans cesse naviguer : la *fluidité* de la production exige une *liquidité* du travailleur qui redouble sa permanente mobilisation.

Faut-il voir dans ce nouveau trait du travail organisé la vérité du processus de la division du travail ou bien seulement une forme pathologique et accidentelle ? Du concept abstrait de travail à la liquidité du travailleur, faut-il considérer que la conséquence est inévitable ? En effet, la « liquidité » est la qualité de ce qui peut changer indéfiniment de forme pour s'adapter à chaque situation, et l'abstraction du concept de travail lui donne cette généralité protéiforme et dépersonnalisée. Le travail n'est qu'une dépense d'énergie finalisée, mais dont la finalité échappe à celui qui travaille : l'ouvrier doit se mettre à disposition de l'appareil productif, d'où la nécessité d'être « liquide » – infiniment adaptable. En réduisant la psychologie du travail à un labeur productif collectif, c'est bien le sujet du travail qui disparaît dans l'objectif de la production. Ce n'est pourtant pas ce qu'estime Durkheim : dans *De la division du travail social*, qui paraît l'année où Taylor met en place ses nouvelles usines, le sociologue estime que la répartition des tâches amène un

1. Benjamin Coriat, *Penser à l'envers : travail et organisation dans l'entreprise japonaise*, Paris, Bourgois, 1991.

nouveau type de solidarité qu'il nomme « organique », en ce sens que chacun est amené à coopérer avec les autres sans pour autant s'identifier au groupe. Contrairement à la solidarité mécanique où le sujet partage un état de conscience commun à tout le groupe, la solidarité organique implique l'émergence de la personnalité [1]. Reste à savoir si les formes qu'ont prises les différentes divisions du travail sont toutes pathologiques ou s'il en existe des normales, auquel cas on pourrait réguler les anomalies et cumuler le double impératif de la productivité et de la réalisation de soi au travail.

Le travail, l'homme, la machine

Le problème doit s'envisager différemment selon que la division du travail a lieu entre les différents secteurs d'activité ou à l'intérieur d'un même secteur. Même si Adam Smith réduit la différence en montrant que le double mouvement de division obéit au même principe, on peut constater que le rapport au produit du travail n'est pas le même dans les deux cas. C'est ainsi que Marx mène sa critique de la division du travail. Il explique qu'il n'y a pas de division « subjective » dans la spécialisation des différents secteurs d'activité, alors que le principe de division à l'intérieur de l'atelier prive le travailleur de sa marchandise :

> Qu'est-ce qui constitue le rapport entre les travaux indépendants de l'éleveur de bétail, du tanneur et du cordonnier ? C'est que leurs produits respectifs sont des marchandises. Et qu'est-ce qui caractérise au contraire la division manufacturière du travail ? C'est que les travailleurs parcellaires ne produisent pas de marchandises [...]. Le rapport d'ensemble des travaux partiels de la manufacture a pour condition la vente des différentes forces de travail à un même capitaliste qui les emploie comme force de travail collective. La division manufacturière du travail suppose une concentration de moyens de production dans la main d'un capitaliste ; la division sociale du travail suppose leur dissémination entre un grand nombre de producteurs marchands indépendants les uns des autres [2].

1. Émile Durkheim, *De la division du travail social* (1893), Paris, Puf, 2013, p. 101.
2. Karl Marx, *Le Capital*, livre I, chapitre 14, *op. cit.*, p. 262.

Le séquençage des tâches fait que le produit d'un ouvrier n'est pas échangeable : ce n'est pas une marchandise, mais un morceau de marchandise qui n'a pas de valeur véritable. Le travailleur ne produit *rien*, ou plutôt il n'a pas l'impression de produire de la valeur – comble de la contradiction d'un travail qui n'est justement valorisé que par la valeur qu'il génère [1]. C'est dans ce sens que vont les analyses de Georges Friedmann quand il décrit l'émiettement du travail : le travailleur n'a plus l'impression de participer à l'œuvre finie, la dépersonnalisation qu'il connaît est le fait de celui qui a « conscience de ne jamais pouvoir achever une tâche, de ne jamais pouvoir, en prenant du recul, se dire qu'il a réalisé quelque chose, lui-même, et qu'il l'a bien fait [2] ». Il n'y a plus de « bons » ou de « mauvais » gestes, il n'y a plus qu'une quantité de gestes à faire. Par la description qu'il fait du travail émietté, Friedmann donne le coup d'envoi de ce que seront la sociopsychologie et plus tard la psychodymanique du travail. Cependant, s'il s'en tient à un niveau purement descriptif du psychisme du travailleur sans l'insérer explicitement dans une théorie de l'aliénation, Marx, quant à lui, tente d'en donner l'origine : c'est la concentration du capital qui conduit à dévitaliser le travail.

La concentration du capital signifie pour le travailleur qu'il ne détient pas les moyens de production, que c'est un autre qui a les outils de son travail, et c'est pour cette raison qu'il doit vendre sa force de travail au capitaliste contre un salaire dont le montant est déterminé par le temps nécessaire qu'il faudra pour récupérer ses forces après la besogne. Pour que l'échange intéresse le capitaliste, il faut qu'il puisse capter pour lui une part de la valeur que le travail aura créée, ce que Marx appelle le « surtravail » et qui est le support de l'exploitation des prolétaires : on travaille plus que ce qu'il faut

1. On peut citer la fameuse remarque que Jean-Baptiste Say adresse à Adam Smith à propos de la manufacture d'épingles : « C'est un triste témoignage à se rendre que de n'avoir jamais fait que la dix-huitième partie d'une épingle », *Traité d'économie politique*, 1803.

2. Georges Friedmann, *Le Travail en miettes : spécialisation et loisirs* (1956), Paris, Gallimard, 1964, p. 249.

pour produire notre subsistance, mais le salaire ne nous donne que l'équivalent de notre subsistance.

La concentration du capital n'implique pas seulement l'exploitation du travailleur, elle prend aussi le sens de son épuisement à cause de la nature du capital : l'apparition des machines et la généralisation de leur usage amènent un nouveau type d'aliénation, propre à l'industrie. Il y a dans le passage de l'outil à la machine quelque chose qui change radicalement la nature du travail vécu. Certes, le travail ne peut pas se passer d'outils pour mener à bien sa transformation de la matière : l'homme produit des intermédiaires qui lui permettent de mieux produire, d'augmenter sa productivité, rendant ces intermédiaires nécessaires et bénéfiques. Mais la machine n'est pas qu'un outil plus performant : bien qu'elle combine plusieurs outils et paraisse pour cela n'être qu'un outil plus complexe, elle détient une unité supplémentaire dans le principe de son mouvement. La machine a un mouvement propre qui n'est pas la reproduction d'un mouvement humain puisque sa source d'énergie est découplée de la force de travail : voilà ce qui donne à la machine l'apparence d'un « automate », d'un mouvement autonome et perpétuel. Son mécanisme consiste en la configuration de solides en mouvement tel que le mouvement n'abolit pas la configuration : la machine est un assemblage de parties avec une restauration périodique des mêmes rapports entre les parties ; elle obéit à une double logique de solidarité des parties et de déformation d'un mouvement. Cette définition minimale du fonctionnement de la machine ne dit pourtant rien de l'origine du mouvement initial : il faut bien en appeler à l'activité humaine en tant qu'elle actionne le mécanisme et doit ensuite se conformer au rythme du mouvement mécanique. Là où l'outil n'a de mouvement que par le mouvement analogue que lui fournit la main, la machine produit un mouvement incommensurable avec celui de l'homme. Ce changement de structure dans l'instrument de travail a pour conséquence que le rythme de travail est imposé par la machine et non plus par l'homme, qui doit dorénavant suivre la cadence. Non seulement il n'est plus maître de son produit à cause de la division des tâches, mais il n'est plus maître de sa propre tâche à cause de la temporalité mécanique à laquelle il doit se plier.

On trouve dans les écrits de Simone Weil la description de ce changement de cadence : l'ouvrier est réduit à n'être qu'une pure force d'activation de la machine et devient pour cela l'outil de l'outil. Il doit la mettre en marche, la suivre, la réparer si besoin, mais son travail n'a plus de commune mesure avec le produit de son travail. En plus de ne plus produire de marchandise réelle, mais seulement une fraction de marchandise, en plus de perdre la mesure du rythme de travail et de se sentir expulsé de sa propre activité, le travailleur connaît une dévitalisation de son propre corps, réduit à n'être qu'un corps sans esprit : qu'y a-t-il de comparable entre la main vivante du laboureur qui, tenant le manche de sa bêche, imprime à la terre le mouvement qu'il transmet à l'outil, et la main qui n'est plus habitée par le projet d'un geste conscient, réduite à la répétitivité d'une opération machinique, et peut tout ignorer de ce que fait la machine ? L'absence de pensée, l'absence de spiritualité dans le travail devient la condition *sine qua non* de la réussite de la tâche : celui qui pense trop, qui laisse son esprit vagabonder ratera indubitablement son geste [1]. Or, d'un geste qui réussit uniquement s'il est dépourvu d'esprit, nous pouvons le dire mécanique : le corps humain devient dans la grande industrie une machine supplémentaire dans la machinerie générale.

Si le passage de l'outil à la machine change l'expérience du travail au point de détruire le sujet de cette expérience, faut-il voir dans le passage à l'ère de l'information et du numérique une continuité ou une rupture avec l'expulsion du travailleur de son travail ? Les nouvelles technologies de travail n'exigent plus la répétitivité et la mortification du geste, bien au contraire, elles exigent davantage de présence humaine et leur interaction : en confiant à la machine elle-même le pouvoir de commande et de contrôle, il ne reste qu'à l'homme le pouvoir de supervision et de décision, pouvoir dans lequel on exige de lui plus d'esprit et moins de corps.

1. Voir le commentaire sur Simone Weil, « Synthèse de la conception du travail dans *La Condition ouvrière* », p. 171.

Aujourd'hui, la réalité du travail concerne autant la production industrielle que l'économie de service, qui se passe principalement derrière un écran : l'homme n'a plus directement la main sur le processus productif, mais seulement sur le système technique qui assure ce processus. Doit-on voir dans ce changement un retour de l'humain dans le travail ou, au contraire, l'éloignement définitif et acté des hommes face aux produits de leur travail ? L'activité d'entreprise telle qu'elle apparaît dans *Par-dessus bord* de Michel Vinaver semble faire pencher la balance du côté de la seconde branche de l'alternative : le monde de l'usine n'existe plus que dans le discours, renvoyant à un lieu hors scène ; le travail productif n'est qu'un objet d'étude, de sondage, de brainstorming ; que l'usine suive les exigences de production et que les stocks s'écoulent à temps, voilà les seules préoccupations que les personnages ont vis-à-vis de leurs produits. C'est que le travail a changé d'objet avec le management, la tertiarisation de l'économie, le marketing, l'événementiel, la communication. Faut-il en conclure que la réalité du travail a été transformée en profondeur ou bien n'est-ce qu'un changement superficiel, qui conserve les traits essentiels de ce qu'est le travail ?

Débats autour de la centralité et la fin du travail

Les dernières révolutions techniques avec la microélectronique, la robotique, ramènent sur le devant de la scène la question de l'avenir du travail humain : d'un côté, le recul certain du travail productif, eu égard aux gains de productivité, laisse penser la possibilité d'une « fin du travail » ; d'un autre côté, on continue de faire du travail le lieu d'un épanouissement personnel, de réalisation de soi, voire le lieu de la construction de son identité comme on peut le voir dans les attentes intenses que les jeunes et les chômeurs cristallisent autour de l'obtention d'un travail. Cette apparente contradiction entre les aspirations et la réalité révèle en réalité la place que le travail occupe dans nos sociétés : il n'est pas seulement ce qui occupe notre quotidien, il est aussi ce autour de quoi tournent nos vies, nos désirs, nos projets. Ces débats sur la centralité du travail ont ceci de curieux qu'ils n'ont pu émerger que sur fond de déclin du travail productif : c'est par sa raréfaction que le travail peut apparaître comme central, comme si son retrait était le mouvement nécessaire d'une prise de conscience de la place que nos sociétés lui accordent.

L'espoir que le travail puisse organiser la richesse mondiale s'est accompagné d'un mouvement général de rationalisation des activités humaines : tout est dirigé vers la production et l'administration de cette production, de sorte que la raison est réduite à sa fonction de calcul et d'évaluation de moyens en vue d'une fin. L'indicateur principal de la bien-portance d'un pays se lit dans la production intérieure brute (PIB) qui exige qu'on puisse traduire toute activité humaine en chiffres. L'expansion de cette raison instrumentale, qui était pour Weber la signature d'un « désenchantement du monde », devient pour Habermas le signe annonciateur d'une « fin historiquement prévisible des sociétés fondées sur le travail [1] » : en enracinant ses réflexions sur l'accroissement de la productivité du travail *via* le développement des techniques et les progrès de la science, Habermas perçoit dans le déclin du travail la survivance de la logique du travail, à savoir une rationalité instrumentale obsédée par l'efficacité et la gestion [2]. Dans son recul visible, le travail lègue un esprit invisible qui envahit l'espace public et politique : dans les temps modernes, gouverner ne consiste plus qu'à administrer des biens, organiser la production nationale, résoudre les problèmes d'un point de vue technique. La question ouverte par Habermas est alors celle de la nécessité de réinventer le fondement de nos sociétés et d'abandonner les utopies fondées sur le travail, pour lesquelles le travail portait la promesse d'une libération de l'humanité.

1. Jürgen Habermas, *Le Discours philosophique sur la modernité* (1985), trad. C. Bouchindhomme et R. Rochlitz, Paris, Gallimard, 1988, p. 97.

2. « Par "travail" ou activité rationnelle par rapport à une fin, j'entends ou bien une activité instrumentale ou bien un choix rationnel ou bien un mixte des deux : règles techniques, prévisions, stratégies », Jürgen Habermas, *La Technique et la science comme idéologie*, trad. J.-R. Ladmiral, Paris, Gallimard, 1973, p. 21.

C'est parfois avec un certain ton prophétique que de nombreux penseurs reprennent ce thème de la centralité et de la fin du travail : Claus Offe [1] estime que le travail ne peut plus jouer un rôle central dans l'intégration sociale ; André Gorz [2] affirme la nécessité de retrouver un sens au travail qui l'extirpe de sa logique marchande ; au colloque du Pirrtem, en 1992, des sociologues finissent par soutenir que le travail est une valeur historique ; il est une valeur « en voie de disparition » pour Dominique Méda [3], ce qui initie un débat houleux sur une possible « fin du travail », en lien avec le livre de Jeremy Rifkin, *La Fin du travail* [4]. Comment peut-on sérieusement croire qu'on serait en mesure d'en finir avec le travail ? Pour ces auteurs, il n'est évidemment pas question de penser que le travail est voué à disparaître, que le déclin du travail productif dans nos sociétés occidentales signerait la fin du travail productif en général : ce serait ignorer le phénomène mondial de délocalisation qui relaye à une partie du monde la tâche de produire pour tous. Cependant, on peut remarquer que la critique de la centralité du travail repose sur une contradiction fondamentale : elle présuppose que le travail était en réalité, et depuis toujours, réductible à une activité mécanique que le progrès technique est en droit de remplacer, alors que cette substitution fait souvent l'objet de cette même critique. L'idée d'une fin du travail ne serait alors que l'aboutissement théorique de ce que l'organisation scientifique du travail avait initié : en mathématisant tous les gestes du travailleur, on peut même en venir à penser le corps humain sur le modèle d'une machine qu'il faut apprendre à gérer – le développement des ressources humaines étant le dernier stade de l'organisation du travail où l'on apprend à gérer ce qui reste de biologique dans le travail.

La contradiction devient encore plus flagrante quand on considère que l'abstraction du travail s'est faite sur l'idée d'un métabolisme biologique réductible à un pur labeur : le travail est

1. Claus Offe, *Disorganized Capitalism*, Cambridge, The MIT Press, 1985.
2. André Gorz, *Métamorphoses du travail, quête de sens*, Paris, Galilée, 1988.
3. Dominique Méda, *Le Travail : une valeur en voie de disparition, op. cit.*
4. Jeremy Rifkin, *La Fin du travail*, trad. P. Rouve, Paris, La Découverte, 1997.

dorénavant une activité expulsée du corps humain, indépendante de tout corps vivant comme si l'homme avait évacué la nécessité physiologique du travail dans la machine. Cela signifie-t-il que le progrès technique a permis de libérer l'humanité du fardeau séculaire du travail et de l'élever au-dessus des nécessités biologiques de son corps ? Pour Arendt, ce serait une erreur de le croire :

> Le danger de l'automatisation future est bien moins la mécanisation tant déplorée de la vie naturelle que le fait qu'en dépit de son artificialité toute la productivité humaine serait aspirée par un processus vital énormément intensifié et s'ensuivrait automatiquement, sans labeur et sans effort, le perpétuel cycle naturel. La cadence des machines ne pourrait qu'accélérer la cadence naturelle de la vie [...] [1].

On n'échappe pas à son métabolisme : même si l'automatisation donne la direction d'un allègement du poids du travail, le rythme de production impose à la société un rythme de consommation. Pour celui qui envisage le travail comme métabolisme, production et consommation ne sont que le revers de la même pièce, et loin de considérer les évolutions du monde du travail comme une libération de la nécessité naturelle, Arendt y voit une intensification de notre soumission. À la manière de Lubin qui, au début de chaque mouvement de *Par-dessus bord*, vient offrir « quelque chose de sensationnel » à Mme Lépine qui n'a pas encore écoulé le stock précédent, la production effrénée propose sans cesse aux consommateurs de nouvelles « sensations » et fait résonner la cadence des machines bien au-delà des usines, jusque dans nos corps à entretenir. La perspective ouverte par l'automatisation est à la fois celle d'une « société de travailleurs sans travail » et celle d'une société rivée sur la consommation. Pour Arendt, il est urgent de dénoncer l'idée que l'essence de l'homme se joue dans le service qu'il rend à la société par son travail : le primat du travail ne donne que l'illusion de former une communauté, quoi qu'en dise Smith quand il fait du

1. Hannah Arendt, *Condition de l'homme moderne*, *op. cit.*, chapitre III : « Le travail », p. 182-183.

travail le ciment de la sociabilité des hommes. En raison de sa dimension biologique, le travail réduit les hommes à un niveau infra-humain, car leur activité ne permet pas réellement d'interagir avec autrui, mais seulement avec ses produits, avec des marchandises consommables et périssables. La socialité du travail est en fait accidentelle par rapport à la propriété fondamentale du travail d'asservissement des forces du corps à la satisfaction des besoins organiques.

Finalement, les débats sur la centralité et la fin du travail réactualisent nos questions préliminaires : qu'est-ce qui se joue pour l'homme dans le travail ? La transformation d'un donné pour lui imposer une forme qui sera utile à sa vie permet-elle de caractériser le travail comme une libération de la nature ou comme sa soumission ? L'idée qu'il puisse y avoir un travail aliéné, que ce soit par la concentration des moyens de production dans les mains d'un seul homme ou par la division technique du travail et la généralisation des machines, suppose en même temps qu'il peut exister un travail libre dans lequel l'homme pourrait prétendre accomplir son humanité. Or, la question qui fait maintenant surface est celle de savoir s'il est bon de considérer le travail comme un trait définitoire de l'humanité, eu égard à la forme qu'il a pris aujourd'hui : ou bien la forme actuelle du travail est pathologique, auquel cas on est en droit d'espérer que l'humanité se réalise par le travail une fois débarrassée de toutes ses aliénations ; ou bien le travail est par nature aliénant, auquel cas il ne faut plus estimer qu'il constitue l'essence de l'homme et c'est en dehors de cette activité qu'il faut chercher à se réaliser. L'alternative ne doit pas représenter un carrefour où chacun doit décider la voie qu'il empruntera, mais plutôt une hésitation fondamentale qui découle de l'ambiguïté originelle de la notion de travail.

Métamorphoses du travail [1]

Cette ambiguïté, nous la retrouvons dans l'appel à la « libération du travail », selon qu'on considère le génitif comme subjectif ou objectif : à savoir respectivement comme une émancipation qui aura lieu *dans* et *par* le travail, ou bien au contraire comme l'objet dont il faut se libérer. Cette hésitation n'est pas seulement un jeu linguistique : elle se repère déjà dans les écrits de Marx, où le travail est dans sa forme abstraite le vecteur de la libération de l'humanité et dans sa forme historique le lieu de l'oppression capitaliste qu'il faut renverser. Comment pourrait-on encore soutenir aujourd'hui une libération *par* le travail tout en accusant le déclin de cette activité, eu égard aux gains de productivité ? Ou bien l'économie doit assumer son productivisme en maintenant le niveau général de travail afin de tenir sa promesse de libération ; ou bien il faut renoncer à l'idée de libération *par* le travail et proposer aux hommes un autre paradigme pour s'accomplir – abandonnant par là définitivement les glorifications du travail (Smith, Hegel ou Marx) qui soutiennent théoriquement sa centralité dans nos sociétés.

Ne peut-on pas alors profiter de l'ambiguïté constitutive du terme « travail » pour résoudre ce paradoxe ? C'est ce que tente de faire le philosophe André Gorz en tenant une double thèse qui affirme tour à tour les deux branches de l'alternative, mais en séparant nettement deux sens du terme « travail » qu'il ne faut plus superposer : il soutient d'une part qu'il faut se libérer *du* travail (dans le sens du génitif objectif) – « travail » désignant ici le travail qu'on a, le travail au sens économique dont la forme historique conduit à déposséder le travailleur de son activité – ; il soutient d'autre part qu'il faut se libérer *dans* le travail (dans le sens du génitif subjectif) – « travail » désignant cette fois-ci l'activité qui donne sens à l'existence humaine en tant qu'elle permet de se réaliser. L'erreur pour Gorz consiste à croire que la manifestation économique de

1. Reprise du titre de l'ouvrage fondamental d'André Gorz, *Métamorphoses du travail*, *op. cit.*

l'emploi livre la vérité de la notion de travail alors qu'il n'en est rien : il faut en finir avec l'idée de fonder la vie sociale sur le travail économique et redécouvrir le véritable sens du « travail » dans le temps libre où l'on entreprend des projets personnels et collectifs qui ne peuvent pas être récupérés par le domaine de la sphère marchande. Le geste théorique de Gorz consiste moins à choisir entre se libérer *du* travail ou se libérer *par* le travail qu'à libérer la notion même de travail du joug de l'économie.

Concernant la notion économique de travail, le philosophe s'attache à en étudier les évolutions et laisse clairement entendre qu'il n'y a plus de sens à chercher l'émancipation *dans* le travail :

> Il n'est plus question pour le « travailleur » de s'identifier à « son » travail, ou à sa fonction dans le processus de production. Il n'est plus question pour le travailleur de se libérer au sein du travail ni de se rendre maître du travail ni de conquérir le pouvoir dans le cadre de ce travail. Il n'est plus question désormais que de se libérer du travail en en refusant tout à la fois la nature, le contenu, la nécessité et les modalités [1].

La position théorique de Gorz fait ainsi le deuil d'un certain marxisme de jeunesse, mais sur le fond d'une résignation amère, comme si la chose économique était devenue inamovible : la rationalité économique, qui tend à instrumentaliser tout ce qu'elle touche et ravale toute valeur au rang de moyen pour une autre fin [2], ne s'envisage plus comme quelque chose de dépassable, elle est probablement la seule à être aussi efficace d'un point de vue productif. Il serait vain de vouloir la révolutionner de l'intérieur. C'est au contraire de l'extérieur qu'il va falloir la limiter, en cantonnant la sphère productive dans un cadre qui permettra de dégager un temps libre dont la logique d'action devra être absolument étrangère à la première : « les activités du temps libre porteront sur

1. André Gorz, *Adieux au prolétariat : au-delà du socialisme*, Paris, Galilée, 1980, p. 93.

2. Gorz définit la rationalité économique comme « le fonctionnement rationnel de système de moyens, en vue de l'accumulation de moyens permettant des systèmes de moyens plus performants encore ; les moyens sont donc des fins, les fins des moyens au service de moyens », *Métamorphoses du travail*, *op. cit.*, p. 121.

l'autoproduction du facultatif, du gratuit, du superflu, bref du non-nécessaire qui donne à la vie sa saveur et sa valeur [1] ».

En rabattant l'idée de liberté sur celle du temps libre et des loisirs, il ne faut pas croire que Gorz abandonne à l'économie le paradigme du travail : ce n'est pas parce qu'il n'y a plus à espérer de libération au sein du monde économique qu'il ne faut plus espérer de libération au sein du travail. Bien au contraire, c'est l'occasion de réaffirmer la valeur du travail en tant qu'il est délié des impératifs économiques du marché :

> Les travailleurs ne découvriront les limites de la rationalité économique que si leur vie n'est pas entièrement occupée et leur esprit préoccupé par le travail ; si, en d'autres termes, un espace suffisamment ample de temps libre s'ouvre à eux pour qu'ils puissent découvrir une sphère de valeurs non quantifiables, celles du « temps de vivre », de la souveraineté existentielle où l'on travaille à autre chose qu'à produire des marchandises. À l'inverse, plus le travail est contraignant par son intensité et sa durée, moins le travailleur est capable de concevoir sa vie comme une fin en elle-même, source de toutes valeurs ; et plus par conséquent il est porté à la monnayer, à la concevoir comme le moyen de quelque chose d'autre qui vaudrait en lui-même, objectivement : l'argent [2].

Tant que l'on ignore qu'il existe d'autres rationalités que la rationalité économique, on aura tendance à considérer sa propre vie comme quelque chose de monnayable : la logique instrumentale ne donne de valeur qu'à ce qui sert de moyen à autre chose, c'est-à-dire qu'à ce qui est utile, de sorte qu'en ne connaissant que cette logique, les hommes ne peuvent donner de valeur à leur vie qu'en la consacrant au marché. Il est alors urgent de libérer la notion de travail de l'emprise de l'économie, de lui donner un sens qui ne soit plus hanté par la nécessité de produire des marchandises. Finalement, l'alternative libération *du* travail/libération *par* le travail se dissout en même temps que se dissout l'ambiguïté initiale de la notion de travail.

1. André Gorz, *Les Chemins du paradis : l'agonie du capital,* Paris, Galilée, 1983, p. 177.
2. *Ibid.*, p. 148.

Cependant, en appelant à redécouvrir un sens plus large de travail qui soit à même de porter l'exigence d'épanouissement individuel, le philosophe constate que la dynamique actuelle de l'économie va dans le sens inverse : la tendance est moins à l'extension du sens du travail en dehors de la sphère marchande qu'au rabattement de toutes les activités humaines au rang de travail dans son sens économique. Il n'y a rien de pire pour Arendt qu'une société de travailleurs sans travail – sauf peut-être le déguisement de toutes les activités en travail, dirait Gorz. Dans *Métamorphoses du travail*, il analyse les évolutions de l'emploi non seulement sous l'angle de la disparition du travail productif, mais aussi sous celui de sa conversion vers l'économie du service qui intègre dans la sphère marchande des activités qui devraient lui rester fondamentalement étrangères. Alors qu'on pouvait s'attendre à une augmentation du temps libre grâce aux gains de productivité qui réduisent le temps de travail socialement nécessaire, l'émergence des « petits boulots » et des « services à la personne », comme le baby-sitting ou la livraison à domicile, permettent de maintenir le niveau global d'heures travaillées : certes, ils permettent de gagner du temps pour celui qui n'en a pas, mais ils coûtent plus de temps à celui qui y pourvoit. L'appellation « service » ne doit pas masquer la « servitude » contenue dans ces activités : les plus fortunés sont capables d'acheter du temps à un prix inférieur que le leur quand ils emploient quelqu'un pour faire ce qu'ils pourraient faire eux-mêmes – autrement dit, leur temps est plus précieux [1]. Cette marchandisation croissante de

1. « [L'élite professionnelle] va demander à des tiers de faire à sa place tout ce que n'importe qui peut faire, en particulier tout le travail de "reproduction". Elle va acheter des services permettant de gagner du temps même lorsque ces services demandent plus de temps pour être produits qu'ils n'en économiseraient à un usager moyen. Elle va donc développer des activités qui, sans rationalité économique à l'échelle de la société, puisqu'elles demandent plus de temps de travail à ceux qui les assurent qu'elles n'en font gagner à ceux qui en bénéficient, correspondent seulement à l'intérêt particulier de cette élite professionnelle capable d'acheter du temps à un prix très inférieur auquel elle-même peut le vendre. Ces activités sont des activités de serviteur, quels que soient d'ailleurs le statut et le mode de rémunération de ceux qui les accomplissent », André Gorz, *Métamorphoses du travail*, *op. cit.*, p. 19-20.

la vie sociale prend même des formes caricaturales quand elle propose d'organiser un voyage à notre place ou encore de « louer un ami ».

On peut facilement estimer que c'est grâce à l'ambiguïté constitutive du travail qu'il est possible de subsumer toutes les activités en activité économique : tant qu'on pensera que la valeur du travail lui vient de ses produits, il sera impossible de penser que cette activité soit source d'épanouissement. Comment une société dont le but principal est d'économiser du travail pourrait-elle encore prétendre que le travail est « la source essentielle de l'identité et de l'épanouissement personnel [1] » ? Le désir de reconnaissance de son travail professionnel conduit même à légitimer l'autorité en place : le management ne cesse de mettre en place des mécanismes de primes et de promotions (comme celle de Passemar dans *Par-dessus bord*) qui répondent en partie à la quête de sens que les individus poursuivent dans leur profession, mais qui consolident en même temps l'organisation hétéronome du travail. Face à la menace d'un chômage incompressible, on ne peut que cultiver l'impression d'être « élu », sentiment qui pousse au dévouement, à l'acharnement, au désir de réussir – ce qui, en générant plus de productivité, augmente la masse de chômeurs et renforce le sentiment d'être privilégié. En absorbant le sens de la vie, la centralité du travail contribue en fait à sa propre raréfaction.

Oscillant entre le règne de la liberté et le règne de la nécessité, nous pouvons constater que le problème initial de *l'ambivalence de la valeur travail* dépend en fait du problème de *l'unité du concept travail*, ou plutôt de la manière dont l'unification conceptuelle s'opère : comprendre le travail à partir du paradigme de l'activité économique productrice de valeur conduit paradoxalement à déprécier la valeur travail. Mais quoique l'on fasse varier l'opérateur de l'unité du concept, le travail ne finit jamais d'être au cœur de l'existence humaine : impliquant un rapport à la nature, un rapport

1. *Ibid.*, p. 115.

aux autres et un rapport à soi-même, sa configuration historique donne à voir l'image qu'une société a d'elle-même. En considérant que le travail dans sa version économique représente une option parmi d'autres, une voie sur laquelle l'humanité a historiquement décidé de s'engager, est-ce véritablement folie que d'imaginer un monde sans travail ? Face au défi écologique qui nous attend et qui interroge de front nos sociétés productivistes, il est sûrement possible de s'emparer de l'objet travail pour en faire la pierre de touche des débats futurs.

Les Géorgiques
Virgile

L'époque de Virgile

L'époque de Virgile est d'abord celle d'Auguste. On peut parler de civilisation latine et même d'un classicisme latin pour l'époque qui commence à la mort de César (44 av. J.-C.) et se termine avec celle d'Auguste (14 apr. J.-C.). Cette époque classique marque ce « point de perfection dans l'art » auquel fait référence La Bruyère dans les *Caractères*, au chapitre « Des ouvrages de l'esprit », précisément pour définir ce que l'on nomme classique.

Avant de parler de Virgile, il faut donc parler de la Rome d'Auguste. Lorsque Jules César a été assassiné, sans doute pour des rêves trop visibles de royauté, trois ambitieux personnages ont d'abord eu l'idée de s'unir pour prendre le pouvoir : Antoine, Lépide et le futur Auguste, qui s'appelait encore Octave. Les chefs républicains, meurtriers de César, et notamment Brutus, furent décimés à la bataille de Philippes, en 42 av. J.-C. ; les vainqueurs se partagèrent alors le monde à la paix de Brindes, en 40 av. J.-C. Mais rapidement Lépide s'efface et Octave devient le seul maître après avoir lutté victorieusement contre son collègue et ennemi Antoine, lors de la bataille navale d'Actium en 31 av. J.-C. Il faut rappeler que tous les écrivains de cette époque ont donc connu les dernières luttes politiques de la fin de la République, après un siècle de guerres civiles incessantes : lorsque Octave triomphe, l'historien Tite-Live a vingt-huit ans et Virgile trente-neuf. Octave organise le pouvoir et l'Empire. Né en 63 av. J.-C. dans une famille de rang équestre, Octave a été adopté par Jules César à l'âge de dix-neuf ans. En 27 av. J.-C., il reçoit du Sénat le nom d'*Augustus* (sacré), qui n'était jusqu'alors attribué qu'aux dieux et aux temples. Avec infiniment d'habileté, il a fait semblant de conserver les apparences de la vieille République alors qu'en réalité, il mettait en place un gouvernement monarchique. Il s'est contenté du titre modeste de *princeps*, c'est-à-dire doyen des personnages consulaires du Sénat (*princeps senatus*), mais dans les faits, il s'est attribué les pleins pouvoirs. En apparence, le Sénat conserve le pouvoir législatif, mais Auguste, par son grade de censeur, surveille étroitement le recrutement du corps sénatorial. Il s'est arrogé la puissance tribunitienne et un *imperium* proconsulaire à partir de 23 av. J.-C. : il est donc à la fois le chef politique et le chef militaire de l'Empire romain. En 12 av. J.-C., il est fait grand pontife (*pontifex maximus*) et devient donc également le chef religieux. Il est par ailleurs responsable de la justice parce qu'il possède l'*auctoritas*. Pour ce qui est du fonctionnement de ce qu'il reste de la République, on peut résumer l'affaire simplement : le peuple continue à élire les magistrats, mais on lui impose des candidats officiels ayant l'assentiment d'Auguste. Nous sommes donc devant la réalité d'un pouvoir absolu, sur le mode des souverains hellénistiques successeurs (diadoques) d'Alexandre. En matière de guerre, Auguste a compris que l'Empire romain avait atteint sa taille critique et qu'il ne pouvait plus s'étendre. Il a surtout senti que l'économie de guerre permanente avait rendu possible un siècle de guerres civiles sanglantes, mettant finalement en danger Rome elle-même. Il faut désormais construire une « paix romaine » véritable et stabiliser les frontières. Il consolide la puissance romaine près du Rhin, il annexe les royaumes d'Égypte et de Mauritanie, il soumet les dernières populations indépendantes d'Espagne, mais désormais l'utilisation de l'armée ressemble à un maintien de l'ordre. De fait, l'Empire romain a atteint ce que l'on considère à l'époque comme les limites des territoires civilisés et habitables.

Même si personne à Rome n'est dupe de la prise de pouvoir personnelle par Auguste, de fait, le principat a rencontré peu d'opposition. Le peuple a retrouvé avec joie l'ordre et la paix, et contemple l'éclat de la puissance romaine, qui annonce sécurité et prospérité. Toujours avec habileté, Auguste a su rallier l'aristocratie à sa cause tout en ménageant le peuple. Cependant, l'état d'esprit des Romains s'est détérioré, ils ont perdu leurs valeurs. La démoralisation est grande après tant de sang versé. L'ancienne religion vacille face à l'arrivée des cultes orientaux. Le goût des richesses et le développement des loisirs amènent invariablement la recherche du luxe, voire de la débauche, comme l'a déjà si bien décrit Salluste au début de son *Catilina*. Le mariage est de moins en moins respecté, les divorces se multiplient, la dénatalité menace. La classe moyenne laborieuse et modeste, qui était la force de la Rome ancienne, a presque disparu. Auguste tente de réagir, d'abord en donnant l'exemple et en vivant simplement : il offre l'image d'un *pater familias* d'autrefois, prompt à défendre une morale austère, contre sa propre fille Julie mais aussi contre le célèbre poète Ovide, qu'il fait exiler pour des vers trop licencieux de *L'Art d'aimer*. Il interdit les cultes orientaux et tente de remettre à l'honneur l'ancienne religion, quitte à créer une sorte de religion d'État : le culte de Rome divinisée est joint à celui des grands dieux, Jupiter, Junon, Minerve ; dans les provinces, on y ajoute même le culte de l'empereur et de sa *Fortuna*. Cette religion officielle permet au moins d'assurer l'unité politique. Auguste essaie de renforcer les liens du mariage à l'aide de diverses lois, de favoriser la natalité en donnant des avantages aux pères de famille nombreuse, et de reconstituer une classe de petits propriétaires en distribuant des terres aux vétérans. En choisissant également la voie d'une émancipation massive des esclaves, rachetés par l'État et devenus « affranchis », il crée une véritable classe de nouveaux fonctionnaires, au service exclusif de l'empereur et de Rome, autre moyen de régénérer la classe moyenne. Cependant, les historiens s'accordent à considérer que toutes ces mesures furent finalement inopérantes. Comme l'a souligné Tite-Live dans sa préface à son *Histoire de Rome*, c'est dans la grandeur même que s'annoncent les décadences.

C'est aussi lorsque les époques sont troublées que les plus grands artistes semblent vouloir éclore. De manière significative, Auguste, avec l'aide de son ami Mécène, a pratiqué l'évergétisme, cette tendance des souverains hellénistiques à promouvoir, subventionner des artistes qui, en retour, célèbrent la civilisation et son maître, qui est aussi le leur. Pour ce qui concerne la littérature, elle devient le centre de la culture latine, même si l'aristocratie lettrée et cultivée continue de favoriser la langue grecque comme marque de distinction et véhicule de la pensée. Jules César avait fondé la première bibliothèque publique, grecque et latine. Asinius Pollion en installe une sur l'Aventin et Auguste en crée deux, d'abord la Bibliothèque octavienne, puis la Palatine. Les entreprises d'édition et de librairie, évidemment manuscrites, se multiplient. Des cercles littéraires apparaissent avec des anciens et des modernes, modernes dont font partie par exemple Virgile, Horace, Properce et Tibulle. De nombreuses lectures publiques sont instituées, pendant lesquelles les écrivains convient leurs amis et connaissances devant lesquels ils lisent leurs œuvres ; ces séances privées deviennent progressivement publiques et l'on y assiste comme si on allait au théâtre. Le goût de la poésie se répand au point qu'Auguste lui-même compose un poème sur la Sicile, une tragédie et des épigrammes. Mécène permet à de bons écrivains de vivre de leurs œuvres. On leur offre des terres, des villas, des pensions. Xavier Darcos résume cela ainsi :

> Les Romains du temps d'Auguste ont fini par croire que la vocation de leur cité était de faire l'unité politique du genre humain – ce qu'ils ont quasiment réussi sur le plan géographique, de l'Irlande à l'Oural, du Maghreb à la mer du Nord. Il restait simplement à affermir cette prétention en donnant à Rome des références mythologiques, des croyances, des cérémonies, une légende. Virgile répondit à cette attente. Cette vision du rôle de l'art, comme lien avec le passé et comme partage au quotidien, n'a jamais paru plus vitale que dans une société rapiécée et vaporisée comme la nôtre [1].

La vie de Virgile

On prétend qu'il est d'origine modeste, soit campagnard, soit peut-être de souche bourgeoise. Jacques Perret dit ainsi :

1. Xavier Darcos, *Virgile, notre vigie*, Paris, Fayard, 2017, p. 18.

> À lui seul, ce sentiment d'appartenir à un peuple défini, de continuer une tradition, semble bien exclure que Virgile soit né d'une famille de journaliers besogneux, comme on l'imagine lorsqu'on lui fit une biographie d'après le Tityre de la première *Bucolique*. La famille du poète doit avoir appartenu à la haute bourgeoisie provinciale ; c'est ce qui apparaît aussi par les relations que nous lui découvrons à l'époque des *Bucoliques* [1].

Virgile est né le 15 octobre 70 av. J.-C. près de Mantoue, dans l'Italie du Nord. Son enfance s'est écoulée dans le petit domaine de son père. Il a entamé de bonnes études à Crémone puis à Milan et les a achevées à Rome en suivant, conformément à l'usage de l'époque, des cours de rhétorique et de philosophie. Se révélant peu doué pour l'éloquence et s'intéressant vite essentiellement à la poésie, il fréquente des cercles littéraires où l'alexandrinisme est à la mode : culture précieuse, orientaliste, d'inspiration grecque. Vers 44 av. J.-C., il revient dans sa province natale, fait partie d'un groupe d'écrivains et de lettrés que le gouverneur Pollion a réunis autour de lui. Il commence à composer ses *Bucoliques.* Cependant, arrivé à l'âge d'homme dans les dernières années de la République, Virgile ne peut échapper aux conséquences des guerres civiles, ainsi qu'aux violences sociales et politiques qui s'ensuivent. Il en souffrira personnellement : Octave a décidé de distribuer des terres à ses vétérans, et les territoires de Crémone et de Mantoue sont, comme tant d'autres, choisis à cet effet, Virgile se retrouve spolié de ses biens. La même année, Pollion est chassé par les Octaviens. Pour Virgile comme pour beaucoup de ses concitoyens, ces bouleversements sont sans doute le point de départ d'un désir d'ordre et de paix. Grâce à des amis influents, Virgile peut intervenir auprès d'Octave. Dès lors, il bénéficie de la protection et de l'amitié de Mécène et d'Octave Auguste. Il reçoit de larges compensations à Rome et en Italie du Sud et peut ainsi s'adonner tranquillement aux lettres et à la poésie.

Les *Bucoliques* paraissent en 37 avant Jésus-Christ. La vie de Virgile est inséparable de son travail littéraire. En 30 av. J.-C., il

1. Jacques Perret, *Virgile, l'homme et l'œuvre*, Paris, Boivin, « Connaissance des lettres », 1952, p. 8.

termine les *Géorgiques*, poème didactique sur le travail des champs, et commence immédiatement l'*Énéide*. Il en a à peu près terminé les douze livres quand il entame, en 19 av. J.-C., un voyage en Grèce et en Asie Mineure. Victime d'une insolation à Mégare, il doit interrompre ce voyage et meurt peu après son retour à Brindes, le 21 septembre 19 av. J.-C. On raconte que dans ses derniers instants, il demanda à ses amis de brûler le manuscrit de l'*Énéide* parce qu'il n'avait pas pu y mettre la dernière main, mais que c'est Auguste lui-même qui refusa de prendre en compte ces scrupules et fit publier le poème.

L'originalité littéraire de Virgile se rattache à l'alexandrinisme : il a le goût du travail le plus minutieux, de l'ornement, mais il ne tombe pas dans le goût des artifices et de l'art pour l'art. Il aime la solitude, la campagne plutôt que la ville. La faiblesse de sa santé l'invite d'ailleurs à une vie retirée. Sa personnalité mélancolique, pudique et réservée l'a préservé des poèmes d'inspiration satirique. Même si, au XVIIe siècle, Ovide l'emportait en réputation sur Virgile auprès de Louis XIV, aujourd'hui c'est Virgile qui est reconnu comme le plus grand poète de la romanité.

Après l'écriture des *Bucoliques*, Virgile a eu l'idée d'écrire un poème dédié à des préceptes rustiques, primitifs, dont l'inspiration serait Hésiode, grand poète du VIIIe siècle av. J.-C., qui avait écrit *Les Travaux et les Jours*. Il a pu également s'appuyer sur Aratos, qui écrivit au IIIe siècle av. J.-C. un poème astronomique et météorologique, et sur un traité d'agriculture de Caton l'Ancien. Cette matière assez hétérogène lui permet d'entrée de jeu de dépasser son propre canevas. C'est ainsi que dès le premier livre, il décrit la loi du travail imposé par Jupiter à l'humanité pour son perfectionnement et appelle avec vigueur à une paix pour l'Italie ravagée par les guerres civiles. Toutefois, le premier livre n'obéit pas à une composition bien nette et procède « à sauts et à gambades ». C'est la publication vers 36 av. J.-C. de l'*Économie rurale* de Varron et sans doute aussi les encouragements de Mécène qui poussent Virgile à concevoir des *Géorgiques* plus amples et mieux construites. Il remet l'ouvrage sur le métier en faisant du premier chant celui de la culture des céréales, le deuxième traite des arbres, particulièrement des vignes et de l'olivier, le troisième de l'élevage et le quatrième des abeilles. Parce qu'il s'agit d'un poème didactique, la poésie est tempérée par le besoin d'expliquer, et l'enseignement est adouci par la recherche de l'harmonie. Le texte devient un prétexte à célébrer la paix (chant I), la puissance et la variété créatrice (chant II), Éros et Thanatos (chant III), la chasteté et l'immortalité (chant IV). Il s'attarde sur quelques tableaux de terres exotiques : l'hiver scyte, le nomadisme africain, la peste qui a dévasté le Norique, riche pays d'élevage. Virgile s'attache également aux paysans. Il montre leur force, leur joie, il les ennoblit en vantant leur labeur. Il traite aussi avec beaucoup de tendresse les animaux, notamment ceux qui sont au service des hommes : le cheval, le bœuf de labour, le taureau, plus orgueilleux et jaloux. Les plantes elles-mêmes deviennent les alliées des hommes. Cet intérêt pour les paysans n'a rien d'étonnant à Rome, mais Virgile tente de donner à ses sentiments une portée universelle : l'homme et la nature vont de pair, ne peuvent vivre l'un sans l'autre. Après toutes ces guerres civiles, et malgré un sentiment profond de déclin de nombreux membres de l'élite romaine, Virgile veut, à l'instar d'Auguste, retrouver l'idéal du petit paysan, cultivateur et soldat, qui a fondé Rome. Auguste et Mécène n'ont évidemment pas cru que les *Géorgiques* allaient ramener la plèbe urbaine à la terre, mais ils ont dû penser que l'ouvrage allait dans le sens de leur vision de l'histoire. Virgile, dans son désir ardent de concorde, rêve d'ailleurs, d'une nouvelle société, d'une solidarité grâce au travail organisé sous un maître respecté. L'hommage à Auguste au début du premier et du troisième chant en est un témoignage ; ce rêve social transparaît aussi dans la peinture de la cité des abeilles, certes parfois troublée par des luttes intestines, mais ordonnée par le travail autour de la reine.

Même si Horace insiste beaucoup sur son besoin d'indépendance, la plupart des écrivains acceptent sans réserve l'autorité d'Auguste et ils font une propagande active en sa faveur : c'est le cas de l'historien Tite-Live comme de Virgile. Ce n'est pas un hasard si la littérature de l'époque est donc pleinement nationale.

Tite-Live se charge de l'histoire de Rome et Virgile de ses origines légendaires lorsqu'il écrit l'*Énéide*. Horace, Tibulle, Properce et Ovide s'occupent de sujets plus légers, parfois satiriques, mais l'ensemble de cette littérature est d'abord une manière de célébrer Rome. Dans ce cadre, Virgile est une figure originale par ses origines, son travail et sa vie même.

Chronologie virgilienne

70 av. J.-C. : naissance à Andes (aujourd'hui Virgilio) en Gaule cisalpine (consulat de Crassus et Pompée).
42 av. J.-C. : victoire de Philippes. Octave dépossède les paysans italiens pour récompenser ses soldats.
38 av. J.-C. : publication des *Bucoliques*.
37 av. J.-C. : début de l'écriture des *Géorgiques*. Présente son ami Horace à Mécène.
30 av. J.-C. : fin de l'écriture des *Géorgiques*.
29 av. J.-C. : lecture publique des *Géorgiques* devant Octave. Début de l'écriture de l'*Énéide*.
19 av. J.-C. : mort à la suite d'un voyage à Brindes.

Après son incinération, ses cendres sont transportées à Pouzzoles, en Campanie, à sa demande. Le tombeau présumé de Virgile possède cette épitaphe, qu'il aurait composée en ses derniers moments :

Mantua me genuit, Calabri
Rapuere, tenet nunc
Parthenope. Cecini pascua
Rura, duces.

(Mantoue m'a donné la vie, la Calabre me l'a ôtée, Naples maintenant me garde. J'ai chanté les pâturages, les campagnes, les héros.)

Chronologie romaine

Avant Jésus-Christ

753 : fondation de Rome.
753-509 : royauté et fondation de la République.
493 : premiers tribuns de la plèbe.
340-338 : Rome, maîtresse du Latium.
264-241 : Première Guerre punique.
218-201 : Deuxième Guerre punique.
214-121 : Rome, maîtresse du Bassin méditerranéen.
146 : Troisième Guerre punique.
88-79 : guerre civile entre Marius et Sylla.
70 : consulat de Crassus et Pompée.
63 : consulat de Cicéron.
60 : premier triumvirat : Crassus, Pompée, César.
58-51 : César conquiert la Gaule.
48 : César bat Pompée à Pharsale.
44 : César assassiné à Rome.
43 : deuxième triumvirat : Antoine, Lépide, Octave.
42 : bataille de Philippes.
31 : défaite d'Antoine face à Octave à Actium.
27 : Octave devient Auguste.
15 : campagne du Rhin et du Danube.

Après Jésus-Christ

14 : mort d'Auguste.
14-68 : empereurs julio-claudiens : Tibère, Caligula, Claude, Néron.
69-96 : empereurs flaviens : Vespasien, Titus, Domitien.
96-193 : empereurs antonins : de Nerva à Commode.
284-337 : Dioclétien, Constantin Ier, empereurs.
361-363 : Julien, empereur.
395 : partage de l'Empire romain.

Le *rusticus*, l'*agricola*, le *colonus*

Dans l'Antiquité, le paysan n'est pas celui qui travaille personnellement la terre qu'il possède : la propriété n'est pas une condition nécessaire. Ainsi, à côté des paysans libres qui cultivent leurs propres terres, il faut ajouter des groupes très importants d'individus qui travaillent des terres appartenant à d'autres, soit sur la base de contrats plus ou moins stables, soit sous la forme d'un travail saisonnier. Les deux catégories de propriétaires et de non-propriétaires ont cependant une caractéristique commune : ils restent libres, même si on peut imaginer que certaines contributions étaient parfois confiées à des esclaves.

La terminologie romaine est complexe. Le terme fondamental est *rusticus*, dérivé de *rus*, « la campagne », par opposition à *urbs*, « la ville ». Mais ce *rusticus* n'est pas seulement le paysan : c'est aussi un individu simple, modeste, ou bien, dans un sens plus nettement dépréciatif, quelqu'un de rustre, fruste, grossier, non urbain et presque non civilisé. Les deux autres termes concernent des aspects différents de la vie rurale : ils dérivent tous les deux du verbe *colo*, « cultiver ». L'*agricola* est donc celui qui a un contact direct avec la terre : c'est celui qui la travaille. Il peut désigner le petit paysan qui travaille une terre humble, mais aussi le riche propriétaire. L'ambivalence de ce terme s'explique par le fait que les membres de l'aristocratie romaine, depuis la Rome royale, manifestaient une haute estime pour leurs propres activités agricoles. Les sénateurs allaient souvent dans leur campagne, et ce n'était pas simplement pour le plaisir de se réfugier loin des embarras de la ville : il fallait aussi surveiller les travaux des champs. Que les Romains accordent à la campagne une place aussi importante, au sommet de la hiérarchie sociale, est assurément un héritage étrusque. Le terme de *colonus* a une histoire plus compliquée. Il est souvent synonyme d'*agricola*, mais il a aussi des significations plus techniques : il désigne l'habitant d'une colonie qui reçoit précisément une pièce de terre cultivée, ainsi que le paysan locataire de cette terre, particulièrement après le Ier siècle après J.-C.

De manière traditionnelle, le paysan romain incarne le rêve de l'autosuffisance, presque de l'autarcie. Il se situe donc à la marge de l'économie marchande, en se bornant à vendre ses produits sur des marchés locaux ou dans de petites villes. On parlerait aujourd'hui de « circuits courts » !

La pauvreté des paysans était proverbiale, et leur manière de vivre particulièrement archaïque. Dans les *Géorgiques*, Virgile ne le cache pas ; au contraire, il célèbre cette situation. Quand il évoque les paysans, il dépeint essentiellement une petite ferme (chant II, v. 412 *sq.*). Le symbole idéalisé de ce paysan selon Virgile est fourni par le célèbre passage du vieillard corycien, un des pirates de Cilicie vaincus par Pompée. Installé en Italie méridionale, le vieil homme, sur quelques arpents de terre abandonnés sur le territoire de Tarente, aurait créé un jardin merveilleux (chant IV, v. 116-148). L'intention de Virgile est évidente : montrer à quel résultat peut conduire le dur travail.

La réalité devait être très différente. Le patrimoine foncier des Romains est extrêmement inégal, et de fait, l'aristocratie a pu capitaliser un foncier toujours plus grand, notamment à la faveur des conquêtes territoriales, alors que la classe moyenne et les plus pauvres ont été les grands perdants en matière de terre. Dans la tradition de la Rome royale, et même à l'époque républicaine, le thème des petites dimensions des fermes cultivées par les paysans est fréquent. Romulus aurait assigné à tous les Romains un champ d'une superficie de deux arpents : c'est l'*heredium*, ce lot de terres possédé en pleine propriété et transmissible aux héritiers. On raconte cependant que la plèbe, à l'instauration de la République, aurait obtenu des lots de sept arpents. Cincinnatus a été nommé dictateur alors qu'il cultivait un domaine de quatre arpents. Peu importent ces sources discordantes : le but était d'éviter au départ la formation de trop grandes richesses, avec des inégalités insupportables. Il reste cependant à expliquer comment une famille paysanne pouvait survivre en cultivant un domaine de deux arpents, même en travaillant jusqu'à l'épuisement. Peut-être que ces deux arpents ne constituent en réalité que des jardins et qu'ils ne s'appliquent pas aux conditions réelles de la possession des terres.

Il y eut de nombreuses luttes entre patriciens et plébéiens concernant la répartition des terres à la suite des conquêtes impériales. On peut résumer l'histoire de Rome sous la République à une alternance entre des périodes où les Romains disposaient de nouvelles terres à mettre en culture, et d'autres où cette disponibilité venait à manquer, avec tous les conflits qui pouvaient découler d'une telle situation. Par ailleurs, la question sociale se greffait inévitablement : il ne suffit pas d'avoir des terres, il faut aussi pouvoir les cultiver. Voilà qui ramène le problème de la « clientèle » : les *clientes* recevaient souvent une pièce de terre de leur *patronus*, auquel ils devaient remettre une partie de la récolte. On voit que le clientélisme politique a des répercussions sur la paysannerie. Une autre masse de main-d'œuvre, importante, était en outre fournie par des gens qui n'avaient pas vocation à être des paysans, mais étaient réduits en esclavage, ou presque, à cause de leurs dettes.

On croit souvent que la guerre était favorable à l'agriculture en ce qu'elle permettait de conquérir de nouvelles terres : c'est partiellement exact. Rappelons que le service militaire éloignait les paysans des champs et les retenait très longtemps hors des frontières de l'Italie. Lorsqu'ils revenaient, ils avaient perdu l'habitude du dur travail des champs. Plus grave : les soldats qui étaient auparavant des paysans entraient en contact, durant leur service et durant les guerres, avec des formes économiques plus nettement commerciales, plus modernes, plus rémunératrices. C'est pourquoi, quand ils rentraient, ils préféraient les villes à la campagne. Les urbains sont le plus souvent d'anciens paysans… Voilà que l'oisiveté est préférée au labeur, trop faiblement rémunéré. Salluste le confirme dans la *Conjuration de Catilina* (37, 6) :

> Des jeunes gens, qui avaient enduré les pénuries à la campagne en gagnant leur vie par leur travail, se laissèrent séduire par les largesses publiques et privées et en vinrent à préférer l'oisiveté à un dur labeur faiblement rémunéré.

C'est aussi attesté par Varron : les chefs de famille partent finalement s'installer à la ville, abandonnent faux et araires et préfèrent user leurs mains au cirque et au théâtre plutôt que dans les vignobles...

Autre exemple de division sociale : la culture de la vigne et de l'olivier est bien plus rentable que celle des céréales. Ce sont donc les riches propriétaires qui s'en occupent et c'est le petit paysan, celui que semble préférer Virgile, qui récupère la plus difficile culture, mais aussi la plus nécessaire, celle des céréales. Rappelons que c'est Auguste qui a redistribué les terres de la manière la plus nette, après un siècle de tentatives plus ou moins infructueuses (et parfois violentes : voir les Gracques) de réformes agraires. Il faut rappeler à nouveau que Virgile et sa famille n'en furent pas les bénéficiaires, mais les victimes. Il y a donc loin de la coupe aux lèvres : la situation des paysans à l'époque romaine, concrètement, est précaire, difficile, inégalitaire.

L'agriculture, concrètement

Ce sont évidemment les Étrusques qui ont légué aux Romains les principaux usages en matière d'agriculture :

– on cultive peu d'espèces de légumes : la fève, la lentille, le chou, la rave et le poireau ;

– les céréales sont la base de l'alimentation : l'épeautre, l'orge, le blé ;

– la vigne et l'olivier constituent des cultures nobles, particulièrement rémunératrices.

Les Romains sont de grands amateurs de fruits. Ils ont l'habitude de conserver les pommes pour l'hiver, entières ou coupées en tranches qu'ils font sécher.

L'outillage reste primitif : la charrue sans roue, proprement romaine, la charrue à roues, peut-être d'importation gauloise. Quel que soit son type, la charrue est légère. Le battage du blé se fait au fléau, au rouleau, sous les sabots des animaux domestiques. Pour le vin, on se sert d'un pressoir rudimentaire.

En revanche, la manière de gérer la terre est très évoluée : on pratique la jachère, c'est-à-dire le repos périodique de la terre, et l'assolement, c'est-à-dire l'alternance méthodique de cultures sur une même terre. Trois sortes d'engrais sont utilisées : le fumier, la cendre et les engrais verts. On multiplie les labours et les hersages. Les graines de semences sont particulièrement sélectionnées et l'arrosage, fréquent, est souvent accompagné de carbonate de soude.

Même si les céréales sont toujours cultivées en priorité, dès le IIe siècle av. J.-C., les provinces les fournissent à bas prix, si bien que les paysans italiens connaissent une forte crise économique.

À la fin de la République, les cépages romains font de plus en plus place à des cépages grecs, avec des vins reconnus comme excellents : le falerne, le massique, le cécube. Le miel devient une grande source de profit puisque son utilisation n'est pas simplement domestique : il entre dans la composition de nombreux médicaments.

Un modèle rural très idéalisé dans *Les Géorgiques*

N'oublions pas que le fondateur de Rome, Romulus, était un berger : c'est donc tout naturellement vers un homme qui incarne les vertus les plus rurales que les Romains se tournent lorsque tout va mal. Une autre figure s'impose dans la mémoire romaine : en 458 av. J.-C., Rome est en guerre contre les Èques et les Sabins ; elle n'est pas en situation de dominer. C'est alors qu'une armée d'esclaves se mutine et envahit le Capitole. Les consuls demeurent impuissants à éviter la débâcle : une guerre civile menace d'éclater et de s'ajouter à la guerre en cours. Il faut se résoudre à nommer un dictateur, c'est-à-dire un magistrat doté d'un pouvoir absolu, mais temporaire. Le choix se porte sur Lucius Cincinnatus, un homme qui a été ruiné par un fils trop dépensier et qui nourrit sa famille en comptant sur ses pauvres récoltes. En un instant, le pauvre laboureur prend les insignes de la plus haute dignité, parvient à vaincre les ennemis, reçoit le triomphe et, après seize jours seulement de dictature, retourne cultiver son champ.

Cette histoire, certainement bien romancée, n'a pas manqué d'influencer la politique d'Octave-Auguste qui, lui, a bien l'intention d'être un Cincinnatus permanent : un homme pur, vertueux, qui ne dédaigne pas la vie frugale pour se donner tout entier à l'intérêt général. Les représentations d'Auguste l'associent souvent à un référentiel agraire : gerbes, fleurs, épis. Il est aussi celui qui symbolise la lutte contre toute disette : dans ses jardins du Palatin, il a fait aménager un potager où il fait pousser des choux, des salades, des fèves, des lentilles. On comprend mieux la démarche de Virgile dans ces conditions.

Auguste sait aussi que le Romain est par nature superstitieux et que son univers mental est tourné vers l'observation de la nature. La conception des rapports humains et de la famille, l'attachement à la terre, les fêtes soumises aux rythmes agraires, l'opiniâtreté dès lors qu'il est question d'héritage et de bornage, la tendance à la judiciarisation et à la procédure : voilà qui dresse le portrait d'un paysan bourru, que le début de la célèbre pièce de Térence, l'*Heautontimoroumenos*, une comédie au titre grec, montre très bien. Rien n'est plus honorable et vertueux pour un Romain que d'être un propriétaire terrien, de vivre de ses récoltes, de son propre domaine, de faire son pain, de boire son vin, de se chauffer avec son bois, de se nourrir de ses fruits et de manger ses propres fromages frais. Virgile n'idéalise pas ce mode de vie : il le reprend tel quel. Le succès des *Bucoliques* ne s'explique pas autrement.

De même, la religion est en lien avec la vie agricole. La divinité la plus populaire est Cérès, une belle déesse couronnée d'épis, qui protège les récoltes, les moissons et la fertilité. L'épouse d'Octave, Livie, a été représentée en Cérès. De même le culte de Cérès s'associe à celui de *Liber Pater*, assimilé ensuite à Bacchus, qui veille sur la vigne et le vin, dont d'ailleurs il abuse. Auguste lui-même s'est laissé assimiler à Saturne, dont le symbole premier est la faucille puisqu'il a inventé l'agriculture et qu'il préside aux semailles. Tout concourt à vouloir créer un nouvel âge d'or.

N'oublions pas non plus que les familles patriciennes, qui n'avaient pas le droit d'exercer d'autres métiers, avaient fondé toute leur puissance économique sur des propriétés foncières, les *villae*, ou des grands domaines agricoles, les *latifundia* : les petits fermiers, dans l'impossibilité d'exercer la moindre concurrence, ont dû vendre leurs terres. On saisit donc pourquoi la question agraire a toujours été une source de conflits entre la plèbe et la noblesse. Dans les *Bucoliques*, Virgile décrit tous ces déracinés qui doivent fuir leur territoire natal et qui attendent qu'Auguste rétablisse la justice et la paix en donnant de la terre aux vétérans et aux plus nécessiteux. Il n'est donc pas étonnant que l'agriculture soit au centre de la littérature augustéenne. En accordant à Virgile la restitution de ses terres et de ses biens, dont il avait été spolié pendant les guerres civiles, il permet à cet artiste d'être son meilleur allié. De fait, Auguste met un terme à cette situation intenable, ces guerres civiles qui ont dévasté et dépeuplé les campagnes et ont développé en retour la misère dans les villes. Avec ses *Bucoliques*, mais surtout ses *Géorgiques*, Virgile a prêté son concours à un retour en grâce de l'agriculture chez les Romains : le bonheur est dans les champs. Le culte du *labor*, de la *fides*, de la *pietas*, de la *virtus*, constitue une demande augustéenne, largement exaucée par Virgile.

Les *Géorgiques* : introduction

Les *Géorgiques* sont souvent considérées comme un des sommets de l'œuvre de Virgile et de l'œuvre poétique en Occident. En effet, elles peuvent être considérées comme étant *le* chef-d'œuvre de Virgile puisqu'elles contiennent toutes les marques de son talent et de son inspiration : elles reprennent l'inspiration terrienne et pastorale des *Bucoliques*, elles ont un caractère épique en dehors du choix de leur vers de référence, l'hexamètre dactylique (vers de l'épopée), elles reprennent la manière de versifier d'Hésiode, et même de Lucrèce. Certains ont dit d'ailleurs que ces livres, par leur précision, avaient pu annoncer et influencer les *Métamorphoses* d'Ovide. D'une manière générale, elles réalisent la transition entre l'influence grecque, savante, hellénistique, alexandriniste, et le monde romain. N'oublions pas que pour un Romain, « la terre ne ment pas » : elle est à l'origine de tout, y compris de sa propre puissance, puisque être romain, c'est avoir pris pied dans le Latium, en Italie, avoir conquis de nombreux territoires par de nombreuses guerres, et pouvoir cultiver la richesse d'une telle civilisation.

Parce qu'il s'agit de poésie, il faut toujours se demander s'il n'y a pas une dimension autotélique à l'écriture de telles pièces : toute poésie n'est-elle pas une réflexion sur la poésie ? On a dit que les *Bucoliques* étaient déjà un « art poétique ». C'est peut-être encore plus vrai pour les *Géorgiques,* une sorte de cantique de la terre vivante, pour reprendre l'expression d'Alain Michel, auteur de la présentation des *Géorgiques* dans le volume des *Œuvres complètes* de Virgile édité dans la collection de la Pléiade (Gallimard). Dans les *Géorgiques*, Virgile ne se contente pas de chanter ses racines et la nature en général, il célèbre aussi le travail des classes laborieuses. Parce qu'il anticipe les travaux de Rousseau, dont on oublie qu'il était un excellent botaniste, le poète ne peut pas ne pas interroger les problèmes de la ville, de la cité, de la société. Il ne peut pas non plus esquiver la question de la sagesse, de l'harmonie avec le monde qu'on nomme en grec, si justement, *kosmos*, c'est-à-dire « harmonie entre tout ce qui vit ». Ce poème s'annonce donc riche et complexe malgré l'apparente simplicité du sujet, exactement comme l'activité du cultivateur, en apparence si simple, mais qui est en réalité si importante pour la vie et la survie de la civilisation.

Beaucoup de commentateurs se sont intéressés à l'influence de la biographie du poète, à l'importance de la propagande du pouvoir augustéen, au rapport entre poésie et didactisme. Il convient sur ce point d'éviter l'anachronisme dans l'analyse. Toute la littérature antique est moraliste et repose sur l'*exemplum* de personnages historiques ou mythologiques : dans l'éducation humaniste, l'homme est bien au centre, mais cet homme n'est pas abstrait, il est au contraire en situation et en action. La littérature antique est par essence et par naissance politique, donc en lien avec les pouvoirs :

le fait qu'Auguste, avec Mécène, ait accordé à Virgile des conditions de vie décentes, sinon exceptionnelles, et qu'il ait attendu en retour une célébration de la Rome augustéenne, est simplement normal, car l'artiste n'est pas dans l'Antiquité un rebelle (sauf s'il le veut vraiment), il est un serviteur des arts et des dieux, un complice des Muses : ce n'est ni un résistant ni un collaborateur, mais un serviteur de la beauté. Qu'il soit pour cette mission au service des princes et des rois, des particuliers ou pourquoi pas des dieux n'a aucune importance. Enfin, il ne faut jamais oublier que le didactisme repose sur les mêmes bases que l'épopée : il s'agit d'une bataille. Ce n'est pas un hasard si Lucrèce lui-même, dans le *De natura rerum*, utilise l'hexamètre dactylique, le vers de l'épopée : c'est l'histoire d'une bataille d'Épicure le savant contre la superstition et l'ignorance. Il fallait que tout cela fût écrit en vers. C'est exactement la même chose pour Virgile : les noces de la nature et de la culture se trouvent consommées et matérialisées par le choix des vers. De telles conceptions sont éloignées de nous, mais elles n'en étaient pas moins vivantes à l'époque de la composition.

L'unité des *Géorgiques*

Comme il a déjà été dit, les *Géorgiques* ont été lues publiquement, vraisemblablement en 29 av. J.-C., devant Octave qui n'avait pas encore pris le nom d'Auguste, mais qui avait déjà vaincu Antoine et Cléopâtre en 31 av. J.-C., lors de la bataille d'Actium. Il est clair que Virgile écrit ses *Géorgiques*, comme d'ailleurs les *Bucoliques*, lors d'une période particulièrement tragique qui a vu la ruine de la République et une succession de guerres civiles sanglantes et cruelles. Il est donc significatif qu'Octave, au moment même où la paix commençait à revenir, ait demandé à Virgile de lui lire son œuvre. Bien sûr, Virgile était déjà introduit par Mécène, avec qui il avait de nombreux points communs, notamment un fort patriotisme. Il est remarquable que Virgile, qui écrit en latin alors qu'il aurait pu choisir le grec, s'oppose comme Octave aux influences égyptiennes et plus globalement orientales (malgré l'alexandrinisme) et souhaite continuer à voir en Rome le centre du pouvoir. D'ailleurs, l'*Énéide* va bientôt fonder son choix sur une légende héroïque qui donne directement suite aux *Géorgiques*, dont le troisième chant peut être considéré comme un prologue de l'*Énéide*.

Naturellement, Virgile s'inspire d'Hésiode, mais il ne cesse de le dépasser en proposant une vision beaucoup plus exhaustive et ample du monde : chez Hésiode, tout est poétique et finalement très abstrait. Or Virgile sait rester « terre à terre ». L'influence de Varron est décisive : lorsque Virgile parle de la campagne, ce n'est pas un *locus amoenus*, une utopie, mais un monde réel dans lequel de nombreux Romains et Italiens travaillent.

Le plan général reflète aussi ce goût du concret : comme Varron, Virgile commence par « les travaux et les jours », c'est-à-dire les travaux des champs, puis il évoque l'élevage et termine par l'art des jardins, dont fait partie au plus haut point l'apiculture. Mais le mouvement d'ensemble des *Géorgiques* n'a rien à voir avec un pur traité didactique. Virgile, par le souvenir d'Hésiode, commence son œuvre en parlant de la culture du blé, mais insiste sur la terre, ses qualités diverses, ses capacités à produire ; la transition est toute trouvée pour s'intéresser au temps météorologique : Virgile trouve matière à un dialogue entre le ciel et la terre, pour mieux comprendre les volontés du ciel. Le deuxième chant est en apparence plus prosaïque : il traite de la vigne, est donc plus centré sur la vie végétative. Là encore, la transition apparaît nettement : le troisième livre parle des animaux et de l'élevage, c'est-à-dire de la vie tout court. Curieusement, on y voit intervenir deux digressions, l'une sur l'amour, dont la puissance, parfois dangereuse, est décrite également dans les deuxième et dixième *Bucoliques* ; l'autre sur les maladies mortelles, les épidémies ou épizooties, ce qui permet à Virgile de retrouver les accents de Thucydide et de Lucrèce. On est donc passé du végétal à l'animal, ce qui correspond à un progrès implicite dans la hiérarchie des espèces. On attend donc que le quatrième livre continue dans ce sens et qu'il aboutisse au règne humain, voire divin. Ce n'est peut-être le cas que de manière symbolique. En effet, le sujet principal en est les abeilles. Ce choix, évidemment symbolique voire platonicien, est particulièrement assumé par Virgile : au-delà de l'amour bestial et trop naturel, l'abeille fournit aussi aux humains un modèle de dévouement et de travail. On sait que depuis le *Phèdre* de Platon, l'abeille est une source d'inspiration pour les poètes, mais aussi pourvoyeuse d'une image idéale de la cité, que l'on retrouve également dans la *République.* Le plan général de l'ouvrage, malgré son ancrage dans la vie terrestre, va donc de la terre à l'idéal, de la cité ô combien terrestre vers une image de la cité céleste. Les abeilles de la quatrième partie permettent à l'œuvre d'offrir une forme de paradoxale résolution des angoisses et des problèmes que la nature pose dans les trois premiers chants. Il faut insister sur cette dimension symphonique, polyphonique, qui ressemble aux constructions parfois énigmatiques des symphonies d'Anton Bruckner, elles aussi en quatre parties, avec un finale énigmatique mais triomphant.

Le maître mot qui permet de prendre conscience de l'unité de l'œuvre est donc la notion de progrès, et de progrès par le travail, le *labor,* dont la traduction première est « peine ». Virgile combine toujours l'exposé didactique, aussi objectif et technique que possible, et l'expression la plus subjective des sentiments : il fait donc alterner des descriptions, avec quelques morceaux de bravoure, et des digressions morales, psychologiques ou pathétiques.

Les digressions sont rares dans le premier chant, ce qui montre à nouveau son originalité : ce premier jet a d'abord été conçu à part et sans prolongement. Deux textes fondamentaux se répondent à l'intérieur de ce premier livre. Virgile évoque l'origine du travail humain, attribué à Jupiter, puis immédiatement il nous rappelle que Cérès est la première divinité qui a appris aux humains à se servir d'une charrue, ce qui suscite la description de l'araire. La double intervention de Jupiter et de Cérès, c'est-à-dire du ciel et de la terre, permet d'introduire la dimension cosmique et harmonieuse du travail des champs.

Le deuxième chant est dominé par trois digressions célèbres : d'abord un hymne au printemps, puis un hommage exalté et solennel à l'Italie, enfin un éloge du bonheur et des vertus de la vie paysanne. Le caractère digressif de ces trois passages est beaucoup plus net que dans le premier chant puisque le sujet principal est la culture des arbres et des arbustes. Ces détours permettent à Virgile d'élargir sa réflexion en donnant une portée morale, philosophique et universelle à l'art de la terre, et en unissant les forces du travail de l'homme de culture, le poète, et celles de l'homme de la culture, le paysan. Le verbe *colo* en latin a en effet une acception très stricte qui permet de relier en français le culturel et le cultuel : cultiver, c'est travailler avec des instruments et donc des artifices quelque chose de naturel, en suivant le temps naturel des saisons, du climat, en vue d'un gain. La culture, qui vient du participe futur latin, est directement reliée à l'espérance du gain, mais on voit dans cette définition l'importance du travail et du respect de la spécificité de la nature ; la culture n'est pas l'ennemie de la nature, elle en est le prolongement, et même la complice. Le travail en est le médiateur.

Le troisième chant traite plutôt de l'élevage et des animaux, mais il comporte là encore deux digressions importantes. La première évoque l'amour, chez les bêtes d'abord, puis chez tous les êtres et même les humains : il faut prendre cet amour comme une recherche de reproduction. La deuxième digression à la fin du livre évoque une épidémie, ou plus exactement une épizootie, dans la région du Nordique : Virgile se laisse aller à une vision pessimiste sur la présence du mal sur terre et sur les capacités de destruction, de pollution, de mort qui existent dans la nature, parfois d'ailleurs de manière totalement indépendante de l'action des hommes. Que pèse l'agriculteur face à une maladie qui ravage les cultures sans qu'il ne puisse rien y faire ?

Le quatrième chant se veut différent, de dimension plus mythique et symbolique : la description du monde des abeilles n'est jamais à prendre au premier degré. Là encore, des digressions apparaissent. Le but de Virgile est de montrer que les abeilles, loin d'être le modèle de la civilisation humaine comme chez Platon et Aristote, apparaissent dotées d'une sorte d'intelligence divine. Elles possèdent une force particulière qui leur permet de dépasser la mort et d'envisager la renaissance, la résurrection ; elles sont la marque de la nature cyclique du monde, de quelque chose qui dépasse l'humanité comme l'animalité, autrement dit la divinité. Il se peut donc que cette évocation de biais du monde des abeilles soit une manière de célébrer la poésie et le poète, lui aussi capable par son art et son travail de l'emporter sur la mort et de faire entrer ses écrits dans l'éternité.

Structure des *Géorgiques*

Virgile reprend le plan de Varron, non sans certaines différences, puisqu'il développe l'agriculture sur deux chants et qu'il ne garde que les abeilles dans le dernier en éliminant volailles, gibiers et poissons.

Cette œuvre, dont le titre s'inspire du grec et signifie littéralement « le travail du paysan », est divisée en quatre chants de taille quasi égale, selon une gradation ascendante du matériel vers le spirituel.

Dans le chant I, il est question du travail de la terre, essentiellement de la culture du blé et de la manière d'optimiser cette culture.

Dans le chant II, il est question de la vie végétale, avec une attention particulière pour la vigne.

Dans le chant III, il est question de la vie animale, puis de l'élevage, avec deux digressions, l'une sur l'amour, l'autre sur les épidémies et la mort.

Dans le chant IV, l'œuvre s'attache aux abeilles, qui constituent ici une méditation allégorique sur la cité humaine et une image de l'inspiration poétique.

Chant I (514 vers)

Après une courte introduction annonçant le sujet des quatre chants des *Géorgiques*, conformément aux usages antiques, Virgile invoque les diverses divinités agricoles et enfin Octave, qu'il appelle César.

Vers 50-53 : présentation des cinq parties développées dans le chant (les vents, le ciel, les formes ancestrales de culture, les différents types de sol, le caractère original de chaque région). Dans chacune de ces sous-parties, les considérations agricoles sont entrelacées à des réflexions plus nettement gnomiques (renvoyant à une vérité générale ou perçue comme telle à l'époque) et philosophiques.

Vers 54-63 : tour d'horizon des produits de chaque région d'Italie, d'Orient, de la Grèce, puis quatre vers au sujet de Deucalion et de l'humanité, donc de la race des hommes nés après le déluge.

Vers 64-159 : la nature des sols détermine les techniques de leur entretien. La terre y est traitée allégoriquement : c'est la terre-mère, nourricière. Le paysan ne doit pas simplement maîtriser une technique, il doit aussi prier pour obtenir un climat favorable. Suivent des vertus morales que le paysan doit cultiver autant que la terre, vertus qui rappellent celles du stoïcisme : la tempérance, l'endurance, la constance dans l'effort. Le travail de la terre, certes pénible, n'est pas une punition, mais une nécessité voulue par Jupiter : la culture, au double sens de travail et de civilisation, empêche les hommes de se retrouver sous la domination de Cronos/Saturne et leur permet de maîtriser le monde par une création permanente.

Vers 160-203 : Virgile présente les instruments de travail ancestraux que doit utiliser le paysan : l'araire, les herses et les houes. Ce sont des instruments quasi sacrés. Virgile termine ce passage notamment par une description des semences et ouvre sur une réflexion philosophique dans laquelle il oppose la force humaine, apanage du paysan, au principe de déclin et de décadence générale. Le paysan, autant que le soldat, a le droit de revendiquer cette vertu spécifique, la *virtus*, c'est-à-dire le courage, la qualité de l'homme, capable de sacrifier son bien-être biologique pour une cause plus haute, la vie des autres.

Vers 204-350 : Virgile entame une partie sur les phénomènes climatiques. Observer le ciel constitue la base du travail paysan, remarque qui s'enchaîne avec une méditation sur la providence divine. En plus de regarder le ciel, le paysan doit être prévoyant. Pour ce faire, il doit toujours avoir de la piété et de l'humilité. Un paysan ne réussit jamais seul, il a besoin des dieux, c'est-à-dire de la nature.

Vers 351-514 : ce passage, focalisé sur les phénomènes météorologiques et surtout les vents, doit beaucoup à Aratos. Il y a les bons et les mauvais vents, et on peut les reconnaître en observant les oiseaux dans le ciel, qui constituent des signes apportés par les dieux. Il faut là encore tenir compte des avertissements des dieux, notamment ceux du Soleil et de la Lune. Les éclipses et autres prodiges ont des valeurs politiques autant que religieuses. À partir du vers 489, après avoir évoqué l'éclipse du Soleil à la mort de Jules César, Virgile médite sur la bataille de Philippes, remportée par Octave. Même si ce passage est clairement encomiastique, Virgile ne peut pas s'empêcher d'être désolé face à tant de batailles fratricides et de champs en friche…

Chant II (542 vers)

Les arbres sont sous la protection de Bacchus, dieu de la fécondité et de la croissance. Virgile célèbre la collaboration réussie entre la nature et l'homme par la pratique du bouturage et du greffage. Il s'intéresse particulièrement à la vigne, culture très importante dans l'Antiquité ; il fait la liste de seize cépages avec leurs qualités propres (vers 259-419). Ensuite, des vers 420 à 457, le poète célèbre l'olivier, dont « le fruit plaît à la paix », mais aussi d'autres arbres utiles par leurs fruits ou leur bois. Ce véritable catalogue se termine par un avertissement (vers 454-457) contre les dons de Bacchus.

Ce chant II, beaucoup moins structuré que le premier, est essentiellement énumératif et lyrique. Le poète se sent presque incapable de décrire par des mots la fécondité des arbres. Il se livre à trois digressions, proprement hymniques : un éloge solennel de l'Italie (vers 136 à 165), puis un éloge appuyé, dithyrambique, du printemps lors du réveil de la nature, enfin un hymne au bonheur et aux principes de la vie paysanne. Le poète insiste là encore sur le mariage heureux entre l'homme et la nature, ce qui lui permet d'insérer une invocation aux

Muses (vers 475 à 480). Le but de ce chant consiste à opposer le travail joyeux des paysans et celui des philosophes. Tout est en effet « simple » dans la vie d'un paysan. Le travail de la terre est la marque d'un amour pour la nature, pour la patrie, pour le reste des hommes. Le paysan est relié à la nature et aux saisons, et par son travail, il a la possibilité lui aussi, et peut-être mieux que le philosophe, de « pouvoir apprendre à connaître les causes », tout en restant près des divinités et en se tenant loin de la politique et des folies de la guerre.

Chant III (566 vers)

Ce chant commence par un prologue très développé, composé d'une invocation à Palès, la déesse des bergers, puis d'une adresse spécifique à Mécène et à Octave, qu'il appelle toujours César. Même si ce chant a pour thème général l'élevage, Virgile semble ne pas s'intéresser aux aspects les plus économiques. De manière étonnante, il néglige certains animaux domestiques comme les porcs ou l'ensemble de la basse-cour. Son but est donc de se concentrer sur les liens entre les hommes et les animaux, qu'ils soient d'ailleurs sauvages ou domestiques, ce qui est étonnant dans un livre consacré aux travaux des champs. Il souligne là encore la collaboration fraternelle qui existe entre tous les êtres naturels : nous sommes à nouveau très proches de ce que les stoïciens appellent la « sympathie universelle », principe que l'on retrouve dans le terme grec *kosmos*, qui relie harmonie et beauté. La construction du chant est en diptyque : la première partie (vers 1-283) évoque le gros bétail (bovins et chevaux), la seconde (vers 284-566) le petit bétail (brebis et chèvres), ainsi que les chiens, qui sont les meilleurs auxiliaires du pâtre, mais aussi les prédateurs comme les serpents et plus généralement les épidémies. Chaque partie s'ouvre sur un épisode lyrique : pour la première, c'est un hymne à l'amour ; pour la seconde, c'est une évocation historique de l'épizootie du Norique. On a donc de manière symétrique le couple Éros et Thanatos, un lieu commun dans l'Antiquité.

Vers 1-283 : les développements sur le bœuf et le cheval, et même sur l'évolution de ces deux espèces, aboutissent à mettre l'accent sur les soins qu'il faut prodiguer aux reproducteurs. Virgile fait preuve d'une grande admiration pour ces animaux aptes au travail mais également, dans le cas des chevaux, à la course ou à la guerre : les animaux comme les hommes sont capables de gloire et de courage. Cette similarité se retrouve dans la digression finale sur l'amour avec une maxime célèbre au vers 245 : « l'amour est le même pour tous [les êtres] », même si la passion amoureuse peut se révéler douloureuse et violente. On retrouvera ce thème plus tard dans l'*Énéide* au moment de la rencontre entre Énée et Didon et de leur séparation.

Vers 284-560 : cette partie est plus sommaire. Là encore, Virgile célèbre ce que les animaux ont à offrir aux hommes ; il manifeste même une certaine tendresse pour les chèvres, dont les qualités sont peut-être celle que lui-même recherche : elles sont indépendantes et attirées par les hauteurs. L'évocation des maladies comme des prédateurs permet de comprendre combien l'homme peut corriger certains effets de la nature, au même titre que la nature corrige souvent les mauvaises pratiques des hommes. Il faut souligner que dans l'Antiquité, la médecine, certes plus rudimentaire qu'aujourd'hui, ne repose pas sur la vision monothéiste d'un monde dominé par le mal que l'homme doit combattre par sa science ; au contraire, les remèdes contre la nature sont encore à trouver dans la nature elle-même, selon un principe général de respect. Pourtant, ce chant se termine par la description épique et précise d'une épizootie qui, en un automne, a réussi à exterminer les troupeaux mais aussi la faune sauvage du Norique : comment expliquer cette injustice qui a frappé des bêtes innocentes ? Un homme aussi pieux que Virgile ne peut que constater sa compréhension insuffisante et son impuissance face au décret divin, un peu à la manière de Voltaire dans son *Poème sur le désastre de Lisbonne*, mais avec des accents évidemment moins polémiques !

Chant IV (566 vers)

Sans compter de rapides introduction et conclusion, le chant se compose de deux grandes parties presque égales, avec des effets d'échos qui lui assurent une profonde unité.

Virgile s'adresse d'abord à nouveau à Mécène et annonce son sujet.

Première partie

Vers 8-148 : Virgile décrit le monde des abeilles, délibère sur l'emplacement idéal et la fabrication des ruches, observe la construction des essaims. Une ouverture sur le vieillard corycien à la fin de ce passage permet d'évoquer rapidement l'horticulture, qui constitue un morceau de choix chez Varron. Même s'il s'agit d'une digression, ce récit permet à l'auteur de diffuser quelques-unes de ses idées. Par exemple, il n'aime pas les grands domaines mais préfère des exploitations de taille raisonnable, une sorte d'*aurea mediocritas*, pour reprendre l'expression célèbre de son collègue et ami Horace.

Vers 149-280 : Virgile se livre à un mouvement d'amplification. Pour lui, les abeilles nous renvoient aux divinités, malgré une présentation nettement anthropomorphique. L'organisation sociale des abeilles, autour d'un roi puissant, le fait qu'elles meurent si elles piquent, le fait aussi qu'elles trouvent spontanément des remèdes adaptés à chaque fois qu'elles sont attaquées permettent une comparaison avec la situation de Rome à l'époque.

Deuxième partie

Grâce au mythe du « Maître arcadien », réflexion sur la mort et la renaissance, Virgile rappelle le procédé utilisé autrefois en Égypte pour ressusciter les abeilles. Il s'agit d'un passage nettement poétique qui permet d'introduire un thème cher au poète (et à Ovide), les métamorphoses, en introduisant Protée. Rappelons qu'Ovide, à l'époque même où Virgile écrit, se consacre à son plus célèbre ouvrage, intitulé précisément les *Métamorphoses*. Cette partie sur la renaissance de l'essaim permet d'évoquer un autre mythe, celui d'Orphée et Eurydice, ainsi que la catabase d'Orphée.

Il est significatif qu'un mythe orphique conclut un ouvrage sur le travail des champs. Virgile signe son œuvre de son nom au vers 563, et les tout derniers vers, citation presque exacte d'un distique des *Bucoliques*, créent un lien entre ces deux œuvres, lien qui renvoie évidemment à la personnalité même de leur auteur.

Le travail de l'agriculteur

Même si Varron est bien la première source attestée de Virgile, il est clair que l'auteur s'inspire souvent d'Aristote, avec des vues cependant très différentes. Aristote a étudié les animaux, mais dans un but précis : les distinguer de l'homme. C'est pourquoi il s'intéresse biologiquement et physiquement à l'organisation interne de leur corps et étudie méthodiquement la structure et la physiologie de leurs membres. L'exposé didactique en devient d'ailleurs assez froid et pesant. Virgile n'adopte pas du tout la même perspective. Paradoxalement plus pragmatique, il veut enseigner tout ce qui permet, *avec* les animaux, le meilleur travail des paysans. Virgile croit donc essentiellement dans ce qui est utile, témoignant par là d'un profond sens romain : l'art de l'agriculteur ne peut pas se résumer à de l'agrément. Il ne peut pas non plus se contenter d'une efficacité à court terme : il y a dans le travail de la nature et de la terre la recherche de l'*honestum*, c'est-à-dire, dans l'équivalent des Grecs, l'alliance de la beauté morale et de la beauté spirituelle (*kalos kagathos*). C'est pourquoi jamais chez Virgile on ne trouvera de considérations économiques, alors que le problème des prix se pose au plus haut point dans une agriculture qui dépend des saisons, mais aussi des guerres. Tout au plus découvrons-nous, par des allusions, que les agriculteurs dont il évoque la vie ne sont guère riches, qu'ils vivent dans une certaine austérité. De plus, chez Virgile, et peut-être par volonté de plaire à Octave, le souci de la beauté s'accompagne systématiquement de celui de la *dignité*. C'est pourquoi, même s'il est obligé d'évoquer les maladies – qui sont inévitables –, nous n'entendrons pas Virgile parler beaucoup du fumier, de la pourriture, des parasites ; parmi les animaux, il évite soigneusement ceux qui peuvent paraître, pour des raisons diverses, impurs, donc indignes : ainsi des volailles et des porcs.

Virgile voit donc le travail de l'agriculteur d'une manière très pratique, mais avec des oublis étonnants pour nous. Peut-on en conclure que le travail agricole est systématiquement idéalisé ? Les emprunts à Platon pourraient le laisser croire : son insistance, à propos des abeilles, sur le fait que la cellule des ruches est de forme géométrique, donc de structure mathématique, irait dans ce sens. Plus généralement, Virgile s'attache à montrer combien, dans le domaine de la nature, chaque chose est à sa place, ce qui nous amène plus au stoïcisme qu'au platonisme. Admettons surtout qu'à l'époque de la composition de l'œuvre, la science n'est nullement arrivée à des considérations dites « positives » (quand on peut *poser* une équation) qui s'appliquent depuis le XIXe siècle aux contenus de savoir : la « loi des trois états » d'Auguste Comte n'est pas encore formulée. Virgile dispose des moyens de son temps, il ne connaît ni la physique ni la chimie des sciences récentes. En revanche, parce qu'il est un héritier d'Hésiode et d'Homère, parce qu'il est dépositaire d'une tradition, il contient en lui un héritage pratique coutumier que l'on pourrait appeler la sagesse de la terre, c'est-à-dire une rencontre entre l'humanisme et le naturalisme. Ce que la science moderne s'est empressée d'oublier, jusqu'à la naissance récente de l'écologie philosophique, notamment grâce à Hans Jonas (in *Le Principe responsabilité*).

Comme le montre également Lucrèce dans le *De natura rerum*, ouvrage qui a pu aussi inspirer Virgile, la science antique fait d'abord preuve d'imagination. Personne à l'époque n'a la moindre théorie des atomes : ceux-ci ne sont de fait rien d'autre qu'une métaphore, une vue de l'esprit, et ce n'est pas un hasard si les traités didactiques sont en vers. Pour parler de la nature, pour la décrire, pour l'interpréter, il faut sans doute acquérir le sens des images. La science de Virgile est donc faite de limites et de jeux avec ces limites, le principal jeu étant celui qu'on pratique avec le langage, qui se nomme *poésie*. Que l'on étudie, dans le premier chant, la description de la charrue : elle est fort brève, remplie d'implicites. Mais nous ne sommes plus chez Hésiode, des détails montrent que l'outil a profondément évolué en sept siècles ; nous devinons que la charrue a désormais des roues et qu'elle est plus complexe dans son assemblage que l'antique araire. Toute lacunaire et lapidaire que soit la description de Virgile, elle enregistre le progrès d'une culture. De même, dans le deuxième chant, quand Virgile évoque là encore très rapidement les différents types de greffe, il aboutit à des théories plutôt audacieuses qui font fi des espèces et de leurs particularités. Là encore, Virgile tient compte, avec des mots imagés, des progrès dans le travail de la terre. On peut même en déduire, en regard du plan général de l'œuvre, que c'est une des manifestations supplémentaires de ce dialogue fécond, cette complémentarité entre homme et nature : l'homme s'adapte à la nature et la nature se laisse faire. La poésie ne vient alors que célébrer, sans ostentation particulière, cette belle union.

Cela ne signifie nullement que Virgile ne commet pas d'imprécisions ou d'erreurs, parfois amusantes. Il n'est pas le premier. Mais lorsqu'il parle dans le troisième chant de juments engrossées par le vent, on peut sans aucun doute considérer qu'il s'est laissé quelque peu emporter par le sujet. En réalité, les principales lacunes ou erreurs se trouvent au quatrième chant lorsqu'il est question des abeilles, sans doute parce que le poète est plus que jamais prisonnier d'une littérature préexistante, dominée par Platon qui n'avait pas sur ce point de grandes exigences scientifiques. Même si Virgile décrit à peu près correctement les règles de l'apiculture et le travail des abeilles ouvrières, il commet des erreurs importantes s'agissant de la reproduction. Il prend les reines pour des rois, il ne comprend donc pas qu'elles soient nécessaires aussi pour la production des mâles, et de plus, il n'éprouve aucun intérêt particulier pour la fécondation. L'explication est simple : à l'époque, l'observation dépend d'une technique très rudimentaire qui ne permet pas d'aller dans le détail. Cependant, il est vraisemblable aussi qu'il ait été limité, dans sa présentation, par une idéologie à la fois morale et politique. Parce qu'il a lu Platon, il voit dans les abeilles le modèle de la cité politique idéale. Peut-être, comme Platon, s'extasie-t-il de les voir se reproduire sans avoir recours à l'attirance charnelle ? Par ailleurs, ces abeilles semblent lui donner l'exemple de la victoire sur la mort, puisqu'il est persuadé, comme tout le monde à l'époque et auparavant, que les essaims peuvent renaître selon un processus pourtant passablement alambiqué. À l'époque de Virgile, de telles croyances permettent d'établir un système général, analogique, où la vie animale et la vie humaine peuvent se rejoindre, dans la vie et peut-être au-delà. Virgile ne célèbre donc pas simplement la nature ou le travail du paysan, mais toutes les croyances qui y sont associées.

Beaucoup des contemporains de Virgile ont de plus considéré que l'auteur avait de grandes connaissances en matière vétérinaire. La manière dont il parle des animaux irait plutôt dans ce sens, mais c'est surtout la description de l'épizootie du Norique au troisième chant qui a permis à de nombreux commentateurs d'affirmer cela. C'est ce que montre également Jackie Pigeaud dans *Littérature, médecine et société* [1]. Lucrèce a publié, en 54 av. J.-C., un texte fondamental : l'auteur y décrivait la célèbre peste d'Athènes, en montrant comment un sage épicurien pouvait traiter ou supporter le malheur humain. Lucrèce refuse évidemment la superstition, mais également la révolte ou le désespoir. Il y a ce qui dépend de nous et ce qui ne dépend pas de nous, et la mort n'est rien. C'est peu dire que Virgile ne va pas dans le même sens. Virgile choisit une épidémie animale, et non humaine. Ensuite, il situe son analyse non pas à la fin de l'œuvre, comme Lucrèce, mais dans l'avant-dernier chant, ce qui relativise la portée de son exemple. Conformément à la philosophie épicurienne, Lucrèce considère que les dieux n'ont aucun rôle, alors qu'ils sont présents partout chez Virgile. Mieux encore : les dieux sont accusés d'avoir laissé souffrir des bêtes innocentes. Là où Lucrèce persiste à adopter une attitude philosophique distante, Virgile, en poète pieux et lyrique, préfère une matière plus pathétique et tragique. Le problème est évident : la foi rencontre l'existence du mal. Nous ne sommes pas dans l'épicurisme, nous sommes encore un peu dans le platonisme et presque dans l'avenir,

1. Jacky Pigeaud, « Quelques remarques sur l'épidémie du Norique dans les *Géorgiques* de Virgile », *Littérature, médecine et société*, n° 7, 1985, p. 1-18.

c'est-à-dire le christianisme. De même, l'image que Virgile nous donne de la maladie des animaux est singulière. Alors que Lucrèce décrit précisément une peste, c'est-à-dire une épidémie connue qui a une existence dans l'histoire et même dans la mythologie et dont le processus de développement est la contagion, Virgile nous décrit des maladies différentes selon les animaux, qui aboutissent toutes à la mort : ce n'est plus une maladie unique mais une sorte de mal universel, dont les causes sont inconnues autant que les remèdes. Le scandale ainsi posé par Virgile vient du caractère inexplicable de ce mal généralisé, dont il peine à trouver une origine morale. Cette nature bienfaisante, objet d'éloges hymniques, posséderait-elle de manière intrinsèque une dimension obscure ? C'est là que la science s'arrête : la fin du chant III est profondément interrogative, c'est pourquoi le chant IV peut répondre d'une manière particulière et adéquate, d'un point de vue non plus matériel et physique, mais allégorique et spirituel.

Le chant de la terre

Il existe une sagesse de la terre. En musique, Gustav Mahler a essayé d'en témoigner dans *Das Lied von der Erde*, symphonie pour ténor, contralto et grand orchestre composée d'après des poèmes de Hans Bethge. Dans ces six lieder interprétés successivement par deux chanteurs solistes se trouvent des vers que n'aurait pas reniés Virgile, même si le ton général est plus mélancolique, voire tragique. Le troisième mouvement, « De la jeunesse », le quatrième, « De la beauté », et surtout l'Adieu final constituent un hymne à la nature :

> La terre adorée, partout, fleurit au printemps et reverdit : partout, toujours, l'horizon bleu luit éternellement éternellement...

Pour Virgile, la terre réconcilie sa conception de la poésie, son amour de la patrie, c'est-à-dire de *sa* terre, sa conception du bonheur et l'idée qu'il se fait du travail, de son travail. Elle éclaire le choix du sujet : sur un vers épique, Virgile veut chanter la vie paysanne, c'est-à-dire exalter de la manière la plus haute les choses les plus simples. C'est exactement la définition du « style sublime », selon Longin et selon aussi Boileau, qui traduit Longin : la recherche du maximum d'effet avec un minimum d'effort. C'est du reste également ce que recherche le paysan, à moins de mourir d'épuisement. Là où un alexandriniste aurait pu tomber dans les pièges de l'*asianisme*, c'est-à-dire, selon Cicéron, la recherche excessive de l'ornement et de l'artificialité, Virgile choisit au contraire presque les voies de l'*atticisme*, c'est-à-dire d'une rigueur poétique qui épouse exactement son sujet : il ne s'agit pas d'ajouter par la parole à ce que font les courageux paysans, mais d'épouser dans les mots la nature même de leur travail. Il faut donc allier en permanence douceur et grandeur.

C'est une leçon de sagesse donnée par la terre, car le paysan doit aimer la terre pour la travailler, c'est-à-dire la forcer, et en retour la terre devient féconde, exactement comme en poésie il faut travailler la langue pour créer l'harmonie. Mais il n'y a rien à inventer ni à ajouter : tout se trouve dans la nature ; c'est la source du sublime. Comme Horace, Virgile se méfie de toute emphase, malgré l'utilisation de l'hexamètre dactylique : il ne s'agit pas d'exalter, ni d'exulter, mais de concilier la modestie et la grandeur, ce qui constitue un alliage spécifiquement romain, un véritable idéal moral et esthétique. C'est même un héritage de la Grèce la plus antique : « Rien de trop ». De là l'émerveillement de Virgile devant le monde des abeilles : elles sont toutes des héroïnes, mais des héroïnes quotidiennes. La grandeur générale provient de leur travail permanent. Elles sont l'image même du travail poétique tel que le conçoit Virgile.

Le travail humain, celui des paysans, suppose donc de se conformer le mieux possible aux exigences de la nature, d'épouser ses mouvements, et en même temps d'arriver à ce que la nature produise bien au-delà de ce qu'elle serait capable de faire naturellement : la nature a besoin de la culture pour être véritablement naturelle. L'artifice n'est que l'auxiliaire de la nature et le travail ne vise pas à se révolter contre la nature, à la changer, la dépasser, mais au contraire à l'accomplir. C'est pourquoi la poésie elle-même, la plus savante, apparaîtra toujours comme naturelle : l'art fait oublier l'art. On est ici véritablement à la source de la conception virgilienne et clairement *classique*, l'harmonie entre l'homme et la nature, l'harmonie entre le poète et son sujet. Cela ne signifie nullement que le travail du paysan, comme celui du poète, exclut la fatigue, les difficultés, parfois le sentiment d'injustice. *Labor* signifie « peine », en effet, mais d'où vient cette peine ? Est-ce une colère des dieux, comme le monothéisme l'a montré en mettant en avant le châtiment du péché originel par le Dieu unique ? « Tu gagneras ton pain à la sueur de ton front »... Est-ce la cruauté des dieux, qui se jouent des hommes, dans une vision tragique des rapports entre humain et divin ? Hésiode, pour sa part, voyait dans la nécessité du travail humain le résultat de la concurrence et des désaccords qui ont ponctué la vie de la communauté humaine : la difficulté du travail aurait donc pour cause les difficultés des hommes à s'entendre... ce qui peut à juste titre motiver un traité didactique qui permette à tous de se retrouver dans une méthode et dans une forme de paix, au moment même où les hommes s'abîment dans des guerres civiles inexpiables.

C'est ainsi que la question du travail repose inévitablement le problème du mal. Et à plusieurs reprises, on sent bien que Virgile se réfère à sa manière à un « paradis perdu » qui se trouve, comme chez Hésiode, Platon et les pythagoriciens, dans un âge d'or : la quatrième *Bucolique* était déjà très claire sur ce point. Comme Platon, il semble croire à un éternel retour des cycles, à ceci près que chez Platon, il s'agit avant tout de cycles politiques. Avant l'ère de Jupiter, nul besoin de travailler : c'était le règne de l'*otium* permanent, généralisé. Mais la peine est apparue nécessaire selon Jupiter pour stimuler l'esprit humain : c'est pourquoi il a eu l'idée de mettre en place le travail, et pour cela il a bien fallu qu'il instille le mal dans la nature. Voilà pourquoi la nature est parfois si dure... Mais, parce que tout est finalement harmonie, « un travail acharné vient à bout de tout ». L'expression de « travail acharné », qui est de référence pour traduire le texte de Virgile (I, 145-146), est contestée : en latin, *improbus* signifie dans un premier sens « trompeur, malhonnête » ; d'autres traducteurs préfèrent le traduire par « incessant ». Le terme « acharné » convient cependant, en ce sens qu'il montre combien les hommes doivent travailler sans limite (au risque de blesser, nier la chair) dans une nature elle-même sans limite. Être un acharné, c'est risquer sa chair, c'est risquer sa vie. Or que fait le paysan si ce n'est précisément donner toute sa vie et tout son corps pour que la vie et le corps des autres puissent perdurer ? Contrairement à l'analyse d'Alain Michel dans sa présentation des *Géorgiques* de l'édition des *Œuvres complètes* de Virgile de la Pléiade (Gallimard), par ailleurs éblouissante et à laquelle nous n'hésitons pas à nous référer, nous considérons qu'il faut voir dans cette expression « travail acharné » la bonne traduction de ce que visait Virgile, et pour une raison qui n'a rien de poétique. Ce terme illustre parfaitement la théorie de Georges Dumézil sur la civilisation indo-européenne, qui repose sur une « tripartition fonctionnelle » : il y a le roi-prêtre (*rex*), intermédiaire entre les hommes et les dieux ; il y a le soldat (*miles*), qui conquiert ou défend la terre, sous les auspices du *rex* ; il y a enfin le paysan (*rusticus*, *agricola* ou *colonus*), qui cultive la terre sous la garde du *miles*. Cet ordre indo-européen, très profondément ancré dans les mentalités de l'Antiquité et sans doute encore dans les nôtres, montre à chaque fois la nécessité d'un travail particulier auquel il convient de s'abandonner : dans chacune de ces catégories, personne ne peut travailler à l'économie, on doit au contraire tout donner. Alors qu'en politique, et peut-être en poésie, la maxime « Rien de trop » s'imposait, il y a dans la mystique religieuse, dans l'art militaire et dans le travail du paysan un besoin du tout ou rien. Le « Rien de trop » peut concerner la cité, l'*urbs*, cet endroit artificiel où les lois des hommes ont remplacé les lois de la nature ; mais il ne saurait s'appliquer à celui qui doit respecter les règles de la nature, qui ne se cultive pas mais cultive la terre, le *rus*, et nourrit les gens cultivés ; il s'applique encore moins à l'homme des bois, l'habitant de la *silva*, *silvaticus/salvaticus*, c'est-à-dire le « sauvage », qui ne se cultive pas plus qu'il ne cultive la terre mais vit de chasse, de cueillette, de pêche et de rapines.

Un manifeste épicurien ?

Célébrer le travail paraît rapprocher d'abord les *Géorgiques* de la philosophie stoïcienne, et en particulier de cette célébration de l'endurance que Cicéron développe dans les *Tusculanes* : exactement comme l'armée, qui s'appelle en latin *exercitus* et qui s'entraîne par des travaux toujours plus pénibles, le paysan incarnerait à sa manière cette doctrine paradoxale (et très adaptée à l'étudiant des classes préparatoires !) qui veut que plus on souffre, moins on souffre. C'est en cela qu'il peut et qu'il doit être *improbus* : « démesuré, sans arrêt, opiniâtre, acharné », nous dit le dictionnaire Gaffiot. Comme l'amour, le travail ne doit pas laisser de repos. Pourtant, le jeune Virgile est bien plus en contact avec l'épicurisme qu'avec le stoïcisme. On doit rappeler que cette école philosophique prône une vie frugale, modérée, et surtout une véritable sécession : il faut quitter la ville et ses illusoires agréments pour se réfugier au plus près de la nature, seule bonne conseillère. Contrairement à ce qui est souvent diffusé et cru, l'épicurisme n'est pas une invitation à la débauche, mais un hédonisme modéré, dont la devise pourrait être : ne désire que ce que tu as. Au contraire, les stoïciens considèrent que l'homme peut et doit trouver sa place et s'y accomplir : le stoïcisme implique l'investissement, l'intervention, là où les épicuriens envisagent la vie comme un véritable détachement, aussi bien moral que physique.

Certes, Virgile est en désaccord avec l'épicurisme, notamment quand cette secte prétend que les dieux se désintéressent complètement de l'homme, qu'ils ne sont pour rien dans la création du monde, et que le monde, précisément, n'est que matière. Cependant, c'est avec insistance que Virgile se réfère dans les *Géorgiques* au plus grand représentant de l'épicurisme à Rome, Lucrèce. L'auteur n'a pas trop de peine à justifier ce choix littéraire, puisque

Lucrèce a lui aussi utilisé l'hexamètre dactylique pour composer son poème didactique, son traité *De natura rerum*. Par ailleurs, l'Arcadie des *Bucoliques* évoquait déjà, sans aucun doute, le jardin d'Épicure. Et la représentation de l'amour, dans les *Géorgiques* comme dans l'*Énéide*, doit beaucoup à la précision et à la force de Lucrèce. Mais surtout, les thèmes communs abondent : la relation entre l'homme et la nature, la passion destructrice, les voies à choisir pour être heureux, les moyens d'atteindre l'ataraxie, c'est-à-dire la tranquillité de l'âme, etc. Les méthodes peuvent diverger : pour Virgile, il n'est pas question de se réfugier dans une contemplation inactive de la nature : il faut au contraire chercher l'harmonie grâce au *labor*, mais aussi à la *pietas*. Admettons donc que Virgile ne s'oppose pas frontalement à Lucrèce mais qu'il dialogue avec lui en jouant sur des reprises de son texte. Au chant I (v. 322-327), la description de la tempête est facile à rapprocher de celle de Lucrèce (I, v. 271-297), mais à un détail près, fortement symbolique : Virgile introduit Jupiter brandissant sa foudre. Il reprend l'univers de Lucrèce en le repeuplant de divinités.

La vision de l'amour est également très proche. La *voluptas* n'est pas condamnable mais répond à un processus physiologique chez Lucrèce, alors que chez Virgile, l'amour est considéré essentiellement sous l'angle de la reproduction. C'est la réconciliation de l'utilité et du plaisir. Cependant, chez Lucrèce comme chez Virgile, l'amour peut apparaître comme une force dangereuse. Chez les deux auteurs, le champ lexical de la violence est présent : la mort mène au *furor*. Les animaux comme les hommes peuvent céder à la sauvagerie et à la cruauté, au nom même de l'amour. Comme Lucrèce, Virgile montre combien ce qui part du corps finit par déformer aussi l'esprit. Le délire et la haine finissent par rendre tous les êtres malades, comme si Éros était définitivement lié à Thanatos. Quant à la description de l'épizootie du Norique, elle entre en résonance directement avec le livre VI du *De natura rerum* de Lucrèce.

Deux exemples tirés de l'œuvre de Lucrèce sont parlants [1] :

1. Lucrèce, *De natura rerum*, trad. Alfred Ernout, Paris, Les Belles Lettres, 1924.

– sur l'amour (IV, v. 1101 *sq.*) :

> La vue de l'être aimé ne peut les rassasier, leurs mains rien arracher de ces membres graciles ; ils errent incertains sur le corps tout entier. Enfin ils vont cueillir la fleur de la jeunesse ; ils sentent dans leur corps la volupté qui monte ; Vénus va féconder le sillon de la femme ; leurs deux corps vont se fondre, ils mêlent leurs salives, ils s'aspirent l'un l'autre, ils se boivent, se mordent… En vain ! Leur corps ne peut absorber l'autre corps non plus qu'y pénétrer et s'y fondre en entier.

– sur la description de la peste d'Athènes, inspirée par Thucydide, mais systématiquement tirée vers le plus noir (VI, v. 1207 *sq.*) :

> Les ulcères, le flux noir de leurs intestins, annonçaient l'arrivée prochaine de la mort. Un jet de sang vicié leur giclait des narines, emportant avec lui ce qui restait de vie. La peste rongeait tout, et jusqu'au sexe même. Certains, épouvantés sur le seuil de la mort, s'amputaient par le fer de leur membre viril.

Le travail dans la joie

Le deuxième chant contient des « hymnes à la joie ». Cette joie est presque toujours liée à la peine, cette peine du *labor*. Le travail paysan ne garantit pas une joie vraiment pure, comme les stoïciens peuvent la trouver dans la contemplation du cosmos et comme les épicuriens la cherchent dans le plaisir sans remords.

Le bonheur décrit par Virgile repose sur trois aspects : c'est d'abord le bonheur du printemps, c'est-à-dire de la fécondation universelle, avec des arbres qui s'élèvent toujours plus de la terre jusqu'au ciel. C'est aussi le bonheur de la patrie : il faut comprendre la *patria* comme l'Italie bien sûr, mais aussi comme le terroir, ce que l'on nomme improprement aujourd'hui le territoire, autrement dit le lieu où l'on est, souvent aussi le lieu où l'on naît. Après l'éloge de l'arbre, l'éloge des racines : on sait que chez les Romains, la métaphore du champ est appliquée à l'homme, et c'est de là que nous disons aujourd'hui de quelqu'un qu'il est cultivé ; il a été travaillé comme s'il était un champ. Enfin, le bonheur est dans la vie simple des paysans : « Ô très fortunés, s'ils connaissaient leurs biens, les cultivateurs ? » De quel bien s'agit-il ? Le paysan a la chance de « pouvoir connaître les causes », parce qu'il est tout près du fonctionnement le plus intime de la terre ; il est aussi celui qui connaît le mieux les dieux, d'abord parce qu'il est humble, courbé, comme naturellement prosterné par son travail, mais aussi parce qu'il suit de manière obligatoire l'organisation du temps qui ne peut provenir que des dieux. Certes, la philosophie connaît aussi les causes et c'est pourquoi le philosophe est, chez Virgile (mais pas chez Platon), l'ami du poète, puisqu'il lui permet d'atteindre la plus haute spiritualité et la vérité. C'est pourquoi aussi la poésie didactique est possible et même souhaitable, car elle allie beauté et sagesse. Mais le paysan vient ajouter à la poésie didactique un élément souvent inconnu du philosophe, l'humilité, dont on rappelle que l'étymologie est *humus* : la poésie didactique de Virgile aura les pieds sur (la) terre ; voilà également pourquoi la contemplation de la vie paysanne permet au poète de plaire aux Muses : par son travail poétique, Virgile est plus près des paysans que des intellectuels philosophes.

Un poème politique ?

Toute la littérature antique est moraliste, et parce qu'elle est moraliste, elle entre de plain-pied dans la politique. Tous les arts de vivre, tous les recueils philosophiques ont ainsi pour but de procurer une sagesse pratique, civique et politique. Même l'*Art d'aimer* d'Ovide n'échappe pas à cette finalité.

On a souvent reproché à Virgile d'avoir été un courtisan, l'un des meilleurs propagandistes. Il est clair qu'Auguste a su acheter une véritable collaboration. Toutefois, il est bien possible que Virgile ait éprouvé une sincère affection et une vraie admiration pour

Auguste ; à cet égard, il faut rappeler que Suétone l'historien, dans sa biographie de l'empereur, dépeint un être enclin, au moins à ses débuts, à la simplicité, refusant les honneurs excessifs, honnêtement dévoué à l'intérêt général. Peut-être croit-il comme beaucoup qu'Octave est le réformateur qu'on attendait, et de fait, c'est bien Octave-Auguste qui rétablit la concorde après un siècle de guerres civiles tout en maintenant, autant que faire se peut, les usages républicains. Il y a beaucoup de reconnaissance à Rome pour Octave : on oublie un peu vite qu'il a rétabli de nombreuses libertés que les guerres fratricides avaient confisquées. Certes, Auguste a mis en place un pouvoir de plus en plus personnel et a de ce fait indigné les « vieux Romains » ; mais il a aussi permis à de nombreuses personnes de vivre de leur travail, tout en gardant les distances souhaitées : c'est par exemple ce qui est arrivé à Horace, toujours épris d'indépendance. Virgile a été aidé. Auguste a essayé de lui rendre les terres qu'il avait perdues près de Mantoue mais il n'y a pas réussi ; il lui en a donné d'autres, en Campanie. Il est vraisemblable que si Virgile n'avait pas eu ces compensations, il n'aurait pas rédigé les *Géorgiques*. L'évocation du vieillard corycien au chant IV est particulièrement intéressante : ce jardinier est comme une image de Virgile ; c'est une « personne déplacée » qui cultive son jardin et qui retrouve le bonheur dans une vie certes pauvre, mais sereine.

Virgile prend aussi très largement ses distances avec les conceptions contemporaines en matière agronomique. Vraisemblablement, il s'éloigne ainsi de ce que souhaitait Auguste. Caton était un riche propriétaire ; Varron décrit des domaines luxueux, où les jardins ont une grande place ; un peu plus tard, avec Columelle, du temps de Néron, l'agriculture intensive commence à s'imposer dans les *latifundia*. Chez Virgile, au contraire, tout reste humble, petit, à taille humaine, comme l'exploitation du vieillard de Tarente. Même si on peut supposer qu'il possède quelques esclaves, ce que Virgile ne mentionne pas, il assure lui-même une bonne partie du travail. On se souvient des vers 412-413 du chant II : on peut toujours célébrer de vastes domaines, mais il convient d'en cultiver un petit. Décidément, Virgile n'est pas le sectateur des grandes propriétés. Il faut donc considérer que son éloge du simple est en creux une critique de son temps. Pour Virgile, l'agriculture est d'abord une culture, c'est-à-dire qu'elle doit rester individuelle, certainement pas « industrielle ». C'est pourquoi Virgile pense souvent en termes de jardin : le jardin, c'est l'ordre humain associé à l'ordre naturel.

Au chant IV, le choix fait par Virgile de parler du monde des abeilles est révélateur de sa pensée profonde. Les abeilles ont toutes les vertus qui conviennent aux citoyens. Elles possèdent au plus haut point le sens du sacrifice, aussi bien dans la guerre que dans le travail. Elles savent vivre en communauté et s'élever au-dessus du désir individuel d'amasser. La ruche est donc une cité où les devoirs sont plus importants que les droits : elle est tout naturellement une monarchie. La fonction de roi, puisque Virgile ignore qu'il s'agit en réalité d'une reine, est nécessaire, c'est-à-dire au sens premier, inévitable : c'est le roi qui indique les obligations de chaque ouvrière ; c'est encore le roi qui dirige son petit peuple lorsqu'il faut combattre. Si le roi fait défaut, la ruche perd son unité et c'est le déclin, voire la mort collective.

Cette insistance sur l'unité renvoie évidemment à la volonté d'Octave de « réunir » l'Empire romain, fragilisé par les guerres intestines. Virgile écrit ces vers peu après la bataille d'Actium : une Rome divisée en frères ennemis, une guerre mondiale mais en réalité civile, qui trouve sa fin par le triomphe de celui qui est capable de porter l'unité, Octave. Virgile sait bien que comme les abeilles, les cités peuvent mourir quand elles se dissocient : il est vraisemblable qu'il pense sincèrement qu'Auguste pouvait être ce roi dont la ruche romaine avait besoin, à ceci près que les Romains ne voulaient pas entendre parler du terme « roi ». Octave l'a parfaitement compris, et il a mis en place la fiction du principat.

Auguste a permis une renaissance. Voilà qui nous ramène au pasteur Aristée, qui a vu mourir son essaim. Il veut de nouveau élever des abeilles et pour cela doit connaître les causes de ce qui est arrivé. Sur les conseils de sa mère, il s'adresse donc à Protée, dieu des métamorphoses. Il apprend qu'il a été puni à travers ses abeilles pour la faute qu'il a commise en provoquant la mort d'Eurydice, qu'il a voulu violer. Il pourra faire renaître un essaim en sacrifiant un jeune taureau : les anciens croyaient que les abeilles jaillissaient par génération spontanée de la charogne pourrissante, confondant certainement abeilles et mouches.

Cette histoire ressemble décidément beaucoup à celle de Rome, qui cherche en effet à renaître. Le choix par les dieux d'imposer un sacrifice ramène à la nécessité du sacré, très présent chez Virgile, et compris par Auguste. Mais si l'essaim d'Aristée est mort, la faute en revient d'abord à lui-même. Un problème se pose : Octave, avant de mettre fin à la guerre, y a lui-même participé. Virgile n'en dit évidemment rien, mais un historien comme Tacite, qui admirait beaucoup Virgile, n'hésite pas à rappeler combien Octave, avant d'être Auguste, était un chef de guerre particulièrement redoutable, agressif et même cynique. Sa représentation dans le célèbre film *Cléopâtre* (partie II), de Joseph L. Mankiewicz, accuse encore ces traits... Par ce mythe, peut-être Virgile tente-t-il de prendre quelque peu ses distances avec celui qui symbolise à la fois la guerre et la fin de la guerre. Ce qu'il y a de sûr, c'est qu'il sait gré à Auguste d'avoir parlé et permis l'avènement d'un peu plus de douceur dans le monde. Ainsi disait Sainte-Beuve, dans sa célèbre *Étude sur Virgile* [1] :

> Plus qu'aucun poète Virgile est rempli du malheur civil, et en général des guerres, des dissensions et des luttes violentes. Je crois être dans le vrai en insistant sur cette médiocrité de fortune et de condition rurale dans laquelle était né Virgile, médiocrité qui rend tout mieux senti et plus cher, parce qu'on y touche à chaque instant la limite, parce qu'on y a toujours présent le moment où l'on a acquis et celui où on peut tout perdre : non que je veuille prétendre que les grands et les riches ne tiennent pas également à leurs vastes propriétés, à leurs forêts, leurs chasses, leurs parcs et châteaux ; mais ils y tiennent moins tendrement, en quelque sorte, que le pauvre ou le modeste possesseur d'un enclos où il a mis de ses sueurs, et qui y a compté les ceps et les pommiers [...]. Que sera-ce donc si ce possesseur est à la fois un rêveur, un poète, un amant ; s'il a mis de son âme et de sa pensée, et de ses plus précoces souvenirs, sous chacun de ces hêtres et jusque dans le

1. Sainte-Beuve, *Étude sur Virgile*, Paris, Garnier Frères, 1857.

murmure de chaque ombrage ? Ce petit domaine de Virgile, et pas si petit peut-être, qui s'étendait entre les collines et les marécages, avec ses fraîcheurs et ses sources, ses abeilles [...], nous l'aimons comme lui.

Virgile, poète inspiré et inspirateur

Dans le *Génie du christianisme*, Chateaubriand compare Virgile et Racine. Il fait à l'occasion un portrait célèbre de Virgile, que rapporte en partie Sainte-Beuve dans son *Étude* :

> Nous avons déjà remarqué qu'une des premières causes de la mélancolie de Virgile fut sans doute le sentiment des malheurs durant sa jeunesse. Chassé du toit paternel, il garda toujours le souvenir de sa Mantoue ; mais ce n'était plus le Romain de la République, aimant son pays à la manière dure et âpre des Brutus, c'était le Romain de la monarchie d'Auguste, le rival d'Homère et le nourrisson des Muses. Virgile cultiva ce germe de tristesse en vivant seul au milieu des bois. Peut-être faut-il encore ajouter à cela des accidents particuliers. Nos défauts moraux ou physiques influent beaucoup sur notre humeur et ils sont souvent la cause des tours particuliers que prend notre caractère. Virgile avait des difficultés de prononciation ; il était faible de corps, rustique d'apparence. Il semble avoir eu dans sa jeunesse des passions vives auxquelles ses imperfections naturelles purent mettre des obstacles. Ainsi des chagrins de famille, le goût des champs, un amour-propre en souffrance des passions non satisfaites s'unirent pour lui donner cette rêverie qui nous charme dans ses écrits.

Virgile a toujours été imité et admiré. Des auteurs aussi différents que Lamartine, Chateaubriand, George Sand, Frédéric Mistral, Giono n'ont cessé de se référer à cet humanisme de la terre et de ses travaux. Giono en particulier, en écrivant *Regain* en 1930 (adapté au cinéma par Pagnol), *Que ma joie demeure* (1935) et *Les Vraies Richesses* (1937) montre, comme Virgile, combien la terre peut souffrir de la grande propriété et de son exploitation industrielle.

Néanmoins, tous ces auteurs écrivent en prose. L'artiste le plus proche de Virgile est sans doute le compositeur Beethoven, notamment dans sa *Symphonie pastorale.* L'amour de Beethoven pour la nature était bien connu et sa conversation pleine d'allusions. Sa symphonie n° 6 dite « pastorale » date de 1807-1808 et fut donnée en première audition, en même temps que la célèbre *Cinquième*, le 22 décembre 1808 à Vienne ; l'œuvre fut publiée en 1809. Il semble que Beethoven se soit inspiré pour le plan de sa symphonie d'un ouvrage de Justin Knecht intitulé *Le Portrait musical de la nature* (1784). Comme Knecht, Beethoven donne des titres aux cinq mouvements de sa symphonie mais présente l'œuvre comme étant plus « expression du sentiment que peinture ». Comme lui-même le disait, « toute personne sachant ce qu'est la vie à la campagne comprendra de quoi parle cette musique sans l'aide des titres ». Le premier mouvement, comme le suivant, ne comporte ni trompette, ni trombone, ni timbale, et exprime la joie de retrouver la campagne ; il se révèle tout entier dominé par le thème par lequel il est introduit, son caractère fortement répétitif suggérant les changements sereins, presque imperceptibles, qui se produisent dans la nature. Cette harmonie imitative très virgilienne se retrouve dans le deuxième mouvement qui évoque, au bord d'un ruisseau, une idylle peuplée de chants d'oiseaux, notamment dans les dernières mesures, avec un solo de rossignol, de caille et de coucou. Les trois derniers mouvements sont ensuite enchaînés. Un scherzo avec trompette décrit une réunion de paysans en train de faire la fête, avec un basson jouant à contretemps (pour mimer l'ivresse), entrecoupé d'un trio rustique dont on pense qu'il représenterait une dispute entre paysans. Suit un allegro avec deux trombones et un piccolo, pour dépeindre une tempête et un orage violent. La symphonie s'achève sur un hymne d'action de grâce des bergers après l'orage.

Paul Claudel, grand poète, rend hommage à sa manière à l'art poétique virgilien [1] :

> Qui rencontre Virgile n'a plus qu'à se prosterner et toute envie de poursuivre sa route lui est retirée. Qui se soucierait d'entendre encore parler

1. Paul Claudel, « La poésie est un art », *Positions et propositions* (1932), in *Œuvres en prose*, Paris, Gallimard, « Bibliothèque de la Pléiade », 1965, p. 57.

de poésie, quand il a le Poète lui-même, le Poète par excellence, dans le plus magnifique idiome qui ait jamais sanctifié les lèvres humaines, à sa disposition ? Un combat de cavalerie, le travail des champs, la souffrance des amants, la tempête, la destruction d'une ville, la descente aux enfers, les jeux athlétiques, tout a subi non pas seulement métamorphose, avènement, tout se passe avec une facilité bienheureuse comme dans une lumière dorée. Nous sommes du monde de la Grâce. Tout s'anime aux propositions d'une douceur irrésistible. La création sous nos yeux n'était qu'un fait, la voici qui, subjuguée par la prosodie, est devenue le paradis de la nécessité. Le mythe d'Orphée s'est réalisé. Ce ne sont pas seulement les arbres et les rochers, c'est le cœur humain qui a trouvé aux accents de l'enchanteur le moyen de se faire entendre.

Et plus tard :

Je parle d'un poème qui s'obtiendrait par une espèce de décantation, de soutirage du site. Rien qu'un petit mot de temps en temps qui fasse que ces îles n'aient plus assise sur la mer mais sur une espèce de matière radieuse et de vide intellectuel. Voyez ! Les choses n'ont pas changé mais par une espèce d'opération mystérieuse, sans qu'on n'y voie rien, la matérialité, disons plutôt l'actualité par en dessous leur a été soustraite. Si l'on frappait dans ses mains, tout s'évanouirait. Tout à l'heure, il y avait des villages, des rochers, des arbres, rien n'a changé et à la place de tout cela, il n'y a plus que des mots. Tout ne tient plus ensemble que par ce mot secret, par cette communication élémentaire, tout est suspendu au sein de l'esprit. Il n'y a plus de poids, il n'y a plus entre les choses que cette convention tacite, cette secrète intelligence [...]. Ce qui ressemble le plus à ce que nous avons dans l'esprit, ce sont les *Géorgiques* de Virgile surtout l'*Énéide.* C'est l'enchantement de la prosodie qui, recevant même les termes les plus vulgaires, leur confère un mouvement sacré [1].

Joël Thomas, dans son étude sur Virgile [2], a la bonne formule :

Mais qui lit Columelle ? Alors que les *Géorgiques* continuent d'alimenter un souffle poétique dont les tentatives – souvent d'ailleurs impuissantes – des plus grands noms pour les traduire sont sans doute la meilleure preuve. La raison en est simple. Elle tient dans la capacité de Virgile à comprendre,

1. Paul Claudel, *Conversations* (1935), *Œuvres en prose, op. cit.*, p. 852.
2. Joël Thomas, *Bucoliques, Géorgiques, Virgile,* Paris, Ellipses, 1998.

en profondeur, l'esprit de son temps. On le sait, la culture gréco-latine est nourrie de la notion de *mimesis* : la seule attitude qui fonde authentiquement l'existence de l'être humain, c'est sa capacité de *mimesis*, d'imitation de la grande force fondatrice originelle, et donc, de la Nature. Les dieux seuls ont l'apanage de la *theoria*, de la contemplation incessante du Cosmos, l'Ordre et le Monde à la fois. La condition de l'homme le projette dans l'action et dans la contingence ; mais cette action – en particulier l'acte créateur de l'artiste – n'a de sens que si elle est *mimesis*, imitation de la Nature.

Là est le secret, la réussite éclatante de Virgile.

La recherche de l'absolu ?

Alain Michel, dans sa présentation des *Géorgiques* dans l'édition des *Œuvres complètes* de Virgile de la Pléiade, dit à juste titre :

> Comme toute l'œuvre de Virgile, les *Géorgiques* sont une méditation sur l'infini, et cherchent à atteindre dans ce qui constitue et qui dépasse le langage [...]. La poésie de la terre permet à la fois de suivre les chemins de crête et de retrouver ce qu'il y a de plus humble et de plus immédiat dans l'expérience humaine. Telle est la vraie beauté où le sublime se joint dans la tendresse à la plus grande simplicité.

En 1929, Burk [1] suggère que dans le chant I des *Géorgiques*, Virgile « aurait successivement considéré [...] la peine du laboureur, le temps dans ses rapports avec le calendrier des travaux agricoles et le temps dans l'absolu ». Pourquoi pas ? Le calendrier de l'Antiquité est fondé sur le principe d'un passage entre le temps cosmique (sacré) et le temps des hommes (profane). Les fêtes n'ont pas d'autre fonction que de faire « entrer » et « sortir » la communauté des citoyens par rapport à un espace-temps élargi, séparant initiés (entrés dans le temple) et profanes (devant le temple), et à assurer

1. E. Burk, « Die Komposition von Vergils Georgica », Hermes, 1929, p. 279-321, cité par E. de Saint-Denis dans Virgile, *Géorgiques*, « Introduction », Paris, Les Belles Lettres, 1963, p. XXIV.

la relation, cruciale pour la cité, entre l'homme et le cosmos, par des rituels divers. La relation au sol, à la végétation, n'est donc qu'un cas particulier dans une logique plus globale.

Du reste, ce n'est pas l'apanage de Virgile : nous avons là une vision du monde qui prolonge *Les Travaux et les Jours* d'Hésiode et qui se perpétue chez tous les imitateurs de Virgile, jusqu'au romantisme, en passant par la Renaissance.

En revanche, nous sommes peut-être confrontés, de façon précise, à une tradition pythagoricienne ; nous savons que, souvent, cette lecture pythagoricienne s'accompagne d'une symbolique numérique très complexe. Beaucoup de critiques ont donc cherché dans ce sens. Guy le Grelle [1] a ainsi proposé une lecture pythagoricienne du chant I des *Géorgiques*, qui est d'une complexité rare, et a montré que tout le chant est comme gouverné par le nombre d'or pythagoricien, 1,618, partageant le corps de ce chant en deux parties, les Travaux (161 vers) et les Jours (259 vers). D'autres ont d'ailleurs repris cette hypothèse, en se livrant à des calculs d'une grande difficulté, mais qui semblent pouvoir éclairer les intentions cachées de Virgile. Ce qui est peu vraisemblable, en revanche, c'est que le poète ait tout imaginé de manière immédiate et préméditée… On comprend mal comment une telle spéculation pourrait s'accorder avec les inévitables repentirs et hésitations qui ont accompagné la composition du chant I, précisément. Mais le principe même d'une architecture secrète est très plausible, comme les *Bucoliques* l'ont d'ailleurs démontré à l'envi. La civilisation antique aime les cultes à mystères, la numérologie, l'astrologie, reflets d'une superstition tenace et d'un ésotérisme que notre positivisme contemporain peine à comprendre et encore plus à associer aux travaux des champs.

Car il n'est décidément pas facile de concilier la variété foisonnante du végétal et l'austérité de la formulation mathématique. Mais Virgile a toujours réussi à concilier en Rome le génie romain,

1. Guy le Grelle, « Le premier livre des *Géorgiques*, poème pythagoricien », *Les Études classiques*, 1949, 17, p. 139-235.

c'est-à-dire la façon dont Rome se rêvait, et le génie latin, c'est-à-dire la sensibilité profonde de Rome. Dans les *Géorgiques*, Virgile réconcilie ainsi, et comme naturellement, la *patria* latine et la *civitas* romaine, que Cicéron appelait la « petite patrie » et la « grande patrie », donnant à « petite » une valeur d'intimité, en aucun cas dévalorisante, tandis que leur rêve romain serait leur « patrie » au sens de citoyenneté, sinon de civilité.

Virgile donne ainsi aux Romains un imaginaire cohérent, parfois intimiste, parfois plus spectaculaire, fait du « chant profond » des mythes fondateurs et du chant plus délicat des odeurs et des senteurs dans la mémoire des hommes. De la sorte, il unit de manière sacrée le cosmos et les gestes les plus quotidiens.

Cet intérêt pour un absolu paradoxalement à hauteur d'homme se manifeste aussi dans l'intérêt de Virgile pour l'astrologie, qui lui ne fait pas de doute. Il suffit de lire le passage du prologue des *Géorgiques* consacré à l'éloge d'Octave, et évoquant sa prochaine immortalité (astrale) pour en être persuadé.

Ce n'est d'ailleurs pas une surprise que Virgile se sente attiré par l'astrologie. Cette discipline était dans l'air du temps (qu'on songe à la célèbre ode I, 11, « carpe diem », d'Horace). Les doctrines astrologiques égyptiennes et chaldéennes se sont trouvées parfaitement acclimatées à Rome… d'où, on le suppose, l'influence de ce milieu sur la pensée de Virgile. C'était à tout prendre un phénomène de mode ou de société. La vision du monde romaine, fort superstitieuse, acceptait spontanément, au grand dam des épicuriens (Lucrèce), les concepts de l'astrologie. Le principe d'une relation entre le macrocosme et le microcosme était tout à fait en accord avec celui d'une influence des astres sur des organismes vivants. Virgile a donc trouvé dans l'astrologie une confirmation de ses propres croyances, telles qu'elles apparaissent du reste au fil de son œuvre. D'ailleurs, dès sa jeunesse (*adulescentulus*), il a tout particulièrement étudié l'astrologie scientifique, appelée alors *mathematica*, et on peut affirmer que, dans ce domaine, Virgile était à la fois un connaisseur et un expert, même un passionné. C'est ainsi qu'une grande part du chant I des *Géorgiques* est consacrée à l'étude des signes du ciel et à l'observation des astres, et cette interprétation (*religio*) qui fixe le sort des hommes, puisque de son exactitude dépendra l'avenir de la récolte, la prospérité ou la mort des troupeaux, est indissociable d'une étude des signes, des présages que délivre le ciel et qui, eux, relèvent d'une astrologie propre aux devins. Rappelons qu'un poète est un *vates*, Rimbaud dirait un voyant, mais le terme signifie précisément « devin ». Pour Virgile, les deux domaines de la poésie et de la prédiction sont clairement inséparables, et il ne distingue pas les signes qui annoncent le beau temps (vers 424-437) de ceux qui ont permis de prévoir la guerre civile, à la mort de Jules César (vers 464-497).

Dans ce contexte, vivre vraiment, ou même simplement survivre, c'est être apte à lire les signes envoyés par le monde et que nous devons absolument déchiffrer. Il faut réapprendre à lire, c'est-à-dire à décoder, interpréter : c'est le but vital que l'astrologie propose à l'homme, et qu'assure aussi la poésie pour Virgile : après tout, les oracles de la Pythie n'étaient-ils pas transcrits en hexamètres dactyliques, tout comme l'ensemble des œuvres connues de Virgile ? L'astrologie-poésie lui est aussi utile à faire pousser les plantes nécessaires à sa survie qu'à trouver le sens authentique de l'existence. Il nous faut « connaître les causes ».

Un souci obsédait cependant les « intellectuels » de l'époque : l'introduction d'un douzième signe du zodiaque… Joël Thomas nous explique clairement la situation [1] :

> L'existence des constellations repose en effet sur des conventions, et elle est fixée en fonction de repères communément admis (la ressemblance de certaines constellations, de certains groupements d'étoiles avec des figures familières, l'Ourse, le Chien) et le choix de significations symboliques. De façon certaine jusqu'au IVᵉ s. av. J.-C., et probablement jusqu'à l'époque de Virgile, dans la science et la tradition astrologique, le Zodiaque ne comportait que onze signes. La période historique où vit Virgile est toute traversée par cette petite révolution dans le monde des astrologues : l'ajout d'un douzième signe, obtenu en distinguant la Balance du Scorpion, alors que les

1. Joël Thomas, *Bucoliques, Géorgiques, Virgile*, *op. cit.*

Chaldéens – maîtres en la matière – n'y voyaient qu'un seul signe, le Scorpion, dont les pinces constituaient la Balance.

Les deux croyances (onze ou douze signes) étaient donc sujettes à forte polémique au moment où Virgile écrivait les *Géorgiques*. Il s'est passionné pour le problème, d'autant qu'Octave, né le 23 (ou 22) septembre 63 av. J.-C., était précisément sous le nouveau signe de la Balance… comme Virgile lui-même. Là encore, l'analyse de Joël Thomas est précieuse [1] :

> Le problème était que, jusqu'ici, Octave avait souhaité assurer sa propagande personnelle en se fondant sur son signe de conception, le Capricorne. Souvent en effet, dans l'astrologie antique, le signe zodiacal qui était en place au moment de la conception est considéré comme aussi important, voire plus, que le signe de la naissance.

Il est donc possible que Virgile ait profité de l'écriture des *Géorgiques* pour subrepticement assurer la divinisation astrale d'Octave avec ce nouveau signe de la Balance : ce n'est pas seulement une forme de flagornerie, c'est une conviction, qui prend une place cohérente dans l'ensemble du système de la pensée virgilienne, particulièrement quand on regarde la composition de l'*Énéide*. Il serait bien étonnant que la division de l'*Énéide* en douze chants soit le résultat du hasard, et ne manifeste pas une intention d'identifier le voyage d'Énée à la trajectoire solaire dans les signes du zodiaque. Le choix de douze signes est alors cohérent avec l'option que Virgile avait déjà prise dans le « prologue » des *Géorgiques*. Dans l'Antiquité, la structure d'une œuvre repose ainsi souvent sur une référence à la fois zodiacale et initiatique : remarquons donc seulement que l'*Énéide* se ferme sur le signe de la Balance, nouveau signe d'Octave, et en même temps sur la gloire d'Énée, ancêtre d'Octave identifié à lui et à Romulus, dans le processus de la fondation-refondation (« renaissance ») de Rome. La boucle est bouclée.

Si les *Géorgiques* ont su à ce point éveiller la sensibilité de ceux qui, par tempérament ou par formation, sont sensibles au chant (et

1. *Id.*

aux champs) du monde, c'est donc sans doute parce que cette poésie échappe en réalité au terrestre, à l'immanence, et a un pied dans l'idéalisme. Il n'y a presque personne, du moins aujourd'hui, pour chercher et trouver dans les *Géorgiques* la moindre visée programmatique, le moindre souci « commercial » de vendre des recettes agronomiques. C'est simplement parce que le sens le plus profond, métaphorique, allégorique, symbolique nous apparaît manifestement. Même les *Bucoliques*, en respectant la tradition pastorale, s'en tenaient à une parole poétique encore conventionnelle, avec quelques grands archétypes psychologiques et moraux. Le *locus amoenus* des *Bucoliques* peut encore nous paraître parfois quelque peu artificiel, même si la nostalgie, la mélancolie, la douceur propres à Virgile sont déjà là, car il demeure encore de l'ordre du lieu commun romain. C'est pourquoi une telle œuvre a peut-être plus de difficultés à éveiller une lecture moderne ; elle est peut-être plus irrémédiablement datée, exactement comme *Daphnis et Chloé* de Longus est datée et qu'il a fallu un Ravel, avec la musique, pour lui redonner vie. Avec les *Géorgiques*, c'est une autre histoire. Claude Esteban, dans *Un lieu hors de tout lieu* [1], repart de ce célèbre morceau de vers, « *Labor omnia vincit* » :

> Ce précepte que le poète a aimé reprendre plus d'une fois, ne signifie pas seulement de sa part une exhortation, somme toute banale, à l'effort, un impératif de morale à l'adresse des paysans ou des guerriers, un principe réaffirmé de morale stoïcienne. Ce labeur, tel que Virgile le comprend, ce travail qui peut vaincre toute chose, c'est celui, intrinsèquement, du poète, d'une conscience qui aspire à réunir derechef, par un acte véritablement religieux, l'exercice des mots et l'horizon des choses. Je n'hésite pas à l'écrire : les *Géorgiques* se présentent à moi comme l'expression d'un homme rendu au sol avec la réalité rugueuse à étreindre, au sens où Rimbaud l'a dit, en vérité comme un labeur spirituel de réconciliation entre le sensible et l'intelligible par le truchement revivifié de la poésie.

1. Claude Esteban, *Un lieu hors de tout lieu*, chapitre « Le temps, la terre, le poème », Paris, Éditions Galilée, 1979.

Conclusion

Nous laisserons la conclusion à Xavier Darcos [1], qui revient sur l'actualité paradoxale des *Géorgiques* :

> L'éloge de la nature, déroulé par les *Géorgiques*, prône une sorte de réconciliation écologique entre une vie qui change et croît sans cesse, « sans repos », et une humanité qui doit se mettre au même rythme, faute de quoi elle se perdra. Ce thème fascinera les romantiques. Saisissons la prophétie d'une pensée qui unit *fides*, *pietas* et *labor*, armatures de toute civilisation : elle se souvient, partage et transmet. Il est presque naturel que le christianisme ait récupéré Virgile en préfigurateur de sa spiritualité, fondée sur la paix et la charité. Virgile a au moins anticipé la relation intime de l'être avec une divinité capable de pitié et de passion. Ainsi, chaque époque littéraire a trouvé dans la sensibilité virgilienne des motifs d'inspiration, de Du Bellay à Michel Butor, en passant par Racine, Baudelaire et Paul Claudel. Chateaubriand s'y réfère dans son *Itinéraire de Paris à Jérusalem*, et fait pèlerinage comme tant d'autres avant et après lui au tombeau (censément situé à l'entrée de la grotte de Pouzzoles) de ce « génie mélancolique », selon ses termes. Victor Hugo va plus loin : il traduit ou adapte ses vers et dialogue avec lui :
>
> Ô Virgile ! Ô poète ! Ô mon maître divin !
> Viens, quittons cette ville au cri strident et vain [2].

« Aux hommes déjà mélangés de chants et de bêtes, le poète ajoutait les dieux [3] », résumait Jean Giono.

1. Xavier Darcos, *Virgile, notre vigie, op. cit.*, p. 163.
2. Victor Hugo, *Les Voix intérieures*, 1837.
3. Jean Giono, préface aux *Pages immortelles de Virgile*, Paris, Buchet-Chastel, 1960.

La Condition ouvrière[1] Simone Weil

La philosophie comme authentique « travail sur soi »

Le travail, bien plus qu'un objet, le sujet au travail et la mise à l'épreuve des concepts

La philosophie se caractérise selon Simone Weil (1909-1943) comme une *tâche singulière, une vocation* accomplie selon un protocole bien spécifique et suivant une méthode qu'elle cherche continûment à légitimer et à redéfinir à nouveaux frais, notamment par contraste avec celle de ses prédécesseurs, tels Hegel et Marx, mais aussi Lénine et Trotski.

Le travail n'est en effet pas seulement son *objet* de prédilection, son *thème de recherche* central, car il est bien *plus qu'un objet*. En tant que médiation, que mise en rapport du sujet à l'objet, le travail suppose en effet, pour le penser jusqu'au bout, une *implication totale de la part du sujet* qui s'y confronte. Il ne peut être bien compris de l'extérieur, puisqu'il met fondamentalement *en relation le sujet et l'objet*, l'individu et le monde, le sujet et les autres sujets, le concret et l'abstrait. Le travail est un *moyen terme*.

Le penser vraiment suppose de se définir soi-même comme un *sujet qui travaille*, comme un *sujet au travail*. Pour réfléchir intensément à cette *condition* spécifique, Weil s'y livre donc *corps et âme*, c'est-à-dire à la fois matériellement, en se plaçant face aux

1. Simone Weil, *La Condition ouvrière* (1937), Paris, Gallimard, « Folio essais », 2002.
NB : ne sont au programme annuel que la partie intitulée « L'usine, le travail, les machines » (mais sans le « Journal d'usine ») (p. 49 à 351), et les deux essais « La condition ouvrière » (p. 389-397) et « Condition première du travail non servile » (p. 418-434), tous rassemblés dans ce même ouvrage.

machines, à côté des ouvriers de la grande industrie, mais aussi spirituellement, en s'ouvrant de manière réflexive aux valeurs auxquelles il peut donner accès (le bien, le vrai, le juste, l'harmonie, le bonheur, l'ordre, la liberté). Refusant de se réfugier dans des abstractions conceptuelles qui le défigureraient, Weil s'oblige donc d'emblée à une navigation permanente entre le matériel et le spirituel. Elle s'invente patiemment un dispositif plastique inédit, entre immersion totale et diagnostic critique subtil. Qui avait osé faire cela avant elle ? On ne voit pas qui nommer. Cela lui permet d'avancer par essais et erreurs, déconvenues et réussites, défaites amères et victoires accompagnées de joie pure. Tantôt elle se hasarde gaillardement en terrain inconnu en se mettant littéralement elle-même en danger, tantôt elle calcule stratégiquement ses coups pour arriver avec insistance et ténacité à ses fins : convaincre des patrons de l'embaucher pour *comprendre la structure de l'usine de l'intérieur*[1] et les obliger au dialogue pour *améliorer la condition ouvrière.*

Elle refuse donc d'emblée de s'enfermer dans sa tour d'ivoire, c'est-à-dire de se contenter d'idées sages et immobiles ou de se gargariser avec des idéologies creuses. Ce n'est que dans le vacarme assourdissant des machines, au milieu du bruit du monde, qu'elle se risque à philosopher sur l'usine et la société. Et cela modifie singulièrement la manière même de faire de la philosophie. On ne médite assurément pas de la même manière sur le travail dès lors que l'on manie soi-même une fraiseuse qui nous résiste, qu'on manque de se brûler en refermant le tablier d'un four, qu'on se fait « engueuler » vertement par un contremaître manifestement insensible[2] ou qu'on éprouve la faim liée à un salaire de misère qui oblige à compter chaque sou. Tout serait bien plus simple si l'on pouvait demeurer tranquillement assis à son bureau, le stylo en main pour décrire l'objet travail. Ou que l'on pouvait se focaliser

1. Simone Weil, *La Condition ouvrière, op. cit.*, p. 241 : « je vous sais gré des facilités que vous me procurez pour comprendre ce que c'est qu'une usine ».
2. *Ibid.*, p. 272 : « on se fait engueuler ».

sur le poste de direction sournoisement espéré d'une réflexion qui ne serait au bout du compte qu'un tour de force de plus pour arriver au sommet de la hiérarchie du pouvoir qui gouverne le monde impitoyable du travail, la ruche. Mais Weil est bien déterminée à sortir de cet engrenage infernal et à s'émanciper des rapports de servitude et de soumission quels qu'ils soient.

Comme beaucoup de communistes, mais avec certainement plus de conséquences que la plupart des membres du Parti, Weil refuse absolument la coupure stérile entre *travail manuel* et *travail intellectuel*. Le travail intellectuel ne consiste pas tant à conceptualiser qu'à *mettre à l'épreuve les concepts*. Il s'agit d'enregistrer sur le terrain les éléments de langage captés dans l'environnement qu'est l'usine, d'analyser de l'intérieur les rapports de force qui s'y jouent pour déconstruire ensuite les préjugés de la société industrielle, mais aussi et surtout les préjugés des intellectuels, syndicalistes, dirigeants, responsables, et politiciens qui la soutiennent. En cela, elle s'appuie d'ailleurs aussi sur les auteurs antiques, préférant dialoguer avec Platon et Homère qu'avec Marx et Trotski. Elle passe donc au crible les idées dont elle hérite, en teste la solidité et formule toujours des hypothèses, des conjectures pour l'avenir. C'est bien avec l'espérance de pouvoir changer les choses demain qu'elle se livre à toute cette enquête. La philosophie n'a fait jusqu'à présent que décrire le monde, disait Marx, il faut désormais qu'elle entreprenne de le changer. Tel est aussi le grand but de Weil, sa grande cause.

Pour cela, elle opère constamment et alternativement un double mouvement. D'une part, elle *se livre à des expériences concrètes de déracinement*, des expériences vécues en première personne de dépaysement et de déterritorialisation, elle s'exile, pour s'obliger à « penser autrement » (selon une expression de Michel Foucault [1]). Un ouvrier est toujours comme une sorte d'exilé dans son propre pays. Il ressent dans sa chair ce que c'est que se sentir étranger à un lieu où il doit pourtant se rendre chaque jour pour gagner son pain. D'autre part, elle s'ouvre à des *expériences de pensée* non moins

1. Michel Foucault, *L'Usage des plaisirs*, Paris, Gallimard, 1984, p. 15-16.

intenses, puisqu'elles seules peuvent l'*enraciner* [1] dans le *ciel absolu des valeurs*, de l'*idéal*, de l'*utopie* à laquelle elle aspire et dont elle ressent le profond *besoin spirituel*, malgré le partage du malheur et l'impression de désenchantement auquel conduit nécessairement le travail en usine. Elle veut retrouver son vrai sol, ou, en l'occurrence, puisqu'elle est profondément mystique, son vrai ciel.

La première vertu du philosophe est l'étonnement. Rien ne prépare la jeune Simone Weil à la dureté de la vie en usine. Ni son éducation, ni son milieu, ni sa formation. Or, elle choisit volontairement de se laisser surprendre par une aventure où elle se jette à corps perdu pour laisser le réel la bousculer [2]. Philosopher suppose le courage de *franchir le pas qui conduit de l'imagination à la perception véritable.* Faire le partage entre ce qu'on imagine d'une situation de l'extérieur et ce qui est le cas pour qui la vit de l'intérieur est le point décisif. Seule la *perception*, faculté mise à l'honneur par son maître Alain [3], peut faire surgir une analyse nuancée, à la hauteur des *contradictions que présente nécessairement le réel.* Constamment tendu entre des pôles diamétralement opposés, le réel repose sur l'harmonie des contraires, disait déjà Héraclite, « comme l'arc et la lyre [4] ». C'est l'un des présupposés de Weil, l'idée d'une polarisation du réel sans dualisme véritable. Alors, est-ce une tension funeste et fatale qui risque de nous blesser (l'arc) ou bien une tension salvatrice et miraculeuse qui nous élève aux nues (la lyre) ? Telle est la question, telle est la mise à l'épreuve de soi, tel est le paradoxe, le mystère ou l'énigme que la vie moderne en particulier nous pose. C'est de l'agir en première personne, individuel, mais aussi de l'agir commun qu'accouchent les idées vraies de Weil, parfois dans la *joie*,

1. Simone Weil, *L'Enracinement : prélude à une déclaration des devoirs envers l'être humain* (1949), Paris, Payot et Rivages, 2021. C'est dans cet ouvrage qu'elle va davantage le développer.

2. Simone Weil, *La Condition ouvrière, op. cit.*, p. 242 : « je ne demande qu'à me débarrasser de toutes les idées préconçues susceptibles de fausser mon jugement ».

3. Alain, *Éléments de philosophie* (1916), Paris, Gallimard, 2001, « De la perception du mouvement », p. 36.

4. Héraclite, *Fragments*, 125 (51), trad. M. Conche, Paris, Puf, 1998, p. 425.

voire dans la « joie pure [1] », quand la camaraderie se manifeste dans l'effort ou quand la grève aboutit après la lutte, mais, comme on peut s'y attendre d'une personne qui se place, envers et contre tous, constamment au front et en première ligne, cela se passe le plus souvent dans la *douleur*, car à se mettre ainsi à l'épreuve, c'est malheureusement souvent le crépuscule de ses propres idoles qu'il faut avoir le courage, à soi-même, de s'annoncer [2]. Il s'agit donc de *mettre les concepts au travail* et *de les laisser fermenter, de les laisser s'élaborer*, pris dans le tissu complexe de l'action, en particulier de l'*action collective*, mais il s'agit aussi parfois de renoncer à des espoirs auxquels on tenait fort, tout cela pour voir si, finalement, l'agir d'ici-bas ne pouvait pas, dans un retournement miraculeux, au moment où nous ne l'espérions déjà plus, nous (re-)donner des ailes, nous reconduire à l'absolu.

La saisie de l'ordinaire du travail en usine et le diagnostic critique de l'individu moderne

La difficulté du travail de l'intellectuel tient en ceci : être en prise avec la réalité de son époque, la société capitaliste industrielle, le quotidien de la vie contemporaine, tout en s'en déprenant assez pour garder sa liberté de pensée. Comment vraiment voir cette réalité des choses ? Comment ne pas se placer trop en surplomb ? Comment être pris au sérieux par ceux qui tiennent les rênes du pouvoir ? Comment avoir le bon recul pour comprendre vraiment ? Comment savoir qu'on tient cette réalité en main ? Comment faire surgir l'impensé des relations sociales dans lesquelles nous sommes nous aussi complètement pris ? Est-il envisageable de saisir la mutation sociale profonde qu'implique pour l'individu le dispositif technique de production qui accompagne l'apparition de la grande industrie ?

1. Simone Weil, *Grèves et joie pure*, Paris, Libertalia, 2016, et *La Condition ouvrière, op. cit.*, « La vie et la grève des ouvrières métallos », p. 264 et suivantes, notamment p. 275 : « Indépendamment des revendications, cette grève est en elle-même une joie. Une joie pure. Une joie sans mélange. »

2. Simone Weil, *La Condition ouvrière, op. cit.*, p. 61 : « À part ça, j'y ai laissé ma gaieté, dans cette existence ; j'en garde au cœur une amertume ineffaçable ».

La seule voie consiste selon Simone Weil à saisir le réel à bras-le-corps, à se livrer à un corps-à-corps à la fois passionnant et épuisant avec le concret, nous l'avons dit. Épuisant pour le corps, mais aussi et surtout pour l'âme [1]. Car penser aussi demande des efforts considérables pour s'émanciper, et avoir le courage de penser aussi fatigue, voire épuise. Si encore on n'avait qu'à exercer une force physique, même difficile, cela irait. Mais l'âme ne peut rester à l'entrée de l'usine et y être déposée puis récupérée intacte, comme on laisserait sa blouse au vestiaire pour venir la récupérer après l'effort [2]. On est obligés de l'emmener avec soi, et de prendre conscience de la monotonie de nos gestes, des objectifs mesquins et dérisoires auxquels on est réduits par le dispositif même de l'usine : les sous [3], les records de vitesse, le suivi de la cadence. Le philosophe se sent souvent impuissant à résoudre les vastes problèmes éthiques, sociaux, politiques et métaphysiques qu'il fait saillir, trop fragile pour résoudre seul les profonds paradoxes qu'il fait lui-même apparaître. L'âme, à l'usine, apparaît comme singulièrement rétrécie... et cela fait plus souffrir que ne le pourrait une tâche physique difficile dont nous comprendrions le sens et qui nous rendrait fiers de l'avoir accomplie, ensemble. Weil n'épargne cependant aucune de ses forces à la haute tâche qui l'appelle, celle de comprendre le monde ouvrier et, plus largement, de saisir les mutations que cette structure sociale implique pour l'individu et pour la société que cet individu contribue, avec d'autres que lui, à composer, par les relations sociales qu'immanquablement il y tisse, incarnant la *condition de l'homme moderne.*

Selon Weil, de manière assez comparable à ce qui se passera un peu plus tard au travers des analyses d'Hannah Arendt [4] sur l'*homo*

1. *Ibid.*, p. 334 : « Le corps est parfois épuisé, le soir, au sortir de l'usine, mais la pensée l'est toujours, et elle l'est davantage. »

2. *Ibid.*, p. 273 : « Comme on aimerait pouvoir laisser son âme dans la case où on met le carton de pointage, et la reprendre à la sortie ! Mais on ne peut pas. Son âme, on l'emporte à l'atelier. Il faut tout le temps la faire taire ».

3. *Ibid.*, p. 270 : « Les sous deviennent une obsession ».

4. Hannah Arendt, *Condition de l'homme moderne*, Paris, Calmann-Lévy, 1961. Voir ses textes sur le travail, l'œuvre et l'action.

faber et l'*animal laborans*, c'est bien *au travail* que se révèle l'*individu moderne*, à la fois dans son dénuement le plus profond, dans sa solitude infinie, à travers la finitude de sa condition, mais aussi dans son *désir profond du bien*, un désir indéracinable, indéfectible, offrant l'espoir ténu au philosophe qui médite qu'il soit possible de dépasser la vulnérabilité absolue de l'individu opprimé, en le réarmant face au dispositif que constitue la structure oppressive de l'usine, et plus largement, la structure oppressive de ce « gros animal » qu'est la société moderne (la référence de cette expression est à Platon [1]). Car pour la philosophie libertaire de l'individu, proche parfois de l'anarchisme, qu'est celle de Weil, toute société, et même toute collectivité, sont immanquablement source d'oppression. Soulignant la *dignité de l'individu* et sa *capacité d'émancipation face au groupe*, sa philosophie ne prône aucunement l'individualisme pour autant : c'est dans la relation égalitaire à autrui, comme Rousseau le suggère à travers le contrat social, mais aussi plus profondément dans son exigence de réciprocité entre les personnes, que se construisent la vraie *camaraderie*, l'*amitié* et l'*amour* indispensables à l'âme.

Si Weil entreprend de penser, c'est toujours pour penser la *réalité des choses*, on l'a dit ; si elle propose des solutions aux paradoxes qu'elle repère et analyse, c'est pour s'adresser à de *vrais individus en chair et en os* ; si elle parle du travail, enfin, ce ne peut être sans partager à égalité la charge matérielle avec les travailleurs dont elle veut améliorer la condition. Car ce sont bien ces travailleurs qui sont de fait pour elle les *vraies gens*, ceux qui comptent vraiment à ses yeux et qui devraient compter aux yeux de tous. Ce sont eux les individus authentiques, puisqu'eux seuls sont *à la tâche* et qu'ils ne peuvent se dérober devant la *nécessité des choses*, tout en étant pourtant considérés scandaleusement par ceux qui les commandent comme, précisément, ne comptant pour rien, comptant « pour zéro [2] ». Comment cette inversion suprême des valeurs, comment

1. Platon, *République,* 493 a-d.

2. Simone Weil, *La Condition ouvrière, op. cit.*, p. 220 : « pour combien au juste je comptais : à savoir zéro ». *Ibid.*, p. 272 : « On ne compte pas. À peine si on existe ».

cette humiliation, ce mépris, cette méprise, cette erreur d'évaluation manifeste, ce manque d'égard des uns vis-à-vis des autres sont-ils Dieu possibles ? Voilà le scandale qui choque Weil et l'anime d'une sorte de sainte colère, d'une sorte de rage.

La nécessité à laquelle sont confrontés les travailleurs apparaît dans un premier temps comme double, mais un besoin plus profond s'y ajoute de manière invisible. Il s'agit premièrement de la *nécessité de subvenir à leurs besoins matériels*, et pour cela de maîtriser techniquement la nature d'une part : on pourrait désigner cette forme de nécessité comme le résultat du déterminisme naturel, l'exercice sur l'individu quel qu'il soit des contraintes naturelles. Mais dans la grande industrie, par contraste avec ce qui se passe dans l'artisanat, les ouvriers vivent aussi la nécessité comme celle de *répondre aux ordres* [1] *qui leur sont donnés*, et ce, pour conserver leur emploi, leur gagne-pain. C'est là que se loge principalement l'oppression sociale et que doit se jouer l'émancipation, car les ordres semblent souvent aux ouvriers irrationnels et contradictoires, mais ils ne peuvent y trouver à redire. Ils n'ont pas le droit de répliquer quoi que ce soit. Or, il se trouve que dans ce dispositif qu'est l'usine, seuls ceux qui travaillent réellement ne mentent pas. Le corps au travail ne ment pas. Si « le bon est coulé » de manière récurrente, c'est-à-dire si trop de pièces sont considérées comme des « loupés », l'ouvrier est mécaniquement mis à pied [2], sans même de gestes de solidarité de la part de ses collaborateurs, cloisonnés dans leurs tâches. Tout le dispositif est fait de sorte qu'il ne soit jamais considéré comme un individu, mais seulement comme une chose, un simple numéro. Dans l'usine, les personnes et les choses voient ainsi leur statut singulièrement s'inverser [3] : les machines sont en effet chez elles à l'usine, tandis que l'ouvrier s'y sent comme un exilé. Les pièces reçoivent une fiche indiquant leur numéro de matricule et l'endroit

1. *Ibid.*, p. 60.
2. *Ibid.*, p. 273.
3. *Ibid.*, p. 336 : « Les choses jouent le rôle des hommes, les hommes jouent le rôle des choses, c'est la racine du mal ».

où elles doivent aller : ainsi en est-il des ouvriers lorsqu'ils pointent, montrant leur carte où figure leur matricule exhibé sur leur poitrine. Et pourtant, du fond de cet esclavage moderne, chaque individu ressent une tout autre nécessité, une obligation d'un tout autre ordre, à savoir un besoin spirituel : le désir du bien, le désir du vrai, le désir du juste.

« L'usine devrait être un lieu de joie [...]. Il faudrait pour cela y changer, en un sens peu de choses, en un sens beaucoup [1]. » Comment résorber l'écart entre ces nécessités contraires, matérielles d'une part et spirituelles d'autre part ? Comment les concilier harmonieusement dans un seul et même ordre du monde ? Faut-il, pour y remédier, se mettre à parler comme Emmanuel Kant et les tenants des Lumières de « personnes » dont les « droits » devraient être universellement défendus ? Voilà une manière juridique de parler bien trop abstraite pour espérer une quelconque efficace [2] ! L'ouvrier qui travaille n'est pas tant une personne abstraite avec des droits universels qu'un individu bien concret et bien réel, quelqu'un, en chair et en os, un corps et une âme, un être sensible à la souffrance et capable de sympathie, un individu qui ronge son frein, ravale sa colère, pleure en peinant et sourit parfois pour encourager un travailleur pourtant inconnu de lui mis en difficulté. L'ouvrier est cet individu concret dont l'effort oblige à la reconnaissance d'une égalité et d'une réciprocité absolues, de la part non seulement de ses collaborateurs, mais aussi de ceux qui le dirigent et, au-delà, de toute la société. Or, ce sont ces individus en chair et en os, ces Jacquot, ces Louisette, que Weil veut faire parler, ce sont bien eux qu'elle veut faire entendre, pour qu'ils ne soient pas rendus invisibles par la structure anonymisante qu'est l'usine. Lutter contre leur effacement. N'en oublier aucun [3]. Se souvenir de chaque sourire lancé comme une bouée au milieu de la tempête de la production industrielle.

1. *Ibid.*, p. 343.
2. Simone Weil, *La Personne et le Sacré* (1957), Paris, Payot et Rivages, 2017.
3. Simone Weil, *La Condition ouvrière, op. cit.*, p. 145 : « Ne jamais oublier cet homme. »

Si Weil s'engage donc, ou plus exactement si elle *s'implique* dans le jeu qu'est l'échiquier du travail en usine, ce n'est pas pour rester dans l'abstraction de concepts où se complaisent bien souvent les philosophes existentialistes de son époque, qui se disent volontiers « engagés » sans s'obliger en vérité eux-mêmes à grand-chose. Weil ne se vante d'ailleurs jamais de « son » engagement, de « son » projet, de « son » humanisme. Elle n'en parle pas, elle fait, tout simplement, modestement, avec humilité, car elle refuse précisément de se mentir à elle-même, de faire preuve de mauvaise foi en n'allant pas au bout de ses convictions personnelles. Elle est profondément authentique, ce pour quoi à juste titre Albert Camus la loue, éditant ses œuvres avec une infinie révérence vis-à-vis de la cohérence absolue de sa pensée et de son action.

Weil dérange. Elle dérange non seulement les patrons et les théoriciens des partis communistes de son époque, en jetant constamment des pavés dans la mare, mais aussi les intellectuels engagés car, en un certain sens, elle a le culot de tourner le dos à la philosophie tout court. Elle se dit même explicitement heureuse de s'en éloigner, tant il lui tarde de faire face au réel et de s'impliquer dans le cours véritable des choses, loin des concepts et des idées creuses. Elle a le culot aussi de mépriser les partis [1]. Il faut être capable de faire cavalier seul pour se rendre individuellement sensible aux gens et aux valeurs.

En bref, Weil ne peut s'empêcher de *joindre la philosophie théorique*, la contemplation pure, qu'elle voit comme une réflexion sur les valeurs qui orientent ou doivent orienter l'agir commun, *à la philosophie pratique*, l'épreuve de l'agir commun et l'analyse à même les phénomènes des rapports de force qui s'y exercent insidieusement ou ouvertement. Sa *philosophie sociale* est une *philosophie pratique*, mais avec des *éclairs de pensée pure* qui la traversent, des fulgurances, des méditations pures, semblables en intensité et en profondeur aux *Pensées* de Blaise Pascal, ou bien comparables en

1. Simone Weil, *Note sur la suppression générale des partis politiques* (1950), Paris, L'Herne, 2014.

tension aux aphorismes de Friedrich Nietzsche. On ne peut en effet réduire sa philosophie à une description pragmatique ou phénoménologique, car la traversent comme autant d'illuminations de purs bijoux de la réflexion, dans ce qu'elle peut avoir de plus haut, des intuitions pures, des visions, des contemplations pures d'idées et de valeurs qui portent par-delà même le visible, par-delà le sensible, loin de l'ici-bas. « On sort régénérés de tels abîmes [1]. »

Il est impossible pour Weil de définir « sans s'essayer à », de théoriser « sans tenter de », de juger sans expérimenter en première personne, âme et corps tout ensemble. Mais il lui est également impossible de faire cela sans s'ouvrir à des questionnements métaphysiques, spirituels, mystiques également. De sorte que sa pensée se tient à la fois enracinée dans le sol et dans la matière, mais aussi dans l'éther et dans l'esprit absolu. Comme un arbre inversé, qui pousserait du ciel vers la terre, une métaphore que Weil emprunte à Platon.

La pensée de Weil, tout en étant éminemment pratique, pragmatique, proche des choses et du réel dans ce qu'il a de plus quotidien, de plus banal et de plus fruste, n'est donc pas sans la réflexivité et même sans l'autoréflexivité la plus pure. C'est pourquoi la philosophie est avant tout un « *travail sur soi* », selon sa propre expression. Faire et se regarder faire, mettre le corps en action pour éveiller la réflexion la plus pure, penser et se regarder penser, pour agir mieux, observer l'âme en train de penser, observer la pensée, noter le flux des pensées comme il vient et puis, s'arrêter soudain pour ciseler une phrase, choisir un mot, lui donner son intensité maximale, voilà ce que fait, ce que réalise Weil. Car la tâche est ardue, il s'agit ni plus ni moins que de la retranscription de l'intégralité d'une expérience, à la fois physique, mentale et spirituelle, et pour cela, nous, lecteurs, nous sommes conviés à interpréter et à réactualiser cette forme de pensée au travail, qui accouche difficilement et dans la souffrance, de concepts nouveaux (le déracinement et l'enracinement, l'oppression sociale et la solidarité, la pesanteur et la grâce,

1. Friedrich Nietzsche, *Le Gai Savoir* (1882), « Avant-Propos », Paris, Flammarion, « GF », 2020, p. 31.

la nécessité et la liberté, la personne et l'individu, l'obligation et le droit…) et fait avorter les formules utilisées par les oppresseurs pour jeter de la poudre aux yeux des opprimés (« rationalisation », « organisation scientifique du travail », « progrès technique », « droits », « personnes », « Parti », mais aussi, et de manière plus surprenante, « révolution politique et économique », « abolition de la propriété privée », « dictature du prolétariat », « collectivisme »…).

Comment travaille Simone Weil ? Comment son objet de prédilection, le travail, devient-il plus que son objet, un révélateur de ce qu'est malheureusement l'individu moderne, mais aussi, en creux, de ce qu'il devrait être dans l'idéal ? Il nous faudra explorer la manière dont sa philosophie se vit comme un *exercice de pensée* et comme une *mise à l'épreuve de soi*, invitant ultimement à revenir à l'être absolu et au souci de soi, loin des mesquineries où nous cantonne une vie selon l'avoir. Il s'agit de comprendre comment Weil nous invite à vivre la philosophie comme une expérience complexe. Mais il nous faut également saisir ce qui se dégage de l'entreprise de description fine, à ras les phénomènes qu'elle déploie. Il s'agit de mesurer ce qu'implique une étude du travail qui ne se limite pas aux aspects économique, politique, mais aborde surtout la *structure de l'usine*, la *division technique du travail*, le *dispositif social*, les *ordres* qui s'y donnent et les *obligations* qui devraient s'y jouer, ainsi que les *mécanismes psychologiques* individuels et collectifs qui s'y développent. Le travail y est abordé en fonction de différentes questions sociales : celle du rapport de force et des hiérarchies qui conduisent à l'oppression, celle du rapport de la nécessité de satisfaire ses besoins et de répondre aux injonctions sociales. Ultimement, il nous faut questionner l'univers des valeurs qui doivent orienter ou réorienter l'agir collectif pour qu'il ait du sens aux yeux de tous les individus. Comment enraciner l'esprit dans un sol réellement nourricier et salvateur ? Comment l'analyse du travail peut-elle permettre d'assouvir le désir du bien que chaque âme humaine recèle ? Comment penser le travail collectif pour que l'élévation de l'âme de chaque individu à l'absolu se réalise et que la joie succède à la souffrance et au malheur ? Peut-on penser le travail comme un « fait social total [1] », pour reprendre l'expression plus tardive de Marcel Mauss, et peut-on corrélativement penser le sujet au travail comme un « homme total [2] » ? Le travail révèle-t-il mieux l'homme que toute autre activité ? Le travail en usine traduit-il mieux ce qu'est la condition de l'individu moderne que nous sommes ? Comment Weil articule-t-elle sa description fine d'une expérience vécue en première personne à un diagnostic critique sans concession qui oblige à changer l'ordre des choses et les relations sociales telles qu'elles émergent du capitalisme et de la grande industrie ? Pourquoi la radicalité de son entreprise n'ouvre-t-elle pas tant sur la *révolution*, telle que l'annonce Karl Marx, que sur une *réforme profonde*, destinée sur le long terme, par le dialogue social, à conduire à l'autogestion des individus par eux-mêmes ? Ce réformisme radical est-il en définitive plus frileux ou plus courageux qu'une révolution violente ? Comment penser la *condition ouvrière,* et surtout, comment l'améliorer et la rendre plus *humaine* ?

En quête de « vraie vie » – Jalons biographiques

Étudiante d'Alain, agrégée de philosophie, professeure de province impliquée dans les questions sociales

Qui est Simone Weil ? Pour saisir la clarté pédagogique de son style, son art de la distinction conceptuelle et de la problématisation, rappelons tout d'abord qu'elle fut trois ans durant, au lycée Henri-IV, l'élève d'Alain, auquel elle emprunte concision, esprit

1. Marcel Mauss, *Essai sur le don : forme et raison de l'échange dans les sociétés archaïques* (1924), Paris, Puf, 2007.

2. Bruno Karsenti, *L'Homme total : sociologie, anthropologie et philosophie chez Marcel Mauss*, Paris, Puf, 2011. L'expression d'« homme total » est reprise dans un autre sens par Karl Marx dans les *Manuscrits de 1844*, au sens d'un homme libéré de la propriété privée et de la division du travail. Ce n'est pas dans ce dernier sens que nous l'entendons ici, mais dans le prolongement de la réflexion de Mauss, qui pensait quant à lui qu'on pouvait dire énormément d'une société en ne considérant que la manière dont les échanges sont réalisés.

de synthèse et finesse du trait. Née le 3 février 1909 à Paris, d'une famille juive d'origine alsacienne du côté de son père, chirurgien militaire, et belge du côté de sa mère, elle entre en 1928 à l'École normale supérieure, à l'âge de dix-neuf ans.

« Toujours courant devant », selon les mots d'Alain [1], elle se fait remarquer partout où elle passe pour son intelligence rare. Elle maîtrise bien les sciences également, par l'intermédiaire de son frère, André Weil, mathématicien de renom, chef de file du célèbre groupe Bourbaki. Alain la surnomme « la Martienne », tandis que d'autres encore l'appellent « la Vierge Rouge ». Pour son frère, avec lequel elle entretient d'excellents rapports, elle est tout simplement « la Trollesse », autrement dit, un être définitivement hors norme [2]. À l'École normale supérieure, elle est perçue d'emblée comme une étudiante atypique, notamment parce qu'elle se montre très sensible aux événements politiques internationaux et nationaux et aborde de multiples causes. Simone de Beauvoir raconte, dans les *Mémoires d'une jeune fille rangée* [3] son admiration pour cette fille étrange, qui se met à pleurer à chaudes larmes à la nouvelle d'une famine en Chine : Beauvoir se dit plus touchée encore par ces larmes sincères que par l'excellent niveau philosophique dont elle témoigne par ailleurs.

Weil soutient en 1930 un mémoire de diplôme d'études supérieures sur « La science et la perception chez Descartes » sous la direction de Brunschvicg et obtient en 1931 l'agrégation de philosophie à l'âge de vingt-deux ans. De Descartes, elle conserve les critères que sont l'évidence, la clarté et l'idéal de rationalité, un rationalisme qu'elle partage avec Alain. Loin de se consacrer comme son maître, lui aussi iconoclaste, à l'enseignement philosophique destiné à une élite bourgeoise parisienne, Weil va plutôt incarner la figure de la professeure de province impliquée dans les

1. Jacques Julliard, *Le Choc Simone Weil*, Paris, Flammarion, 2014, p. 11.
2. *Id.*
3. Simone de Beauvoir, *Mémoires d'une jeune fille rangée*, Paris, Gallimard, 1958, p. 236-237.

questions sociales. C'est dans un lycée du Puy-en-Velay qu'elle commence en effet à enseigner, immédiatement sensible au chômage des mineurs de la région. Ses expériences en usine et au front, son intérêt pour les questions religieuses vont progressivement l'éloigner du rationalisme et même de l'humanisme d'Alain, car ce n'est progressivement plus l'homme qu'elle place au centre, mais le Christ, la grâce, le don de Dieu.

Qu'est-ce qu'être sensible, selon Weil ? Cela consiste à la fois à mettre en éveil sa sensorialité, à percevoir le monde qui nous entoure avec acuité, à avoir le courage de la lucidité, mais c'est aussi, sur le plan moral, être affecté par les situations, être ému par les gens, éprouver de l'empathie à l'égard des opprimés, sentir ce que les gens grossiers ne sentent pas ou plus, leur enseigner à y devenir sensibles eux aussi, *éveiller et éduquer leur sensibilité.* Sur le plan politique, c'est être sensible à de grandes causes, vouloir agir pour de grandes idées. Sur le plan métaphysique, enfin, c'est se sentir absolument être au monde, éprouver la vie spirituelle comme un don de Dieu. Voici comment se décline chez Weil cette merveilleuse faculté à la fois physique et éthique ou spirituelle qu'est la sensibilité. D'un côté, l'acuité, de l'autre, l'esprit de finesse qui fait sentir les principes [1], comme le dit Blaise Pascal.

Partager la condition ouvrière : l'expérience du travail en usine (septembre 1934-octobre 1935)

Très jeune, Weil a une activité syndicale intense et elle se montre immédiatement solidaire avec la cause du parti communiste, tout en se méfiant constamment des partis en général (comme Rousseau) et de l'enfermement dogmatique auquel ils peuvent eux aussi conduire. Elle écrit en 1942, juste avant sa mort, un plaidoyer pour supprimer les partis politiques. Pour ne pas se laisser bercer par leurs illusions, notamment par le mythe de la révolution et des

1. Blaise Pascal, *Pensées*, Sellier 142, Paris, Librairie générale française, « Le Livre de poche », 2000, p. 105-106.

lendemains qui chantent prôné par le parti communiste, elle choisit, dès qu'elle obtient l'agrégation de philosophie, de se confronter aux machines pour rencontrer le réel derrière les idéologies trompeuses. Elle critique avec un cynisme mordant les « grrrands » théoriciens bolcheviques [1] qui n'ont jamais passé une heure devant une machine, et quand elle rencontre Trotski, c'est surtout pour le critiquer [2].

Dès l'École normale supérieure, elle participe avec ses amis à la revue libertaire et anarchiste *Libres Propos*. Dès 1932-1933, elle se montre solidaire des syndicats ouvriers qui luttent contre le chômage et la baisse des salaires au Puy. Elle se décide donc aussitôt à vivre avec cinq francs par jour, comme les chômeurs du Puy, et reverse le reste de son salaire d'agrégée à la Caisse de solidarité des mineurs. Son engagement syndical se développe aussi dans le domaine de l'enseignement. Pour elle, le syndicat est la meilleure caisse de résonance pour mettre en interaction les uns et les autres. Elle milite dans l'opposition interne à la CGTU, favorable à l'unification syndicale avec la CGT. Elle écrit dans des revues syndicales, comme *L'École émancipée*, mais aussi dans *La Révolution prolétarienne* de Pierre Monatte, sous le pseudonyme « S. Galois », en hommage au mathématicien Évariste Galois (elle utilise alors un pseudonyme car elle espère se faire embaucher dans une usine et ne veut pas voir son projet avorter).

En 1932, elle appartient au Cercle communiste démocratique dirigé par Boris Souvarine, qu'elle a rencontré par l'intermédiaire de l'anarcho-syndicaliste Nicolas Lazarévitch. Elle écrit dans *La Critique sociale*, dirigée par Souvarine, avec lequel elle va entretenir

1. Simone Weil, *La Condition ouvrière, op. cit.*, p. 52 : « Seulement, quand je pense que les grrrands [*sic*] chefs bolcheviks prétendaient créer une classe ouvrière et qu'aucun d'eux – Trotsky sûrement pas, Lénine je ne crois pas non plus – n'avait sans doute mis le pied dans une usine et par suite n'avait la plus faible idée des conditions réelles qui déterminent la servitude ou la liberté pour les ouvriers – la politique m'apparaît comme une sinistre rigolade ».

2. Geneviève Azam, Françoise Valon, *Simone Weil ou l'expérience de la nécessité*, Neuvy-en-Champagne, Le Passage clandestin, 2016, p. 34 : « Elle abandonne Lénine sur le chemin comme elle abandonnera Trotski ».

une très vaste correspondance, parfois quasi quotidienne, mais malheureusement presque entièrement perdue (nous avons tout de même certaines lettres dans notre ouvrage au programme).

En 1932, elle passe quelques semaines en Allemagne parce qu'elle veut comprendre de l'intérieur la montée du nazisme. Elle commente l'arrivée inexorable au pouvoir de Hitler avec une profonde pertinence de vue dans *La Révolution prolétarienne.*

Par l'intermédiaire de Souvarine, elle entre dès 1934 en contact avec Detœuf, un des dirigeants de l'usine Alsthom, qui lui fait confiance pour travailler dans son entreprise et y mener son travail d'enquête sur le terrain. Elle passe plusieurs mois en usine, de septembre 1934 à l'automne 1935, alternant des phases de travail, d'autres de chômage et de recherche d'un nouvel emploi après sa mise à pied. Elle est d'abord ouvrière sur presse à Alsthom, dans le XVe arrondissement de Paris, puis elle travaille à la chaîne aux Forges de Basse-Indre, à Boulogne-Billancourt, et enfin, elle est fraiseuse chez Renault jusqu'au mois d'août 1935. En automne 1935, elle retourne enseigner au lycée de Bourges.

Ses expériences du monde du travail sont également celles plus éphémères des travaux des champs, car elle veut aussi saisir ce que travailler aux champs signifie. Après juin 1941, quand elle doit quitter Paris pour Marseille en raison de la progression des troupes allemandes, le père Perrin, un religieux qu'elle apprécie énormément, lui trouve un accueil auprès de Gustave Thibon, à la ferme, en Ardèche. C'est là qu'elle va essentiellement travailler aux champs, une activité qui l'a enthousiasmée, comme elle le dit dans *La Condition ouvrière* quand elle entreprend de comparer cet épanouissement avec la servitude à laquelle nous livre le monde de l'usine. Elle participe également plus tard aux vendanges avec grand bonheur à Saint-Julien-de-Peyrolas (Gard, 1941).

Son souhait est ardent de faire venir la culture et la philosophie jusque dans l'usine. Elle participe donc à divers petits papiers qui y paraissent, non seulement concernant la condition ouvrière, mais aussi pour parler aux ouvriers d'Antigone, d'Électre, de l'*Iliade* ou de Platon[1]. Elle les sent comme tout un chacun capable de s'y intéresser et de comprendre ce qui s'y joue de tragique et d'essentiel. Ses conférences contribuent à la démocratisation de la philosophie et à la vulgarisation de la question sociale, dont elle s'étonne que peu d'ouvriers y fassent référence. Au bout de six mois de travail, elle dit n'avoir que très peu entendu parler de la question sociale par ceux qui sont pourtant les principales victimes de l'oppression sociale. L'oppression en usine est parfois telle qu'au lieu de se rebeller, les opprimés se résignent, un constat amer qu'elle cherche à éclairer. Elle ne choisit pas ses thèmes culturels sans lien avec l'usine : Antigone est celle qui se rebelle contre l'autorité absurde venue d'en haut, au nom de la loi du cœur et de la loi de Zeus[2] ; Électre, celle qui venge des injustices ; l'*Iliade* est selon elle une analyse de la force, des sources de la guerre, des rapports de domination des uns par les autres à cause de la démesure des puissants (la *némésis* châtie l'*hybris*, la déesse justicière punit la démesure).

Partager le quotidien des soldats sur le front

Après une participation intense aux grèves ouvrières de 1936, ses convictions la mènent également à la lutte armée contre la dictature de Franco en Espagne en août 1936, malgré son profond pacifisme. Syndicaliste révolutionnaire, elle appartient à la colonne Durruti, aux côtés de Boris Souvarine, de Diego Abad de Santillán, etc. Une expérience qu'elle doit écourter, victime d'un malencontreux accident. Elle s'ébouillante très fortement les pieds avec une marmite d'huile bouillante posée au ras du sol. Elle n'y retourne pas une fois soignée, car elle est désabusée par la violence des républicains et s'oppose notamment à l'exécution d'un jeune de quinze ans, qui se dit lui-même enrôlé de force par les phalangistes (lire

1. Simone Weil, *La Condition ouvrière, op. cit.*, p. 424 : « Le peuple a besoin de poésie comme de pain. »
2. Laure Adler, *L'Insoumise Simone Weil*, Arles, Actes Sud, 2008, p. 48.

sur ce point sa *Lettre à Georges Bernanos*[1]). Elle rentre le 25 septembre en France, désabusée par ce qu'elle a vu : « Le malheur des autres est entré dans ma chair et dans mon âme[2] », dit-elle. Elle s'éloigne de l'humanisme d'Alain (surnom d'Émile Chartier) : « La faute de Chartier est d'avoir refusé la douleur », dira-t-elle en 1941. Elle lui reprochera de s'être centré sur l'homme, le seul salut ne pouvant venir que de la grâce divine. Elle abandonne progressivement le seul rationalisme, en laissant une place à l'amour surnaturel christique : raison et foi doivent se côtoyer.

L'analyse des rapports de force en usine et des mécanismes qui conduisent à la servitude et à la soumission, à l'oppression des uns par les autres, se prolonge par une analyse lucide, anticipant ici celle d'Hannah Arendt, de ce qui sera bientôt nommé le *totalitarisme.* Elle présente l'originalité de le débusquer non seulement au travers de la montée du nazisme de Hitler, mais également dans le système stalinien, qui ne la séduit aucunement par sa brutalité. Alors que certains, comme Jean-Paul Sartre, s'engagent sous la bannière du communisme au moment même où Staline révèle sa manière autoritaire de diriger l'État, elle critique le stalinisme de manière très juste dès le début. Fascisme hitlérien et totalitarisme stalinien sont tous deux critiqués sévèrement et sans concession. D'un côté, si le parti communiste allemand parle trop abstraitement aux ouvriers, ceux-ci risquent fort de se jeter dans les bras du national-socialisme, analyse-t-elle dès 1932, avant que cela ne se produise effectivement : les élites pensantes du parti se coupent trop des ouvriers, se rendant inaudibles d'eux. De l'autre, si l'on remplace la dictature capitaliste par celle du prolétariat, et surtout par la dictature de l'État collectiviste stalinien, rien ne sera changé à la souffrance de l'ouvrier face aux machines. Le stakhanovisme n'est en rien une solution à la souffrance des ouvriers de l'industrie.

Juive (d'une famille agnostique non pratiquante), convertie au catholicisme (sans recevoir le baptême), elle doit fuir la répression

1. Simone Weil, *Œuvres*, Paris, Gallimard, « Quarto », 2000.
2. Simone Weil, « Attente de Dieu », in *Œuvres*, *op. cit.*

menée contre les Juifs par les nazis et suit ses parents en exil aux États-Unis le 16 mai 1942 (à New York). Elle aurait préféré rester et résister. Au printemps 1940, croyant qu'on se battrait à Paris, elle avait proposé aux autorités militaires la formation d'un corps mobile d'infirmières de première ligne destiné à sauver les soldats. Baptisé « Projet d'une formation d'infirmières de première ligne », son idée fit l'objet d'un rapport favorable de la part du ministère de la Guerre en mai 1940. Mais la rapidité des avancées allemandes déjoue ses vues et le 13 juin 1940, quand Paris est déclarée « Ville ouverte », elle se réfugie à Marseille, comme nous l'avons évoqué, où elle se livre à des actions de résistance. Elle participe aux *Cahiers du Sud*, revue littéraire de la France libre, sous le pseudonyme d'Émile Novis, anagramme de son propre nom. Elle distribue aussi les *Cahiers du témoignage chrétien*, rédigés par un réseau de résistants organisé par les jésuites de Lyon. C'est pourquoi, à peine arrivée aux États-Unis et sachant ses parents en sécurité, elle s'enquiert de la manière la plus rapide de rejoindre les zones de conflits. Tout l'oblige à retourner sur le front de la résistance et elle s'embarque donc rapidement des États-Unis pour l'Angleterre, où elle arrive fin novembre 1942. Rédactrice dans les services de la France libre, elle est chargée d'établir un rapport sur la situation morale de la France. Être présente auprès des opprimés quels qu'ils soient, vouloir guérir et soigner, voilà sa grande tâche. Jugée trop faible pour rejoindre les Forces françaises de l'intérieur, malgré sa détermination à se montrer à la hauteur du danger (elle a appris par cœur un manuel de pilotage et acheté un casque de parachutisme !), on lui confie à Londres la rédaction de textes destinés à projeter ce que pourrait être l'Europe libre d'après-guerre. L'ouvrage qu'est *L'Enracinement*, dont le sous-titre est *Étude pour une déclaration des obligations envers l'être humain* (1942), sera écrit avec ferveur, jour et nuit, pendant cette période de crise sanitaire et d'une guerre dont elle ne connaîtra pas la fin. Déçue que Maurice Schumann, Jean Cavaillès et André Philip ne la laissent pas partir sur le front, elle démissionne en juillet 1943 de l'organisation du général de Gaulle. Mais elle est déjà très malade. Elle meurt de la tuberculose dans un hôpital d'Ashford (Kent), le 14 août 1943, affaiblie par la privation volontaire de nourriture qu'elle s'est infligée à elle-même par solidarité avec les soldats.

Martyre, tel le Christ se donnant aux plus déshérités, elle fait constamment le choix de la misère. Enfant, on dit d'elle qu'elle avait, à cinq ans, refusé de prendre les morceaux de sucre auxquels le ravitaillement lui donnait droit, pour les faire envoyer aux soldats, en apprenant quelle était leur condition difficile. Elle continuera adulte, en ne vivant que du salaire d'une institutrice, voire d'un chômeur, comme nous l'avons dit. Symboliquement et par principe, elle ne veut pas avoir droit à plus que ceux qui ont le moins.

Sa courte vie (trente-quatre ans) n'est pas sans l'expérience d'accidents et de maladies chroniques, puisqu'elle souffre depuis ses vingt-cinq ans de terribles maux de tête. Mais elle n'est pas non plus sans héroïsme. Weil se sacrifie, prête dès le début à mourir pour ses idées.

En quête de grâce et d'absolu

Son engagement radical et sans compromission dans le monde social et politique s'explique en partie par ses convictions religieuses, sa foi christique. Sa *quête du sens du collectif, au travers du travail en usine*, se prolonge par la recherche mystique constante de l'absolu. Contre la *pesanteur* terrestre, il faut en appeler à la *grâce*, au don de Dieu.

Sa sensibilité à la religion commence en 1935, au Portugal, à l'écoute de cantiques déchirants. C'est bien là l'expression pure du malheur des déshérités. Elle se met en tête que le christianisme est par excellence la religion des esclaves, qu'il exprime la souffrance universelle des hommes. En 1937, elle est à Assise, en Italie, quand, dans la chapelle romane de Sainte-Marie-des-Anges, elle admire saint François. En 1938, elle assiste à la Semaine sainte de Solesmes et vit ensuite une expérience mystique : elle fait l'épreuve de la présence du Christ. Elle est moins chrétienne que christique. C'est l'amour du Christ dans le malheur qui l'intéresse et elle ne se prive donc pas pour critiquer l'Église, en tant qu'institution qui exerce elle aussi, comme toutes, des forces violentes.

Son concept majeur en étude théologique est celui de « décréation [1] ». Dieu cède de sa toute-puissance en créant le monde, il ne nous y apparaît donc que dans son retranchement, son absence. Ce qui explique à la fois le malheur, qui n'est pas imputable à Dieu, puisqu'il a retranché de sa bonté absolue pour laisser être sa création, mais aussi le désir du bien qui nous anime et demeure en nous la trace de ce don de Dieu, de sa charité infinie. Elle critique l'Ancien Testament, parce que s'y jouent des scènes de violence sous le patronage de Yahvé, et se réfugie dans une attitude christique, tournée exclusivement vers l'amour du prochain et de Dieu, loin de tout rapport de force, de toute violence. Weil s'inspire aussi des philosophies bouddhiste et indienne et apprécie l'action non violente de Gandhi.

Elle voyait très clairement des églises à la place des usines, comme le dit poétiquement Rimbaud, et imaginait dans l'idéal ce que pourrait être la grande entreprise humaine, marquée non plus par des rapports verticaux de servitude, mais par des rapports horizontaux d'égalité et de respect de l'altérité, caractéristiques de la vraie amitié et du vrai amour. Elle veut faire entrer ce souffle du don de soi, de la charité, de la grâce jusque dans l'usine. On peut établir ici un parallèle avec Henri Bergson qui, voyant l'homme comme un *homo faber*, souligne qu'il ne faut pas oublier d'ajouter à l'organisation des machines un « supplément d'âme », pour articuler la matière à l'esprit [2].

Prises de notes, lettres et conférences publiques

Prises de notes et pensées pour soi-même

Weil n'écrit pas de grand système, on l'a dit, car fondamentalement son œuvre est *au travail*, en chantier permanent [3]. Ses cahiers

1. Simone Weil, *La Pesanteur et la Grâce* (1947), Paris, Plon, 1988, p. 81.
2. Henri Bergson, *Les Deux Sources de la morale et de la religion* (1932), Paris, Puf, 1984, p. 329-331.
3. Jean-Marc Ghitti, *Passage et présence de Simone Weil*, Paris, Kimé, 2021.

et journaux, publiés de manière posthume par ses amis, notamment par sa biographe Simone Pétrement [1], sont ainsi de véritables laboratoires d'expérimentation, d'incroyables bric-à-brac. Ils donnent l'impression singulière au lecteur d'entrer directement dans son atelier conceptuel, car ses outils y sont comme laissés en plan. Les tableaux et schémas griffonnés à la hâte, pour comprendre les machines et les rapports de force en présence, jalonnent son journal et ses cahiers, laissant imaginer au lecteur aussi bien les gestes accomplis au jour le jour que les valeurs qu'elle a projeté de défendre. Ces manuscrits sont comme un certificat de présence, une photographie de sa vie quotidienne.

Même quand elle s'adresse à autrui sous une forme dialogique, Weil donne l'impression au lecteur de se parler à elle-même, de dialoguer avec elle-même. Ses mots d'ordre sont autant d'injonctions qu'elle se formule à elle-même, comme les stoïciens en leur temps. Les impératifs, dans son Journal d'usine, sont autant d'obligations auxquelles elle s'enjoint elle-même de répondre dès le lendemain, de sorte que son journal ressemble fort à un manuel antique de sagesse destiné à répondre à tout instant à l'urgence de l'action.

On songe en effet immédiatement aux *Pensées pour moi-même* de Marc Aurèle, rédigées à la hâte dans sa tente, loin de Rome, en Germanie, avec le bruit des armes tout autour et le sentiment du danger à venir. Il est urgent de penser. Méditer est une tâche à laquelle elle s'oblige à tout instant pour orienter son agir. Il faut se préparer à la tâche quotidienne d'être un homme de bien. Cultiver sa vertu. On reconnaît chez elle le choix de la rudesse qui avait animé le jeune Marc Aurèle, promis pourtant au destin d'empereur par son adoption. On dit de ce dernier qu'il couchait dès son plus jeune âge à même la terre, au grand dam de sa propre mère, car il avait entendu dire qu'Épictète faisait ainsi. On dit aussi de Weil qu'elle aimait dormir à même le sol.

1. Simone Pétrement, *La Vie de Simone Weil*, Paris, Fayard, 1973.

Elle raconte et commente une anecdote concernant l'empereur Alexandre qui, alors qu'on lui tendait un casque rempli d'eau et que ses troupes mouraient de soif dans le désert, jeta l'eau à terre, pour partager pleinement le sort de ses soldats. S'il avait bu, analyse-t-elle, il se serait coupé à jamais d'eux. Plutôt que de faire la morale aux autres, elle veut d'abord *être un exemple à ses propres yeux*. Elle s'exhorte elle-même à la vertu, elle s'invective, elle se confesse à elle-même ses erreurs. Elle doute de sa démarche même, parle du risque d'abandonner ses idéaux premiers, ses propres principes, d'oublier jusqu'au sens de sa propre démarche et relaye les propos de ceux qui s'apitoient sur son sort : « Pauvre Simone ! » Elle apparaît ainsi en perpétuel dépassement d'elle-même, dans une dialectique qui ne se résout pas comme chez Hegel dans un système logique, fermé en boucle rassurante sur lui-même, mais qui exhibe au contraire une certaine fragilité irréductible, des failles et des brèches, car elle s'ouvre au monde et subit le choc de l'adversité sans *Aufhebung* (surmontement dépassant et intégrant chez Hegel le moment antérieur de négation en conduisant vers une nouvelle position). Un roseau, le plus fragile de la nature, mais un roseau pensant, voilà l'image qu'elle donne plutôt d'elle-même au travers de ses nombreux cahiers, fidèle aussi à l'aspect brisé et kaléidoscopique des *Pensées* de Blaise Pascal. Un être en déséquilibre manifeste, cherchant en vain son assiette.

Elle refuse le dogmatisme et les idées fixes, les préjugés et les prêts-à-penser. Comme le dit Platon, penser, c'est dialoguer avec soi-même pour s'élever sans cesse plus haut, dans une dialectique ascensionnelle infinie. Mais au cours de cette élévation de l'âme décrite dans *Le Banquet* de Platon, Weil ne donne jamais l'impression d'être en surplomb. Elle veut avant tout modestement se retrousser les manches et bricoler en toute humilité, car l'essentiel, le sens, se dérobe à qui le cherche et invite l'homme à rabattre de sa superbe devant ce qu'il ne comprendra jamais : c'est le monde malheureux d'ici-bas dont elle parle et c'est bien lui qui est son objet. Il lui faut, ainsi, sans cesse redescendre dans la caverne du sensible. Avec des bouts d'expérience, des bouts de phrases, des bouts de compréhension arrachés au réel, elle tisse son grand œuvre en gardant son cap. Cent fois sur le métier remettez votre ouvrage : cela vaut pour Simone Weil autant pour le travail manuel que pour le travail intellectuel. Rarement on lit un philosophe avec l'impression de le voir autant au travail, c'est-à-dire peiner, au labeur, en peine de trouver, se questionnant sans cesse, se remettant en cause, souffrant tragiquement de son propre objet d'étude. Sa manière de penser lui *impose la collaboration* avec ses propres sujets d'étude, les ouvriers, ses compagnons, ses camarades, mais aussi avec les syndicalistes, les dirigeants. On assiste à l'*élaboration* lente d'un objet constamment en devenir. L'humain réfléchit l'humain et se trouve au miroir de lui-même. Rien qui ne pèse ni ne pose donc dans sa manière d'aborder son objet, le travail, tant le regard doit se faire toujours frais, toujours neuf, en fonction des nouvelles tâches quotidiennes à réaliser concrètement, des nouveaux défis qu'elle se lance. On s'y attendait, Simone Weil ne ressort pas de son entreprise indemne : tels les travailleurs dont elle a partagé le labeur, elle est blessée, meurtrie, son corps porte les stigmates de la passion qu'elle s'est elle-même imposée, tel un martyr moderne. Tel Sisyphe, à la fois malheureux et heureux d'avoir essayé de remonter son pesant fardeau en haut de la montagne. Mais le lecteur subit lui aussi un choc : Weil oblige à regarder où personne ne regarde, l'intérieur de l'usine, à voir le quotidien insignifiant, à écouter ceux que l'on force à se taire, les travailleurs. *Les Travaux et les Jours*. D'un côté, le dérisoire, de l'autre, le sublime.

Les cahiers, le Journal d'usine ont quelque chose du *documentaire journalistique*, du film caméra sur l'épaule des frères Dardenne, par exemple dans le film *Rosetta*, ou de l'enquête plus récente menée par Florence Aubenas à Ouistreham [1]. Rien n'est cadré, tout est flouté, on sent peser le hors-champ sans le voir. Le Journal d'usine obéit à un tempo saccadé, on sent que tout est minuté, que le chrono devient, comme elle dit, fou. Il s'agit d'abord d'enregistrer autrui et de prendre des notes pour soi-même à la hâte, de

1. Florence Aubenas, *Le Quai de Ouistreham*, Paris, Éditions de l'Olivier, 2010.

griffonner sans perspective planifiée ou unifiée, sans *a priori*. La multiplicité des plans, des perspectives et des aspects qui s'amoncellent donne l'impression d'un montage inachevé, *non finito*. L'écriture fugitive, instantanée, est comme la trace laissée par son passage rapide entre les choses. À sauts et à gambades, elle avance dans ses cahiers selon une forme réglée de discontinuité voulue, avec, de temps à autre, une parole soudain aphoristique, des éclairs et fulgurances de pensée pure.

Son écriture fragmentaire et hétéroclite n'est *jamais sans poésie*. Planter le décor (l'atelier du fond, qu'elle découvre, par exemple, dans l'usine), camper des personnages hauts en couleur (Jacquot, Louisette, mais aussi tant d'autres, dont le nom n'est pas toujours donné, mais qui sont précisément décrits), recréer des ambiances (le babillage inattendu au vestiaire, après dix heures acharnées de travail) : tout cela est nécessaire pour faire sentir l'usine à ceux qui ne la connaissent pas comme ceux qui y travaillent. Il faut faire vivre ou revivre cette expérience hallucinante. La manière dont il faut compter de manière pragmatique les pièces usinées, les loupés, les sous gagnés, les heures, tout cela est noté, au beau milieu de l'enregistrement des bribes de conversation ordinaire : voilà le prix d'une existence où à chaque jour suffit sa peine. Chaque vie minuscule se met soudain à compter absolument, le temps d'un sourire, où se manifeste ce qui fait « le sel de la vie » (Françoise Héritier), dure autant que l'éternité.

La mise en place d'un dispositif de prise de notes et la plasticité d'une écriture qui doit coller au réel sont extrêmement contemporaines et rappellent des ouvrages de romanciers actuels, tels François Bon dans *Sortie d'usine* [1], lui-même ayant vécu l'expérience de l'usine en première personne et étant également sensible au communisme et à la question sociale. Ne pas lisser le réel, ne pas gommer les aspérités. Weil va plus loin que le réalisme d'un Balzac ou le naturalisme d'un Zola. Elle témoigne d'un hyperréalisme

1. François Bon, *Sortie d'usine*, Paris, Minuit, 1982.

contemporain, pourrait-on dire. Comme des œuvres d'art américaines pourront plus tard dénoncer de manière plastique la société de consommation, en empilant des boîtes Brillo (Andy Warhol), ou en reproduisant jusqu'au malaise du spectateur les détails d'une femme poussant un caddie plein de marchandises pour faire saisir l'impensé de notre quotidien, faire voir l'ordinaire.

S'adresser à ses potentiels opposants comme à ses amis : la lettre

La Condition ouvrière rassemble, outre le Journal d'usine (qui n'est pas au programme mais nourrit directement le reste et dont la teneur doit donc être connue des étudiants), également des lettres, écrites tant aux amis de Simone qu'aux potentiels opposants que pourraient être les dirigeants de l'usine. Weil conçoit en effet le langage de manière profondément dialogique, comme un échange réciproque entre un « je » et un « tu », placés à égalité. Comme le dit Wilhelm von Humboldt, théoricien du langage du XIXe siècle, le langage ne fonctionne que quand un « je » s'adresse à un « tu » qui l'écoute et qui lui fait la réplique. Les lettres témoignent ainsi toutes d'une profonde sensibilité à l'autre, d'une ouverture à autrui. Seul le dialogue entre, d'une part, les classes dirigeantes qui donnent les ordres et organisent la vie de l'usine et, d'autre part, les classes opprimées qui sont aux machines peut améliorer vraiment la condition ouvrière. Weil joue ici le rôle d'intermédiaire dans les deux sens, le rôle de ce qui revient sous la plume de Platon sous le terme de « *metaxu* », un terme sur lequel s'est penchée Weil dans sa *Théorie de la médiation* [1], pour saisir la participation du sensible à l'intelligible, mais aussi, dans l'autre sens, le don de Dieu aux hommes.

Dans l'exercice de la parole pour autrui, Weil témoigne de modestie et d'humilité. De manière minimaliste, elle en vient aux faits sans passer par quatre chemins. Elle adopte la voie directe,

1. Emmanuel Gabellieri, *Simone Weil*, Paris, Ellipses, 2019, « Médiation », p. 19. L'ensemble de cet ouvrage constitue un précieux outil pour l'étudiant.

sans prendre de pincettes, témoignant d'une forme de franchise et d'authenticité rare. Elle vise la transparence à soi et aux autres, sur ses intentions, ses sentiments, ses convictions. À ses amis, comme à ses potentiels opposants, elle confesse ses ratages, ses fautes, ses erreurs, son incompétence, ose parler de sa fragilité, dans des *Confessions* qui rappellent celles de saint Augustin ou de Rousseau. Cultiver l'amitié et l'esprit de camaraderie est selon Weil un moyen de partager ses peines et ses joies, le bonheur n'étant envisagé par elle que comme un bonheur collectif et comme surgissant seulement de l'*expérience du malheur.* Le malheur de l'ouvrier de la grande industrie provient essentiellement de sa solitude, de son isolement, de l'interdiction qui lui est faite de parler sous peine d'amende, ou d'entretenir des liens fraternels. C'est donc le dialogue qu'il faut rétablir au sein de l'usine.

Par les lettres envoyées aux patrons qui l'embauchent, Weil provoque le dialogue. Elle veut faire réfléchir ceux qui donnent des ordres, ouvrir leurs yeux sur l'esclavage où les ouvriers sont réduits, éveiller leur conscience, cela dans un esprit de bienveillance et sans chercher particulièrement la polémique. Elle le rappelle aux patrons qui l'embauchent : elle n'a pas l'esprit frondeur et apprécie, paradoxalement pour l'anarchiste qu'elle est, le respect de l'ordre, le suivi des consignes. Elle encourage tous ses interlocuteurs à éprouver la réversibilité des positions et des rôles, la mutualité des objectifs, la réciprocité entre les personnes qui doivent toutes, au fond, malgré tout, *travailler ensemble* et non pas les unes contre les autres. Dans les échanges humains, et en particulier si certains donnent des ordres et d'autres doivent obéir, il faut que chacun soit capable de se mettre à la place de l'autre pour le comprendre. Les ouvriers doivent eux aussi comprendre les intérêts des patrons. Sa manière de faire implique le refus des hiérarchies, c'est pourquoi elle parle aux chefs comme à des amis, sans ciller. Elle parle à autrui sa propre langue, emploie son vocabulaire, décrypte la langue de ses opposants, essaie de saisir ses intérêts à lui. Pour Weil, accepter de soi-même bouger de sa place par le dialogue et accepter de changer d'avis vont de pair avec le refus du dogmatisme qui est le sien, l'esprit de tolérance face à la diversité des vues, pour dialectiquement progresser ensemble vers un ciel commun de valeurs. Weil dérange, comme Socrate, la raie torpille, mais elle fascine, car elle oblige son interlocuteur à la suivre, saisissant qu'il y a véritablement pour chacun l'occasion ouverte d'un vrai dialogue. Elle pique la micro-cité qu'est l'usine avec autant de ténacité que le taon pique le cheval de la cité d'Athènes : Weil est vraiment la Socrate moderne.

Si Weil réfléchit, c'est pour faire réfléchir les autres. Elle joue donc comme aux échecs avec les patrons. Elle bouge ses pièces avec plusieurs coups d'avance, comme un fin stratège, animée pourtant non tant par l'esprit de géométrie que par l'esprit de finesse, guidée par son sens profond de l'humain. C'est pourquoi elle trouve toujours le bon ton pour être comprise, lue, malgré tout. Il s'agit pour elle de mener son interlocuteur « à admettre que » plutôt que de s'opposer frontalement à lui. Son idée est toujours de résorber l'écart malheureux que l'organisation du travail place entre les êtres, notamment la coupure technique dommageable, mais inévitable, entre ceux qui donnent des ordres et ceux qui doivent y obéir. Sa stratégie la conduit à se rapprocher habilement des opprimés autant que des oppresseurs, qui sont souvent eux aussi des victimes du dispositif global. Elle ne parle pas comme Marx de la lutte des classes. Le patron apparaît sous sa plume comme soudain destitué de l'importance que semblait pourtant lui garantir son poste. Tout se passe, quand on l'interroge sur sa manière de vivre son entrée à l'usine, comme s'il avait perdu de sa superbe et redevenait lui aussi un humain comme un autre, sous le masque du rôle social imposé. Auguste Detœuf lui avoue avoir mis un an à comprendre le fonctionnement de sa propre entreprise et avoir été longtemps perdu à son poste de dirigeant, aussi perdu finalement que le simple manœuvre jeté face à la machine sans comprendre comment elle fonctionne. Weil ne s'adresse à personne sur un ton de grand seigneur. Elle ne se prive pas d'un certain cynisme parfois, et fait preuve d'une ironie mordante entre les lignes. Il ne s'agit toutefois pas d'entrer en guerre avec ses semblables ou contre soi-même, comme y invite Nietzsche. L'humilité de Weil, sa tendresse infinie face aux erreurs humaines sont indéniables. Elle ne se prive jamais de dire ce qu'elle a à dire et de parler vrai, pour être prise au sérieux. Mais elle refuse la verticalité, tout rapport de servitude et de soumission. Ses lettres incarnent la volonté de parler d'égal à égal. Réactiver ce contrat social entre les individus qui travaillent à l'usine, chefs, contremaîtres et manœuvres compris, est en effet une des clés de la solution. Il faut réapprendre, au travail, à se parler, à s'écouter, à s'entendre pour collaborer réellement. Le latin *cum-laborare* signifie très bien « travailler avec », ensemble, de même que les compagnons, *cum-panem*, sont ceux qui « partagent le pain », ceux qui cassent la croûte tous ensemble après avoir bien sué tous ensemble. C'est pourquoi elle propose, parmi tant d'autres solutions, une boîte à idées à déposer dans l'usine pour rétablir la communication. Que la souffrance ne reste pas muette. Que personne ne se sente plus humilié du fait de devoir « se la fermer ». Elle propose donc aux ouvriers de s'exprimer de la manière la plus directe possible, en passant par elle. En bonne syndicaliste, elle veut être le canal, la médiation, entre les dirigeants et les ouvriers.

S'adresser à un collectif : le tract, la conférence, le débat, le journal, la mobilisation d'une communauté

Non seulement Weil parle aux patrons, mais elle parle à tous, pour tous et on sent au travers des textes qui nous sont donnés à étudier son talent oratoire. Dans l'appel aux Rosières, elle parle à la foule, à la masse anonyme, mais aussi et surtout à chacun en tant qu'individu dont la voix compte. Un individu, une voix, il y a dans ces allocutions publiques un idéal rousseauiste de démocratie directe. Sa philosophie a une dimension populaire, elle se veut accessible. C'est pourquoi une grande partie de son effort est de tendre l'échelle aux plus fragiles. Si elle parle d'égal à égal avec les dirigeants d'usine et des partis, elle parle aussi d'égal à égal avec les ouvriers eux-mêmes et descend parmi eux. C'est l'horizontalité à nouveau qui doit gouverner les rapports entre les individus.

Elle s'applique à ne jamais parler d'en haut, s'exprime sans condescendance, sans pitié, sans commisération. Ce n'est pas de pitié dont a besoin l'individu moderne au travail. Ce n'est pas la souffrance qui est le mal suprême, mais l'humiliation, le sentiment de ne compter pour rien. Elle refuse ainsi de visiter un logement ouvrier, de peur de devenir soudain « voyeuriste » et de déranger l'intimité des gens. Elle est animée par le respect des lieux, des simples gens. Ce dont ont besoin les individus, c'est de dialogue : pouvoir exprimer leurs souffrances, pouvoir dialoguer sur l'organisation de l'entreprise, pouvoir être félicité, se sentir digne, fier de ce que l'on a accompli, comprendre le sens de l'entreprise collective et sa part à l'édifice, aussi simple soit le geste que l'on a eu à faire pour y contribuer.

Ces appels et débats publics manifestent une voix qui n'est plus la sienne propre, mais qui se veut la voix de tous les autres. Elle parle non pas en son nom propre, pour elle, mais *au nom de tous les autres*. L'individu Simone Weil s'efface lors de ces appels à la mobilisation collective *derrière des causes communes*, qui doivent faire vibrer tous les cœurs à l'unisson. Il s'agit de laisser son cœur parler contre ce qui est la norme imposée, comme Antigone l'a fait au risque d'être emmurée vivante. Le collectif, construit par en bas, doit vibrer face à la norme impersonnelle venue d'en haut. D'un côté, les normes, les ordres rendent les ouvriers impersonnels, les réifient et les considèrent comme des choses, les déshumanisent. C'est ce qu'a bien analysé Karl Marx dans *Le Capital*[1]. Mais ce n'est pas en sombrant dans l'anonymat d'un collectivisme autoritaire dirigé par des chefs de Parti que cela va se résoudre, n'en déplaise à Staline. L'individu doit pouvoir faire entendre sa voix personnelle pour indiquer le sens qu'a pour lui la participation à l'agir commun. Il faut que l'individu s'éveille au désir du bien qui l'anime. La camaraderie, la joie collective, l'occupation collective d'usine font naître le vrai plaisir de ne faire qu'un avec la ruche que forment les humains, de se sentir soudé à un collectif qui, ensemble, exulte, sans pour autant priver quiconque d'être singulier, unique, à nul autre pareil.

1. Karl Marx, *Le Capital*, Livre I, Paris, Puf, 1993.

De nombreux textes à notre programme ont donc une dimension orale et vivante, et il ne faut pas oublier de souligner cette tonalité particulière lorsque l'on commente son œuvre. Weil parle et fait entendre sa voix plus qu'elle n'écrit et ne s'offre à lire. Son écriture apparaît comme très incarnée et vivante. L'Incarnation est également à comprendre sous la plume de Weil au sens religieux du terme. De multiples voix la traversent, son œuvre est profondément polyphonique, ce qui est rare en philosophie (mais plus fréquent dans le documentaire ou bien la littérature).

L'œuvre globale de Simone Weil et la place qu'y occupe *La Condition ouvrière* (1937)

Le caractère posthume des publications

Weil a une vie courte, balayée par le destin, nous l'avons vu. L'exil l'oblige parfois à laisser derrière elle ses précieux carnets de bord (1933-1943), tandis que les lettres sont autant de morceaux de réflexions qui offrent sa pensée sous une forme dispersée. De même, les journaux où paraissent ses écrits sont souvent des petits imprimés en peu d'exemplaires dont il est difficile de garder la trace. Toutefois, l'œuvre de Weil est imposante et tout en étant en très grande partie posthume, elle couvre de larges pans de la philosophie (philosophie de la technique, philosophie sociale, philosophie politique, éthique, métaphysique, anthropologie, théologie) qui, ensemble, forment indéniablement un ensemble congruent. Le travail constitue son pivot, l'activité conjointe du corps et de la pensée.

C'est essentiellement au travail de son amie Simone Pétrement que l'on doit la publication de ses ouvrages, mais aussi à Albert Camus, qui fonda la collection « Espoir » aux éditions Gallimard afin de faire connaître son œuvre (*L'Enracinement*). Pétrement sera également sa biographe, offrant un large spectre en deux volumes de sa vie. Leur amitié n'est pas sans rappeler celle qui unit Montaigne à La Boétie, qui chargea son ami, peu de temps avant sa mort, de la tâche de publier ses manuscrits et de faire connaître son œuvre. Il est intéressant pour nous de prendre conscience du caractère posthume des publications de Weil : elle n'a pas pu y avoir toujours la dernière main ou savoir que ses lettres seraient éditées telles quelles.

Ses *Œuvres complètes*, sous la direction d'André A. Devaux et de Florence de Lussy, fine connaisseuse de son œuvre, sont parues chez Gallimard à partir de 1988. À ce jour, sur les seize volumes prévus, douze ont été édités.

Résumé des principaux ouvrages concernant le travail ou ayant un rapport avec *La Condition ouvrière*

Les principaux ouvrages à mettre en relation avec *La Condition ouvrière*, dont la rédaction est principalement datée de 1937, sont les *Réflexions sur les causes de la liberté et de l'oppression sociale* (rédigées en 1934, mais parues seulement en 1955) [1], L'Iliade *ou le poème de la force* [2] (1939), précédé de *Les Mots et la Guerre*, qui en est vraisemblablement une esquisse préparatoire, *La Pesanteur et la Grâce* [3] (1940-1942), dont le titre n'est pas de Weil, mais surtout *L'Enracinement* (1943) [4].

Notons également des petits écrits que nous avons déjà évoqués pour certains : *Grèves et joie pure* (1934) [5], *Luttons-nous pour la justice ?* (1941) [6], *Amitié. L'art de bien aimer* (1942) [7], la *Note sur la suppression des partis politiques* (1950), *La personne et le Sacré* (1957) [8]. Ces petites éditions recoupent partiellement certains textes que nous trouvons rassemblés dans *La Condition ouvrière*, mais les complètent

1. Simone Weil, *Réflexions sur les causes de la liberté et de l'oppression sociale* (1955), Paris, Gallimard, « Folio essais », 1998.
2. Simone Weil, L'Iliade *ou le poème de la force* (1940-1941), Paris, Payot et Rivages, 2014.
3. Simone Weil, *La Pesanteur et la Grâce* (1947), *op. cit.*
4. Simone Weil, *L'Enracinement : prélude à une déclaration des devoirs envers l'être humain* (1949), *op. cit.*
5. Simone Weil, *Grèves et joie pure*, *op. cit.*
6. Simone Weil, *Luttons-nous pour la justice ?*, Rennes, La Part commune, 2019.
7. Simone Weil, *Amitié. L'art de bien aimer*, Paris, Payot et Rivages, 2016.
8. Ouvrages mentionnés précédemment.

aussi par d'autres extraits ou des présentations actualisant l'intérêt de la pensée de Weil. Ils peuvent constituer une bonne porte d'entrée dans le corpus, car ce sont de petits livres faciles à lire.

Réflexions sur les causes de la liberté et de l'oppression sociale (1934) est considéré par Alain comme un de ses chefs-d'œuvre, et Simone Weil le considérait également comme une de ses œuvres majeures. Âgée de seulement vingt-cinq ans, elle le rédige à l'origine en 1934 pour *La Revue critique* de Boris Souvarine. Mais l'article, trop long pour y être publié, ne sera finalement publié intégralement qu'en 1955. Elle y analyse comment les rapports de domination et de soumission naissent au sein des sociétés humaines. L'homme est selon elle *condamné à être opprimé* : dans les sociétés primitives, ce sont les forces naturelles qui le dominent, tandis que quand il s'en libère, ce sont alors celles de la société de production qui s'exercent sur lui, car *les moyens et les fins* lui en échappent. L'homme est donc par nature, du fait même qu'il vive en société, condamné à l'oppression. Weil s'oppose d'un côté à Marx, dont pourtant les écrits la portent, et de l'autre à l'anarchisme, qui pourtant l'anime comme un souffle. Pourquoi ? Ce sont à ses yeux autant d'utopies qui conduisent toutes deux malgré elles à la violence, une violence à laquelle ces deux mouvements étaient censés pourtant mettre un terme. En dialogue avec *Le Capital* de Marx, l'ouvrage se termine par des réflexions sur la spéculation, la consommation, le développement du crédit, l'inutilité des produits, mais aussi sur le rôle envahissant de l'État et le risque de la bureaucratisation… Citons Weil, lucide par rapport à la situation où se trouve l'homme :

> Toutes les fois que les opprimés ont voulu constituer des gouvernements capables d'exercer une influence réelle, ces groupements, qu'ils aient pour noms partis ou syndicats, *ont intégralement reproduit dans leur sein les tares du régime qu'ils prétendaient réformer ou abattre*, à savoir l'organisation bureaucratique, le renversement du rapport entre les moyens et les fins, le mépris de l'individu, la séparation de la pensée et de l'action, le caractère machinal de la pensée elle-même, l'utilisation de l'abêtissement et du mensonge comme moyens de propagande [1].

1. Simone Weil, *Réflexions sur les causes de la liberté et de l'oppression sociale, op. cit.*, p. 180-181.

La *critique du bureaucratisme* de Weil est originale, bien qu'on la retrouve également chez un Tocqueville dans *La Démocratie en Amérique*, nouveau despotisme doux, mais tout aussi redoutable qu'un despotisme fort, car il endort et passe inaperçu, car on oublie tout bonnement de lutter contre. « Quand se produira la cassure après laquelle il pourra être question de chercher à construire quelque chose de nouveau ? demande-t-elle. C'est peut-être une affaire de quelques dizaines d'années, peut-être aussi de siècles [1]. » On sent à quel point, à travers ces lignes, l'expérience ouvrière a remis en question ses utopies et idéaux communistes et anarchistes… Comment faire pour que l'essence du politique ne soit pas la domination ? Et, parallèlement, comment faire pour que l'essence du travail en usine ne soit pas l'esclavage moderne ?

Écrit lors de la montée des tensions politiques en Europe, en 1938, *L'*Iliade *ou le poème de la force* analyse les rapports de force mis à nu par la guerre et on comprend que, différemment de Nietzsche, Weil saisit l'*existence de manière tragique.* La *force* est un concept central de toute son œuvre, puisque c'est *contre toute reconduction à des rapports de force* qu'elle travaille. Nietzsche cherche pour sa part à reconduire des formes aux forces qui les sous-tendent, des idées aux rapports de force qui s'y cachent, de l'esprit au corps et à son métabolisme. L'individu doit transformer les forces réactives en forces actives, afin de se dissocier du « troupeau », avec la violence nécessaire à l'inversion des valeurs nécessaire à l'affirmation de soi. Par contraste, Weil dénigre toute légitimité au concept de force et cherche, comme Rousseau, à défaire les mécanismes qui poussent les individus à se mettre sous l'autorité violente des chefs ou à commander les autres. La force ne fait jamais droit. Comme Gandhi, Weil souhaite opérer sans violence pour désamorcer la force. Elle crée du dialogue véritable, c'est-à-dire, comme nous l'avons déjà souligné, un échange réciproque, équilibré, permettant de mutualiser les efforts pour viser des valeurs communes (le désir du bien) et des vérités absolues, c'est-à-dire qui planent au-dessus

1. *Ibid.*, p. 146.

des intérêts particuliers. L'*Iliade* révèle que tant que les forts se sentent invincibles, ils vont de l'avant et oublient les obstacles qui pourraient se présenter à eux. Gouvernés par la Némésis, ils ne ressentent jamais le besoin de cette courte pause où la pensée pourrait apparaître et où ils pourraient évaluer leur prudence. Ils dépassent donc sans cesse leurs propres limites, animés par l'*hybris*, la démesure. Faut-il se montrer fataliste pour autant ? Non, car la force suit certes des lois impénétrables, mais n'est pas invincible. Nous devons donc prendre courage, dit Weil, car *le rapport de force entre deux entités est toujours changeant*. On peut ici faire des parallèles avec le célèbre essai de La Boétie, *Discours de la servitude volontaire*, car dans ces deux ouvrages, on nous invite à ne pas admirer la force et à faire la différence entre la réalité et l'imaginaire pour faire tomber toute hiérarchie sociale.

Dans *Les Mots et la Guerre*, petit essai qui anticipe peut-être son livre sur *L'Iliade*, Weil critique toute forme d'idéologie, en cela que l'idéologie repose sur des mots abstraits, qui peuvent être source de violence.

> Mais dès que l'on donne des majuscules à des mots vides de significations, pour peu que les circonstances y poussent, les hommes verseront des flots de sang, amoncelleront ruines sur ruines en répétant ces mots, sans pouvoir jamais obtenir effectivement quelque chose qui leur corresponde. Éclaircir les notions, discréditer les mots congénitalement vides, définir l'usage des auteurs par des analyses précises, c'est là, si étrange que cela puisse paraître, un travail qui pourrait préserver des existences humaines [1].

Et de poursuivre encore :

> Mais nous agissons, nous luttons, nous sacrifions nous-mêmes et autrui en vertu d'abstractions cristallisées, isolées, impossibles à mettre en rapport entre elles ou avec les choses concrètes. Notre époque soi-disant technicienne ne sait se battre que contre des moulins à vent [2].

1. Simone Weil, *Œuvres complètes*, sous la direction d'André A. Devaux et Florence de Lussy, Paris, Gallimard, tome II, vol. 3, 1989, p. 51-52.
2. *Id.*

Dans nos textes sur le travail, les termes abstraits qu'elle va débouter de leur prétention à signifier quoi que ce soit sont notamment la rationalisation et l'organisation scientifique du travail. La méthode est la même. Elle décrypte des usages langagiers pour savoir si, quand on frappe sur les nouvelles idoles qui y brillent à coups de marteau, elles sonnent creux ou pas. Comme Nietzsche avant elle ou Foucault après elle, Weil fait la généalogie de la mise en place de certains dispositifs, notamment le taylorisme et le fordisme, cela afin d'en établir le diagnostic critique et de faire agir. Quand on remonte aux intérêts personnels des fondateurs du travail à la chaîne, on comprend mieux les tenants et les aboutissants du système et l'on ne peut plus se payer de mots.

La Pesanteur et la Grâce (1940-1942) est un ouvrage publié par Gustave Thibon, qui a opéré lui-même le choix des extraits et des textes qu'il y a compilés, et non Weil, ce qui a donné lieu à des controverses éditoriales. Ses thèmes sont essentiellement théologiques, mais ils permettent de saisir la profondeur que vise Weil au travers de ses analyses de la condition sociale. À la fin de cette compilation certes maladroite de citations de Weil, elle questionne tour à tour le mal, le malheur, la violence, l'attention et la volonté, le gros animal, l'harmonie sociale et la mystique du travail. Dans les extraits relatifs au « gros animal », une expression qu'elle emprunte à Platon, elle rappelle qu'ici-bas, une seule chose possède une sorte de transcendance à l'égard de la personne humaine, c'est le collectif. Il est donc l'objet de toute idolâtrie et c'est lui qui nous enchaîne à la terre. Elle va jusqu'à dire de manière surprenante que la conscience est abusée par le social et que le plus difficile est de l'en détacher. Pour y parvenir, il faut méditer le mécanisme social : « contempler le social est une voie aussi bonne que se retirer du monde. C'est pourquoi je n'ai pas eu tort de côtoyer si longtemps la politique [1] ». Elle analyse le texte de Platon sur le « gros animal » dans *La République* comme un levier pour critiquer Marx : la

1. Simone Weil, *La Pesanteur et la Grâce*, *op. cit.*, p. 249-250.

société, même idéale, reste oppressive. Dans son chapitre sur l'harmonie sociale, elle défend que l'équilibre seul détruit et annule la force, « l'ordre social ne pouvant être qu'un équilibre de force [1] ». « Si l'on sait par où la société est déséquilibrée, avance-t-elle encore, il faut faire ce que l'on peut pour ajouter du poids dans le plateau trop léger [2] ». Elle poursuit en défendant que la seule chose qui puisse faire de la légitimité pure dépourvue de force, quelque chose de souverain, c'est la pensée. Dans le dernier chapitre, « La mystique du travail », elle rappelle que le secret de la condition humaine, c'est qu'il n'y a pas d'équilibre entre l'homme et les forces de la nature qui le dépassent infiniment tant qu'il se tient dans l'inaction. Il n'y a d'équilibre que « dans l'action » par laquelle « l'homme recrée sa propre vie dans le travail » [3]. Art, travail et science doivent former ensemble la culture ouvrière.

> Faire effort par nécessité et non pour un bien – poussé, non attiré – pour maintenir son existence telle qu'elle est – c'est toujours servitude. En ce sens, la servitude des travailleurs manuels est irréductible. Effort sans finalité. [...] L'esclavage, c'est le travail sans lumière d'éternité, sans poésie, sans religion. [...] Travailler – si on est épuisé, c'est devenir soumis au temps comme la matière. La pensée est contrainte de passer d'un instant à un autre instant suivant sans s'accrocher au passé ni à l'avenir. C'est là obéir [4].

Mais mêlée à la fatigue, la joie survient au travers de l'effort.

> Des joies parallèles à la fatigue. Des joies sensibles. Manger, se reposer, les plaisirs du dimanche... Mais non pas l'argent. Nulle poésie concernant le peuple n'est authentique si la fatigue n'y est pas, et la faim et la soif issues de la fatigue [5].

La pesanteur et la grâce ne s'opposent pas comme le terrestre et le céleste, le sensible et l'intelligible : elles se côtoient et

1. *Ibid.*, p. 262.
2. *Id.*
3. *Ibid.*, p. 271.
4. *Ibid.*, p. 274-275.
5. *Id.*

s'appellent tour à tour. Weil n'est pas fondamentalement dualiste, bien qu'elle souligne souvent, comme Henri Bergson, la tension qui anime les phénomènes entre deux pôles, ce pourquoi certains spécialistes de Weil ont critiqué le titre choisi par l'éditeur, car il semble introduire deux pôles opposés, alors que Weil souligne souvent que c'est à travers l'expérience de la nécessité et du malheur que naît la joie pure. Une sorte de *yin* et de *yang*.

L'Enracinement (1943) est un ouvrage politique majeur, questionnant les droits et devoirs des hommes, plus exactement les *obligations* qui incombent à l'individu, car Weil se méfie de la notion même de droit, qui lui semble abstraite et mal bâtie. Cet ouvrage questionne les différentes formes de déracinement dont témoignent la condition de l'homme moderne et notre besoin vital d'appartenance, mais aussi et surtout de vérité. Il prône une société de l'épanouissement où chacun est la norme, où des principes moraux nous guident et où l'argent et la technique ne font plus la loi. La première partie aborde les « besoins de l'âme » et questionne tour à tour l'ordre, la liberté, l'obéissance, la responsabilité, l'égalité, la hiérarchie, la propriété privée, la propriété collective, etc. La deuxième partie qualifie les divers « déracinements » possibles : le déracinement ouvrier, le déracinement paysan et le déracinement relatif à la question de la nation (elle aborde la question du patriotisme). Rappelons qu'elle se trouve elle-même en exil en Angleterre quand elle écrit cela. La troisième partie, plus brève, donne la voie de « l'enracinement », qui est la clé pour sortir du malheur. Revenons brièvement à la partie consacrée au déracinement ouvrier (une trentaine de pages qu'il est vivement recommandé aux candidats de lire dans son intégralité, car cela recoupe le programme [1]), elle commence par souligner que la condition sociale de l'ouvrier est celle qui est la plus atteinte par ce qu'elle appelle la « maladie du déracinement » : « quoique demeurés sur place géographiquement, ils ont été moralement déracinés, exilés, et admis

1. Simone Weil, *L'Enracinement, op. cit.*, p. 57-90.

de nouveau, comme par tolérance, à titre de chair à travail »[1]. Le chômage est déracinement à la seconde puissance. Les ouvriers « ne sont chez eux ni dans les usines, ni dans leurs logements, ni dans les partis et les syndicats soi-disant faits pour eux, ni dans les lieux de plaisir, ni dans la culture intellectuelle qu'ils essaient d'assimiler[2] ». C'est le comble du comble ! Le second facteur de déracinement est l'instruction telle qu'elle est conçue à cette époque. Même Marx, une fois vulgarisé pour qu'il soit compris des ouvriers, devient un apport complètement étranger, inassimilable par eux. Weil critique la manière dont est pensée la soi-disant « culture ouvrière » à son époque. Beaucoup pensent bien faire en prenant les ouvriers pour des « lycéens à demi-idiots », vidant la culture de son sens au lieu de la transmettre : « Ce qui rend notre culture si difficile à communiquer au peuple, ce n'est pas qu'elle soit trop haute, c'est qu'elle est trop basse. On prend un singulier remède en l'abaissant encore davantage avant de la lui débiter en morceaux »[3]. Elle explique qu'il ne faut pas simplifier la culture pour les ouvriers, mais simplement la traduire, pour épouser la sensibilité spécifique liée à la condition ouvrière. Chaque condition développe une forme de sensibilité particulière et c'est à cela qu'il faut prêter attention si l'on veut parler aux ouvriers leur langage, leur apporter une culture technique, mais aussi politique. Ce qui s'oppose à la culture ouvrière, c'est avant tout l'esclavage où sont réduits les ouvriers : « Être libre et souverain, en qualité d'être pensant, pendant une heure ou deux, et esclave le reste du jour, est un écartèlement tellement déchirant qu'il est presque impossible de ne pas renoncer, pour s'y soustraire, aux réformes les plus hautes de la pensée[4]. » Elle plaide pour un mélange de ceux qu'on nomme les intellectuels (« nom affreux, mais aujourd'hui ils n'en méritent pas un plus

1. *Ibid.*, p. 57.
2. *Id.*
3. *Ibid.*, p. 78.
4. *Ibid.*, p. 83.

beau ») avec les travailleurs [1]. Toute la fin de cette partie de *L'Enracinement* sur le déracinement ouvrier propose des solutions, notamment en mettant fin à la grande usine (« Les grandes usines seraient abolies »), au profit de petits ateliers à taille humaine. Weil dessine pour finir les contours d'une utopie à échelle humaine. « Les machines n'appartiendraient pas à l'entreprise. Elles appartiendraient aux minuscules ateliers dispersés partout, et ceux-ci à leur tour seraient soit individuellement, soit collectivement la propriété des ouvriers. Chaque ouvrier posséderait en plus une maison et un peu de terre [2] ». Cela lui serait attribué au terme d'une évaluation de son niveau intellectuel et de sa formation.

Résumé thématique de *La Condition ouvrière*

L'usine, le travail, les machines

Le volume se compose d'une première grande partie intitulée « L'usine, le travail, les machines ». Elle contient d'abord des lettres à ses amis : Albertine Thévenon, Nicolas Lazarévitch, Simone Gibert et Boris Souvarine.

Lettres à Albertine Thévenon

Albertine Thévenon est une militante syndicaliste révolutionnaire que Weil a rencontrée en arrivant au Puy, par l'intermédiaire de Pierre Monatte, fondateur de *La Révolution prolétarienne.* Elle lui décrit à quel point l'expérience ouvrière lui permet de rencontrer la réalité et de tourner le dos à l'imagination. Elle indique la souffrance inexprimable des travailleurs, le côté inhumain du travail parcellaire, l'attention portée seulement sur des objectifs mesquins, les sous et les records de vitesse. La politique lui apparaît comme « une sinistre rigolade [3] » à côté de ce qu'elle vit. Elle décrit

1. *Id.*
2. *Ibid.*, p. 86.
3. Simone Weil, *La Condition ouvrière, op. cit.*, p. 53.

comment le dispositif de l'usine empêche de penser, comment la situation efface automatiquement le réflexe de révolte et l'absence de fraternité, excite la jalousie même entre travailleurs avec le système cynique des primes. Elle se dit tout de même heureuse de s'être éprouvée elle-même et de sortir différente de cette expérience : « on se heurte durement, douloureusement, mais quand même joyeusement à la vraie vie [1] ». Elle a découvert un petit atelier à l'intérieur de l'usine où elle se sent enfin chez elle, éprouvant la joie de manger du pain qu'elle a elle-même gagné. Mais elle pense qu'elle risque sans cesse de devenir aussi docile qu'une bête de somme résignée et prend conscience de l'abaissement où elle menace sans cesse comme les autres de tomber. Se ressaisir est indispensable pour reconquérir, dans la souffrance, le sentiment de sa dignité humaine [2]. La conscience de n'avoir aucun droit naît essentiellement de deux facteurs de l'esclavage, analyse-t-elle : la vitesse et les ordres. La pensée se rétracte du fait de l'esclavage où elle est réduite et elle ne peut que constater le changement radical de manière de vivre éprouvé, une rupture telle qu'elle y a laissé sa gaieté de vivre.

Lettres à Nicolas Lazarévitch

Nicolas Lazarévitch est un syndicaliste révolutionnaire russe qui lui a permis de rencontrer Boris Souvarine. Elle lui décrit l'organisation de l'entreprise : les normes très dures qu'elle est loin d'atteindre, le chronométrage qui est fait en dépit du bon sens, l'impossibilité d'obtenir le vide mental qui serait nécessaire pour devenir esclave de la machine moderne. Elle est surprise de n'avoir pas entendu parler les ouvriers de la question sociale : « l'idée de résister un tant soit peu [...] ne vient à personne [3] », tant la solidarité fait défaut. C'est cette question qu'elle veut venir poser à ce monde-là, mais aussi, au-delà, à la société entière.

1. *Ibid.*, p. 57.
2. *Ibid.*, p. 59.
3. *Ibid.*, p. 64.

Lettre à Simone Gibert

Simone Gibert est une camarade de Simone Weil, à laquelle elle décrit le « contact avec la vie réelle » qu'est la vie en usine [1]. Le soi-disant progrès de la rationalisation conduit à parquer les femmes dans un travail tout à fait machinal, où tout ne demande que de la rapidité. Le tragique de la situation, c'est que le travail est trop machinal pour offrir matière à penser et que néanmoins il interdit toute autre pensée, car « penser, c'est aller moins vite [2] ». La subordination perpétuelle où se trouve l'ouvrier est source d'humiliation et de repli sur soi. Les machines l'intéressent néanmoins vivement, elle développe à la fois la maîtrise de gestes techniques et une pensée technique élémentaire, animée par l'esprit qui sera celui de Gilbert Simondon quand il prônera la réintégration de la technique dans la culture et développera l'idée d'une technologie, d'une science de la technique à la fois rendue possible par le fait de savoir refaire des machines qui ont compté dans l'histoire de la technique, mais aussi par le fait de les réactualiser, animé par l'esprit de l'*Encyclopédie* des Lumières, vers une société de l'invention. L'activité dans la pensée et dans l'action est mise à l'honneur [3] par Weil, ces deux pôles doivent être dynamisés conjointement. Là encore, Simondon va poursuivre sur cette double voie, geste technique et pensée technique étant indissociables pour une émancipation de l'individu au travail.

Lettres à Boris Souvarine

Boris Souvarine est un des principaux organisateurs du Parti communiste français. Elle lui parle de sa brève expérience à l'usine Carnaud et Forges de Basse-Indre, « une très sale boîte [4] » où elle ne tiendra pas bien longtemps. Elle lui explique qu'elle a vu pour la première fois une chaîne, système qui n'était pas encore développé chez Alsthom, où elle a découvert l'usine, car elle y était aux

1. *Ibid.*, p. 66.
2. *Ibid.*, p. 67.
3. *Ibid.*, p. 88.
4. *Ibid.*, p. 73.

pièces. Le rythme y a doublé depuis quatre ans, lui raconte-t-on. Neuf heures par jour, les ouvrières travaillent sans une minute de répit et quand elles doivent changer de boulot, elles le font en courant. Personne ne peut relever la tête, au sens propre comme au sens figuré. L'abrutissement est la seule solution pour ne plus souffrir de cet affreux engrenage. Si la responsabilité est collective, la souffrance est quant à elle bien individuelle. Voilà toute la tragédie du rapport de l'individu au collectif à l'usine.

Journal d'usine [hors programme]

Puis vient le Journal d'usine qui n'est pas au programme, mais dont il faut connaître la teneur pour l'éclairer. On y voit Simone Weil tantôt joyeuse, parce qu'elle a éprouvé un effort musculaire dont elle est fière [1], parce qu'elle réussit, on la voit ressentir une reconnaissance profonde parce qu'on l'aide [2], s'émerveiller quand elle tombe sur un atelier joyeux, où se déploie une atmosphère libre et fraternelle [3] : « Toutes les fois que je me suis brûlée, le soudeur m'a adressé un sourire [4]. » Jacquot lui explique comment attraper le tour de main, gentiment. Mais le Journal raconte aussi les accidents arrivés à d'autres qu'elle (les touffes de cheveux entières arrachées par la machine à une ouvrière qui revient travailler l'après-midi même de l'accident, la main traversée par la fraiseuse d'une autre, les doigts coupés, elle-même se blesse souvent…), les engueulades de Léon, sa violence, son épuisement, son errance, les remords liés au fait qu'elle a laissé un mauvais boulot à une autre qu'elle (on lui a retiré une tâche, mais elle constate qu'après, une autre doit la faire et en sort défaite), la mise à pied, la prostration, la sensation d'être une esclave devant sa machine. Quand elle parvient à atteindre enfin le rythme ininterrompu exigé d'elle, elle rentre chez elle écœurée :

1. *Ibid.*, p. 87.
2. *Ibid.*, p. 90.
3. *Ibid.*, p. 93.
4. *Ibid.*, p. 94.

> Quant au rythme, je vais d'abord à mon aise ; puis, constatant mon extrême lenteur, je m'efforce vers le « rythme ininterrompu », mais avec répugnance et ennui ; aussi le plaisir d'avoir conquis un tour de main m'est-il tout à fait insensible [1].

Elle force, comme elle dit, la rage au cœur, constatant l'impossibilité de se plaindre, éprouvant la faim, la souffrance, l'angoisse de ne pas y arriver, d'être mise à pied. Elle en ressort profondément changée, ses amis ne la reconnaissent plus, disant qu'elle a même changé de figure. Elle esquisse à la fin de son Journal des solutions : que la machine ne soit plus un mystère pour l'ouvrier qui y travaille, et qu'il ait des rudiments de technologie, une culture technique ; que le tour de main ne soit plus un mystère non plus, si on explique bien aux ouvriers dès le début ce que doit faire chaque main. Elle constate que les patrons, comme Auguste Detœuf, sont eux aussi des machines à prendre des responsabilités, leur travail se vidant de son sens aussi. Detœuf est « arrivé à la tête de l'entreprise ignorant *tout* de la technique de fabrication. S'est senti perdu pendant un an [2] ». Une des transformations souhaitables serait que tous aient une vue d'ensemble de l'usine, du lieu, pour s'y sentir chez eux, et qu'ils aient une vision à l'avance de l'organisation du planning des tâches, pour ne pas être ballottés comme une chose d'une tâche à l'autre et pouvoir anticiper : « L'ignorance totale de ce à quoi on travaille est excessivement démoralisante. On n'a pas le sentiment qu'un *produit* résulte des efforts que l'on fournit [3]. » Elle constate que contrairement à la dialectique du maître et de l'esclave décrite par Hegel, elle n'est dans l'usine que « serviteur *absolument* serviteur, sans le retournement hégélien [4] ». Aucune élévation à la clé, car la conscience que l'on prend de soi n'est que conscience de la monotonie infinie des gestes automatiques à faire. Il faut donc repenser intégralement l'organisation du travail, qui est victime

1. *Ibid.*, p. 122-123.
2. *Ibid.*, p. 181.
3. *Ibid.*, p. 204.
4. *Ibid.*, p. 196.

essentiellement de la bureaucratisation de l'administration, le directeur étant comme le roi de France, tous se trouvant enferrés dans une forme de hiérarchie ridicule.

L'appel aux ouvriers de Rosières

Ensuite, on trouve un appel aux ouvriers de Rosières, au cours duquel Weil demande aux travailleurs de se confier à elle pour rédiger un article pour la revue *Entre nous*. Victor Bernard est ingénieur et directeur technique de l'usine Rosières située à Lunery qu'elle a pu visiter, et c'est en dialoguant avec lui qu'elle veut mener à bien ce coup de sonde lancé dans l'usine. « Dites si le travail vous fait souffrir », leur demande-t-elle. Joie, fierté, rêverie, elle veut être la médiatrice entre les ouvrières et les patrons, qui les liront, de toutes leurs émotions et sentiments. L'objectif est de parvenir à mieux se comprendre les uns les autres, en pouvant se mettre à la place les uns des autres [1]. Elle ne dresse pas les classes sociales les unes contre les autres, au contraire, car les impitoyables lois du rendement pèsent finalement sur les chefs comme sur les ouvrières, ce qu'elle veut également faire saisir à celles-ci. Les directeurs sont aussi en un sens des victimes du système global de l'usine. Le but devrait être non pas « d'augmenter toujours le rendement au maximum, mais d'organiser les conditions de travail les plus humaines compatibles avec le rendement indispensable à l'existence de l'usine [2] ». C'est également la concurrence entre entreprises qui crée la cadence infernale, qui n'est pas que le fait de la cruauté des patrons. Il est difficile de se comprendre entre ceux qui donnent des ordres et ceux qui les reçoivent, cette coupure technique est la coupure la plus dommageable, bien qu'elle soit inévitable. Weil œuvre à résorber cette coupure.

Lettres à Victor Bernard

On revient ensuite à un ensemble de lettres, dont les premières sont adressées à Victor Bernard, l'ingénieur et directeur technique

1. *Ibid.*, p. 209.
2. *Ibid.*, p. 210-211.

de l'usine des Rosières. « Commander ne rend pas facile de se mettre à la place de ceux qui obéissent [1] », constate-t-elle. L'objectif serait de limiter le sentiment d'infériorité vécu par les ouvriers et de les aider à conserver, ou à retrouver, le *sentiment de leur dignité*. L'esprit de classe peut être avivé par des phrases malheureuses de la part des dirigeants qui manifestent alors une cruauté inconsciente. « On est très mal placé en haut pour se rendre compte et en bas pour agir », constate-t-elle encore [2]. La difficulté vient de ce que les ouvriers ressentent dans leur chair le sentiment de ne compter pour rien, pour zéro. Elle rappelle le choc qu'a été pour elle la vue de femmes qui attendaient sous la pluie battante devant une porte ouverte l'heure exacte du pointage pour avoir le droit de rentrer dans l'usine. La seule solution consiste à repenser les rapports humains à travers l'égalité la plus grande possible. Elle propose, pour rétablir cette égalité, de mettre en place une boîte à suggestions pour éviter aux ouvriers le sentiment d'humiliation, ainsi que celui de ne compter pour rien. Faire sentir aux hommes qu'on les comprend serait déjà un grand réconfort. Weil suggère de faire des coups de sonde pour aider à améliorer l'usine. L'usine des Rosières l'obsède et elle veut trouver comment rétablir la plus grande égalité dans le rapport de force que présente l'usine. Elle ne croit pas que la révolution puisse y mener. Elle ne veut pas exciter l'esprit de révolte, mais penser une collaboration de tous. Le paternalisme n'est pas une solution. Empêcher les ouvriers de discuter sous peine d'amende non plus. Elle évoque également le problème du sexisme auquel les femmes doivent faire face. La solution tient à la constitution d'une éducation. Il ne faut pas que l'ouvrier ait l'impression d'être une chose maniée par l'intelligence d'autrui. Il faut faire appel à la ressource morale que constitue l'ouvrier en mobilisant son intérêt pour ce qu'il fait : les patrons devraient compter davantage sur ce ressort, y compris si ce n'est que pour leur propre objectif, le rendement. Elle souhaite développer une véritable culture

1. *Ibid.*, p. 213.
2. *Ibid.*, p. 219.

ouvrière, incluant des études de textes classiques, tel *Antigone*. Elle refuse de visiter un logement ouvrier, par peur de voyeurisme. Quand des grèves se produisent, elle manifeste à Bernard sa joie, une joie tempérée par l'angoisse de voir le totalitarisme monter.

Lettre à Boris Souvarine

Elle écrit à nouveau à Boris Souvarine, notamment concernant Jacques Lafitte, qui a écrit l'ouvrage *Réflexions sur la science et les machines*. Elle réfléchit à faire, comme lui, des machines un élément de la vie humaine : comment penser le rapport des machines à l'humanité ? Peut-on penser une nouvelle ère des machines automatiques, où on inventerait des machines souples, machines réflexes, capables de vraiment soulager les ouvriers ? Cela rappelle ce que Simondon dira en soulignant la synergie qui doit exister entre une machine et son milieu associé, la manière dont on peut jouer sur une certaine marge d'indétermination des machines pour épouser les changements du milieu, la différence entre machine fermée sur les experts qui les fabriquent et machine ouverte à l'innovation. Elle évoque l'idée de pénétrer aussi la vie paysanne pour que son expérience en usine ait encore plus de sens.

Lettres à Jacques Lafitte

Elle écrit ensuite à Jacques Lafitte lui-même. Elle rêve avec lui de faire du travail un double moyen pour « chaque homme de dominer la matière et de fraterniser avec ses semblables sur un pied d'égalité ». « L'organisation du travail doit réaliser la combinaison de l'ordre et de la liberté » [1]. Elle distingue les suites et les séries : les suites, une fois conçues par un intellectuel (un ingénieur), sont cristallisées dans des objets inertes, de sorte que les manœuvres n'ont plus qu'à exécuter indéfiniment des séries abrutissantes. L'automatisme physiologique est alors ruineux, le manœuvre n'a plus aucune initiative, il n'a plus aucun geste à orienter par lui-même vers des fins qu'il se donnerait à lui-même. Il faudrait que

1. *Ibid.*, p. 257.

les séries soient confiées aux machines et que les suites soient le monopole de l'homme. Elle défend, comme Lafitte et plus tard Gilbert Simondon, une souplesse des machines. « Il faudrait des machines *automatiques* et *souples* [1]. » Pour repenser le lieu de l'usine, il faut le redécouper en petits ateliers, réduire également la distance entre les ouvriers et les ingénieurs. Il est difficile de sensibiliser les ingénieurs et le public par manque de culture. Le problème est que les gens sans culture ne demandent pas la lucidité, ils se satisfont de tout opium quel qu'il soit pour les endormir tout à fait.

La vie et la grève des ouvrières métallos

Suit un essai sur « La vie et la grève des ouvrières métallos », publié par Simone Weil sous le pseudonyme « S. Galois », après des grèves et occupations des locaux ayant eu lieu à partir de mai 1936. Elle revient sur toutes les humiliations que vivent les ouvriers, puis analyse surtout ce qui a motivé cette grève, qui n'est pas imputable à l'agitation syndicaliste, mais s'explique par l'arrivée du Front populaire au pouvoir, qui a desserré l'étau et permis une grève sans police et sans garde mobile. Elle raconte la joie de relever la tête, de se sentir chez soi dans l'usine, après avoir tant encaissé, la joie pure d'oser enfin se redresser. « Se sentir des hommes, pendant quelques jours [2] », se sentir surtout des frères, cela la touche profondément. Le droit de s'exprimer, de chanter ensemble (même pas *L'Internationale*, précise-t-elle, de simples chansons !) est enfin acquis. Ce sont les machines habituellement bruyantes qui sont alors muettes, réduites au silence. Quelles sont les revendications les plus importantes ? Les congés payés ? Des salaires minimums par catégorie ? Les ouvriers peinent à formuler précisément leurs exigences, n'ayant pas l'habitude de pouvoir donner leur avis : ils s'en remettent donc à d'autres pour penser même l'avenir de leur propre grève…

1. *Ibid.*, p. 259.
2. *Ibid.*, p. 275.

Lettres à Auguste Detœuf

Face à Detœuf, Weil se défend d'une répugnance supposée à l'égard du travail manuel, car il a dû se moquer de son inaptitude aux activités physiques. Aux champs, elle a beaucoup aimé faire des efforts physiques lourds, témoigne-t-elle, donc ce n'est pas cela qui l'offusque. De même, ce n'est pas à l'indiscipline qu'elle invite, mais elle veut *une discipline humaine* qui mobiliserait la bonne volonté, l'énergie et l'intelligence des travailleurs. Le minutage empêche toute grandeur d'âme. Le mouvement des ouvriers s'enracine dans leur désespoir. Elle invite à la création de *délégations d'ouvriers* qui pourraient avoir un rôle auprès des dirigeants, elle en appelle à des *cercles d'études techniques, économiques et sociales* dans l'usine, pour que tous comprennent ce que sont l'organisation et la gestion de l'usine. Elle relate avec une ironie mordante des propos cyniques de patrons bedonnants, entendus dans le train, se plaignant d'être détestés de tous. Detœuf lui répond que se moquer de leur aspect physique est déplacé et que les patrons ne doivent pas être considérés comme inutiles. Il la met en garde contre la tentation de semer le désordre.

La rationalisation

Enfin, pour clore cette partie, on trouve une conférence qui critique la notion même de rationalisation, où Weil retrace comment Taylor puis Ford ont pensé l'organisation prétendument « scientifique » du travail. Leur objectif a été seulement d'augmenter la cadence, d'intensifier le travail, sans améliorer la condition ouvrière. La rationalisation ne consiste qu'à mieux contrôler les ouvriers. Le but n'est jamais de travailler mieux, mais seulement de travailler plus, en faisant croire que cela met d'accord les travailleurs, les patrons et les consommateurs, sous prétexte que les ouvriers seraient contents de recevoir des primes, que les patrons seraient rassurés parce que les ouvriers seraient dociles et que les consommateurs seraient satisfaits parce que le prix des produits baisserait.

Expérience de la vie en usine

Elle retrace pour finir son expérience de la vie en usine, où elle remet en forme certains éléments que l'on lit déjà dans son Journal d'usine. Ce texte est fondamental et constitue une synthèse de tous les éléments centraux de son analyse. Le lire, c'est déjà avoir une excellente compréhension sous une forme ramassée de ce que l'ensemble contient, de sorte qu'on ne peut que recommander aux étudiants de se concentrer sur cette partie, d'où beaucoup de citations peuvent être extraites en vue des dissertations.

Tout est question de conscience et d'expression si l'on veut que l'ouvrier s'émancipe : il faut savoir d'où vient sa souffrance et qu'il puisse l'exprimer tout en étant entendu. Il semble simple de penser à ce qu'on fait et de pouvoir en parler. Mais cela devient impossible à l'usine.

> La première difficulté à vaincre est l'ignorance. [...] Les ouvriers eux-mêmes peuvent très difficilement écrire, parler ou même réfléchir à ce sujet, car le premier effet du malheur est que la pensée veut s'évader [1].

Qu'est-ce que pourrait être l'usine, dans l'idéal ? Qu'est-ce qu'elle devrait être ? L'usine devrait pouvoir nourrir en chacun le puissant sentiment de la vie collective, le sentiment enivrant d'avoir part à un travail commun : on devrait certes se sentir quelque peu perdu dans la grande rumeur des machines, mais on devrait sentir en même temps qu'on la domine ; on devrait certes entendre la machine faire du bruit, mais sentir avec émotion que c'est le bruit de la machine qu'on manie soi-même qui produit ce vacarme, bref, on devrait se sentir très fier parce qu'on devrait se sentir indispensable. Dès le petit matin, tous les sens de l'ouvrier « participent à un univers où rien ne rappelle la nature, où rien n'est gratuit, où tout est heurt, heurt dur », certes, mais on devrait pouvoir se glorifier de voir l'homme conquérant, « l'homme avec la matière » [2]. Toutefois, cette fierté n'est pas possible : la transmutation de l'homme en ouvrier ne se passe pas dans la joie. Tout rappelle en effet aux travailleurs qu'ils ne sont pas des hommes libres : la pendule de pointage, le refus par les patrons de prendre en compte les

1. *Ibid.*, p. 328.
2. *Ibid.*, p. 329.

accidents qui se produisent par hasard (le hasard n'a pas droit de cité dans l'usine), l'impression de n'être admis que comme simple intermédiaire entre les machines et les pièces usinées... Conséquence de tout cela : « la chair et la pensée se rétractent [1] ». Le dégoût envahit l'âme. On n'attache plus d'importance qu'à l'argent. On impose de nouvelles tâches au manœuvre d'un coup et il faut obéir immédiatement et sans réplique : « on est à chaque instant dans le cas de subir un ordre. Comme un objet inerte que chacun peut à tout moment changer de place [2] ». Le repliement sur le présent produit une sorte de stupeur. La monotonie d'une journée à l'usine est infernale. On est envahi par l'angoisse de ne pas aller assez vite, on sent notre dépendance à autrui, notre impuissance. Les incidents et blocages des machines empêchent ce qui pourrait être un remède à la monotonie, à savoir un léger assoupissement des pensées, une douce rêverie où l'on sombrerait... Car une légère angoisse vient sans cesse empêcher cet assoupissement, interrompre cette rêverie et forcer à avoir conscience de la monotonie. L'âme sort donc de la journée de travail aussi épuisée que le corps : on ne peut malheureusement pas la déposer avec sa carte de pointage à l'entrée de l'usine et la récupérer intacte à la sortie. La camaraderie est quasi impossible parce que personne ne vient juger et apprécier la valeur de ce qu'on a réussi à faire. Aucune reconnaissance de la part d'autrui ne se manifeste. On s'intéresse seulement à ce qu'on a fait, jamais à la manière dont on s'y est pris pour le faire : l'intérêt se focalise sur le produit, non sur la qualité de l'effort exercé. La coopération, la compréhension, l'appréciation mutuelle ne sont l'apanage que des hautes sphères. Au niveau de l'ouvrier, choses et personnes voient leur statut dangereusement s'inverser. Tandis que les pièces circulent avec des fiches indiquant leur nom, comme si elles étaient des personnes dont on devrait s'occuper, les ouvriers sont quant à eux considérés comme des pièces interchangeables, qu'on bouge comme des objets. C'est la réification et

1. *Ibid.*, p. 331.
2. *Ibid.*, p. 332.

l'aliénation qu'analyse Marx dans *Le Capital* et le fétichisme de la marchandise : ce qu'on produit brille de mille feux, car on y surajoute en plus de sa valeur d'usage une valeur d'échange, on songe à sa vente plus qu'à s'en servir. Au lieu d'un rythme naturel et humain, la machine impose une cadence qui ne laisse pas le temps de faire une pause pour apprécier le travail accompli. La précipitation des ouvriers ressemble à de l'activisme et de l'agitation plutôt qu'à une noble action : les gestes saccadés ne peuvent témoigner de la grâce du travail artisanal. La pesanteur s'abat sur le travailleur, qui ne ressent plus la présence des autres. Il devient indifférent et brutal, comme le système dans lequel il est pris. Non seulement l'espace, mais aussi le temps doivent être réappropriés par l'ouvrier, qui est comme exilé dans sa propre usine. L'usine devrait pourtant être un lieu de joie. Weil énumère pour finir une série de solutions envisageables pour remédier aux problèmes pointés : une anticipation possible par l'ouvrier de ses tâches, la connaissance par lui de la part de ce qu'il est en train de faire dans l'usine, ainsi que de la place de l'usine où il se trouve dans la vie sociale. L'ouvrier devrait pouvoir en étant payé parcourir l'ensemble de l'usine, voir le travail achevé, être intéressé à son travail par une implication dans la conception, fier de son travail. Tandis que le travail du paysan obéit par nécessité au rythme du monde, le travail de l'ouvrier, qui en est indépendant, pourrait l'imiter : il ne faut pas que l'avenir de l'ouvrier soit vide parce que tout ce qu'il fait se mesure au tic-tac de l'horloge.

> Il faut que l'avenir s'ouvre devant l'ouvrier par une certaine possibilité de prévision, afin qu'il ait le sentiment d'avancer dans le temps, d'aller à chaque effort vers un certain achèvement [1].

Les ingénieurs et spécialistes doivent avoir à cœur non seulement de construire des objets, mais aussi de ne pas détruire des hommes. Le but n'est pas de les rendre dociles, ni même de les rendre heureux, mais « seulement de ne contraindre aucun d'eux à s'avilir [2] ».

1. *Ibid.*, p. 349.
2. *Ibid.*, p. 351.

« Tout ce qu'on peut faire provisoirement »

La seconde grande partie, « Tout ce qu'on peut faire provisoirement », cherche à réfléchir à des solutions pour améliorer la condition ouvrière. Nous n'avons dans ce chapitre que les essais « La condition ouvrière » et « Condition première d'un travail non servile » au programme.

La condition ouvrière

Weil analyse différentes confusions de langage. Tout le monde n'a que le mot de production à la bouche : production ! Production ! Mais « pour consommer, il faut d'abord produire, et pour produire, il faut travailler [1] ». Or, le mythe de la machine qui travaille toute seule dans une société de purs loisirs est illusoire ! Contre Marx, qui imagine une société utopique où les machines travailleraient à la place des hommes, leur laissant libre loisir d'occuper leur temps comme bon leur semble, Weil apparaît plus pragmatique, plus réaliste, plus fataliste : il y a une limite à la production pensée selon un mouvement perpétuel et au bien-être qui accompagne le loisir, c'est la nature des choses. On retrouve la critique du mythe du robot chez Simondon : la machine ne va pas remplacer l'humain, la machine, c'est du geste et de la pensée humaine cristallisée et c'est donc la synergie homme-machine qu'il faut penser. À l'avenir, l'homme devra certes être pensé comme un programmeur, un surveillant, un régleur des machines devenues des machines-outils, mais quoi qu'il en soit de ces progrès techniques, l'homme doit être pensé parmi les machines, il ne peut en être autrement, dit Simondon. C'est en cela que Weil est très moderne, car elle critique par avance l'utopie d'un monde où l'homme n'aurait plus à être face aux machines. Nous sommes et resterons face aux machines. D'autre part, nous dit ici Weil, nous avons des besoins naturels et nécessaires à satisfaire : telle est la vraie limite à prendre en compte. Or, « seul est nécessaire à produire ce qu'il est

1. *Ibid.*, p. 391.

nécessaire de consommer[1] ». Weil en appelle ici au bon sens et à une sorte de décroissance, sans inventer encore le terme. En tout cas, elle invite à une sobriété heureuse dans la consommation. L'agréable peut certes se joindre en cela à l'utile, concède-t-elle, mais à condition qu'il s'agisse de véritable utilité et de plaisirs purs. Là est la limite de la production, là est la limite au-delà de laquelle le progrès technique n'ouvre plus sur un progrès humain : il ne faut pas que des milliers d'hommes triment pour produire une chose dont personne, petit ou grand, ne tirera de satisfaction véritable. Comme Lucrèce et Rousseau critiquant le luxe, Weil s'insurge contre la production insensée de gadgets absurdes dont personne n'a réellement besoin. Contre Marx et comme Rousseau, elle questionne l'idée de progrès illimité, qui lui semble un mythe illusoire. Elle parle dans la suite de cet essai de la nécessité de faire baisser la cadence de production. Ce qui empêche les avancées sociales des plus démunis provient souvent d'un orgueil des plus aisés, qui voient péniblement des individus jugés inférieurs acquérir des droits similaires aux leurs : « On aimerait mieux leur accorder les mêmes avantages, mais à titre de faveur ; on aimerait mieux, surtout, parler de les accorder[2] ». Les plus aisés ressentent de l'humiliation à l'égalité des traitements. Elle termine par une condamnation des conditions dramatiques des travailleurs provenant de pays surpeuplés, traités comme des parias.

Condition première d'un travail non servile

L'essai publié sous le pseudonyme d'Émile Novis, anagramme de son nom, explique que tout travail comporte un élément de servitude, car il est gouverné par la nécessité, non par la finalité ; on l'exécute à cause d'un besoin et non en vue d'un bien. Quand un homme doit sans cesse refaire les mêmes tâches indéfiniment, se produisent de l'écœurement, de la lassitude et du dégoût dès lors qu'aucun désir ne vient porter le travailleur. Exister n'est pas une

1. *Id.*
2. *Ibid.*, p. 395.

fin pour l'homme, et si aucun bien ne s'y surajoute, simplement essayer de persister dans l'existence, ce n'est ni plus ni moins que vivre dans l'horreur. Dans la situation d'esclave d'autrefois, l'individu qui était gracié par un autre pour devenir son esclave ne poursuivait plus aucun bien, sinon d'exister. Weil y compare la vie d'un homme condamné à faire les mêmes tâches dans une usine toute sa vie. Tout devient pour lui moyen de survivre, la nécessité gouverne toute sa vie, la finalité ne s'y accroche nulle part. Quelles compensations trouver ? Soit on se contente du dimanche, où l'on s'habille comme si on ne travaillait pas, soit on a la folle ambition d'une ascension par la révolution. Certes, la révolution est une saine révolte contre l'injustice, mais souvent, historiquement (Weil écrit en 1942), elle se met à prendre la forme d'un impérialisme ouvrier analogue à l'impérialisme national. Aucune révolution ne permettra de se révolter contre le malheur et aucune révolution n'abolira le malheur. Weil reprend la métaphore de Marx : Marx pensait que c'était la religion qui était l'opium du peuple, Weil pense que c'est l'idée de révolution. L'idée de révolution comble le besoin d'aventure des individus. Les bourgeois ont cru qu'ils pourraient motiver leurs employés avec le même motif que celui qui les anime, l'argent. Mais quand l'argent nous motive sans nous enrichir, il crée un degré d'exaspération dangereux. Un ouvrier qui devient riche cesse d'être un ouvrier. Vers où doit donc se tourner l'ouvrier, si ce n'est ni l'argent ni la chimère de la révolution qui peut combler ses attentes ? La beauté, la poésie, la religion sont selon Weil ce dont le peuple a besoin. Le travailleur est proche de Dieu, car pour s'y attacher, il faut se débarrasser du superflu dont le travailleur n'est pas alourdi. « Rien ne les sépare de Dieu. Ils n'ont qu'à relever la tête[1]. » On sent que Weil a relié plus étroitement qu'auparavant sa réflexion sur le travail et sur la religion, à travers l'écriture de *L'Enracinement*, qui est contemporain. La fiction, l'imagination, la rêverie ne sont pas des sources où puiser. Il faut regarder le miroir que nous tend la matière et y ôter la buée pour y lire les symboles

1. *Ibid.*, p. 424.

que Dieu y a laissés de toute éternité. Selon elle, les travaux des champs, la rotation d'une poulie sont comme des symboles qui peuvent nous enraciner au divin. Weil propose de développer chez tous les travailleurs une attention soutenue, se prolongeant en prière : elles seules peuvent ouvrir à la contemplation qui est la fin de tout travail, physique ou intellectuel. Il faut donc refuser toute organisation du travail qui nuirait à l'attention des travailleurs.

Suivent des annexes, notamment l'avant-propos d'Albertine à la première édition et des éléments biographiques, ainsi que la chronologie de la période du travail en usine. Une notice biographique sur les divers interlocuteurs de Weil est utile pour saisir à qui elle s'adresse et un glossaire des termes techniques permet d'éclairer des notions qu'elle utilise dans son Journal, jargon de la vie en usine et termes scientifiques.

Synthèse de la conception du travail dans *La Condition ouvrière*

Pour synthétiser la conception que Weil se fait du travail, on peut articuler quatre démarches qui s'enchaînent les unes aux autres.

Se mettre à faire pour comprendre

Premièrement, Weil constate des rapports de force et se heurte à l'adversité du réel. Elle s'émerveille de plusieurs mystères qui lui résistent : le mystère de la machine, qui s'enraye, celui de l'usine, une ruche où l'on reçoit des ordres à exécuter avec une certaine cadence, celui du tour de main, qu'il faut attraper. Or, on ne peut les comprendre de l'extérieur, il faut s'y exercer patiemment. Il faut donc commencer par *essayer de faire pour tenter de les comprendre.* Mais ce n'est pas chose facile, car le dispositif de l'usine n'est pas fait pour que l'ouvrier qui s'attelle aux machines résolve facilement ces mystères. Tout est fait pour qu'il ne comprenne pas et demeure dans l'ignorance.

Enregistrer des données pour analyser l'engrenage où l'ouvrier est pris en décrivant avec attention la genèse de l'oppression sociale

Weil fait donc l'expérience de la nécessité et de l'adversité dans l'usine. Mais en même temps qu'elle fait ou tente de faire, elle observe avec attention autour d'elle pour chercher les causes de l'oppression sociale. Son travail d'observation est à la fois porté sur la matérialité des phénomènes et sur la psychologie des sujets au travail.

L'esclavage de l'ouvrier est tel qu'il est contraint de ne pas penser et de ne pas parler pour garder la cadence. Il doit ravaler ses larmes. Personne ne lui explique bien le fonctionnement de la machine, il doit faire appel à des tiers, les attendre, on lui fait éprouver de la honte quand il ne réussit pas. Il sent à tout instant qu'il ne compte pour rien et se sent dévalorisé, incompétent, humilié. Quand il réussit, il ne reçoit des autres aucune reconnaissance. Il s'épuise, corps et âme, sans rien pourtant mettre de lui dans ce qu'il crée, ni ses idées, ni ses désirs, ni ses sentiments, ni ses projets, ni aucun acte finalisé, et il ne voit pas son produit fini. Il ne sait pas à quoi sert la pièce réalisée et ne comprend pas son rôle dans la société. Son statut est en ce sens pire que l'esclavage, pire qu'un travail de force, car c'est la monotonie des gestes qui fait souffrir et la conscience de la monotonie. On ne peut s'emporter contre un maître comme un esclave, on ne peut se retourner que contre son travail. Le respect de la cadence focalise les esprits sur des buts mesquins, comme les records de vitesse et les sous. Le travail en usine est donc le lieu de l'absence totale de solidarité et d'humanité. La pesanteur est manifeste parce que l'on est isolé des compagnons qui peinent à côté de nous. L'ouvrier est animé par un sentiment de profond désœuvrement. On n'attend de lui aucune inventivité, aucun bricolage, aucune habileté. On est bien loin du mythe de Prométhée.

Établir un diagnostic critique pour évaluer la situation

Dans un troisième mouvement, Weil entreprend d'évaluer cette expérience pour la condamner et entreprendre de la modifier. D'une part, c'est la gestion du temps dans l'usine qu'il faut critiquer. Elle condamne la réduction du rythme naturel à la cadence infernale du tic-tac de l'horloge et du chronomètre, devenu littéralement fou. Il faut que l'ouvrier puisse s'arrêter pour admirer ce qu'il a fait, sous peine de faire perdre tout sens et tout intérêt à son travail. D'autre part, c'est l'espace qu'il faut repenser. Elle condamne le déracinement des ouvriers, étrangers à leur propre lieu de travail. Les machines sont plus chez elles dans l'usine que les ouvriers. L'inversion des personnes et des choses signe une réification des personnes absolument scandaleuse et la focalisation sur le produit plus que sur la manière dont il a été produit est à dénoncer. La folie du rendement, la prétendue rationalisation du travail sont démystifiées grâce à l'analyse du langage et d'expressions pompeuses qui ne sont là que pour jeter de la poudre aux yeux de la société. Comme Marx analysant l'inversion des valeurs en régime capitaliste, Weil souligne le paradoxe suivant : la machine, qui devait faire gagner du temps de travail et alléger le poids de l'effort, conduit finalement à intensifier le travail et à augmenter la longueur de la journée de travail.

Mais, à la différence de Marx, Weil ne voit pas dans la révolution, telle en tout cas que la pensent les staliniens, une quelconque solution. Certes, il y a de la joie à se réapproprier l'usine par la grève, qui rappelle la possible camaraderie entre les hommes, la joie qu'il y a à se sentir tous frères. Cependant, la révolution risque d'être un mythe de plus. D'où un quatrième point dans l'analyse de Weil.

Réformer la structure de l'usine est possible

La solution n'est pas tant dans la révolution brutale et violente que dans l'amélioration patiente des conditions du travailleur. Car le problème n'est pas à voir seulement sur les plans économique ou politique comme le fait Marx. Lire comme il le fait les relations humaines au travers du prisme de la lutte des classes ne reconduit qu'à la violence, alors que c'est de dialogue que tous les partenaires de l'entreprise ont besoin, selon Weil, pour collaborer ensemble.

Marx est déterministe. Il pense que les contradictions de la production capitaliste vont conduire à un renversement nécessaire, qu'on peut simplement accélérer par la révolution. Il pense que la solution tient surtout à la fin de la propriété individuelle et à l'instauration d'une propriété collective des moyens de production. Le collectif est tout pour lui. Weil pense le contraire : elle part de l'individu et l'individu est selon elle fondamentalement libre. De plus, l'individu n'aime selon Weil rien tant que de s'approprier les choses, que ce soit matériellement ou spirituellement. Il aime avoir des choses qui sont à lui, il aime s'approprier des lieux où il se sent chez lui. Il aime s'impliquer dans l'organisation de son avenir et s'approprier son avenir.

La solution tient donc dans l'effort pour lui rendre tout accessible dans l'usine, pour qu'il s'y sente chez lui et que son agir ait du sens. Plusieurs actes de réappropriation individuelle sont nécessaires : réappropriation des machines par apprentissage des gestes techniques et réappropriation de leur fonctionnement par développement de la pensée technique, réappropriation de l'usine en gérant de petits ateliers, réappropriation de la culture et de l'héritage culturel de l'humanité.

Weil craint que le parti communiste ne soit comme tout parti éloigné du réel, du concret, et que les travailleurs ne s'y reconnaissent pas. Elle analyse les mécanismes psychologiques que Marx ne voit pas. Elle travaille au niveau de la sensibilité, du cœur, du langage, du corps. Marx est plus conceptuel. Weil craint que la dictature du prolétariat ne reconduise l'asservissement de ceux qui resteront face aux machines. Nous sommes parmi les machines. Changer de mode économique de production ne changera pas ce point. Il faut que chacun contribue à inventer de nouveaux rapports aux machines, et des machines plus souples, qui prendront en charge ce qui est automatique et asservissant. Elle est proche en cela de Gilbert Simondon. Il faut trouver des réformes à faire courageusement, sur le terrain. Développer une pensée technique, ne pas laisser la question sociale seulement aux politiciens mais montrer que tous doivent s'en emparer, philosophes comme ouvriers, encourager une démocratie de la technique. Un philosophe doit lui aussi essayer de développer sa culture des machines, chercher à comprendre comment cela marche et participer à la société de l'invention. La vraie philosophie doit être pratique. Il faut accéder aux vraies gens, aux vrais individus, derrière les personnes, les droits abstraits. Vivre et non théoriser pour théoriser. Voir où est vraiment le problème ; là où le bât blesse. Le philosophe doit être sur le terrain pour proposer des solutions concrètes. Concernant l'usine, Weil donne plusieurs idées faciles à réaliser : faire visiter l'usine entière aux ouvriers, afin qu'ils voient à quoi ils participent, qu'ils comprennent le sens de leur action ; faire venir leurs familles pour que l'espace de l'usine ne soit pas fermé aux regards ; expliquer le fonctionnement des machines ; restaurer de la solidarité.

L'expérience de pensée doit déboucher sur du concret. Le pragmatisme n'empêche pas d'atteindre un idéal. L'usine idéale devrait être un lieu de ferveur, proche de l'église, où l'*homo faber* serait aussi *homo sacer.* L'individu est autant matière qu'esprit, l'activité doit se manifester en même temps du côté du corps et du côté de l'âme. La philosophie ne doit pas renoncer à la quête de pureté, d'absolu. Elle doit se réaliser sans compromis et sans concession, sans demi-mesure. Elle doit éclairer les minorités, non pas tant selon le modèle exclusivement rationaliste des Lumières et selon le modèle humaniste uniquement centré sur l'homme, que selon le modèle théologique proposé par le Christ.

Conclusion

Weil donne dans cet ouvrage voix à ceux qui sont sans voix, elle photographie ceux qui sont les effacés de la grande Histoire.

Elle se penche sur leurs histoires minuscules pour accéder à l'universalité de valeurs intemporelles. Elle révèle l'impensé de la production technique dont nous profitons, d'où l'extrême modernité de son texte, malgré certains aspects qui pourraient la faire considérer comme datée. Weil est engagée comme Sartre, mais elle ne pense pas l'homme comme conscience, comme projet, elle ne parle pas d'engagement, elle s'engage, avec sa sensibilité autant que son âme. Elle ne pense pas qu'il soit possible de faire du passé table rase, qu'on puisse faire autre chose que ce que l'on a fait de nous par un quelconque projet. Car la condition ouvrière casse l'idée même chez l'ouvrier de formuler un projet. Se pencher sur le travail en usine révèle selon Weil l'homme moderne : sa solitude infinie, son sentiment de vide intérieur, son impression d'être soumis, mais à rien d'autre qu'à son propre travail et de n'avoir personne contre qui se révolter. L'église a laissé place à l'usine, tout a perdu son aura. Mais Weil pense possible de re-spiritualiser ce lieu. Elle veut y voir dans une ultime ruse de la raison et de l'histoire, le lieu où est possible la plus grande humanité : car entre les opprimés, quand un sourire passe, il y a de l'absolu. Il n'y a même que là que ce miracle est possible. C'est donc à la fois dans l'usine que l'homme est le plus déshumanisé, le plus nu. Dans cette nudité, dans ce dénuement, il apparaît tel qu'il est vraiment, fragile, précaire. Mais au cœur même de cette précarité qui signe son malheur, il reste capable de penser, de sourire. Les hommes peuvent, dans l'expérience de la grève notamment, se rejoindre sur des valeurs communes. Que peuvent les philosophes et les intellectuels ? Instruire, apporter la culture dans le monde ouvrier et aider les travailleurs à redéfinir le contenu de ce qui les porte tous malgré leur malheur : le désir du bien.

Par-dessus bord (version hyper-brève) Michel Vinaver

Introduction : Michel Vinaver, ou le théâtre au travail

Michel Vinaver est un dramaturge singulier, particulièrement bien placé pour parler du monde du travail qu'il a lui-même fréquenté au sein de ses plus hautes sphères, à une époque de profonds bouleversements non seulement du monde de l'entreprise, mais aussi du théâtre et des questions de représentations. Il est né à Paris le 13 janvier 1927, dans une famille juive originaire de Russie. Son grand-père maternel, Maxim Vinaver, a fui la révolution bolchevique en 1919 pour s'installer dans la capitale française, avec son épouse Rosa et leurs trois enfants, Valentine, Eugène et Sophie. Cette dernière épouse Léo Grinberg ; mais toute la famille doit fuir la France en 1940 en raison des premières lois antijuives du régime de Vichy. Les trois années de cet exil aux États-Unis vont profondément marquer le futur écrivain. Son mémoire de fin d'études à l'université Wesleyenne, dans le Connecticut, se transforme en une nouvelle, témoin d'un goût prononcé, dès le plus jeune âge, pour la littérature et l'écriture. La poésie américaine et *The Waste Land* de T.S. Eliot le fascinent : Vinaver traduit cet ouvrage en 1947, nous y reviendrons, et se lance aussi dans la rédaction d'un premier roman, *Lataume ou la vie quotidienne.* Albert Camus, qu'il a rencontré à New York la même année lors de l'une de ses conférences, le fera publier chez Gallimard. On y trouve déjà ce qui constituera l'originalité de son écriture, dont la poétique du fragment et des juxtapositions défie la logique et les espaces-temps. Un deuxième roman, *L'Objecteur,* est publié en 1950.

Vinaver obtient l'année suivante une licence de lettres à la Sorbonne. Parallèlement à ses écrits, il est recruté comme cadre stagiaire par la société Gillette France, dont il est nommé chef du service administratif en 1953. Il va dès lors mener ses deux carrières de front, dans une assez étrange étanchéité, puisque la grande entreprise dans laquelle il travaille ignore tout de ses activités d'écrivain. C'est pourtant elle qui lui permet indirectement de se lancer dans le théâtre. Gillette envoie en effet son jeune employé travailler en Haute-Savoie, où se déroulent les Nuits théâtrales d'Annecy et un stage d'art dramatique organisé par Gabriel Monnet. Vinaver y suit les répétitions d'*Ubu roi*, d'Alfred Jarry, « expérience radicale » qui le marque profondément, comme le suggère la position liminaire de son compte rendu au sein de ses propres *Écrits sur le théâtre*[1]. C'est à la demande de Monnet qu'il écrit sa première pièce, *Les Coréens* (1955). Cette œuvre, qui va marquer son entrée fulgurante dans le monde de la scène, est créée par Roger Planchon l'année suivante, à Lyon, et reprise par Jean-Marie Serreau en février 1957, à Paris. La mise en scène de ses deux pièces suivantes ne sera pas si facile, tant Vinaver y continue son travail d'exploration et d'expérimentation de la forme et du langage théâtraux, à rebours d'un théâtre « bourgeois » qu'il juge par trop psychologisant et figé : *Les Huissiers* (1957) et *Iphigénie Hôtel* (1959) ne seront montées qu'en 1977, pour la deuxième, et en 1980, pour la première. En découle une certaine amertume chez le dramaturge, et dix ans de « blocage » qu'il dit déconnecté, « du moins d'une façon déterminante », de l'échec de ses projets scéniques. Il reconnaît toutefois dans le même temps que le caractère « peu accueillant » de cet environnement dramatique a pu le conforter dans le choix « de vivre de manière pleine et entière la vie d'un dirigeant d'entreprise » et du « père de famille » qu'il est entre-temps devenu[2], lui qui, du reste, a aussi été promu P.-D.G. de Gillette Italie en 1964, puis de Gillette France en 1966.

1. Michel Vinaver, « Une expérience radicale : *Ubu roi* aux Nuits théâtrales d'Annecy », *Écrits sur le théâtre*, Lausanne, Éditions de l'Aire, 1982, p. 31.

2. Michel Vinaver, « Entretien avec Jean-Loup Rivière » (1983), *Écrits sur le théâtre 2*, Paris, L'Arche, 1998, p. 108.

En 1969, il négocie l'acquisition par Gillette de la société française S.T. Dupont (comme Ravoire et Dehaze sera « avalée » par United Paper Company…), société dont il devient P.-D.G. durant huit ans, de 1970 à 1978. Il devient ensuite responsable des relations publiques du groupe Gillette pour l'Europe, jusqu'en 1980, date à laquelle son poste est supprimé. Il se retrouve donc sans emploi après vingt-sept ans au sein de la même entreprise, ce dont il ne se plaint pas, bénéficiant alors de conditions financières avantageuses. Après une transition de deux ans durant laquelle il rejoint un cabinet de conseil, Vinaver quitte définitivement le monde de l'entreprise. Il saisit une opportunité qui lui permet de changer d'ère sans pour autant devoir renoncer à l'écriture : fort de son œuvre, de sa pratique et de ses analyses sur le théâtre, lui qui n'a encore jamais enseigné devient professeur associé à l'université Paris III, en 1982. En 1986, il soutient une habilitation à diriger des recherches, qui lui permet de devenir professeur d'études théâtrales à l'université Paris VIII.

Cette prise de distance à l'égard du monde de l'entreprise s'explique selon certains spécialistes de son œuvre par un conflit social au sein de S.T. Dupont, à Faverges, en 1976. Ce conflit aurait provoqué en lui une rupture biographique très nette, en ce qu'elle aurait rendu la cohabitation entre le chef d'entreprise et l'artiste citoyen parfaitement impossible. Or, pour Simon Chemama, les véritables ruptures sont en réalité à voir dès *Par-dessus bord*, et plus tard dans *L'Ordinaire*, peu après son départ de Gillette : deux pièces effectivement centrées sur le monde du travail [1].

Ce n'est qu'en 1967 que Vinaver commence à écrire *Par-dessus bord*, soit près de dix ans après *Iphigénie Hôtel*. La pièce n'est achevée qu'en 1969. Cette œuvre est pour lui charnière car il y aborde pour la première fois la question de la vie professionnelle, lui qui jusqu'alors, comme il le fera dire plus tard à son personnage nommé King, avait mené « deux vies non communicantes », « sans conflit

1. Simon Chemama, *Vinaver, le théâtre de l'immanence*, Paris, Honoré Champion éditeur, 2016, p. 446.

intérieur »[1]. Son exigence était alors catégoriquement posée : il fallait « que, dans le monde de l'entreprise, on ne soupçonne pas l'existence de l'auteur dramatique », et que réciproquement, « l'auteur dramatique se garde d'ouvrir la porte interdite derrière laquelle il y avait le monde de l'industrie »[2]. Certes, Vinaver regrette alors parfois « l'inconfort du morcellement », mais dit aussi préférer « la servitude d'une autre activité », qui ne manque d'ailleurs pas d'intérêt pour lui, nous le verrons, à l'aliénation de l'écriture, qui doit se déployer « en dehors de toute obligation »[3]. Or dans *Par-dessus bord*, pour la première fois, l'entreprise et ses acteurs occupent le devant de la scène. L'observation y est si méticuleuse, et le propos si déconcertant, que l'auteur pense même alors que la pièce entraînera son renvoi de Gillette – ce qui n'aura pas lieu : il en accuse la mise en scène de Roger Planchon, « magnifique », mais selon lui par trop aseptisée[4].

Dans *Par-dessus bord* en effet, Vinaver a radicalisé ses options : se croyant perdu pour le théâtre, il a souhaité sa pièce affranchie de toute autocensure. Les personnages et les espaces y sont bien plus nombreux qu'à l'ordinaire, le texte d'une longueur et d'une densité qui la rendent littéralement injouable : dès 1971, alors même que Gallimard refuse cette pièce « hyper-lourde[5] », Vinaver éprouve au contraire, dit-il, « le vif désir de [s]'essayer à une pièce jouable, bon marché, transportable, légère », avec « quatre personnages seulement » qui permettront à l'œuvre, espère-t-il, d'« être joué[e] »[6]. Ce sera *La Demande d'emploi* (1971). Roger Planchon, qui y est d'abord autorisé par Vinaver lui-même, a coupé abondamment

1. Michel Vinaver, « De *King* aux *Huissiers* (auto-interrogatoire II) » (1998), *Écrits sur le théâtre 2*, *op. cit.*, p. 230.

2. Michel Vinaver, « Mémoire sur mes travaux », *Écrits sur le théâtre 2*, *op. cit.*, p. 62.

3. Michel Vinaver, « Sur la condition de l'auteur dramatique aujourd'hui » (1978), *Écrits sur le théâtre*, *op. cit.*, p. 117.

4. Voir Catherine Brun, *Michel Vinaver : une pensée du théâtre*, Paris, Honoré Champion éditeur, 2015, p. 15.

5. Michel Vinaver, « Autoportrait de l'auteur en forme de chenille » (1978), *Écrits sur le théâtre*, *op. cit.*, p. 269.

6. *Id.*

quant à lui dans le texte de *Par-dessus bord* et en a réorganisé les interactions, suscitant à nouveau la déception du dramaturge après la création de sa pièce, en 1973 [1]. Vinaver en proposera donc lui-même différentes versions, et chacune constituera une œuvre à part entière, susceptible d'être montée sans en dénaturer cette fois l'esprit. Naîtront ainsi successivement une version « brève », une version « super-brève » et une version « hyper-brève » – celle qui figure à notre programme – ; ce à quoi il faut encore ajouter une version japonaise, *La hauteur à laquelle volent les oiseaux*, écrite par Oriza Hirata et traduite par Vinaver, en collaboration avec Rose-Marie Makino.

Si la pièce est une rupture, sur les plans dramaturgique (par les innovations qu'elle met en place) et biographique (par la distance qu'elle semble adopter à l'égard du monde professionnel), le discours qui y est tenu sur le monde du travail et plus spécifiquement sur celui de l'entreprise, qui lui offre son cadre apparemment familier, est pourtant marqué par une grande complexité. Pièce sur le travail, elle-même abondamment travaillée, *Par-dessus bord* étonne et détonne, non sans provoquer parfois, dans le même temps, un certain malaise. C'est une pièce pleine d'ambiguïtés, sinon de contradictions, dont la lecture n'est par conséquent pas de tout repos. Elle est, selon Vinaver, une « observation », pas une « satire » [2], mais la satire y est bien présente, sans toutefois que le capitalisme, qui y est représenté, n'y soit vraiment conspué. De quel capitalisme s'agit-il cependant ?

Le monde du travail y est essentiellement celui de l'entreprise et de ses cadres, que Vinaver connaît si bien : l'usine n'y est évoquée que de très loin, de même que les petits employés, à l'exception de Lubin, et sinon de manière assez indifférenciée dans les premier et dernier mouvements. La composition est en elle-même

1. Deux mises en scène de la version intégrale ont été proposées (pour une durée de sept heures de représentation), par Charles Joris, en 1983, et Christian Schiaretti, en 2008, à la plus grande satisfaction cette fois du dramaturge.

2. Michel Vinaver, « En cours d'écriture de *Par-dessus bord* », *Écrits sur le théâtre*, *op. cit.*, p. 236.

surprenante, les tonalités souvent mêlées : music-hall, jazz, références mythologiques et historiques y sont imbriqués, comme l'humour et des moments de pure gravité. Les références mobilisées dans la pièce en font un « étrange fourre-tout », qu'Anne Ubersfeld rapproche encore du *Jardin des délices*, le tableau de Jérôme Bosch dont l'objet précis comme le sens ne cessent d'échapper : une « collection de monstres, de plaisirs, de passions et de surprises dans un univers fait de petites unités isolées »[1]. On a parfois l'impression d'un univers de fous, qui serait dans le même temps, paradoxalement, très bien orchestré. Or si du sens parvient bien à émerger d'une telle représentation, la question sera de savoir lequel, et surtout comment Vinaver parvient à le suggérer, à une époque de mutations profondes qui affectent la vie de l'entreprise.

Le monde de l'entreprise dans *Par-dessus bord* : un espace en pleine mutation

De la fin de la Seconde Guerre mondiale en 1945 au choc pétrolier de 1973, les « trente glorieuses » désignent une période de forte croissance et l'augmentation du niveau de vie qui lui est liée dans la grande majorité des pays développés, une période de croissance sans précédent historique, dans laquelle les pays industrialisés ont pris une part essentielle. C'est dans ce contexte singulier, historiquement déterminé, que Vinaver relate les mutations à l'œuvre dans le monde de l'entreprise tel qu'il le dépeint dans sa pièce.

Le monde du travail et de l'entreprise en France dans les années soixante : vers un « nouvel esprit du capitalisme »

Une nouvelle ère s'ouvre alors, souvent portraiturée en âge d'or, alors que les nouvelles richesses y sont restées très inégalement réparties, et que le monde y semble plus dangereux que jamais,

1. Anne Ubersfeld, *Vinaver dramaturge*, Paris, Librairie théâtrale, 1989, p. 41, 80.

traversé par les tensions de la guerre froide. L'époque n'en est pas moins marquée par de nombreuses révolutions, sur les plans scientifique et technologique (première greffe du cœur, premier homme dans l'espace, bientôt sur la Lune, lancement du projet Arpanet, ancêtre d'Internet), comme sexuel et artistique (Nouvelle Vague au cinéma, *pop art*). L'essor de la scolarisation entraîne une forte demande à l'égard des biens culturels. Au théâtre en particulier, les premiers centres dramatiques nationaux sont créés dès 1946, dans les capitales régionales et en banlieue parisienne. L'ambition est celle d'un théâtre populaire et engagé, qui ne craint pas les expérimentations.

C'est que la société s'est elle aussi profondément transformée. La jeunesse issue du « baby-boom » imprime sur les « sixties » sa vitalité et ses audaces. Ses idoles remotivent les standards et les allures importés d'Amérique. Dans la version intégrale de *Par-dessus bord*, Johnny Hallyday et Sylvie Vartan, couple phare des années « yé-yé », font d'ailleurs la publicité de United Paper Europe « [s]ur Europe numéro un »[1], la radio de l'émission « Salut les copains ». Quarante années après les États-Unis, l'Europe est alors marquée par le passage à la société de consommation, système économique et social fondé sur la création et la stimulation systématique d'un désir de profiter des biens de consommation et de service dans des proportions toujours plus importantes, par le biais de techniques nouvelles de marketing et de publicité. Quatre produits symbolisent l'émergence de cette nouvelle société : l'automobile, le lave-linge, le réfrigérateur et la télévision. Soixante-dix pour cent des ménages français ne possédaient aucun de ces quatre biens matériels en 1957. Ils ne sont plus que sept pour cent dans ce cas en 1973.

Les progrès techniques permettent le développement économique ; après des débuts difficiles, la croissance forte de la production industrielle favorise le retour vers une situation de plein-emploi dans de nombreux pays. Dans les années soixante, le capitalisme rénové, résolument tourné vers l'expansion, fait ainsi preuve d'un dynamisme

1. Voir Michel Vinaver, *Par-dessus bord : version intégrale*, Paris, L'Arche, 2009, p. 52.

conquérant. Système économique caractérisé par la propriété privée des moyens de production, le terme désigne par extension l'organisation sociale induite par ce système, ou un système fondé sur l'accumulation du capital productif, avant tout guidé par la recherche du profit.

Luc Boltanski et Ève Chiapello ont bien montré comment il se transformait profondément dans les années soixante, pour devenir ce qu'ils appellent aujourd'hui le « nouvel esprit du capitalisme ». La critique des événements de Mai 68 (période à laquelle Vinaver écrit sa pièce) permet paradoxalement son renouvellement. Les chefs d'entreprise répondent en effet d'abord à la crise de manière traditionnelle, par des avantages accordés en termes de salaire et de sécurité, en acceptant de discuter avec les syndicats de salariés. Le surcoût induit par ces avancées sociales a toutefois entraîné la mise en place d'innovations dans l'organisation du travail, accumulation de « micro-évolutions » et de « microdéplacements », qui ont pour effet « de rendre un grand nombre de dispositions du droit du travail caduques en pratique sans pour autant avoir été abrogées ». Alors, « [l]'autonomie a été échangée contre la sécurité, ouvrant la voie à un nouvel esprit du capitalisme louant les vertus de la mobilité et de l'adaptabilité », alors que le précédent « se préoccupait sans doute plus de sécurité que de liberté » [1].

Ravoire et Dehaze, une entreprise traditionnelle en plein déclin

Dans ce contexte, Ravoire et Dehaze apparaît initialement comme une entreprise décalée. Ses difficultés reposent sur son modèle obsolète et provoquent des tensions internes. Le monde du travail est, en ce sens, lui-même « travaillé » par des représentations, des objectifs et des valeurs adverses.

1. Luc Boltanski, Ève Chiapello, *Le Nouvel Esprit du capitalisme*, Paris, Gallimard, 2011 (1999), p. 310-311, 312.

L'entreprise « familiale » : un modèle (dé)passé

Ravoire et Dehaze est initialement présentée comme une entreprise « familiale », gérée par Fernand Dehaze, le président-directeur général, et ses deux fils, Olivier, le fils légitime qui est au début de la pièce le directeur général adjoint, et Benoît, le fils « naturel », issu d'une première relation de son père avec la secrétaire de son grand-père (III, 301 [1]), occupant quant à lui les fonctions de directeur commercial. « [L]a petite fête annuelle et traditionnelle de Ravoire et Dehaze » est censée être un moment de convivialité. Une « tombola » y est organisée, et c'est « à la plus jeune des jeunes filles de la maison » qu'Olivier Dehaze demande de procéder au tirage au sort, en s'adressant à elle sur un ton paternaliste (« mon petit »), confirmé plus loin par son père qui, « suivant la tradition », prononce un petit discours qui assimile cette « petite et sympathique réunion » à une « réunion de famille » (I, 261, 262). Tous les lieux communs associés à la magnanimité du chef (d'entreprise, de famille), la mention répétée de la « petite réunion », où l'adjectif antéposé prend une valeur affective, l'insistance sur la tradition et la gaieté de ce moment de convivialité où les invités se sont pressés « comme à l'accoutumée », d'après Fernand Dehaze (I, 262), présentent alors l'entreprise comme un espace apparemment chaleureux, confiné, bien que visiblement désuet. Fernand Dehaze et ses fidèles y défendent, de fait, un univers de valeurs : « [o]n ne retrouvera plus un homme pareil », dit ainsi à son sujet Cohen, son chef comptable, à Mme Bachevski, qui définit pour sa part le P.-D.G. comme un être « profondément humain » (II, 289).

Or les festivités ont été précédées par des échanges musclés entre différents cadres de l'entreprise, qui soulignent à quel point ce premier moment du capitalisme, dans la pièce, est sclérosé. Fernand Dehaze s'est aussi entretenu avec le banquier Ausange, depuis l'atelier-salon où il se livre à la peinture, tout en essayant d'y négocier un crédit. Son

1. Les références à la version « hyper-brève » de *Par-dessus bord*, précédées du numéro du « mouvement » correspondant, renverront toutes à l'édition suivante : Michel Vinaver, *Théâtre complet*, vol. 2, Arles, Actes Sud, 2003.

univers est très feutré : c'est le hors-temps de la grande bourgeoisie, où l'on rit « longuement et profondément » d'un bon mot, où une servante vient déposer un service à thé et des petits fours, comme le soulignent à dessein deux des rares didascalies du passage (I, 256). Fernand Dehaze y semble bien alors porter les valeurs du passé. Ce n'est pas sans réticence en effet qu'il sollicite un crédit, lui qui n'a « jamais emprunté aux banques ». Cette « vieille répugnance à s'endetter » lui vient de son père, « mort la tête haute en disant qu'il ne devait rien à personne » (I, 257, 258). Il semble de fait assez déconnecté des difficultés rencontrées par sa marque, comme le souligne aussi l'opposition des espaces et des répliques : quand ses fils, au sein du Bureau de la direction des ventes, apprennent que le nouveau produit phare ne s'écoule pas (« Simonnot commence à se faire méchant il n'a pas écoulé vingt-cinq cartons sur sa livraison de quatre-vingts »), lui, au sein de son atelier-salon, s'adresse à son modèle en lui demandant surtout de ne rien changer, comme s'il s'agissait de la plus urgente des préoccupations (« Pendant que dure une série de séances de pose n'allez jamais changer de coiffure pour l'amour du ciel », II, 272). C'est dans ce même atelier qu'il finira par s'effondrer.

Quand il est hospitalisé, l'entreprise est censée rester entre les mains d'Olivier, l'héritier légitime : il s'agit pour ce dernier, mais aussi pour sa tante Yvonne et pour son oncle, « en tant que membres de la famille bien sûr mais aussi en tant qu'administrateurs de la société », d'« une simple formalité » (III, 296, 297). Olivier est en ce sens présenté comme l'héritier du passé, au nom d'une « fidélité » à des valeurs qu'il perçoit comme constitutives de l'esprit familial et entrepreneurial. Les deux, là encore, ne font qu'un pour lui : il se sent, dit-il, « dans l'obligation de prendre la présidence pour assurer la continuité dans un esprit de fidélité à tout ce que papa avait entrepris » (III, 291).

Or l'entreprise dont il veut assurer la continuité est caractérisée par une certaine lourdeur administrative. Alors que son produit « historique », le papier toilette « Super-Douceur », est en rupture de stock « [d]epuis trois jours », personne ne semble réagir. « L'usine ne suit pas » et « [l]e service des ventes gronde », ce qui semble attester un manque de coordination et de suivi de la chaîne de production et d'écoulement du bien. Seule une « note de service » interne est adressée au directeur général adjoint, « avec copie » au chef des ventes, de bien peu d'efficacité si l'on en croit la panique qui saisit les cadres de l'entreprise en ce début du premier mouvement de la pièce (I, 251, 252). Elle révèle, selon Logbo Blede, un « manque de cohésion chez Ravoire et Dehaze », qui appelle en lui-même un nouveau modèle [1].

Le « vieux » monde de l'entreprise n'en autorise pas moins les échanges, qui lui confèrent un visage humain. Ceux qui voient dialoguer Lubin et Mme Lépine, au seuil des premier, deuxième et quatrième mouvements, ont en ce sens une dimension structurante au sein de la pièce. Lubin, représentant de Ravoire et Dehaze, rencontre Mme Lépine pour lui vendre les produits de l'entreprise, à travers différentes offres qu'il présente toujours comme étant « sensationnel[les] », comme le lui fait invariablement remarquer aussi son interlocutrice, qui n'ignore rien de ses techniques de vente. Les échanges sont donc d'ordre commercial, tantôt badins, tantôt plus tendus, comme lorsque Mme Lépine exige du représentant qu'il reprenne les stocks non écoulés de papier « Bleu-Blanc-Rouge ». Mais ils sont aussi d'ordre plus intime, sans que l'on sache trop alors s'il s'agit d'une stratégie de la part du représentant pour apitoyer Mme Lépine, ou d'un véritable moment pour lui de dialogue où il peut se confier sur la maladie de sa femme et sur les égarements supposés de sa fille Jiji.

De fait, à la fin du cinquième mouvement de la pièce, Mme Lépine, qui avoue ne jamais se souvenir du nom du représentant, n'en est pas moins très choquée d'apprendre son départ de l'entreprise. Elle s'inquiète alors pour lui et sa famille. Au moment des festivités qui clôturent la pièce, elle n'hésite pas à monter sur scène pour rendre hommage au représentant et à son plein investissement dans le travail, dont elle se veut le témoin. Elle se souvient

1. Logbo Blede, *Le Théâtre de Michel Vinaver : expression d'un monde au travail*, Paris, Publibook, 2012, p. 107.

alors bien de son nom : « Tenez », dit-elle en effet, « au nom de tous les clients de monsieur Lubin moi je voudrais dire que ça a été un honnête homme qui faisait son métier on s'était habitués à lui » (VI, 405). Elle est « en larmes » quand elle descend de scène (VI, 406). Pour Simon Chemama, leurs dialogues « apparemment répétitif[s], superficiel[s] » ont ainsi dans la pièce « un rôle de reconnaissance ». Alors que l'entreprise a évincé son employé, « c'est Lépine elle-même qui assure la reconnaissance de Lubin, elle qui n'avait encore jamais mémorisé son nom ». À travers eux, c'est donc encore la disparition de l'ancien ordre de l'entreprise qui est mise au jour, de manière plus grave, soumise aux mutations en cours du capitalisme nouveau. « Ce qu'annonce aussi *Par-dessus bord* », c'est ainsi « la disparition de ce type d'échange : bientôt Lubin ne parlera plus avec Lépine, parce que se développent les centrales d'achat, étape dans la rationalisation du commerce » [1]. Ravoire et Dehaze, entreprise familiale, apparaît bien en ce sens comme un vestige du monde englouti d'un ancien ordre du travail.

Deux clans opposés : la prise de pouvoir de Benoît et la révolution de Ravoire et Dehaze

Les tensions qui y règnent sont dues aux modes concurrents des représentations du travail, mais aussi à la mise sous pression des cadres, qui n'apparaissent d'ailleurs jamais au cours de la pièce que dans leurs bureaux et sur les lieux du travail, à la différence des chefs (Fernand, Olivier et Benoît Dehaze), régulièrement représentés dans des espaces de repos et/ou de divertissement (la chambre conjugale, le club de jazz, le bar du Plaza Athénée), dont ils usent toutefois comme autant d'extensions de leur univers professionnel, comme on l'a noté pour l'atelier-salon de Fernand Dehaze. Dutôt, chef des ventes, invective ainsi le directeur administratif et le chef du service administration des ventes, Mme Alvarez et Passemar, au sujet de leur manque de réactivité et de « flexibilité ». En retour, Mme Alvarez et Grangier, le chef planning fabrication, lui

1. Simon Chemama, *Vinaver, le théâtre de l'immanence, op. cit.*, p. 391.

reprochent son manque d'« esprit de coopération » (I, 253). L'échange est vif, et symptomatique de ces « chamailleries » que Benoît affirmera vouloir éradiquer dans son nouvel ordre de l'entreprise, au nom d'une plus grande efficacité.

Deux clans se font face ainsi très vite dans la pièce. Les deux frères y sont figurés comme deux rivaux, qui s'opposent aux yeux de leur père et de leurs cadres : pour Mme Alvarez, Olivier est « trop scrupuleux », alors que Benoît « s'insinue », manipulant son père et l'entreprise en sous-main (I, 254). Il agit sans vergogne à tous les niveaux : avec sa femme, qu'il délaisse et trompe sans même s'en défendre auprès d'elle (II, 269), avec son frère et son père, qu'il monte l'un contre l'autre en engageant le second à se « méfie[r] » du premier, qui souhaiterait prendre sa place ; Benoît lui-même ayant auparavant soufflé l'idée d'un tel projet à son frère (II, 278, 282). Pour Benoît, en effet, l'entreprise familiale est vouée à sa perte. Il ironise sur le rapport affectif qu'elle prétend entretenir avec ses « bons vieux employés », qui ne tireront en réalité aucun profit des égarements de leur chef, sinon un « souvenir attendri » de leur emploi perdu (III, 302).

Son attitude correspond à une stratégie et à un regard spécifique porté sur le monde de l'entreprise et sur la nécessité de sa mutation. Benoît est résolument tourné vers une gestion moderne et managériale, et s'oppose en ce sens aux perspectives de son père, qu'il juge limitées. Il se présente comme un visionnaire des temps nouveaux, envisageant son père en contre-modèle, incapable de voir tout le potentiel de son affaire : « aveugle comme il est l'or dans ses mains s'est transformé en sable et le sable lui file entre les doigts » (II, 271). La situation de crise initialement présentée dans la pièce et le nouvel échec de la marque « Bleu-Blanc-Rouge » ne doivent pas, selon lui, être envisagés comme de simples égarements conjoncturels, mais comme les symptômes structurels d'une absence de vision : « [c]e ne sont pas simplement des erreurs c'est toute une philosophie c'est l'attitude du patron de l'affaire à l'égard des problèmes ». À son frère qui, toujours plongé dans le registre de l'intime et de la loyauté familiale, propose alors « peut-être [d'en] parler à papa », Benoît oppose alors une fin de non-recevoir (II, 277). Il est, en ce sens, l'auteur d'« une sorte d'assassinat » : il a tué le père, « terrassé » quelques heures après avoir entendu les « énormités » que son fils naturel « est allé froidement lui conter » (la supposée déloyauté de son fils légitime ; III, 291). Mais s'il est tenté de le « débrancher » à l'hôpital, pour aller jusqu'au bout de son forfait, c'est aussi pour des raisons qu'il présente comme rationnelles et gestionnaires (« À quoi est-ce que ça mène ? », III, 299), significatives de ses priorités. Au pouvoir, il prendra donc la décision de l'achever, de « l'assassin[er] une deuxième fois », comme le lui dit alors Olivier, ce à quoi il répond avec un détachement dénué d'empathie : « nous ne pouvions plus continuer à allonger tous ces radis » (III, 312).

À travers Fernand Dehaze, c'est l'entreprise familiale qu'il anéantit pour mieux la remodeler, et avec elle tous les cadres de l'ordre ancien. « Notre temps à nous est fini », dit ainsi Cohen (III, 311) ; et face à eux, Benoît se présente comme l'aventurier sans scrupule du capitalisme moderne. Le redressement de l'entreprise est encore possible mais exige une attitude radicalement nouvelle, qui nécessite le plein engagement de ses acteurs : il faut, dit-il, « partir de zéro vivre une aventure avec tout ce que cela comporte de rigueur de don de soi ». « [M]oi ça me passionnerait de me jeter dans cette aventure », ajoute-t-il encore, et il se croit « capable de réussir » à condition d'en obtenir les moyens financiers et « tous les pouvoirs de décision », qui lui seront attribués. D'après le banquier Ausange, si Olivier est un « patron pour temps paisibles », Benoît est « un méchant bonhomme qui aime mordre », parfaitement adapté en cela à la nouvelle donne économique (III, 302, 311). À la fin de la pièce, sa réussite est encore signalée par les félicitations du banquier et par la reconnaissance médiatique conférée par une entrevue à *L'Expansion*, nouveau mètre étalon du succès, qui voit en lui un futur « héros de l'industrie française » (V, 397).

Pour y parvenir, Benoît s'appuie sur un clan qu'il a constitué autour de lui pour miner les défenses adverses, ce dont Cohen avait d'emblée essayé d'avertir Fernand Dehaze : « un clan autour de monsieur Benoît je ne mettrais pas ma main au feu qu'ils ont vis-à-vis de vous une pleine et entière loyauté » – ce face à quoi Fernand Dehaze se montrait alors, malgré tout, assez lucide : « [l]a loyauté est un concept qui appartient à votre génération et à la mienne » (I, 254-255 ; II, 278-279). Au cœur de ce système d'oppositions, Mme Alvarez se dispute avec Mme Bachevski, à qui elle reproche de s'être adressée directement à la clientèle ; mais c'est à la demande de Benoît que cette dernière l'a fait, apprendra-t-on, « excédé par l'incurie du service administratif », que Mme Bachevski semble alors elle-même dénoncer (III, 305). Toutes deux demeurent fidèles à leur clan respectif, encore au cinquième mouvement de la pièce, où Mme Bachevski s'insurge contre Mme Alvarez qui, selon elle, passe « le plus clair de son temps dans le bureau de l'un ou de l'autre à dénigrer l'actuelle direction », celle de Benoît. Comme en écho, Mme Alvarez dira éprouver de la « honte » à voir Mme Bachevski « lécher les bottes de tous ces petits chefaillons » (V, 370, 371).

De loyauté, le « clan » de Benoît n'en est donc pas moins dépourvu que celui d'Olivier et de Fernand Dehaze. Ses membres agissent de concert en visant le même objectif, animés par une même foi dans la nécessité d'un nouvel ordre du travail, mû par les forces illimitées du marché. Dutôt, le chef des ventes, est la figure majeure de cet avènement. Il agit par conviction, comme le souligne sa désapprobation de la gestion selon lui hasardeuse de Ravoire et Dehaze au début de la pièce. Il y dénonce, contre Passemar et Mme Alvarez, les lourdeurs administratives, le manque de réactivité et de « flexibilité », tels qu'ils apparaissent ici à travers les « notes de service » dont il se « torche », « [u]n bon service administratif » étant selon lui « un service qui suit le mouvement » et « se laisse oublier » (I, 252, 254). Il manifeste un peu plus loin sa proximité avec Benoît, qui l'a recruté « contre l'avis de monsieur Olivier » (I, 254), ce qui lui donne au début de la pièce une certaine « assurance » qui lui permet de s'opposer aux cadres administratifs. Aussi finit-il les phrases de son chef, signalant leur conception commune, et foncièrement nouvelle, du produit à écouler (« Un produit ça ne se bricole pas / Ça se crée », I, 275). Au contraire, dans le même passage, il s'oppose vertement à Olivier qui le remet alors à sa place (« Il n'y a pas un an que vous êtes entré chez nous Dutôt et vous avez encore certaines choses à apprendre l'emploi des hommes par exemple », I, 276). Quand Olivier considère alors Lubin et d'autres employés investis dans leur mission comme des « seigneur[s] » qui « se tueraient pour la maison », Dutôt acquiesce avec ironie : ces employés sont en effet « d'un autre temps », dépourvus selon lui de tout potentiel d'évolution (I, 275-276). C'est lui que Fernand Dehaze accuse d'avoir « bousillé » le lancement du nouveau produit phare de l'entreprise : « il ne vaut pas un clou », et sera donc renvoyé (I, 278, 281). Ces oppositions à Olivier et à Fernand Dehaze, qui sont ses premiers patrons mais à l'égard de qui il ne manque pas d'insolence, font de lui le parfait affidé de Benoît, dont il partage les vues et suppose peut-être l'ascension. Alors même que Dutôt vient d'être renvoyé, Benoît lui-même le promet d'ailleurs au nouveau monde du capitalisme triomphant : « Bon prenez votre fric mais ne vous éloignez pas trop mon vieux on se reverra » (I, 285).

L'irruption de techniques et d'acteurs nouveaux

La crise que traverse Ravoire et Dehaze au début de la pièce est censée être résolue par l'apparition d'un nouveau produit phare de la marque, « plus conforme au goût français », « bien de chez nous » (I, 257, 258) : le papier toilette « Bleu-Blanc-Rouge », dont l'objet est de jouer sur la corde patriotique afin de stimuler les ventes. Ce sera un « fiasco », pour reprendre le terme utilisé juste avant le début des festivités, et qui en contredit d'emblée la sérénité affichée (I, 258). Or pour redresser l'entreprise et contrer la concurrence américaine, Benoît décide de se tourner, pour l'intégrer, vers la modernité de techniques qu'il importe précisément d'outre-Atlantique, de ses acteurs et de ses outils nouveaux. Le tournant du nouveau monde entrepreneurial n'est donc pas dans la pièce qu'une affaire de famille. On y trouve des ramifications profondes, qui annoncent la mondialisation et ses effets sur la reconfiguration du travail.

Le nouveau modèle américain

L'Amérique est plurielle dans *Par-dessus bord*. Elle prend les traits de Margerie, l'épouse de Benoît, mais aussi des deux musiciens noirs américains qui accompagnent Alex au sein de l'Infirmerie, le club de jazz. Ils sont adeptes du free-jazz, qui se libère des contraintes harmoniques et met en valeur l'improvisation et l'énergie. Il est alors synonyme d'une certaine modernité, en adéquation avec l'horizon économique de son temps, tout en s'opposant aussi à ce dernier en tant qu'espace de liberté, apparemment préservé. Nous y reviendrons.

Ralph Young est, quant à lui, le président de la compagnie américaine concurrente de Ravoire et Dehaze. Cette compagnie est l'antagoniste initial et majeur de la pièce : Fernand Dehaze explique ainsi d'emblée que son entreprise familiale, « [s]on affaire moyenne paisible roulant sans à-coups », est « un peu ébranlé[e] » par les Américains, désignés par leur avidité : ils sont « plus gros que nous vingt ou trente fois plus gros » et « plus ils sont gros plus ils ont faim » (I, 256). Ce sont, comme Benoît dont ils annoncent le profil, des aventuriers, qui n'ont pas peur d'investir, et le font même volontiers pour anticiper et permettre de futurs profits : contrairement à Fernand Dehaze qui a hérité de son père « [u]ne vieille répugnance à s'endetter », les Américains, eux, « empruntent quand les affaires vont bien afin qu'elles aillent encore mieux », comme l'explique doctement le banquier, dont on comprend bien alors où se situent les nouveaux intérêts. Ils « cherchent la bagarre », résume alors le P.-D.G. de Ravoire et Dehaze (I, 257), ce à quoi il répond par le lancement de sa nouvelle marque Bleu-Blanc-Rouge, qui ne connaît pas, on l'a vu, le succès escompté. Or si Softies s'écoule bien mieux que Bleu-Blanc-Rouge, ce n'est pas tant par l'originalité de son appellation que par l'intégration nouvelle de la ouate de cellulose, révolution qui correspond à une réalité historique dont Vinaver a lui-même rendu compte [1], et à laquelle Fernand Dehaze, lui, n'a « pas vraiment cru » (II, 279).

1. « [...] lorsque j'écrivais la pièce, la mutation était en cours entre le bulle-corde et la ouate de cellulose. Le bulle-corde, c'est le papier dont sans doute beaucoup d'entre vous n'ont jamais vu la couleur [...]. Mais commençaient à s'infiltrer sur le marché les papiers

Les Américains ne craignent donc ni la nouveauté, ni la transgression des habitudes. Jack et Jenny, les deux conseillers en marketing, vont en ce sens exercer une influence déterminante sur le devenir de l'entreprise française, en lui insufflant des idées et un mode de fonctionnement nouveaux. Le nom de leur association, composé de leurs deux patronymes (Donohue and Frankfurter), fait d'ailleurs écho à celui de l'entreprise française dont ils s'apprêtent à transformer si radicalement les pratiques, en s'appuyant sur une ambition déjà proclamée par Benoît. De fait, explique Luc Boltanski, cette irruption des Américains sur le devant de la scène entrepreneuriale française après-guerre, synonyme d'une volonté de modernisation affichée, n'aurait pu s'opérer « avec la même force ni de façon aussi rapide » si elle n'avait croisé les intérêts d'une « avant-garde réformiste » au sein même de l'espace français. Benoît, le fils naturel, s'inscrit alors très bien dans le cadre de ces individus qui, « contre les “vieilles valeurs” et les “vieilles familles” » incarnent « des valeurs nouvelles » et peuvent, « de toute bonne foi, dénier leur appartenance à la classe dominante avec laquelle ils ont aussi des comptes personnels à régler »[1].

Leur singularité s'exprime alors tout à la fois par des « valeurs personnelles » (que Boltanski liste de la manière suivante : l'« intelligence », l'« efficacité », la « compétence », le « travail professionnel », par opposition « à l'amateurisme du dilettante » – Passemar ou Mme Alvarez, selon Dutôt), mais aussi par « des manières, un style de vie particulier », une « façon nouvelle, “décontractée”, “dynamique” d'être bourgeois »[2], que l'on trouve ici figurée dès l'entrée en scène de Jack et de Jenny. Dans le bureau du président, Jenny « préfère [s]'asseoir par terre », malgré l'insistance encore un

en ouate de cellulose, qui sont les papiers que nous utilisons aujourd'hui. Ça a été un séisme ! » Voir « Une épopée du capitalisme. Dialogue avec Michel Vinaver », *Cahiers sens public*, 2009/3, n° 11-12, p. 152. Consultable en ligne : www.cairn.info/revue-cahiers-sens-public-2009-3-page-149.htm

1. Luc Boltanski, *Les Cadres. La formation d'un groupe social*, chapitre 2, « La fascination de l'Amérique et l'importation du management », Paris, Minuit, 1982, p. 165-168.

2. *Ibid.*, p. 169.

peu surannée de Benoît qui l'invite à prendre place au moins sur une chaise, et non sur ces « vieux fauteuils » qu'il trouve d'ailleurs lui-même « un peu ridicules ». Encore soucieux de l'étiquette, il les appelle « monsieur » et « mademoiselle », ce en quoi il se voit immédiatement reprendre par Jack, qui l'invite à les appeler par leurs prénoms, avant de le rebaptiser « Ben », à l'américaine [1]. Leur vocabulaire, comme leur attitude, est plus direct aussi que celui des Français : ils ont, dit Jack, « reniflé le marché », et n'hésiteront pas à interpeller leurs interlocuteurs français en usant de termes crus (IV, 315). C'est, avec eux, un monde de nouveauté et d'opportunités infinies qui s'ouvre à Benoît, qui trouve aussi à travers eux les outils de sa propre ambition.

La pièce figure donc une parfaite adéquation entre ces Américains et les nouveaux managers français qui cherchent à révolutionner l'entreprise hexagonale. Pour Margerie, qui connaît bien ce modèle et a quitté l'Amérique pour la France, ce sont les Français d'une manière générale qui cherchent même à le « singer » (III, 313). Elle parle alors du jazz, dont la mode s'est emparée de la France comme elle le souligne dès son arrivée à l'Infirmerie. De la même manière, elle voit en Benoît le parfait reflet des étudiants américains qu'elle a fréquentés à l'Université : « très sympathiques » au départ, ils sont devenus « des petits managers puants ». C'est d'ailleurs pourquoi elle a rejoint la France, mais cette dernière, dit-elle, « commence à devenir pire que l'Amérique », à l'image de son époux qui « devien[t] tous les jours un peu plus manager un peu plus con ». La juxtaposition souligne alors l'analyse qu'elle fait d'une telle « évolution » (II, 287).

Les techniques marketing nouvelles

Pour Dutôt, Bleu-Blanc-Rouge n'était pas un « produit ». « Le produit ce n'est pas seulement le produit », confirme alors Benoît,

1. Dans la version intégrale de la pièce, Benoît invite lui-même Alex à l'appeler ainsi (éd. cit., p. 172). Cette mention disparaît de la version « hyper-brève », où Benoît invite simplement son interlocuteur à l'appeler par son prénom d'origine (V, 399).

c'est aussi « à quoi il fait rêver », quelque chose qui « ne se bricole pas », mais « se crée » (II, 274-275). Pour le concevoir, Jack et Jenny vont importer au sein de l'entreprise française des techniques nouvelles, intégrées par le nouveau capitalisme qui reprend aussi avec elles un certain nombre d'idées et de valeurs paradoxalement issues du mouvement contestataire qui se développe alors en France comme aux États-Unis.

La pièce montre ainsi comment Mai 68 a été récupéré par le monde de l'entreprise, en y stimulant la créativité mise au service de la rentabilité et du profit. Cette époque a pu être perçue à la fois comme un moment de crise, liée aux représentations du travail comme d'une forme majeure d'aliénation des individus, et comme une possibilité de dépassement de cette même crise, par le monde de l'entreprise lui-même. Ce dernier s'est en effet ouvert « aux critiques qui dénonçaient alors la mécanisation du monde », « la destruction des formes de vie favorables à la réalisation des potentialités proprement humaines et, particulièrement, de la créativité ». Il a alors adapté « ces thèmes revendicatifs à la description d'une nouvelle façon, libérée et même libertaire, de faire du profit – dont il est dit aussi qu'elle permet la réalisation de soi et de ses aspirations les plus personnelles ». La manière dont Jenny et Jack, et tous ceux qu'ils mobilisent dans leur travail, cherchent à sonder et à investir un « imaginaire » du papier toilette évoque, de fait, cette présence au sein de ce nouvel esprit « des thèmes de l'émancipation, et de la libre association entre créateurs rapprochés par une même passion et réunis, sur un pied d'égalité, dans la poursuite d'un même projet » [1]. Il s'agit, littéralement, de mettre « l'imagination au pouvoir », comme le scandaient alors les manifestants.

Autour de Jack et Jenny, tout le monde s'appelle par son prénom, « sur un pied d'égalité ». La créativité est appelée à s'exprimer sans filtre, « en roue libre » (IV, 332). Le produit, en effet, est vendu selon eux comme « un produit distant abstrait » (IV, 317), là où il faudrait au contraire revenir aux fondamentaux des valeurs

1. Luc Boltanski, Eve Chiapello, *Le Nouvel Esprit du capitalisme*, *op. cit.*, p. 313.

associées à sa nature et à ses fins. En ce sens, Jack et Jenny se présentent eux aussi comme des visionnaires, censés révéler la vérité nouvelle du capitalisme triomphant : « [l]'action », explique le premier, « ça se déroule comme une pelote de laine à partir du moment où il y a une vision ». « Mais avant de réussir à voir », poursuit-il, « il faut déblayer il faudra remuer des tonnes d'idées reçues d'inhibitions toute cette caillasse stérile », ce qui était justement l'ambition de Benoît quand il en appelait à une nouvelle philosophie du travail. Et Jenny d'insister sur cette thématique de la vision, liée à l'imagination, qui fait des nouveaux spécialistes en marketing des figures renouvelées du génie artistique : « Nous pouvons », dit-elle, « vous forcer à ouvrir les yeux alors vous vous émerveillerez » (IV, 318-319).

Le mot même de marketing « fait tilt » chez Ravoire et Dehaze, signe de sa modernité et de son succès : il se trouve « dans toutes les bouches depuis quelques semaines », tel un sème envahissant, obsédant (IV, 321). Ce travail investit d'ailleurs tous les espaces. Il invite à un travail sur la langue (la liste de noms qui fonctionnent par associations d'idées et par métaphores) autant qu'à un travail sur le corps et sur l'espace – les cadres qui participent aux séances finiront alanguis, « assis ou allongés sur le tapis », comme l'était au départ la seule Jenny. Des verres de whiskey leur permettent désormais de se désinhiber, dans le bureau de Benoît lui-même « entièrement rénové » (IV, 346). Une telle remotivation du travail n'en reste pas moins chevillée au corps des intérêts financiers de l'entreprise et, en dernière instance, de la notion de profit, auxquels les deux Américains offrent leur service : « Vous pouvez utiliser Donohue and Frankfurter comme un bulldozer qui vous garantit l'enlèvement de ces obstacles », précise ainsi Jenny, dont Jack poursuit peu après l'idée : « Vous aider à définir vos objectifs établir votre stratégie élaborer vos plans » (IV, 319).

Le travail de l'imaginaire est alors bien relié à des fins utilitaires : selon Jaloux, le concepteur-rédacteur de l'agence publicitaire à laquelle il est fait appel, « [l]'approche créative consiste à créer le problème en affirmant [au] consommateur qu'il est malheureux et en lui expliquant pourquoi » (V, 373). Les séances de « brainstorming » – et avec elles tout le vocabulaire anglo-saxon qui formera dès lors la novlangue des nouveaux entrepreneurs – s'enchaînent afin de nommer le nouveau produit. S'ensuivent des passages assez comiques, au cours desquels une liste est proposée de façon spontanée par les différents intervenants, invités à dépasser leurs préventions de personnalités « guindé[e]s » et conventionnel[le]s » (IV, 333). Pour ce faire, Jack et Jenny n'hésitent pas à provoquer leurs interlocuteurs, s'affichant par là même comme des figures transgressives : Battistini, le chef de service étude marché, finit d'ailleurs par quitter la réunion, excédé. Cette « séance de travail » (IV, 341) atteste là encore un mode de (rapport au) travail radicalement nouveau, au terme duquel tous, même Battistini, se rejoignent autour du nom « Mousse et Bruyère ». Ce dernier a été « test[é] », au sein d'une liste de six noms retenus parmi les « cent soixante-quatorze idées » issues du brainstorming, comme annoncé à la fin du quatrième mouvement de la pièce (IV, 367) ; le cinquième étant consacré au « triomphe » de l'entreprise et de son nouveau produit. On hésite alors entre le rire et la fascination : la liste de noms, pour grotesque qu'elle soit dans son accumulation, n'est d'ailleurs pas dénuée d'une certaine poésie, qui souligne l'ambivalence qu'un Vinaver a pu entretenir à l'égard de cet univers qu'il met ici en scène et connaît si bien.

Position de Vinaver, dramaturge ambivalent

La pièce pose en effet le problème du regard posé par le dramaturge sur le monde de l'entreprise et du travail ; la question de l'engagement étant chez lui assez complexe. Vinaver y voit en Passemar un double ambivalent, qui dans sa dérision paraît souligner, dans le monde ainsi représenté, une forme de vacuité.

Michel Vinaver et la question de l'engagement

La position de Vinaver à l'égard du monde de l'entreprise dans lequel il occupe lui-même les plus hautes fonctions se trouve à un point charnière quand il écrit *Par-dessus bord*. À cette époque, on l'a vu, l'auteur espère que sa pièce provoquera son exclusion de l'entreprise, dont il analyse les mécanismes et les mutations. Cela n'aura pas lieu, et il lui faudra attendre le début des années quatre-vingt pour rejoindre l'enseignement et la recherche, et se consacrer pleinement au théâtre.

La question demeure pourtant des modalités de son engagement dans la pièce. Propose-t-elle une critique du monde de l'entreprise, et si oui, comment ? Simon Chemama note tout d'abord que l'œuvre de Vinaver se caractérise par une absence de jugement. Il cite Roland Barthes et son analyse des *Coréens*, la première pièce de Vinaver, qui se situerait « *en deçà* des concepts idéologiques ». Elle relèverait d'une « crise de la profondeur », qui entraînerait un traitement du monde sans hiérarchisation et, ajoute Barthes, « sans procès », dans une formule que Vinaver reprendra lui-même à son compte [1] : les personnages y seraient « délibérément au-delà ou en deçà de la positivité et de la négativité : ils *sont*, coupant ainsi tout recours à l'adjectif ». Seule la figure du traître, Ir-Won, pourrait être lue sous le prisme de la « valeur », les autres personnages relevant quant à eux du « constat ». Face au théâtre de Brecht, que Barthes présente comme un théâtre en majeure partie « subjectif, psychanalytique, un théâtre apocalyptique de la démystification » [2], celui de Vinaver serait donc « objectif ». « [C]ette vue du réel », ajoute-t-il alors, « est quelque chose de nouveau, je crois, dans notre théâtre français » [3].

1. « Je m'emploie à présenter un monde *sans procès* (la remarque est de Roland Barthes), mais mû de petites palpitations qui, à la longue, visent un grand ébranlement. » Voir Michel Vinaver, « Auto-interrogatoire » (1972-1973), *Écrits sur le théâtre*, *op. cit.*, p. 313.

2. Roland Barthes, « Notes sur *Aujourd'hui* », *Écrits sur le théâtre*, Paris, Seuil, 2002, p. 189, 192.

3. Roland Barthes, « *Aujourd'hui* ou *Les Coréens* », *Écrits sur le théâtre*, *op. cit.*, p. 200.

Simon Chemama s'appuie sur cette analyse pour souligner à quel point les personnages de Vinaver sont « ambigus, ou même hors de l'alternative [1] ». L'évolution de Margerie, de la version intégrale à la version « hyper-brève » de la pièce, en est un exemple : dans la version intégrale, elle est clairement missionnée par son mari pour aller séduire Olivier, afin de récupérer sa part d'actions chez Ravoire et Dehaze. Les époux semblent alors parfaitement s'entendre : Margerie va même jusqu'à mentir, pour convaincre Olivier, sur la valeur des actions de l'entreprise (« Un million de dollars ta moitié ? Tu rêves quand pauvre Daddy est mort elle ne valait plus un rond le dernier des clébards ne serait pas allé la ramasser dans la poubelle ») et sur les probabilités de succès de son époux (« Benoît veut vendre les tabatières pour tout mettre dans l'affaire il croit que chaque dollar [...] se multipliera à la vitesse des bactéries dans les tripes d'un cadavre ») [2]. « Dans les deux cas », note Simon Chemama, « elle utilise une image dont la force rhétorique nous semble inversement proportionnelle à sa sincérité » [3]. Or ces passages disparaissent de la version hyper-brève. D'une réécriture à l'autre, Vinaver semble ainsi rendre impossible le questionnement sur les motivations des personnages, et rend par là même effectivement impossible ou plus difficile tout jugement.

Faut-il pour autant y voir une volonté de désengagement, de distance ou de neutralité ? Le théâtre de Vinaver serait alors à ranger « du côté du théâtre clinique, et par suite non critique », comme tendent à le penser plusieurs spécialistes de l'écrivain [4]. Les deux semblent en réalité très liés. Le problème de l'engagement semble en effet de ceux qui ont taraudé l'auteur. Il est au cœur de sa correspondance avec Albert Camus, dont le titre interrogatif (*S'engager ?*) invite lui-même à prendre des distances à l'égard d'une notion dont le principe et la nécessité pourraient sembler, dans

1. Simon Chemama, *Vinaver, le théâtre de l'immanence, op. cit.*, p. 107.
2. Michel Vinaver, *Par-dessus bord : version intégrale*, éd. cit., p. 152.
3. Simon Chemama, *Vinaver, le théâtre de l'immanence, op. cit.*, p. 108.
4. Voir, sur ce point, Catherine Brun, *Michel Vinaver : une pensée du théâtre, op. cit.*, p. 37.

le même temps, trop évidents. Or l'écriture apparemment « sans intention » de Vinaver en serait la condition paradoxale. Dans une lettre datée du 16 février 1950, le jeune écrivain se dit en effet déçu par l'une des premières représentations des *Justes*, pièce qu'il trouve par trop édifiante, comme il s'en émeut alors auprès de son illustre aîné. Dans sa réponse, Camus ne lui en tient pas rigueur, et reconnaît même avoir été « ligot[é] » par sa « responsabilité » d'écrivain engagé. Or, pour Vinaver, une fois dépassé le sursaut d'optimisme des années d'immédiat après-guerre, demeurent deux possibilités : la « nostalgie » et la « prise de conscience » par l'homme d'une « entame » qui rend « l'engagement complet et conscient impossible ». Mais elle appelle aussi une autre voie : « Revenir à une exigence plus humble. Travailler dans l'obscurité, sans trop savoir où l'on va » [1].

Le jeune Vinaver a aussi lu Sartre, et *Qu'est-ce que la littérature ?* (1948) lui permet d'affiner son rapport à l'engagement. Dans sa lettre du 30 juin 1952, il parle ainsi de « l'évidence qu'en écrivant, si on ne "prend" pas un engagement, on se "trouve" engagé de toute façon, du simple fait que les mots agissent, et aussi, que l'inaction ou l'anti-action est une action ». Et de préciser enfin la position que doit selon lui adopter l'écrivain : « C'est entre le refus ou l'ignorance d'une part, et l'activité *trop* militante, la volonté *trop* tendue ou la conscience *trop* nette d'autre part, que doit se situer l'attitude de l'écrivain. Son combat a besoin de se situer à une certaine distance du combat. Loin des lignes » [2]. En d'autres termes, comme le résume Simon Chemema, « pour qu'une œuvre ait une portée politique, il faut justement, selon Vinaver, mettre de côté la conscience, l'intentionnalité : il faut écrire "au hasard" et faire

1. Albert Camus, Michel Vinaver, *S'engager ? Correspondance (1946-1957) assortie d'autres documents*, Paris, L'Arche, 2012, p. 39, 42, 46-47.

2. *Ibid.*, p. 60. L'œuvre « engagée » risque sinon d'être « récupéré[e] » par la « classe dominante ». « Et je me demande », ajoute Vinaver, « si la démarche que j'ai tentée, elle, serait, aussi aisément récupérable. Ce n'est pas certain. Qu'y a-t-il à récupérer dès lors que la pièce n'est qu'ouverture sur des problèmes et des situations ? ». Voir Michel Vinaver, « Auto-interrogatoire » (1972-1973), *Écrits sur le théâtre*, *op. cit.*, p. 281.

confiance à l'écriture[1] ». Par conséquent, si engagement il y a de la part de Vinaver, pour ou contre les mutations à l'œuvre dans le monde du travail, ce ne pourra être qu'à travers une observation, une expérimentation, sans manichéisme ni *a priori*.

Passemar, cadre d'entreprise et maître de cérémonie : le dramaturge et son double au travail

« Mes idées et positions sont, disons, floues, nébuleuses et fluctuantes », explique Vinaver dans son « Auto-interrogatoire » au sujet de *Par-dessus bord*, se répondant à lui-même au sujet de la « situation intenable » qui est la sienne, « à la fois critique du Système et agent actif de celui-ci »[2]. Le fait d'avancer à tâtons « dans l'obscurité », sans intention ni jugement préalable, est donc la condition d'un engagement qui reposera sur l'expérimentation des formes et du langage, une esthétique du « n'importe quoi », pour reprendre l'expression que le jeune Vinaver utilise pour désigner auprès de Camus ce qu'il conçoit comme la manifestation et l'outil principal de la liberté créatrice : ne pas « trop savoir où l'on va » signifie, « [p]our l'écrivain, écrire n'importe quoi ». Dans sa lettre du 16 février 1950, il écrivait du reste déjà :

> Vous êtes devenu, non seulement connu, mais « phare », et vous apercevant de cette situation à laquelle vous étiez arrivé sans le vouloir ni le savoir, vous vous êtes demandé si vous n'aviez pas, vis-à-vis des hommes qui se dirigeaient par vous, une responsabilité. Vous avez cessé de crier n'importe quoi.
>
> Je voudrais, de nouveau, vous entendre crier « n'importe quoi », sans vous préoccuper d'autre chose que de ce « n'importe quoi »[3].

Ce « n'importe quoi » devient dans *Par-dessus bord* la matière même de l'écriture dramaturgique, traversée par le comique et le

1. Simon Chemama, *Vinaver, le théâtre de l'immanence, op. cit.*, p. 486.
2. Michel Vinaver, « Auto-interrogatoire » (1972-1973), *Écrits sur le théâtre, op. cit.*, p. 314-315.
3. Albert Camus, Michel Vinaver, *S'engager ? Correspondance (1946-1957) assortie d'autres documents, op. cit.*, p. 47, 41.

sérieux, au sein d'un étrange désordre. Son agent a pour nom Passemar, double de l'écrivain, passeur d'un discours qu'il n'évoque jamais qu'en tant que « bouffon ».

Passemar, passeur et « bouffon »

Vinaver a en effet recours à celui qui apparaît comme son « double de fantaisie » dans la pièce [1], bien qu'il n'occupe pas au sein de l'entreprise la même fonction que lui : au moment où Vinaver écrit la pièce, il est P.-D.G. de Gillette France, là où Passemar se présente comme un cadre moyen qui occupe la fonction de chef du service administration des ventes, sous la tutelle de Mme Alvarez. Son entrée en scène au premier mouvement, juste après le premier échange entre Lubin et Mme Lépine, n'en reste pas moins très étonnante : il est précédé par l'arrivée de trois danseurs masqués se déplaçant au son d'un piano, portant une caisse dont il s'extrait masqué lui aussi. Il sera dès lors, et tout au long de la pièce comme l'indiquent les didascalies, « tantôt dans les bureaux tantôt sur le théâtre » (I, 250), comme à mi-chemin entre le monde du travail et celui de sa représentation.

Sa toute première tirade le présente en double de l'écrivain, comme « l'auteur de cette pièce », dont les parallèles avec Vinaver sont évidents : il écrivit comme lui dans son enfance une pièce « en un acte » (deux en réalité pour le jeune Vinaver), intitulée *La Révolte des légumes* ; comme lui surtout, il vit une double vie aux facettes très étanches, puisque Ravoire et Dehaze, comme Gillette pour Vinaver, « ne connaiss[ent] pas [son] activité littéraire » (I, 251). Il a méthodiquement gravi les échelons d'une entreprise qu'il a rejointe, après une licence de lettres, pour subvenir à ses besoins. À travers lui, ce sont donc aussi les motivations concrètes du travail, bien loin de toute forme d'idéalisation (« il fallait vivre »), et le parcours des cadres en son sein qui nous sont présentés.

Acteur et auteur de la pièce, il en maîtrise l'espace et le temps, passant sans encombre d'un décor (l'atelier-salon de Fernand

1. Pour reprendre l'expression de Catherine Brun dans *Michel Vinaver : une pensée du théâtre*, *op. cit.*, p. 83.

Dehaze) à un autre (la salle des fêtes où se tient la réunion annuelle de l'entreprise). Tel un chœur tragique, il annonce alors le « fiasco » du projet Bleu-Blanc-Rouge, alors même que Fernand Dehaze vient de le présenter à son banquier (I, 258). Cet échec fondateur implique comme on l'a vu la nécessité du renouveau, et c'est alors Passemar qui, de manière significative, en appelle « [p]eut-être » à « une mutation en profondeur » (I, 253), avant de proposer une analyse plus catégorique encore : « Trois cent cinquante employés vingt millions de chiffre d'affaires une entreprise ancrée dans de solides traditions et qui n'a pas su à temps prendre le tournant » (I, 263). C'est donc lui qui souligne d'emblée l'inadéquation du modèle familial aux nouveaux enjeux de la modernité, réflexion qui se trouve effectivement au cœur de la pièce et du questionnement de Vinaver, chef d'entreprise. Dans tous les cas, Passemar-Vinaver semble saisi d'un vertige et d'un doute, dont il n'est pas sûr qu'il soit levé au terme de la pièce. « [U]n verre à la main » et « légèrement vacillant » quand la salle des fêtes commence à se vider, comme pris de boisson, il énonce ce qu'est le « propos » de la pièce qu'il est en train de concevoir et de jouer (« l'absorption de la moyenne entreprise où je suis moi-même un cadre moyen par une puissante société américaine »), avant de s'interroger à son sujet, comme si le passage était en réalité tout entier tourné vers ce dessein : « est-ce un bien ? Est-ce un mal ? Je ne sais pas j'aimerais y voir plus clair » (I, 262, 263). Vinaver n'écrira pas autre chose dans son « Auto-interrogatoire » : « En écrivant, non seulement je n'exprime pas des positions, mais écrire c'est pour moi chercher à y voir un peu plus clair [1]. »

Tout se passe donc comme si Vinaver voyait en Passemar un « passeur [2] » qui lui permettrait d'exprimer son propre questionnement sur les mutations en cours dans le monde du travail. Il insiste

1. Michel Vinaver, « Auto-interrogatoire » (1972-1973), *Écrits sur le théâtre*, *op. cit.*, p. 303.

2. Comme le suggère Gérald Garutti, qui rapproche le nom du personnage de l'hébreu *Pessa'h*, « le passage », dans « Une épopée du capitalisme. Dialogue avec Michel Vinaver », art. cit., p. 156.

à travers lui sur le fait qu'il n'a pas *a priori* de position tranchée sur le sujet, invitant dans le même temps à considérer cette position médiane comme une clé de lecture pour sa pièce. Vinaver apparente ainsi Passemar à la figure du « bouffon [1] », qui écrit secrètement des pièces, dépend du « système » pour se nourrir (« il fallait vivre », explique-t-il dès son entrée en scène ; I, 251) mais s'oppose aussi à lui, en agissant de manière subversive. Or précisément selon Vinaver, le bouffon est celui « dont la démarche, qu'elle soit fulgurante ou tranquille, fait voler en éclats les conformismes et les stéréotypes du Système, et ouvre les voies non encore imaginées » [2]. Il s'agirait donc dans la pièce, à travers lui, d'y « voir plus clair », comme dans une enquête inventive ou un cheminement qui correspondrait aux différents « mouvements » de la pièce. « Je ne cherche pas précisément je m'intéresse », précise toutefois Passemar (I, 264) : il avance au hasard, à l'image du dramaturge, éclairant par ce biais le questionnement qu'il a lui-même proposé, par l'entreprise de son théâtre.

L'entreprise comme spectacle et grand théâtre du monde

Le monde de l'entreprise y est figuré de manière spectaculaire, au sens fort du terme : c'est un spectacle à part entière, que le dramaturge donne à voir en tant que tel, tout en lui conférant par ce biais du relief. Il apparaît en ce sens comme un grand théâtre du monde, susceptible de révéler les travers du nôtre ; un théâtre baroque, caractérisé par le goût du « mouvement », de la dramatisation et de l'exubérance, animé par des danseurs et des musiciens qui ne lésinent pas sur les effets pour capter l'attention des spectateurs, sous l'égide de Passemar qui orchestre leurs interventions.

À travers eux, la pièce prend des allures de music-hall. Le piano et la danse, les costumes et les mises en scène font tout le panache

1. Michel Vinaver, « Notes en cours d'écriture de *Par-dessus bord* », *Écrits sur le théâtre*, *op. cit.*, p. 240.

2. Michel Vinaver, « Auto-interrogatoire » (1972-1973), *Écrits sur le théâtre*, *op. cit.*, p. 317.

de leurs apparitions. Ils sont d'abord habillés en camionneurs aux mouvements « convulsifs » (I, 250), comme saisis par la transe du spectacle, portant la caisse d'où sortira Passemar tel un magicien, puis grimés en dieux scandinaves, rejouant dans une chorégraphie parfaitement orchestrée le grand mythe dont il vient d'être question. On les retrouve au quatrième mouvement « masqués et vêtus en enquêtrices », prenant à partie les spectateurs et mimant par là même la stratégie marketing élaborée par les Américains, sondant les consommateurs pour évaluer leur usage du papier toilette, avant qu'ils ne s'insurgent contre leur employeur, Passemar, dans une savoureuse mise en abyme au cours de laquelle ils lui jettent des projectiles afin de manifester leur mécontentement, par le biais d'une « occupation délibérée du plateau » (IV, 319, 331) : alors, les relations de travail dans ce qu'elles peuvent avoir de plus conflictuel sont rejouées sur un mode ludique qui tranche avec les décisions définitives et la révolution qui vient d'être lancée par Benoît, sans que celui-ci ne rencontre de réelles oppositions.

Ils reviennent toutefois pour annoncer le « triomphe » de « Mousse et Bruyère », tiennent alors un long cordon auquel « sont accrochés en grappes des paquets dans un emballage cadeau », distribués aux spectateurs (V, 379). Enfin, ils emportent Passemar au moment du dénouement, en « procession » comme lors de son arrivée en scène (VI, 418). Ils sont à chaque fois marqués par la métamorphose, par le baroque d'un spectacle dont la tentation est celle du « théâtre total » où « toutes les formes d'art concourent au spectacle », « le ballet le cirque le cinéma l'opéra » ; un théâtre par conséquent « assez exaltant », « sans plus aucune limite au niveau des moyens d'expression » (I, 265). Ce théâtre est pourtant soumis aux impératifs économiques. « [D]ans la crise actuelle », explique en effet Passemar, « il faut bien admettre que le seul théâtre qui fasse des recettes est un théâtre qui répond à la demande d'un public qui est le public de la société de consommation alors il faut lui offrir le produit qu'il désire » (IV, 321). Comme l'entrepreneur, le dramaturge est donc voué à des enjeux qui le dépassent, et avec lesquels il doit composer. « [É]videmment ce sera un spectacle coûteux à monter », expliquait-il d'emblée, « est-ce que je ne diminue pas d'autant mes chances d'être représenté ? » (I, 265). Le questionnement sera aussi celui de Vinaver, dont la pièce est réputée injouable et fut effectivement très difficile à monter.

La mise en scène de Passemar et ses danseurs rejoue-t-elle en ce sens le monde virevoltant de l'entreprise, sur le point en effet d'être emporté par la révolution ? Ou font-ils écran à la représentation de mutations plus profondes et douloureuses qui, dans le contexte de leurs épanchements, n'en apparaîtraient paradoxalement que mieux ? Pour enjouées qu'elles apparaissent, les différentes apparitions des danseurs n'en sont pas moins dotées d'une certaine étrangeté. Le masque de Passemar le suggère également : celui du metteur en scène et celui du travailleur ne font qu'un, en un curieux redoublement. Un tel enjouement paraît donc insensé, à la mesure du monde qu'il accompagne et dépeint.

Le capitalisme : force dynamique ou mécanique mortifère ?

Que retenir alors de la mise en scène de Passemar et de son caractère si ostensiblement bouffon ? Pour Vinaver, on l'a vu, il ne s'agit pas tant ici de se livrer à une « satire » du monde du travail, que traduirait le spectacle de sa représentation, qu'à son « observation » sans a priori, quitte à ce que cette dernière se révèle effectivement grinçante. *Par-dessus bord* a pourtant entraîné des lectures plurielles, parfois contradictoires, fidèles en ce sens à l'ambivalence du dramaturge lui-même.

La « dynamique » capitaliste à l'œuvre dans le monde du travail

Peu après la prise de pouvoir de Benoît, Passemar sollicite un entretien avec lui où il commence en effet par le féliciter : « Vous avez ouvert la fenêtre on respire », dit-il alors, et l'on se demande bien si c'est là une tentative pour lui de s'attirer ses faveurs et d'anticiper un éventuel changement de poste, ou si l'énoncé correspond à une véritable approbation de sa part, au sujet des changements structuraux de l'entreprise (IV, 342). De la même manière, Cohen se dit au début du cinquième mouvement « plus heureux maintenant » car « le travail est plus intéressant » (V, 371) – même si la réplique qui suit donne à sa remarque un écho tout différent, comme on le verra. Le propos dans la pièce n'est en tout cas pas sans ambiguïté, Vinaver n'étant lui-même pas sans adhérer aux valeurs et à la modernité supposée du capitalisme, dont la structure même de la pièce épouse significativement les « mouvements ». « Travailler dans l'obscurité, sans trop savoir où l'on va » implique aussi que l'on accepte en soi cette part de fascination que peut susciter le « Système ». Vinaver écrit d'ailleurs encore au début des années soixante-dix qu'il « ne l'attaque pas », avant d'ajouter : « j'essaie de le saisir, de l'appréhender, à partir de sentiments mélangés, tendresse et émerveillement, colère et révulsion, amusement… »[1].

Une telle posture a pu embarrasser. Simon Chemama relate ainsi les débats qui, lors de l'émission « Le Masque et la Plume » du 23 juin 1974, au moment de la mise en scène de Roger Planchon, ont vu s'opposer plusieurs analyses radicalement différentes de la pièce : le présentateur de l'émission la considère alors comme anticapitaliste, quand le critique du *Nouvel Observateur*, Guy Dumur, considère au contraire qu'elle constitue une défense du capitalisme et donne une bonne image du libéralisme américain[2]. Bérénice Hamidi-Kim se demande quant à elle si « sous l'apparente oscillation entre le pour et le contre », Vinaver ne se situerait pas dans la pièce « tout contre, au point d'être pour le capitalisme », par opposition à d'autres dramaturges contemporains, plus clairs sur ce point. Pour elle, Vinaver critique bien le capitalisme « à l'ancienne (et le conservatisme politique et social qui lui était associé) » – celui de Fernand Dehaze et de l'entreprise familiale –, tout comme il critiquera plus tard « le capitalisme financier des années 2000 ». Mais « l'âge intermédiaire du capitalisme, celui du capitalisme libertaire et aventurier des sixties qu'incarnent tout autant la révolution marketing et la révolution sexuelle » lui apparaîtrait « aujourd'hui

1. *Ibid.*, p. 304.
2. Voir Simon Chemama, *Vinaver, le théâtre de l'immanence, op. cit.*, p. 330.

encore » comme « une parenthèse enchantée, séquence heureuse et glorieuse, héroïque même »[1]. Bérénice Hamidi-Kim s'appuie efficacement pour le montrer sur des propos tenus par le dramaturge en 2008, au cours desquels il dote la naissance du marketing d'une dimension épique : « Ce moment-là », dit-il, « je l'ai toujours associé à l'épopée homérique ». *Par-dessus bord*, qui fait état de cet avènement, est même comparé à *L'Iliade*, car la pièce relève selon lui d'« une espèce d'enivrement de l'action » : « [l]'opération de délestage, de rejet des acteurs du système » n'y serait en effet « pas ressentie comme douloureuse. C'est un moment du capitalisme qu'on peut appeler héroïque. Avec enivrement, ce système découvre sa capacité à progresser, à faire émerger les désirs comme force économique ». Après lui, en revanche, le capitalisme aurait été « désenchanté », désormais dénué, explique Vinaver, de toute « jubilation »[2]. S'agit-il alors seulement de propos tardifs et nostalgiques, ou d'une vision plus générale et permanente de sa part ?

Ce qui est clair en tout cas c'est que Vinaver est loin de condamner le capitalisme en bloc. Dans l'émission « Le Masque et la Plume » de juin 1974, le critique du *Point*, Alfred Simon, synthétise les points de vue adverses de ses interlocuteurs, offrant du dramaturge un portrait plus nuancé. La pièce reflète selon lui « les contradictions de Vinaver lui-même, auteur dramatique de gauche et employé qui gagne sa vie dans une compagnie de cet ordre-là. Il se met au fond lui-même en question ». La pièce ne serait donc pas tant une « dénonciation » qu'une « description fine et amusée d'un phénomène à la puissance aussi séduisante qu'inéluctable »[3], effectivement portraiturée comme telle par le dramaturge. Ce dernier justifie le système aussi bien que la métaphore qu'il a choisie

1. Bérénice Hamidi-Kim, « *Par-dessus bord* : portrait de cadres dans le vent », Théâtre/Chantier 1, *Scènes du néomanagement*, 2016. Consultable en ligne : www.thaetre.com/2016/01/09/capitalism-a-vinaver-story-berenice-hamidi-kim/

2. Michel Vinaver, Gérald Garutti, « Un capitalisme héroïque et euphorique », entretien réalisé en octobre 2007, dans *Dossier pédagogique*, mise en scène de *Par-dessus bord* par Christian Schiaretti, *Cahiers du TNP*, 8, 2008, p. 31.

3. Bérénice Hamidi-Kim, « *Par-dessus bord* : portrait de cadres dans le vent », art. cit.

pour le désigner, dans un propos alors dénué d'ironie : « Le capitalisme se régénère constamment, en jetant, en se libérant de ses propres déchets, en faisant sa toilette. Il va aux toilettes et s'en sort en meilleure forme. Il a inventé des formes d'autorégénération. Les entreprises meurent aussi. Pourquoi ? Parce que d'autres les poussent dehors » – « par-dessus bord », pourrait-on préciser. Et d'ajouter : « Une entreprise puissante s'engourdit et devient victime de jeunes ayant l'énergie que l'autre a perdue. Ce système a à voir avec le système excrémentiel. Mais il est plus dynamique qu'un organisme vivant. L'éjection, la déjection font partie du cycle de la vie » [1].

Les nouvelles techniques marketing ont elles-mêmes pu le fasciner, et provoquer chez lui, selon Michelle Henry, « un regain d'intérêt professionnel », lié aussi « aux nouvelles aventures que connaît l'entreprise qu'il dirige » encore au début des années soixante-dix [2]. C'est d'ailleurs en partie parce qu'il en voyait toutes les richesses marketing que le produit apparemment dérisoire du papier toilette s'est imposé à lui dans *Par-dessus bord*. Ce produit, explique-t-il, se situe en effet « dans un "champ marketing" relativement peu labouré, où l'arrivée, d'un seul coup, des techniques nouvelles de commercialisation » est susceptible de produire « une déflagration vraisemblable », ce qui exclut au contraire « la lessive, les produits de beauté, les cigarettes, les yaourts, etc. ». Surtout, Vinaver dit avoir opté pour « un produit offrant la plus grande richesse possible d'exploitation des "motivations subconscientes", puisque la révolution du marketing consiste surtout dans la détection et la stimulation de besoins et de désirs profonde "autour" du produit ». Ne peut-on dès lors voir que dérision de la part de l'écrivain lorsqu'il dépeint, de manière certes assez drôle, les cadres de Ravoire et Dehaze se livrer à de pures associations d'idées sur le

1. Michel Vinaver, Gérald Garutti, « Un capitalisme héroïque et euphorique », art. cit., p. 31.

2. Michelle Henry, « Introduction à "En cours d'écriture de *Par-dessus bord*" », *Écrits sur le théâtre*, *op. cit.*, p. 233-234.

produit, à l'invitation de Jack et de Jenny ? Vinaver se moque-t-il seulement de ces derniers ? Lui-même a d'ailleurs évoqué les circonstances dans lesquelles le nom de « Mousse et Bruyère » lui est apparu. C'est lors d'une promenade « sur un promontoire au-dessus du lac d'Annecy » qu'il s'est retrouvé plongé dans un paysage singulier : « un paysage fait de mousse et de bruyère ». Et d'ajouter : « ces deux mots, "mousse" et "bruyère" se sont cristallisés dans ma tête et c'était le nom d'un papier toilette qui allait devenir le personnage principal » de la pièce [1]. Vinaver adhère aussi très clairement à ceux qu'il appelle « les experts de *Par-dessus bord* », par opposition aux employés français et à leur « réaction de rejet », lorsqu'il affirme ne pas être « en désaccord avec Jack et Jenny », qui « pensent qu'il y a là tout un domaine réprimé, donc une libération à entreprendre » [2]. Encore en 2007, il acquiesce également aux propos de Benoît sur le « produit », répétant presque mot pour mot les termes qu'il lui fait prononcer dans la pièce : « Oui, le produit, c'est plus que le produit. C'est exactement ce que dit Benoît dans *Par-dessus bord* » [3]. Et l'on comprend mieux alors pourquoi, loin de tout manichéisme, Vinaver a pu dire qu'il était à la fois *tous* les personnages de sa pièce, même ceux dont les actions nous semblent les plus répréhensibles [4].

Une certaine ambiguïté n'en demeure pas moins. Si le marketing a mis « l'imagination au pouvoir », comme le suggère *Par-dessus bord*, c'est aussi dans le sens d'une récupération et finalement d'une aliénation, « [c]omme si », explique Vinaver, « dès lors qu'on voulait instaurer un régime où l'imagination serait au pouvoir, l'imagination n'était plus dans le site qui devait être le sien : celui d'une

1. Entretien de Caroline Broué avec Michel Vinaver, « À voix nue », diffusé le 3 juillet 2013 sur France Culture. Cité par Catherine Brun dans *Michel Vinaver : une pensée du théâtre, op. cit.*, p. 211.

2. Michel Vinaver, « Auto-interrogatoire » (1972-1973), *Écrits sur le théâtre, op. cit.*, p. 311-312.

3. Michel Vinaver, Gérald Garutti, « Un capitalisme héroïque et euphorique », art. cit., p. 31.

4. « Je suis Passemar. Je suis aussi Benoît, et Alex, et Jack. » Voir Michel Vinaver, « Auto-interrogatoire » (1972-1973), *Écrits sur le théâtre, op. cit.*, p. 309.

résistance au pouvoir ». Or, ajoute-t-il, « [d]ès lors que l'imagination devient un pouvoir, le capitalisme s'en empare ». Alors « [l]ibération et libéralisme » apparaissent « très imbriqués », et la libération conduit paradoxalement « à une séquestration de l'individu ». Au terme de cet entretien daté de décembre 2007, Vinaver explique que ce moment est doté d'une « dimension qui n'est pas moins tragique qu'ironique », avant d'ajouter : « Et le moment de *Par-dessus bord* est celui de l'inconscience de tout cela » [1]. Inconscience, vraiment ?

Un univers concurrentiel et violent

Dans la version intégrale de la pièce plus encore que dans sa version « hyper-brève », Vinaver fait tenir à Jack et Jenny des propos particulièrement peu élégants [2]. Impliquent-ils une forme de distance, plus manifestement critique cette fois ? L'univers de l'entreprise tel qu'il est ici représenté apparaît en tout cas comme un univers concurrentiel et violent. On apprend incidemment de Passemar que son prédécesseur au sein de l'entreprise s'est « suicidé sans raison apparente », sans que la pièce ne revienne jamais sur cet incident (I, 251). Un employé anonyme au cours de la fête annuelle de l'entreprise trouve quant à lui « normal » d'être « exploit[é] » par les patrons (I, 260). La violence exercée à l'encontre des cadres et salariés n'est donc pas exclusive au nouvel ordre du travail, qui ne fait que l'étendre et la remotiver. Le lexique employé est là pour le rappeler, souvent marqué par la brutalité, quel que soit le moment du capitalisme envisagé.

1. Michel Vinaver, Gérald Garutti, « Mai 1968 : de la libération à l'aliénation », entretien réalisé en décembre 2007. Consultable en ligne : www.theatreonline.com/Spectacle/Par-dessus-bord-Version-integrale/21574

2. Les « Tables de la Loi de Donohue and Franfurter » oscillent en effet entre le sublime (« l'homme du marketing » étant « disponible ouvert à tous les murmures du monde à toutes les sollicitations il absorbe les pulsions de l'univers [...] », d'après la « Loi trois ») et l'ordurier, en particulier dans la « Loi deux » (« il peut quelquefois être opportun pour l'homme du marketing de se conduire avec courtoisie et respect à l'égard du consommateur mais il faut surtout le baiser et l'enculer il aime ça il en redemandera [...] ». Voir Michel Vinaver, *Par-dessus bord : version intégrale*, éd. cit., p. 106.

Dutôt, qui se fondera si bien dans ce nouvel ordre dont il anticipe le manque de vergogne et le souci d'efficacité, voit ainsi le produit comme de la « camelote » à fournir à ses représentants pour qu'ils « foncent à mort avec leur promotion » (I, 252). Le conflit annoncé contre les Américains appartient au même registre guerrier : ils « cherchent la bagarre eh bien ils l'auront », dit ainsi Fernand Dehaze, suscitant l'approbation immédiate de son banquier (I, 257). Ils attendent les Français « au tournant », placés en embuscade, guettant le moindre faux pas : « [d]ès que Bleu-Blanc-Rouge est sorti ils ont attaqué en force » et les ont « coiff[és] au poteau » (II, 279 ; IV, 314). Le nouveau tournant capitaliste et celui du modèle américain qui entraîne avec lui de nouvelles techniques de vente et nécessite par conséquent l'émergence de nouveaux acteurs, susceptibles de s'inscrire avec force dans ce nouveau contexte. Dès lors, l'émergence et la prise de pouvoir de Benoît ne doivent pas être définies que par la négative (comme s'opposant au modèle familial [dé]passé de l'entreprise traditionnelle, peu réactive et bureaucratique), mais surtout par la positivité proclamée d'une qualité perçue comme telle dans le monde concurrentiel et violent de la logique capitaliste à l'œuvre dans la pièce : la méchanceté, soit une forme de malveillance, de volonté de nuire, mâtinée d'une agressivité tournée à l'encontre de tous, et en particulier de l'ennemi – Ralph Young et United Paper Company en l'occurrence, qui cherchent eux-mêmes à dévorer Ravoire et Dehaze. C'est pourquoi le banquier Ausange prend le parti de Benoît et non celui d'Olivier, que tout semblait pourtant légitimer à la tête de l'entreprise. Le prêt accordé à Ravoire et Dehaze, et par conséquent l'intérêt bien compris des financeurs, est ici assujetti au choix de son frère, « plus méchant » que lui, comme Ausange le signifie dans un court portrait sans équivoque : « il nous faut un méchant bonhomme qui aime mordre » (III, 311). C'est précisément là ce qu'incarne et réussira Benoît. Le souligne en particulier son échange avec Ralph Young, avec qui il semble partager un même univers de références et de valeurs. « [P]our l'instant nous cherchons très simplement à vous faire mal », lui dit-il ainsi, ce qui ne suscite alors qu'un commentaire amusé de la part de l'Américain (« Sacré Ben vous y réussissez vous savez ? » ; V, 389-390).

Ce sont ces attributs que Benoît met en avant lorsqu'il expose aux cadres réunis les nouvelles règles de l'entreprise (IV, 330). Les difficultés présentes, explique-t-il alors, appellent une « attitude bondissante » qui est « la seule possible devant le défi qui nous est fait » : non seulement « reprendre et au-delà tout le terrain cédé à l'adversaire », mais aussi « faire éclater les limites mêmes du marché » pour vaincre la concurrence. Ce défi appelle une inflexible volonté, qui fonctionne sur le double principe de la création-destruction, ou pour reprendre la métaphore filée tout au long de la pièce, celui de l'ingestion-expulsion, évidemment objectivée par le produit « phare » de l'entreprise. Il s'agit en effet, d'une part, de procéder à « un apport de sang neuf » (IV, 330) au sein de cette dernière, avec la promotion d'un certain nombre de « jeunes loups », promis au plus bel avenir (IV, 368), mais aussi, dans le même temps, d'invalider un certain nombre d'êtres et de pratiques dévalués, désormais considérés comme obsolètes : Olivier, qui s'occupera désormais de la gestion du personnel, et à travers lui toutes les « chamailleries » du passé, évacuées au nom de l'efficacité, sont les manifestations les plus tangibles de cette « hache » qui « s'abattra sur tous les secteurs », comme l'énonce Benoît dans un discours aussi prophétique que guerrier (IV, 330).

Les travailleurs et le sens jetés « par-dessus bord »

C'est bien l'humain qui se voit ici présenté comme une variable d'ajustement, sommée de s'intégrer dans une « aventure », pour reprendre le terme employé à plusieurs reprises par le nouveau dirigeant de l'entreprise, qui prend les atours d'un combat. Le modèle précédent de l'entreprise est alors présenté comme une voie de non-retour : il faut lui opposer une dynamique, ne plus « rester assis » mais « bondir » sur sa proie, en contrant tous les dangers. Vinaver, on l'a vu, n'est pas sans constater la force de ce mouvement. Dans le même temps cependant, il donne figure aux laissés-pour-compte d'un tel projet : « ceux d'entre vous qui n'adopteront pas la cadence », dit Benoît, « eh bien ils resteront sur le quai ce n'est pas une menace c'est une constatation » (IV, 330). Le propos est froid, sans appel. Il ne s'embarrasse pas de détours pour signifier les choix qui ne manqueront pas d'être effectués dans ce qu'il convient d'appeler la « gestion des ressources humaines », ainsi objectivées.

De la dénonciation des « grenouillages » à celle du pantouflage supposé des cadres, incapables de se mettre en danger et de se lancer des « défis », il n'y a qu'un pas, bientôt franchi par Benoît lorsqu'il reçoit Passemar et envisage avec lui la suite de sa carrière, sur un ton qui pour être courtois n'en est pas moins menaçant (IV, 343-344). Il déplore en effet le manque d'ambition de Passemar, qui occupe le même poste « depuis une dizaine d'années ». Et quand Passemar lui répond qu'il n'est pas animé par « la frénésie d'arriver au sommet à tout prix », Benoît lui réplique avec mépris qu'une telle attitude « sent un peu son fonctionnaire »... « [D]ans une entreprise dynamique », celle qu'il veut édifier par opposition au modèle passé de l'entreprise familiale, « quand on s'arrête de grimper on dégringole », ajoute-t-il, ce à quoi Passemar lui rétorque de manière (faussement ?) ingénue – et l'on peut penser alors qu'une telle ironie souligne la vacuité du propos managérial qui fait de l'ascension un principe sans fond ni véritable fin : « Grimper mais où monsieur ? » Or Benoît ne semble pas dupe d'une telle remise en cause, comme le laisse entendre la dureté de sa réplique : Passemar y est qualifié d'« homme sûr méthodique », mais en même temps « un peu terne », ce dont Benoît ne veut croire qu'il s'agisse du « fond de [son] caractère », supposant par là même que cela puisse être le cas. Aussi veut-il procéder sur lui à un « dépoussiérage », comme si le chef du service administration des ventes était une antiquité – nous reviendrons plus loin sur ce motif. Après ses plus de dix ans d'exercice, il s'agit désormais de l'employer en tant que stagiaire, comme « assistant chef de produit », dernier test au terme duquel il sera, le cas échéant, remisé au placard de son poste actuel, qu'il rejoindra alors, lui assure Benoît, sans difficulté ni contrepartie.

La métaphore employée ici reprend celle du titre, et lui confère son sens : il s'agit pour Passemar de se « jete[r] à l'eau » (IV, 343), comme le lui demande Benoît sur un ton d'autant plus insupportable qu'il semble courtois, tout en usant d'un vocabulaire martial qui témoigne encore une fois du nouvel univers de référence de l'entreprise capitaliste, et des valeurs de réussite, de dépassement de soi qui lui sont liées : « si vous avez cassé la baraque une nouvelle possibilité de carrière vous est ouverte ». La même expression sera reprise au moment du dernier entretien de Benoît et de Passemar, signifiant l'échec de ce dernier (« [...] je ne me suis pas comment dirais-je ? Vraiment jeté à l'eau » ; V, 386). Le plus terrible dans la scène assez glaçante du quatrième mouvement, qui en dit long sur les nouveaux modes de management à l'œuvre dans l'entreprise « moderne », est sa chute, qui voit Passemar agréer les nouveaux principes de combativité dont on vient pourtant de lui signifier qu'il ne les incarnait pas, lui le cadre poussiéreux. Les propos qu'il a tenus avant de quitter Benoît (« Je ferai de mon mieux je vous remercie ») lui semblent en effet « vieux jeu et justement pas du tout marketing ». Il regrette alors de ne pas s'être montré plus combatif, reprenant mot pour mot les termes employés peu avant par son supérieur : « un homme du marketing aurait dit OK je vais vous la casser votre baraque et pour commencer vous feriez mieux de vous ranger » (IV, 344). La tournure légèrement familière de la phrase singe alors la tonalité guerrière de manière à la fois comique et, plus implicitement, critique, de la part du dramaturge, comme un commentaire ironique, dans sa répétition même, de la manière dont le travail aliène mais tend aussi à devenir un lieu d'auto-aliénation.

La victime la plus évidente d'un tel renversement est Lubin, figure on ne peut plus symbolique de ces employés auparavant considérés comme des « seigneurs » qui se « tueraient pour la maison » (I, 275), désormais sacrifiés sur l'autel de la rentabilité et de l'efficacité. Tout entier dévoué à son travail et à l'entreprise, lui-même n'était pas sans éprouver une certaine fascination à l'égard des nouveaux cadres promus à la tête des opérations, ces « jeunes loups » carnassiers, qu'il désignait alors comme tels à Mme Lépine pour lui signifier son enthousiasme : « on est en train de prendre le tournant il y a une équipe de jeunes loups chez nous ils préparent un grand coup » (IV, 368). On apprend pourtant à la fin du mouvement suivant qu'il va quitter l'entreprise, après s'être vu proposer un poste de magasinier à l'usine. Nul compte n'est alors tenu de ses compétences, de son parcours, de son investissement, ni même de sa situation familiale (la maladie de sa femme). Il en est très visiblement désabusé : « je suis né vendeur il me faut la route le contact avec la clientèle le goût de la victoire chaque fois que j'enlève une commande je leur ai dit Ravoire et Dehaze c'est toute ma vie [...] ». L'absence de ponctuation s'avère particulièrement efficace dans ce court passage où Lubin semble littéralement essoufflé, comme pris de court. Il n'a pas alors de mots assez durs sur l'état présent d'une entreprise dont il semblait pourtant vouloir adopter le « mouvement ». Il ne parle plus de jeunes loups mais d'« une bande de fumiers » dont s'est entouré « le bâtard », ce dernier n'étant plus désigné que par son statut de fils illégitime, et non plus comme le sauveur de l'entreprise. Quant aux anciens représentants dont il fait partie, ils sont « menés à l'abattoir », comme du bétail, ce dont Fernand Dehaze, lui, se serait offusqué (V, 393). Ironiquement, ces propos sont immédiatement suivis par l'annonce du « raz-de-marée » connu par Mousse et Bruyère. Le profit capitaliste triomphe sur les décombres d'anciens cadres sacrifiés.

Comme lui, d'autres figures historiques de Ravoire et Dehaze sont jetées « par-dessus bord ». Si pour Passemar, encore ambivalent en ce sens, la transformation de l'entreprise est « assez passionnant[e] » à observer, il n'en « crain[t] » pas moins en effet « que cela ne se fasse en dehors et au détriment des cadres de l'ancienne génération dont on suppose *a priori* qu'ils ne sont pas à même de suivre le mouvement » (IV, 321). Il en sera lui-même victime et témoin, comme on l'a noté. André Saillant, lui, devient le « controller » des cadres historiques, Mme Alvarez et Cohen, qui dépendaient auparavant du président (IV, 327). Tous devront ainsi « avaler quelques couleuvres » et en prendre pour leur grade (IV,

329), comme le signale Mme Alvarez à Mme Bachevski, bien avant que cette dernière ne soit aussi poussée vers la sortie.

« [C]'est comme si la terre s'était ouverte sous ses pieds », énonce Passemar pour évoquer la stupeur de la directrice des achats, « cette pauvre madame Bachevski » (V, 383). Elle qui adhérait pourtant si pleinement au nouvel ordre de l'entreprise se voit reprocher son incapacité à s'adapter : « […] vous êtes attachée », lui dit Benoît sur le ton courtois qu'il employait aussi avec Passemar, « à certaines méthodes et attitudes anciennes ». Pour Saillant, elle n'est plus capable à son âge de « se recycler », ce qui, ajoute-t-il, « n'est pas du tout un reproche », mais n'empêche évidemment pas qu'il soit perçu comme tel. Mme Bachevski est invitée à quitter ses fonctions le soir même, ce qui la laisse « abasourdie ». Plus d'ambiguïté, semble-t-il alors : le terme employé par Passemar pour commenter son éviction (elle a été « liquidée ») renvoie à une mise à mort, évoquée bien au-delà de sa seule dimension symbolique, comme le souligne froidement le dernier commentaire du personnage : « [o]n dit que le taux de mortalité des gens à partir du moment où on les met à la retraite grimpe d'une façon vertigineuse » (V, 384, 385). Lui-même, alors, s'apprête à être reçu par Benoît pour « faire le point » sur sa situation (V, 386).

Des figures historiques de Ravoire et Dehaze sont donc reléguées dans leurs fonctions, placées sous la tutelle de « jeunes loups », quand elles ne sont pas simplement « remerciées ». Toutes et tous disent pourtant leur profond attachement à leur travail, auquel ils ont consacré leur vie : ils participeront d'ailleurs aux festivités du dernier mouvement. L'univers ainsi représenté en apparaît d'autant plus dénué de sens : le grand théâtre du monde de l'entreprise est celui de l'insensé, qui transparaît à travers l'écriture même de la pièce. L'absence de ponctuation, initiée chez Vinaver dans *Par-dessus bord*, peut évoquer comme on l'a vu le rythme de la parole, saisie dans sa dynamique et au plus près ; mais elle peut aussi renvoyer à l'essoufflement de paroles qui se mêlent sans (points de) relâche, mécaniques et comme accordées à un vain empressement. Le « magma » des paroles indifférenciées, pour reprendre le terme de Vinaver lui-même [1], fait alors état de cette insignifiance. S'il est présent au premier comme au dernier mouvement de la pièce, ce n'est toutefois pas sans une évolution sensible : là où les échanges relativement restreints du premier mouvement sont au moins pour partie rattachés aux voix de Lubin et de Joëlle, « l'aide caissière », ceux du dernier mouvement sont plus longs, et seule Joëlle y est mentionnée, dans une succession de répliques qui mêlent aux considérations sur le travail (« La pauvre Bachevski » ; VI, 401) des microdéveloppements d'ordre domestique, politiques (« Et il y en a qui veulent abolir la peine de mort » ; VI, 402), évoquant les intérêts particuliers comme les faits divers les plus sordides, sans qu'aucun lien logique ne soit jamais proposé. Le désordre des paroles renvoie à celui des festivités mais aussi à celui de l'entreprise dont toute la pièce aura suivi le basculement.

L'entreprise est donc un monde compétitif et fascinant, empreint toutefois d'une certaine violence. La critique affleure alors dans l'observation aiguisée du travail, représenté aussi comme un monde vain. Du sens émerge pourtant d'un tel tableau, par « éclats » ou « fragments ». Comme le résume Delphine Rey-Galtier, « Vinaver maintient la possibilité d'écrire sans prendre parti », mais « continue à croire que le sens naît de l'assemblage des fragments, tout en établissant que le monde ne se conçoit par autrement que par bribes » [2]. Il conviendra dans un dernier temps d'examiner comment.

1. « Les paroles tendent à s'entremêler sauf pour se détacher, au hasard : c'est un magma avec, par instants, des éruptions. » Voir Michel Vinaver, *Par-dessus bord : version brève*, in *Théâtre complet*, vol. 3, Arles, Actes Sud, 2006, p. 243, et « Notes en cours d'écriture de *Par-dessus bord* », *Écrits sur le théâtre*, *op. cit.*, p. 241.

2. Delphine Rey-Galtier, *Michel Vinaver*, Lausanne, Ides et Calendes, 2019, p. 49.

Le monde de l'entreprise au miroir de l'histoire et du mythe : les entrelacs et la construction d'un sens, ou le travail conjoint de l'écrivain et du lecteur/spectateur

L'écriture de Vinaver se révèle en ce sens particulièrement complexe. Elle relève d'un « n'importe quoi » apparent, doté en réalité d'une fonction heuristique, puisqu'il s'agit pour l'auteur de « faire jaillir quelques éléments de connaissance à partir d'un travail de mise en relation » [1]. Elle suppose la distinction d'un sens profond là où l'absurde *semble* régner [2], sans toutefois qu'il ne faille opposer ces deux dimensions, si bien imbriquées dans et par le texte lui-même. Elle relève par conséquent d'un véritable travail de l'écriture dramaturgique, qui met lui-même, en même temps, le lecteur/spectateur au travail, engagé dans le travail de dévoilement du sens, invité à y progresser lui aussi comme à tâtons, « bouscul[é] dans son ordre établi », mis « hors de lui, et sens dessus dessous » [3]. Ce travail conjoint n'est alors pas tant destiné à « faire procès au Système » que d'en permettre la déconstruction [4].

L'entrelacs : principe et fonctions

La pièce est assez difficile à lire et à monter en raison de ses échanges enchâssés les uns dans les autres, défiant la logique et les espaces-temps. Le chaos semble alors régner, qui renvoie au monde insensé du travail. Dans le même temps, pourtant, du sens émerge

1. Michel Vinaver, « Auto-interrogatoire » (1972-1973), *Écrits sur le théâtre, op. cit.*, p. 315.

2. C'est pourquoi Vinaver ne se reconnaît pas dans le théâtre de l'absurde, comme il l'a clairement énoncé lors d'une conférence à la faculté de philosophie Karlovy : « Le théâtre du quotidien part de la banalité de la parole émise par des gens quelconques dans des situations sans intérêt, c'est-à-dire de l'absence *a priori* de sens. Mais contrairement au théâtre de l'absurde, qui exalte le non-sens, toute la démarche ici consiste à remonter vers ce qui pourrait être un nouveau fondement du sens. Et cette démarche se fait au niveau moléculaire du langage. » Cité par Delphine Rey-Galtier dans *Michel Vinaver, op. cit.*, p. 22.

3. Michel Vinaver, « L'usage du théâtre », *Écrits sur le théâtre, op. cit.*, p. 35.

4. « [D]ans un seul et même mouvement, le montage et le démontage », écrit Vinaver dans son « Auto-interrogatoire » (1972-1973), *Écrits sur le théâtre, op. cit.*, p. 308.

de ces paroles mêlées qui, *a priori*, ne semblent rien avoir affaire les unes avec les autres. En 1973, au moment où *Par-dessus bord* est mis en scène par Roger Planchon au Théâtre national populaire de Villeurbanne, Vinaver insiste ainsi sur le « plaisir d'écrire » associé à sa « démarche exploratoire », à partir du « banal » et de « l'indifférencié », par opposition, on l'a vu, à un théâtre « engagé », trop facilement récupérable [1]. Le dramaturge mobilise tout un réseau de métaphores pour rendre compte de ce travail, qui adopte par exemple le mode de l'« entrechocs » ou du « frottement », en tant qu'il « s'introduit dans les creux, longe les anfractuosités des relations, [...] s'insinue dans les petites brisures et dans les aspérités de ce qui se présente comme une absence d'histoire » [2]. Le terme d'« entrelacs » désigne quant à lui, au sens premier, un ornement composé de motifs entrelacés, dont les lignes s'entrecroisent et s'enchevêtrent. Vinaver en use comme d'une métaphore pour désigner « la structure polyphonique et éclatée » de son théâtre, « la coïncidence dans le temps de plusieurs actions déchiquetées », et « l'emmêlement de dialogues fragmentaires mettant en jeu un grand nombre d'acteurs et de lieux » [3]. Il postule donc là encore la mise en évidence d'un entre-deux, au sein duquel se nicherait un sens caché, par le biais de « jointures ironiques » ainsi révélées ; l'ironie étant définie comme « le mode de connaissance qui se propose lorsque toute possibilité de connaissance paraît sombrer ». Plus encore, elle permet « d'établir des connexions, et les connexions c'est ce qui permet d'avancer dans la connaissance. Écrire, c'est provoquer des connexions pour chercher à connaître » [4].

1. « L'écriture enchevêtrée et l'indifférencié du langage », entretien avec Émile Copfermann, *Écrits sur le théâtre, op. cit.*, p. 275, 281.

2. Michel Vinaver, « Auto-interrogatoire » (1972-1973), *Écrits sur le théâtre, op. cit.*, p. 313, 134.

3. Michel Vinaver, « Un comique de découverte » (1978), *Écrits sur le théâtre, op. cit.*, p. 297. Dans ce passage, Vinaver regrette que la mise en scène de Roger Planchon ait « récus[é], en tant que sans solution possible sur une scène », les entrelacs de sa pièce, contrairement aux propositions futures de Charles Joris, en 1983, et de Christian Schiaretti, en 2008.

4. Michel Vinaver, « Une écriture du quotidien », *Écrits sur le théâtre, op. cit.*, p. 129-130.

L'outil de ce théâtre, note Anne Ubserfeld, n'est alors plus « l'image, mais la parole, non pour le spectateur la vue, mais l'écoute [1] ». Le même souci de ne pas figer le sens et de laisser au contraire libre cours à l'activité de réception du lecteur/spectateur a conduit l'auteur à la disparition de la ponctuation en cours d'écriture de *Par-dessus bord* (à l'exception des points d'interrogation qui « ouvr[ent] la parole au lieu de la clore », et sans qui « la part de l'indécidable » est « trop grande » [2]). Plus alors que la retranscription d'une parole essoufflée, dans le « mouvement » incessant du capitalisme triomphant, la disparition de la ponctuation est clairement associée par le dramaturge au travail du lecteur/spectateur. Elle correspond à un « [d]ésir de rendre le comédien (mais même le lecteur) plus libre et inventif dans sa saisie du texte », dans la mesure où la ponctuation, « qui est une aide à la compréhension, mais aussi un confort et une habitude », fait surtout « obstacle au jaillissement des rythmes, des associations d'images et d'idées, gêne les assemblages, les recouvrements de sons et de sens, empêche tout ce qui est confusion. Elle organise, elle fige, alors que le propos est ici d'atteindre la plus grande fluidité que le langage (comme il m'est donné de l'écrire) permet » [3]. Le désordre apparent devient alors fécond.

Contre tout « festin d'images », Vinaver note par conséquent la « primauté [...] nécessairement donnée au travail *sur la matière même*, en l'occurrence la parole humaine, la parole dialoguée » [4]. S'il se fait musicien par le biais de la composition en « mouvements » de sa pièce, il se voit aussi en peintre. Il s'associe « plus naturellement » à ces deux activités parce qu'il « utilise la parole non pour exprimer des sentiments ou des idées, mais pour matérialiser des relations de

1. Anne Ubersfeld, *Vinaver dramaturge*, *op. cit.* p. 76.
2. Voir, sur ce point, Catherine Brun, *Michel Vinaver : une pensée du théâtre*, *op. cit.*, p. 249.
3. Michel Vinaver, « En cours d'écriture de *Par-dessus bord* », *Écrits sur le théâtre*, *op. cit.*, p. 240.
4. Michel Vinaver, « Auto-interrogatoire » (1972-1973), *Écrits sur le théâtre*, *op. cit.*, p. 315.

différences et de répétitions, pour sortir de l'indistinct » : il s'agit par ce biais de « faire émerger à partir du chaos des choses, un "entre-deux" »[1]. Il précise cette idée en se référant à un texte de Braque qui l'a profondément marqué :

> Il y a des gens qui disent : « Que représente votre tableau ?... Quoi ?... Il y a une pomme, c'est entendu, il y a... Je ne sais pas... Ah ! Une assiette ; à côté. » Ces gens-là ont l'air d'ignorer totalement que ce qui est entre la pomme et l'assiette se peint aussi. Et ma foi, il me paraît tout aussi difficile de peindre l'entre-deux que les choses. Cet « entre-deux » me paraît un élément aussi capital que ce qu'ils appellent l'« objet »[2].

Les exemples d'entrelacs sont innombrables dans la pièce, nous le verrons. Ils apparaissent au sein de montages qui fonctionnent eux-mêmes comme des croisements. Jean-Pierre Sarrazac montre ainsi comment l'entrelacs apparaît jusque dans l'organisation (le « montage ») des espaces dans la pièce. Le « dispositif dramaturgique polyphonique » que Vinaver met en place y confronte « les différentes voix de l'entreprise réparties en plusieurs "théâtres" concurrentiels » que l'on peut lister ainsi : « théâtres de l'économie capitaliste, du petit commerce, de l'adultère (donc du boulevard ?), du mythe antique, du happening (de la vraie vie pour cadres supérieurs ?), de la "danse" publicitaire, etc. ». La pièce recouvre ainsi parfaitement, « grâce au parti pris de simultanéité et à un jeu de répétition-variations, la complexité des processus économiques et humains »[3]. L'intertexte y joue aussi, et surtout, un rôle majeur. Vinaver dresse ainsi une liste de ce qu'« [i]l y a dedans » *Par-dessus bord* : de la peinture (« Dubuffet mais aussi Picasso »), des « récits hassidiques », des « comptes rendus » d'« agences [de] pub », mais aussi de grands auteurs. Shakespeare occupe alors le premier rang, et notamment *King Lear*, remotivé par le parricide et la rivalité

1. *Id.*
2. Cité par Anne Ubersfeld dans *Vinaver dramaturge*, *op. cit.*, p. 77.
3. Jean-Pierre Sarrazac, *L'Avenir du drame : écritures dramatiques contemporaines*, Belfort, Circé, 1999, p. 23.

des frères Dehaze [1]. Vinaver mêle ainsi l'histoire de l'entreprise à l'Histoire, aux grands textes et aux mythes, dont le « frottement » avec le temps présent tend à lui donner épaisseur et densité.

Le capitalisme dévoilé par l'Histoire

Le recours à l'Histoire s'inscrit ainsi, dans un premier temps, dans la logique du montage chère à Vinaver. Il est en ce sens à décoder au même titre que les paroles des personnages, au sein desquelles il figure à deux niveaux principaux.

Madame de Pompadour et les vanités de la Cour

Margerie, l'épouse de Benoît, est une Américaine. Mais elle est venue en France par amour de la culture française, qu'elle perçoit comme une forme de résistance aux vanités managériales importées d'Amérique, « sing[ées] » toutefois par les Français, à commencer par son mari (III, 313). Ce dernier a d'ailleurs « un grand sourire américain », mais Margerie se retrouve bien plutôt du côté de Fernand Dehaze, « tout en nuances », et dont le sourire « en demi-teinte » la séduit, comme du côté d'Olivier, l'héritier légitime, dépositaire des valeurs et de la tradition paternelles, reliées au monde ancien, comme on l'a vu (II, 270).

Cette position singulière s'ancre dans le terrain de l'Histoire, qui dans la pièce informe la nature et les mutations en cours du monde de l'entreprise. Margerie est en effet fascinée par la collection d'antiquités de son beau-père, avec qui elle partage la passion des objets d'art. Parmi sa collection de « merveilles », son regard est attiré par une « pièce remarquable », dont elle est d'emblée séduite pas l'« émail si pur », la beauté parfaite (II, 273-274). Il s'agit d'une tabatière représentant « le petit chien de Madame de Pompadour », la maîtresse en titre de Louis XV de 1745 à 1751, destinée à cette dernière qui pourtant ne l'a « jamais possédée » car elle est « tombée en disgrâce », peu après sa fabrication.

1. Michel Vinaver, « En cours d'écriture de *Par-dessus bord* », *Écrits sur le théâtre*, *op. cit.*, p. 242.

La signification de cette figure historique est ambivalente. Fernand Dehaze semble se prendre pour Louis XV, le monde compassé qui est le sien invite en tout cas à la comparaison. Margerie, elle, est cette intrigante qui n'hésite pas à se qualifier d'« Américaine arriviste » (IV, 358). Elle a épousé un riche Français au moins autant par intérêt que par amour, comme la pièce le répète à deux reprises ; le personnage insistant quant à lui, à chaque fois, sur la deuxième option. Elle se dit en même temps séduite par Fernand, dont elle partage la passion. Elle rejoue en ce sens la figure de la Pompadour, au propre comme au figuré, puisqu'elle « [s]'identifie » à elle et se costume même « en dame de la cour du XVIIIe siècle » au soir de son anniversaire, invitant Olivier, sur qui elle jette alors son dévolu, à l'imiter (III, 307 ; IV, 357). Margerie est certes l'épouse légitime de Benoît, mais comme la Pompadour, on peut la voir aussi comme la favorite bientôt délaissée puisque son mari (nouveau Louis XV ?) reconnaît la tromper (II, 269). Bafouée, elle n'en demeure pas moins une alliée, si l'on en croit du moins les doutes qu'Olivier formule à son égard au moment où elle se rapproche de lui, confirmés dans la version intégrale de la pièce où elle intervient auprès de lui à la demande de Benoît. Les propos de Margerie anticipent d'ailleurs le parallèle quand elle confie à Fernand Dehaze avoir fait des recherches sur la favorite de Louis XV : elle « n'a jamais été répudiée même quand elle a cessé de plaire physiquement au roi » (II, 281).

En ce sens, la figure de la Pompadour permet aussi de dénoncer les vanités du monde de l'entreprise, présenté comme un lieu d'intrigues. Profondément vain, ce monde l'est pour Margerie quand elle dénonce l'atonie de son quotidien partagé avec Benoît : « Manger travailler dormir » (II, 288), sans exaltation ni valeur ajoutée. L'argent y règne sans partage, dont Margerie dit à Benoît qu'il va finir par l'en « dégoûter » (IV, 326). Mais il s'agit aussi d'un monde de pure mise en scène : une Cour des temps modernes, un espace de représentations, de rumeurs et de manipulations. De la part de Margerie, personnage ambivalent comme finalement tous ceux de la pièce, qui en est partie prenante, bien qu'elle souhaite aussi s'en extraire. De la part aussi, peut-être, de Benoît lui-même, par l'ironie de l'entrelacs : quand Margerie évoque l'« emprise intellectuelle » que la Pompadour a jusqu'au bout gardée sur le roi, immédiatement après nous sont relayées les manigances du fils naturel auprès de son père, tâchant de lui faire croire en la déloyauté d'Olivier (II, 282).

L'objet même de la tabatière acquiert ainsi une dimension symbolique. Il fait partie de la collection de Fernand Dehaze, est admiré par Margerie, pour qui il a une valeur inestimable. Il possède donc une valeur marchande, ce dont Toppfer, l'antiquaire, a bien conscience. Lui que Fernand Dehaze avait présenté comme un homme érudit et passionné, qui « écume les bibliothèques pour suivre leur trace » (II, 274) de ses antiquités, n'en reste pas moins aussi un homme d'affaires, qui espère tirer le meilleur prix de ses découvertes. Benoît, lui, n'a qu'une seule idée en tête à la mort de son père, et déjà bien avant : « bazarder » sa collection, dénuée pour lui de toute valeur autre que financière (IV, 347). On peut du reste aussi s'interroger sur le devenir de la tabatière, que Margerie et Olivier emporteront avec eux comme le reste de la collection, au terme d'une transaction financière dont Benoît a toutes les raisons de se réjouir ; le but étant pour eux d'« investir » ensuite dans la « bonne ville de San Francisco », conformément aux nouvelles lois du monde capitaliste. Tous deux s'envolent donc pour l'Amérique afin d'y ouvrir un institut de beauté « sous le signe de la Pompadour », nouvel avatar ironique de la manière dont la dynamique capitaliste récupère tout, jusqu'aux prétendues « antiquités » qu'elle s'empresse d'instrumentaliser et de recycler. Margerie n'a-t-elle pas elle-même comparé le prix d'une tabatière au pot de cinq cents grammes de caviar dont elle fait son dîner d'anniversaire, témoignant par là même d'une constance relative dans la valeur accordée aux choses (IV, 360) ?

La tabatière de Madame de Pompadour apparaît donc dans la pièce comme un objet d'Histoire qui informe en filigrane le présent, y créant comme un nouvel entrelacs, par la force du montage. L'histoire à travers elle confère une épaisseur au monde « flottant », insaisissable, de l'entreprise : elle est tentative et proposition de saisie, lancée (à charge ?) à la libre appréciation du lecteur/spectateur. Le « frisson » que ressent Margerie à « toucher ces choses » est ainsi immédiatement lié par l'antiquaire à leur puissance d'évocation : « Elles nous parlent très intimement n'est-ce pas à travers l'épaisseur des siècles » (IV, 345). C'est donc un objet fragile et puissant à la fois, qu'il faut bien en ce sens envisager avec la plus grande attention : il comporte, nous a-t-on expliqué, un « défaut microscopique », qui en souligne paradoxalement la précieuse précarité (II, 274).

Le monde de l'entreprise comme espace concentrationnaire

L'autre grande référence historique dans la pièce est bien plus forte et ambiguë. La pièce est en effet traversée par le souvenir obsédant de la Shoah, qui appelle un autre travail : celui de la mémoire, pour investiguer et révéler le monde représenté par la pièce. La figure emblématique en est celle du survivant, Alex Klein, sans doute le personnage le plus grave de *Par-dessus bord*. Il rencontre Jiji, la fille de Lubin qu'il va épouser et qu'il qualifie de « splendide sage-femme », et qui fait en ce sens, auprès de lui, œuvre de maïeutique : elle-même se dit « désarmante prêtresse » (III, 301). Comme il le lui raconte alors, il a passé plusieurs années de son enfance à Auschwitz, de « deux ans et demi [à] huit ans ». Il a échappé à la mort grâce à sa mère, Rosa Klein, dont les talents de pianiste lui ont valu d'être sauvée par le commandant du camp. Elle y a travaillé « au bordel » et chez le commandant pour son plaisir, en tant que pianiste, investissant pour sa survie le camp ennemi. Son père quant à lui a été abattu « avec plusieurs autres malades alors qu'ils chiaient dans les feuillées », car ses bourreaux « trouvaient que ça durait trop longtemps » (III, 297-298, 300).

Les scènes où Alex prend la parole le montrent à chaque fois très affecté par ce trauma : Lubin, antisémite ordinaire, le dit « complètement déboulonné » (IV, 325). Lorsque Jiji revient le crâne rasé de la performance artistique à laquelle elle a participé, il croit « pendant un instant » voir sa mère (III, 308). Or les propos qu'il tient alors suggèrent un parallèle saisissant entre la performance artistique de Jiji, la mémoire de la Shoah, et le présent du monde exterminant de l'entreprise, sans pour autant que l'on ne puisse ici parler d'une montée en généralité : seul l'entrelacs des paroles nous invite à procéder à ce type de rapprochement. On est dans tous les cas dans le flottement, l'incertitude. Les « actions » mises en scène lors du happening sont vues par Alex comme « des flotteurs dans leur banalité », et « atteignent une fantastique intensité justement parce qu'elles ne se raccrochent à aucune cause à aucun passé ». Les « actions allemandes » échappent elles aussi selon lui « à l'entendement », caractérisées par l'insignifiance apparente, les Juifs étant alors « les flotteurs », incapables de se défendre « parce que nous ne pouvions pas comprendre », explique-t-il, cela même étant dû au fait « qu'il n'y avait rien à comprendre » (III, 309).

Une différence majeure finit pourtant par être soulignée, maintenue en suspens pour un temps par le jeu de l'entrelacs : « [l]a différence c'est qu'en prenant un peu de recul les actions des Allemands apparaissent comme ayant eu globalement un sens », celui de « [l]'anéantissement des Juifs ». Il n'est pas anodin alors que les propos enchâssés soient ceux de Cohen, s'entretenant avec Olivier, puis avec Mme Alvarez. Tous les trois constituent le bloc « résistant » aux transformations du monde de l'entreprise, tel qu'investi par Benoît. Dans ce groupe, Cohen semble incarner la mémoire des temps passés, un possible résistant. Lui qui a survécu à une « double pneumonie » face à laquelle les docteurs ne lui donnaient « aucune chance » parsème aussi le troisième mouvement de ses souvenirs d'enfance, traversés par la mémoire des maux endurés par les Juifs (III, 294-312). Au moment présent du bouleversement de l'entreprise, il se « déba[t] à coups d'expédients pour qu'on ne puisse pas dire que la maison », c'est-à-dire ici l'entreprise dans laquelle il est, comme d'autres, si investi, « a arrêté ses paiements ». Pour Olivier, qui refuse alors sa démission, il incarne « un peu le patriarche ici », « le roc » au sein de l'entreprise ; raison pour laquelle, ajoute-t-il, « il est important que les gens qui tous vous respectent voient bien que vous n'avez pas perdu confiance » (II,

309). La pièce souligne pourtant l'échec d'un tel souhait. Le parallèle entre « [l]'anéantissement des Juifs » et celui d'Olivier, lâché par Ausange au bénéfice de Benoît, « méchant bonhomme qui aime mordre », trouve en effet son point culminant dans l'énoncé de Cohen, qui acquiert alors toute sa force : « Notre temps à nous est fini » (II, 311). La scène qui suit immédiatement nous transporte en outre dans la chambre d'hôpital où Benoît s'apprête à « assassin[er] » Fernand Dehaze « une deuxième fois », Cohen évoquant alors, par le biais d'un entrelacs à nouveau signifiant, la mémoire d'un rabbin qui « se retournait dans son lit sans pouvoir s'endormir », comme tourmenté lui aussi par l'éternel retour de la violence (II, 312).

Le club de jazz, « l'Infirmerie », et à travers lui la musique doivent-ils dès lors être envisagés dans la pièce comme des lieux de soin pour les victimes de l'Histoire, Juifs et cadres confondus ? Force est de constater que ces victimes n'y apparaissent pas, au contraire de Benoît, qui s'y détend avec sa femme, avant d'y savourer, en compagnie cette fois de Jenny, le triomphe d'un nouveau mode de vente et de management assassins, aux ambitions totalitaires. C'est en tout cas la lecture que l'on peut faire du dernier discours du président de United Paper Europe, dont Benoît a reçu l'onction et qui vient d'intégrer Ravoire et Dehaze au sein de l'entreprise mondiale, en « l'ingérant » littéralement. L'analyse est d'autant plus probante et vertigineuse qu'Alex peut apparaître comme un autre double de Vinaver, traversé comme lui par la mémoire de ses ancêtres juifs, rattrapé aussi par le monde de l'entreprise, à la fois délétère et fascinant, en un contraste dérangeant. Du reste Alex n'est pas non plus sans proximité avec Benoît : l'un, orphelin de père sauvé par sa mère, l'autre, abandonné par sa mère et recueilli par son père, comme le troisième mouvement de la pièce nous le fait habilement relever : « l'amertume » évoquée alors au sujet d'Olivier y semble aussi désigner le ressentiment du fils naturel (III, 301). Nul schématisme là encore, mais des échos entremêlés, au sein desquels le lecteur/spectateur est invité à se frayer un chemin.

Dans tous les cas, l'entreprise capitaliste est figurée comme une grande machine susceptible de tout récu(pé)rer, de tout nettoyer, à l'image de son produit phare, qui fait littéralement peau neuve : les talents comme les mémoires. Le crâne rasé de Rosa Klein, mère d'Alex, celui de Jiji au retour de sa performance artistique, en un troublant écho, trouvent leur solution dérisoire dans l'entreprise de perruques que Jenny s'apprête à lancer aux États-Unis avec Benoît, et dans laquelle tous deux entrevoient un marché très prometteur. Alex est embauché par l'entreprise au moment même où Lubin, son désormais beau-père, en est licencié ; le banquet final célèbre le départ de Lubin comme le mariage d'Alex avec sa fille et son entrée en fanfare dans l'entreprise où il va créer le service « merchandising ». Ce nouveau travail n'a plus rien à voir avec la liberté, artiste et précaire, du « free » jazz. « Dès lors que l'imagination devient un pouvoir, le capitalisme s'en empare », notera comme on l'a vu Vinaver, prenant alors en exemple immédiat celui d'Alex, « l'artiste en marge ». L'entrée « dans la vie normale », comme le dit alors ce dernier, est vécue de manière ambivalente, renvoyant sans doute en ce sens à la position du dramaturge lui-même. Il s'agit d'une irrésistible opportunité : Alex n'a « pas résisté à la tentation » et emprunte ce nouveau chemin « la langue à l'air les yeux ouverts les narines dilatées », prêt à en savourer le goût nouveau. Mais il s'agit aussi, dans le même temps, d'un renoncement, d'un saut dans le vide et d'un terrain « glissant », qu'il s'apprête à emprunter avec son épouse : « le jeu est joué adieu lumière viens Jiji faisons le premier pas ensemble tiens-moi la main c'est glissant ». Plus encore, Alex rapproche significativement ce moment de la disparition de son propre père dans les camps : « Mon père est mort en tombant en arrière dans une fosse à merde poussé par un SS maintenant moi [...] J'entre dedans je m'avance je tombe en avant » (VI, 406-407).

C'est dans ce contexte que la grande entreprise capitaliste américaine, prédatrice au long cours, achève ainsi son projet dans l'emprise totale des travailleurs. Cette dernière apparaît comme son but ultime, comme l'analyse efficacement Simon Chemama. Il parle d'un « fantasme d'unité ou d'unicité » à rapprocher du « monopole » qui est « d'une certaine façon celui de toute entreprise en système capitaliste ». Ravoire et Dehaze se fait ici racheter par la United Paper Company, et le discours final de Ralph Young présente « la même idée d'uniformisation des hommes eux-mêmes », puisque selon lui, « on reconnaît un homme Youpico n'importe où », « dans un aéroport sur une plage », « il a le regard clair le maintien assuré » (VI, 415). Pour Simon Chemama, « [c]ette extension d'une entreprise sur toute la surface du globe, accompagnée de la création d'un homme nouveau, ne peut manquer de rappeler les systèmes totalitaires. L'homme Youpico (l'humour vinavérien se manifeste dans l'usage de l'acronymie – UPCo) peut évoquer, aussi bien que le soldat de l'impérialisme commercial américain, l'idéal nazi ou l'homme soviétique ».

Les derniers mots de Young apparaissent alors « terrifiants » et presque déments, dans l'indifférence générale puisque les didascalies indiquent que « le festin se poursuit » : « La société que nous achetons ça n'est pas les machines ni les bâtiments ni les produits it's the people ce sont les gens c'est vous tous que nous voulions c'est vous que nous avons c'est vous vous Youpico youpico ra ra Youpico youpico ra ra » (VI, 415). Une différence « essentielle » demeure pourtant, fait remarquer Simon Chemema, « entre l'indifférenciation chorale », telle qu'elle s'exprime chez Vinaver, et « l'homogénéisation totalitaire ». « Dans les descriptions de régimes totalitaires (ou des utopies qui y mènent), un narrateur nous montre ces hommes confondus, d'un point de vue externe, ou bien un personnage nous parle d'eux, mais ceux-ci n'apparaissent jamais comme des sujets parlants ». Chez Vinaver, « [d]ans les chœurs, ces hommes ont la parole, et cela change tout. L'"égalité" des personnages de Vinaver, radicalisée dans les chœurs, n'est pas du tout la "mêmeté" des individus dans un régime totalitaire [...] »[1]. Elle remotive au contraire la figure de l'échange, dont la possibilité est évoquée jusqu'au bout, et malgré tout.

1. Sur tout ce passage, voir Simon Chemama, *Vinaver, le théâtre de l'immanence*, *op. cit.*, p. 382-383.

La tonalité générale de la pièce n'est toutefois pas si grave, tant s'en faut. Il serait donc erroné de voir dans cette lecture concentrationnaire de l'entreprise capitaliste, au demeurant bien présente dans la pièce, une lecture majeure ou même définitive du travail dans *Par-dessus bord*. L'entrelacs, au plan macroscopique, y fonctionne encore dans la pluralité de ses références, où le comique se mêle au tragique, comme ce dernier encore à l'épique.

Les mythes et la comédie antique comme cadres structurants : Aristophane, les Ases et les Vanes

La comédie antique et les mythes, le ludique et l'épique se mêlent alors dans le plus grand « désordre » apparent pour offrir leur cadre foisonnant à la pièce. Vinaver les rapprochera explicitement dans son « Mémoire sur mes travaux », chacun d'eux constituant, écrit-il alors, « l'une des deux trames qui se superposent » dans sa pièce [1].

La comédie d'Aristophane : modèle et fonctions

En parfait double de Vinaver, Passemar se dit à la fin de *Par-dessus bord* prêt à effectuer « certaines coupures » dans sa pièce qui lui semble « un peu trop foisonnante ». La version intégrale de *Par-dessus bord* sera, comme on le sait, déclinée à trois reprises. Si quelque chose doit être « préserv[é] » en revanche, et qui perdurera au fil des versions, c'est une structure profonde que le personnage finit par nous livrer comme une clé de compréhension de la pièce, « empruntée à Aristophane », dont « toutes [l]es pièces se terminent par un sacrifice et un mariage », « un festin et puis une procession qui est le moyen pour les acteurs de quitter la scène » (VI, 417). Vinaver, de fait, est fasciné par le monde grec. *Iphigénie Hôtel* (1959) remotive le mythe (le dramaturge allant même jusqu'à proposer une liste de « clés ou équivalences » dans ses « Notes pour la mise en scène » de la pièce [2]), comme *Les Travaux et les Jours* (1979) ;

1. Michel Vinaver, « Mémoire sur mes travaux », *Écrits sur le théâtre 2*, *op. cit.*, p. 68.
2. Michel Vinaver, « *Iphigénie Hôtel* : notes pour la mise en scène » (1960), *Écrits sur le théâtre*, *op. cit.*, p. 198.

Hésiode ou Sophocle sont abondamment cités dans ses écrits et dans *Les Huissiers*, dont la structure sous-jacente est celle d'*Œdipe à Colone*, les personnages renvoient chacun à ceux de la tragédie.

Vinaver revient à deux reprises sur la structure qu'il dit avoir empruntée à Aristophane dans *Par-dessus bord*. Dans son « Auto-interrogatoire » d'une part, il s'agit de « l'Offense, le Combat, l'Agon (sacrifice), la Contre-Offense, le Banquet, le Mariage ». Dans son « Mémoire sur mes travaux », la liste devient la suivante : « prologue, parodos, agon, sacrifice, mariage, festin, exodos » [1]. On retrouve dans les deux cas le conflit qui oppose, à différents niveaux entremêlés, les deux frères, les Français et les Américains, dénoués par le banquet final et les « montagnes de victuailles » du « festin de mariage » (celui d'Alex et de Jiji), titre accolé au sixième et dernier mouvement (VI, 401). Entre les deux, Lubin apparaît comme le grand sacrifié, bien que son nouveau gendre ait désormais pris la relève en intégrant l'entreprise ; mais aussi avec lui Mme Bachevski, sinon Passemar lui-même qui dit aussi vouloir « prendre les devants » en cherchant un nouvel emploi. L'exodos, ou sortie de scène, correspond enfin à la joyeuse farandole par laquelle Passemar, « porté » en « procession », signe le dénouement de la pièce.

Ce qui compte avant tout n'est pourtant pas tant l'adhésion effective de la pièce à ces différents jalons que ce que leur évocation permet. Elle acquiert dans *Par-dessus bord* la force d'un cadre structurant, qui permet et encadre à la fois l'emballement du « n'importe quoi ». Aristophane apparaît alors autant comme une autorité qui permet tous les débordements, de « faire dans l'énorme, dans le foisonnant, dans le débraillé, dans le scatologique », que comme un point d'arrimage qui permet paradoxalement aussi d'éviter « le dévalement dans le chaos », du fait même de sa « structure totalement contraignante » [2]. « L'irruption de la farce », comme le résume

1. Michel Vinaver, « Auto-interrogatoire » (1972-1973), *Écrits sur le théâtre*, *op. cit.*, p. 308, et « Mémoire sur mes travaux », *Écrits sur le théâtre 2, op. cit.*, p. 68.

2. Michel Vinaver, « Auto-interrogatoire » (1972-1973), *Écrits sur le théâtre*, *op. cit.*, p. 310, 311.

Delphine Rey-Galtier, y offre « un contrepoint à l'habitude, déterre presque violemment la grossièreté enfouie sous le banal » [1]. L'intertexte joue alors pleinement son rôle dans la pièce.

Splendeur et décadence du savoir académique : Monsieur Onde, ou l'ambivalence de la référence et du savoir mythiques

L'Histoire y est quant à elle un phare à la fois puissant et fragile, comme on l'a vu. Les figures érudites qui la transmettent, telles Toppfer, sont ambivalentes, à la fois porteuses d'un discours susceptible d'éclairer le monde et en même temps quelque peu dérisoires, comme si elles étaient elles-mêmes des « antiquités ». Une licence de lettres, alors, semble avoir bien peu de valeur : elle ne suffit pas pour vivre, comme l'énonce d'emblée Passemar. Alex lui non plus ne peut vivre de ses brillantes études en mathématiques, et avant lui, son père si grotesquement abattu à Auschwitz était un érudit, « un latiniste distingué spécialiste de l'histoire de Rome dans sa jeunesse » (III, 300 ; IV, 355). Les nouveaux entrepreneurs du capitalisme instrumentalisent et dévoient quant à eux ce savoir, outil parmi d'autres de leur effraction du monde. À la fin du quatrième mouvement de la pièce, au seuil du « triomphe » annoncé de Mousse et Bruyère, Jack ne cite en effet saint Augustin et Nietzsche que pour justifier sa propre théorie sur la constipation et la défécation des clients qu'il espère séduire (IV, 368-369). Battistini et Peyre, eux, envisageront la possibilité d'imprimer sur de nouveaux papiers toilette « de petits textes instructifs », « [u]ne encyclopédie sans début ni fin » (V, 380). On ne sait trop alors, dans tous ces cas, s'il faut en rire ou en désespérer.

Monsieur Onde n'échappe pas à cette dévaluation générale du savoir, dans le monde de la prétendue modernité entrepreneuriale. Rares sont ses auditeurs au Collège de France, ce temple du savoir : les didascalies nous indiquent la présence incongrue de deux auditrices qui « tricotent », « au fond de la salle », visiblement peu préoccupées par les cours du professeur. Lui-même ne semble pas dupe

1. Delphine Rey-Galtier, *Michel Vinaver*, *op. cit.*, p. 72.

de la situation, et du peu d'écho qu'il rencontre. « En dehors de deux ou trois dames âgées qui l'hiver viennent ici quérir un peu de chaleur je n'ai pas l'habitude », explique-t-il, « de trouver en face de moi des visages » : de vagues présences, qui renvoient à une absence et à du silence. Le savoir qu'il déroule paraît ainsi dépassé, poussiéreux. Passemar, lui, le trouve « passionnant » (I, 265). Monsieur Onde s'étonne de sa présence, et même de son intérêt pour son cours, comme désabusé lui-même par son époque.

Il déroule pourtant son propos, tel qu'il apparaît découpé et mis en relief par Passemar, et à travers lui Vinaver. Ce dernier ne cachait pas son admiration pour Georges Dumézil (1898-1986), dont il suivit lui-même les cours au Collège de France, et dont Monsieur Onde est un avatar. Le grand philologue, historien des religions et anthropologue français s'est penché sur les sociétés et les religions indo-européennes, en procédant à d'importantes recherches en mythologies et religions comparées. À travers lui, Vinaver rend hommage à une autre forme de travail, celui des chercheurs, intellectuels et savants. À leur image, Monsieur Onde est donc M. Onde (il est d'ailleurs constamment noté ainsi dans la version intégrale de la pièce), capable de révéler le monde. Il a convié Passemar, alors jeune étudiant, « dans son cabinet de travail », dans l'espace privilégié, mais confiné, de ses recherches (III, 295). Il s'y présente comme un être seul, non plus cette fois par la force des choses et la médiocrité du temps présent, mais en raison de la nature même de son travail, qui nécessite de creuser patiemment, dans l'obscurité – comme le dramaturge à qui il délivre son savoir.

Monsieur Onde n'est alors plus tant un être anachronique, une antiquité, qu'une « taupe », pour reprendre sa propre image – et surtout celle que Vinaver choisit pour le (et *se*) désigner. Or, explique-t-il à Passemar, « [o]n n'emmène pas des gens avec soi quand on est une taupe creusant ses galeries sans presque jamais faire surface ». Le travail qu'il mène inlassablement, par lequel il laboure le (sous) terrain du mythe, suscite en ce sens un « sentiment de cheminement dans le noir » qui, paradoxalement, est éclairant, investi d'une dimension sociale et politique. Il dit ainsi n'avoir « jamais douté que tout système mythologique signifie quelque chose », et « aide la société [...] à s'accepter à être fière de son passé », « confiante dans son présent et son avenir ». Il s'agit d'ancrage, là encore, et cet ancrage puise sa force dans le mythe.

Cette foi accordée au savoir mythique ne peut pourtant se construire que dans l'écoute et dans l'interaction. Ce savoir est construction du langage mais aussi échange entre le professeur qui avance « dans le noir » et Passemar, metteur en scène que Monsieur Onde voit comme un « soleil » (III, 296) : deux figures *du* travail, *au* travail. Du reste, Passemar est lui-même transporté par les lumières du professeur, par lesquelles le lecteur/spectateur est aussi convié à faire émerger des « déflagrations de sens », pour reprendre l'expression de Vinaver. « Quand je vous écoute », dit ainsi le personnage au savant, « toutes sortes de choses se relient » : « cela irradie » (III, 296). Tel va précisément être le but, dans toute la pièce, du grand mythe nordique des Vanes et des Ases.

Les Vanes et les Ases, ou le modèle mythique d'une « épopée du capitalisme »

Dans la mythologie nordique, la guerre entre les Vanes et les Ases est la première guerre de l'univers. Elle est traitée en particulier dans le poème eddique *Völuspá*, antérieur au XIIIe siècle. Dans *Par-dessus bord*, du premier au tout dernier mouvement, elle illustre les mutations de l'entreprise capitaliste, en la dépaysant et en y révélant par là même une dimension insoupçonnée, quasi mythifiée par le nouvel entrelacs ainsi créé. Monsieur Onde y intervient à cinq reprises pour éclairer de son savoir sur le mythe ce que Gérald Garutti appelle, dans la pièce, la grande « épopée du capitalisme », sans en masquer la dégradation ni l'ironie [1]. On retrouve à travers

1. Gérald Garutti écrit en effet : « Toute époque a l'épopée qu'elle mérite. Quelle serait l'*Iliade* de nos temps modernes ? Un avatar ironique, qui ne conterait plus la guerre de la Grèce contre Troie, assénée à coups de bronze, mais la guerre du Nouveau Monde contre l'Ancien, menée à prix d'argent. Qui ne chanterait plus la colère d'un héros exceptionnel (Achille), furieux de se voir arracher ses amants (Briséis et Patrocle), mais les

elle l'idée du mouvement, d'une action transformatrice, anticipant l'avènement d'un nouvel état, susceptible en ce sens de provoquer l'adhésion, sinon la fascination. On est alors bien loin de la lecture concentrationnaire du monde de l'entreprise, ou de ce qu'il est voué à devenir, sans toutefois que dans la pièce ces deux facettes ne se rejettent, ou sans que, plus curieusement, elles ne se contredisent.

Le genre désigne à l'origine la composition en vers d'un récit célébrant un héros ou un grand fait, mêlant histoire et légende. Selon Daniel Madelénat, l'épopée implique la présence de trois figures majeures : les hommes, les dieux, la guerre [1]. Le héros (Benoît ? le capitalisme lui-même ?) s'y distingue sur un fond indistinct de combattants anonymes, tels ces employés de l'entreprise dont nous ne savons rien. Ses compagnons, cadres moyens ou supérieurs, sont scrupuleusement sélectionnés, nommés, et se définissent par complémentarité ou contraste par rapport à lui, pour accompagner ses aventures ou accentuer tel ou tel trait de sa personnalité. La présence des dieux auprès de lui l'agrandit, car elle l'inscrit dans un monde cosmique qui décuplera la valeur de ses actions, ce que Daniel Madelénat résume ainsi : « le surnaturel, élément essentiel du sublime, situe le héros dans un environnement physique et mental agrandi aux dimensions d'un drame cosmique ; l'acte humain acquiert écho, poids, et s'illumine des prestiges du sacré : sous le regard divin resplendit le sens lumineux de l'existence [2] ». Mais en retour, la toute-puissance des dieux peut écraser le héros, relativiser ses exploits : la guerre le dépeint alors en proie à des situations ou à des êtres qui vont éprouver sa capacité à révéler sa grandeur, quitte à suggérer parfois des ambiguïtés. La guerre dans *Par-dessus bord* est inhérente au passage de l'entreprise familiale à

soubresauts d'une entreprise moyenne, enragée de se voir dévorer ses parts de marché. Qui n'aurait plus pour enjeu la plus belle femme du monde (Hélène) mais la plus vulgaire des marchandises. » Voir Gérald Garutti, « Une épopée du capitalisme. *Par-dessus bord* de Michel Vinaver », *Sens public*, 2008, consultable en ligne : http://sens-public.org/static/git-articles/SP582/SP582.pdf

1. Daniel Madelénat, *L'Épopée*, Paris, Puf, 1986, p. 51.
2. *Ibid.*, p. 63.

l'entreprise « moderne », dans une forme d'agressivité nouvelle et comme effectivement décuplée. Devant ses cadres rassemblés, Benoît prononcera comme on l'a vu un discours guerrier, où il insiste sur le « défi » qui leur est lancé, le nouvel esprit « bondissant » qu'ils doivent adopter, « l'aventure » qu'ils doivent mener et même la « hache » qu'ils devront manier pour la mener à bien, « dans tous les secteurs » (IV, 330). Dans la pièce, ce conflit « acquiert écho, poids et s'illumine des prestiges du sacré » : Vinaver évoque le souffle de l'épopée homérique, convoque Shakespeare et le *Roi Lear*, remotivé comme on l'a vu par le parricide et la rivalité des deux frères (Edmond/Benoît, Edgar/Olivier, Gloucester/Dehaze), autant que le grand mythe nordique des Vanes et des Ases.

Les échos avec le présent sont alors patents, sans toutefois que les rapprochements ne soient explicitement identifiés. Deux épisodes particuliers en sont traités, en plus du conflit plus général qui oppose les deux groupes de divinités. Chez les Ases, la rivalité des deux fils d'Odin, Baldr et Hödr, fait évidemment songer à l'opposition entre Olivier et Benoît, qui aboutit à la disgrâce du premier. Plus directement dans le cinquième mouvement de la pièce, elle renvoie aussi à la rivalité entre Mme Alvarez et Mme Bachevski, qui rejouent elles-mêmes la dualité des deux clans formés dans l'entreprise. De ces deux groupes alors, il semblerait plutôt que ce soit le premier qui fasse l'objet des offenses de l'autre : on lui « jet[te] des pierres » qui ne lui font d'abord « aucun mal », avant qu'il ne soit renversé (III, 303). Or dans le mythe, selon Monsieur Onde, cette chute signale un moment décisif : ce qu'il voit comme « le plus grand malheur qu'il y ait eu chez les dieux et chez les hommes » est à l'origine de la « médiocrité de l'âge actuel », de manière d'autant plus définitive qu'elle est « sans remède » (III, 305). Le comportement puéril des deux femmes (« Deux enfants on dirait deux enfants », déplore Cohen) semble alors parfaitement l'illustrer, ou plus particulièrement celui de Mme Bachevski, aiguillonnée par Benoît et à travers lui par le dieu Loki, ce « personnage fourmillant d'idées », « malin et sans scrupule » (III, 303, 306).

Un autre épisode, au seuil de l'avant-dernier mouvement, est caractérisé par une même ambiguïté. Le petit loup Fenrir, destiné à dévorer les dieux, y est piégé par les Ases, hilares et désormais soulagés. Il paraît immédiatement renvoyer à Cohen, par le jeu de l'entrelacs. Le chef comptable vient de se dire en effet « plus heureux maintenant » car son travail est « plus intéressant », ce à quoi Monsieur Onde semble lui « répondre » depuis le Collège de France que « [b]ien entendu le loup ne peut se dégager » : « plus il se défend plus le fil se tend » (V, 371). Mais dans le passage, la ruse des Ases renvoie aussi aux Français et aux Américains, et plus généralement au dévoiement du monde soumis, là encore, à la « médiocrité », terme à nouveau répété (V, 372). « Ce que la société divine a gagné en efficacité », conclut même Monsieur Onde, « elle l'a perdu en puissance morale et mystique » : « elle n'est plus que l'exacte projection des bandes ou des États terrestres dont le seul souci est de gagner et de vaincre ». Le jeu de l'entrelacs n'est toutefois pas sans modaliser encore le caractère par trop définitif d'un tel propos : ne s'agit-il pas, comme le suggère alors Cohen à Mme Alvarez, d'une « vision un peu sombre des choses » ? (V, 371-372).

Dans sa plus grande généralité, le mythe des Vanes et des Ases encadre enfin, et surtout, la pièce, qui présente en ce sens une structure en boucle. Dans le premier mouvement, le cours de Monsieur Onde et les répliques de Passemar se répondent d'abord presque terme à terme, le second apparaissant comme le commentaire du premier, le présent étant redoublé et révélé par le mythe, comme deux épopées entrelacées (I, 263-264). Vanes contre Ases, Français (nation « de la fécondité et de la volupté » ?) contre prédateurs américains, les seconds commençant par attaquer les premiers dans une guerre originelle, prélude à un monde renouvelé. L'avant-dernier propos du cours de Monsieur Onde au Collège de France apparaît alors comme le miroir exact du sort annoncé de l'entreprise française. Les Vanes attaqués par les Ases sont « pris de panique et s'enfuient dans une grande bousculade », mais leur défaite n'est pas définitive puisque « contre toute attente », ils « parviennent à détruire l'enceinte des Ases ». En parallèle, « [d]e Minneapolis » les Américains ont « débarqué en force ont pris pied », mais « alors que l'effondrement paraissait imminent il y a eu une petite révolution de palais » – la prise de pouvoir de Benoît, qui a permis elle aussi le renversement : les Français « ont réussi à renverser la vapeur et à mettre en difficulté le colosse d'outre-Atlantique » (I, 264). Le dénouement inattendu étant dans les deux cas celui d'une réconciliation, « une paix surprenante aussi harmonieuse que la guerre a été implacable » (VI, 418), effectivement signalée au dernier mouvement par l'alliance de Benoît et de Ralph Young, telle qu'énoncée par l'héritier français : « Un rapprochement s'est produit notre adversaire d'hier [...] / Est notre associé d'aujourd'hui » (VI, 414).

Il s'agit dans les deux cas d'une terre brûlée, qui appelle un renouveau. Se mêlent ici, en de nouveaux collages, le thème cher à Vinaver de la « Terre Gaste », la terre désolée de la légende arthurienne, et le poète T. S. Eliot (1888-1965), qui remotiva ce thème dans *The Waste Land*, œuvre que le dramaturge français affectionne particulièrement et qu'il traduisit d'ailleurs à l'âge de vingt ans. La référence à la comédie d'Aristophane nous parlait elle-même « d'un âge d'or du théâtre », que Vinaver souhaite évoquer pour le remotiver, comme un contrepoint aux difficultés du théâtre et du monde d'aujourd'hui. « Rien d'étonnant », écrit-il en effet, « à ce que nous soyons saisis d'envie, à la simple évocation des temps originels où il en allait autrement ». Le théâtre était alors pourvu d'une fonction politique et cathartique, qui « cimentait la communauté des hommes dans le cadre de la Cité, aidait à résorber les conflits et les tensions par son effet purgeant » [1]. Mais si ces motifs renvoient à un monde dévasté, ils sont dans le même temps corrélés à l'émergence d'un monde nouveau, comme répété tout au long de la pièce, tel un refrain ou un oracle, porté par les danseurs de Passemar. La pièce en ce sens s'achève sur un mode à la fois édifiant et ludique. Monsieur Onde y réapparaît « en tenue de sport dans un fauteuil

1. Michel Vinaver, « À propos de *Troïlus et Cressida* » (1964), *Écrits sur le théâtre*, *op. cit.*, p. 94.

en osier », comme débarrassé désormais de ses atours savants, lui qui a effectivement joué son rôle et semble pressé d'en finir, enjoué comme tous les autres participants du festin. Il y prend néanmoins la parole pour réitérer les propos annoncés au premier mouvement : les Ases et les Vanes se sont étonnamment réconciliés, et vont cesser de se battre, « jusqu'à la fin des temps » (VI, 418). La boucle est donc bouclée, la réconciliation inattendue ayant d'emblée été présentée.

Conclusion : un banquet festif et amer, ou le capitalisme triomphant ?

Par-dessus bord dépeint donc une entreprise française en proie à d'importantes mutations à la fin des années soixante, passant d'un modèle familial (dé)passé à une nouvelle ère du capitalisme et de la société de consommation, où les nouvelles techniques marketing sont appelées à jouer un rôle premier. La pièce, affirme Vinaver, n'est pas une « satire » mais une « observation » : les relations entre cadres et patrons y sont en effet finement ciselées, sans toutefois que ne soit totalement évacuée la question de l'engagement, qui a profondément interrogé l'écrivain. L'écriture engagée ne peut l'être selon lui que détachée de toute intention *a priori* : il faut se laisser aller à l'écriture comme à tâtons, afin d'y voir « plus clair ». C'est en tout cas le projet que Vinaver confie à Passemar, son « double de fantaisie » dans la pièce. Charge à lui de nous guider dans les affres d'une entreprise qu'il figure en grand théâtre du monde, où l'entrepreneur, à l'image du dramaturge lui-même, est soumis à des impératifs qui le dépassent mais avec lesquels il doit composer, dans un souci d'efficacité. Le projet épouse alors les contours d'un capitalisme que l'auteur dessine en force dynamique, doué d'une fascinante puissance d'autorégénération. Mais il s'agit aussi d'une mécanique mortifère, qui jette littéralement « par-dessus bord » des hommes et des femmes qui ont pourtant voué toute leur vie au travail. Ce monde effréné, dont la pièce reprend les « mouvements », paraît alors vidé de tout sens.

Il appartient pourtant au dramaturge de sonder ce dernier, par « fragments » ou « éclats ». Du sens émerge en effet de la vacuité apparente, par la mise en relation des répliques et le jeu de l'entrelacs, qui fait toute la singularité de la pièce et de l'écriture vinavérienne. Cette dernière mêle aussi le monde contemporain à l'Histoire et aux mythes, qui en révèlent à chaque fois des aspects cachés, enfouis sous la platitude des échanges quotidiens. Le mythe des Ases et des Vanes, qui encadre la pièce et en constitue l'un des modèles structurants, fait en particulier retour sur le triomphe apparent du capitalisme, qui a su dépasser tous les conflits par l'intégration finale de l'entreprise française au sein de la multinationale américaine, toutes deux étant mues par des intérêts communs. De fait, tous les personnages de la pièce s'accordent sur un point : « [p]our gagner il faut vendre », comme l'énonçait d'emblée Mme Lubin (I, 248), quitte à vendre n'importe quoi – d'où ce papier toilette, paradoxalement riche en significations, et qui, « pris comme source de valeur, pousse à bout la logique capitaliste », où « le déchet même a vocation à générer du profit » [1].

Le banquet final semble donc festif et amer à la fois. La réconciliation des Ases et des Vanes, qui fait écho à celle des entreprises auparavant déchirées par un conflit violent, y est qualifiée de « surprenante », « aussi harmonieuse que la guerre a été implacable » (VI, 418). Aussi ne semble-t-elle pas sans dérision. Dérisoire et donc amère : le capitalisme semble triompher et les conventions du théâtre ont été allègrement jetées « par-dessus bord », dans un(e) profond(e) geste de renouvellement ; mais en même temps, des employés ont été sacrifiés, qui viennent encore remercier et célébrer l'entreprise qui les a si cruellement évincés.

Selon Marie-Hélène Roblet, la force de *Par-dessus bord* est « de rendre la complexité du libéralisme, d'en faire partager l'excitation

1. Gérald Garutti, « Une épopée du capitalisme. *Par-dessus bord* de Michel Vinaver », art. cit.

motrice comme les effets mortifères, de communiquer le plaisir du travail autant que la peine ». « Loin de l'aplatir et de le simplifier par des stéréotypes », ajoute-t-elle, « ou de tenir un discours idéologique sur le capitalisme néolibéral dans un théâtre à thèse, il rend la pâte et la richesse du réel qui déborde les hommes » [1]. C'est dans *À la renverse* et *Les Travaux et les Jours*, rédigés après le conflit social au sein de S.T. Dupont à Faverges, que Vinaver aurait selon elle « perdu l'illusion de l'illimité de l'expansion au point de penser la nécessité de refonder le capitalisme ». *Les Travaux et les Jours*, qui renvoie à Hésiode (qui lui-même inspira Virgile et ses *Géorgiques*…), évoquerait alors « la dégradation, la corruption » qui « caractérisent le passage de l'âge du blé à l'âge de fer », offrant de singuliers échos avec le monde contemporain : « [t]ant que le travail fait fructifier la terre, le culte des dieux et de l'ordre cosmique est célébré par les semences et les moissons. […] Mais la terre se gâte dès que les hommes oublient le respect des dieux et des pères, sacrifient la valeur d'usage à la valeur d'échange, préfèrent aux fruits les profits » [2]. *La Demande d'emploi* (1971), qui suit *Par-dessus bord*, annonçait pourtant déjà le sort inhumain réservé aux travailleurs. Le personnage de Fage, qui a été « proprement balancé », « du jour au lendemain », par l'entreprise dans laquelle il travaillait, s'y livre à une analyse impitoyable de son propre aveuglement, alors même qu'il cherche un nouvel emploi : il devait dans son précédent travail « surprendre bousculer susciter la fidélité en provoquant le réachat », mais « la seule chose [qu'il] n'avai[t] pas prévue c'est que ce faisant [il] creusai[t] sa propre tombe » [3]. Or si Vinaver conçoit comme on l'a vu *La Demande d'emploi* comme une pièce « jouable, bon marché, transportable, légère », c'est-à-dire comme l'envers de *Par-dessus bord*, elle peut aussi être vue comme son prolongement, où Fage représenterait Passemar, à la recherche d'un nouvel emploi.

1. Marie-Hélène Roblet, « Le *theatrum mundi* de Michel Vinaver », *Esprit*, octobre 2009. Consultable en ligne : https://esprit.presse.fr/article/boblet-marie-helene/le-theatrum-mundi-de-michel-vinaver-15451

2. *Id.*

3. Michel Vinaver, *La Demande d'emploi*, in *Théâtre complet*, vol. 3, Paris, L'Arche, 2004, p. 16, 60.

Le mouvement de mise à distance du capitalisme semble donc bien en germe dans notre pièce. Certes, Vinaver s'y montre fasciné par cet « âge d'or » du capitalisme et par ses nouveautés stimulantes. Mais son « éternel retour », finalement mentionné à travers le mythe des Ases et des Vanes, trouve un étrange écho dans l'harmonie proclamée par Ralph Young, dont on a noté les accents totalitaires. Si le capitalisme s'autorégénère, c'est alors aussi qu'il est frappé d'anthropophagie : c'est du reste l'image que Vinaver utilisera bien des années plus tard dans *L'Ordinaire* (1981), inspiré d'un fait divers, où les rescapés d'un crash d'avion, les dirigeants d'une multinationale et leurs proches, sont amenés à se manger pour survivre. Chacun poursuit toutefois « l'ordinaire » de la vie, dans des circonstances extrêmes. Les actes de la pièce eux-mêmes sont désignés comme ses « morceaux ».

Peut-on alors envisager une issue face à un tel univers ? Dans *Par-dessus bord*, la question de la résistance semble encore impossible. Le début de la pièce comme son dénouement sont marqués par des festivités. En apparence rien n'a changé, mais en réalité, tout a été bouleversé : l'entreprise a été reconfigurée, de nouveaux couples se sont formés (Benoît et Jenny, Olivier et Margerie). Les départs de Lubin et de Mme Bachevski n'ont en revanche fait l'objet d'aucune contestation, et Passemar lui-même ne peut qu'envisager son départ prochain. Les événements de Mai 68, durant lesquels la pièce a été écrite, ne sont quant à eux qu'une rumeur lointaine : à peine Margerie mentionne-t-elle ces étudiants qu'elle a vus « sur les barricades », qui sont « encore très bien » et lui font sentir « que tout [n'est] pas encore foutu », alors même que la France « commence à devenir pire que l'Amérique » (IV, 287) ; mais on a vu comment leurs slogans eux-mêmes étaient récupérés par une industrie cynique, qui recycle tout. Alex, « l'artiste en marge », est du reste lui-même intégré, « ingéré » par l'entreprise, qui reconnaît et apprécie ses « idées » à leur juste valeur.

Or dans la version intégrale de la pièce, il nous a été indiqué peu avant que Butch, l'un des musiciens noirs qui l'accompagnait, l'a quitté pour rejoindre « dans la clandestinité » le mouvement

Black Power, aux États-Unis, « [p]rotégé par l'organisation »[1]. Ce court développement, qui disparaît de la version hyper-brève, n'en reste pas moins intéressant. Selon Kevin Elstob, si la séparation du groupe et la fermeture du club de jazz préfigurent l'absorption d'Alex par le système, la situation pour lui ne peut être que celle de la vigilance, ouvrant la voie d'une possible révolte. Alors qu'apparemment il se rend, et bien qu'il se sente « glisser » dans le fossé, avec Jiji, ses propos le montrent toujours bien vivant, poursuivant par là le combat de sa famille. Bien qu'il rejoigne le système, ses paroles le présentent en infiltré dissident[2]. Pour audacieuse (ou hasardeuse) qu'elle soit, cette lecture du personnage permet d'envisager la possibilité d'un dépassement.

1. Michel Vinaver, *Par-dessus bord : version intégrale*, éd. cit., p. 144.

2. Voir Kevin Elstob, *The Plays of Michel Vinaver. Political Theater in France*, New York, Peter Lang, 1992, p. 96.

Comparaison des œuvres

L'exigence des concours est celle d'une excellente maîtrise des œuvres au programme qui serviront à nourrir les dissertations et la réflexion plus générale, personnelle et éclairée, sur le thème de l'année. La fréquentation régulière des *Géorgiques* de Virgile, de *La Condition ouvrière* de Simone Weil, et de *Par-dessus bord* de Michel Vinaver est donc requise : les analyses qui précèdent ont pour but de vous accompagner dans cet effort. L'étude ne saurait toutefois se contenter d'envisager les œuvres indépendamment les unes des autres : il faut les confronter en repérant des enjeux communs, liés aux grandes problématiques attachées à la question du travail. Le parcours que l'on en présentera ici, et qui n'a bien sûr rien d'exhaustif, proposera donc différentes synthèses à même de guider votre propre pratique de la comparaison.

L'Écrivain au travail

Les auteurs au programme adoptent chacun une posture spécifique à l'égard du travail, qu'ils investissent dans le même temps par le biais de l'écriture, orientée à chaque fois par un projet de dévoilement du monde ainsi représenté.

Né le 15 octobre 70 av. J.-C. près de Mantoue, dans l'Italie du Nord, Virgile a suivi ses études à Crémone puis à Mila, avant de les achever à Rome. Il y a suivi un enseignement de rhétorique et de philosophie, conformément aux usages de son temps. Il s'est toutefois très vite intéressé à la poésie. Quand il revient vers 44 av. J.-C. dans sa province natale, il rejoint un groupe d'écrivains que le gouverneur Pollion a rassemblés autour de lui. C'est alors qu'il démarre la rédaction de ses *Bucoliques*, qui paraissent en 37 av. J.-C. Sa vie tourne dès lors autour de son travail littéraire : il termine les *Géorgiques* en 30 av. J.-C. et commence alors l'*Énéide*. Dans ces œuvres, il se rattache à l'alexandrinisme, et fait montre d'une appétence pour le travail le plus minutieux, pour l'ornement, sans toutefois sombrer dans l'artifice. Quand Tite-Live évoque l'histoire de Rome, lui se penche sur ses origines légendaires lorsqu'il écrit l'*Énéide*. Son travail dans les *Géorgiques* consiste à chanter le travail des champs, au sein de la nature, en célébrant l'harmonie qui existe entre tout ce qui vit, par le biais d'une invocation aux Muses. Il a, en ce sens, contribué à un retour en grâce de l'agriculture chez les Romains, conformément à la demande d'Auguste, interrogeant par là même, et par opposition, les difficultés de la ville et de la société des hommes. Son projet apparemment très simple cache par conséquent un dessein plus grand, comme le travail *a priori* si modeste du cultivateur est en réalité si capital pour la vie et la survie de la civilisation. Un parallèle se dresse dès lors entre le poète et ce dernier, à qui il ne cesse de s'adresser dans les *Géorgiques*. L'exposé didactique, aussi objectif et technique que possible, y procède avec ordre et méthode, comme dans la troisième *Géorgique* où le poète annonce :

> C'est assez parler des grands troupeaux ; reste la seconde partie de ma tâche : traiter des troupeaux porte-laine et des chèvres au long poil. (III, 144) [1]

L'expression la plus subjective des sentiments alterne alors avec descriptions du travail dans la nature et digressions d'ordre moral, psychologique ou mythique, dont il s'échappe comme à regret, comme lors de quelques vers sur l'amour :

> Mais le temps fuit, et il fuit sans retour, tandis que séduits par notre sujet nous le parcourons dans tous ses détails. (III, 143)

1. Virgile, *Les Géorgiques*, traduction, chronologie, introduction et notes par M. Rat, Paris, Flammarion, « GF », 2006.

Ou encore au livre suivant :

> Mais je passe sur ces développements, gêné par une carrière trop étroite, et laisse à d'autres sur ce point le soin de traiter le sujet. (IV, 159)

De tels détours lui permettent d'élargir sa réflexion en conférant à chaque fois une portée morale, philosophique et universelle à l'art de la terre, en unissant les forces de l'homme au travail et l'homme de culture.

C'est avec une grande humilité aussi que Simone Weil rejoint le monde du travail ouvrier, par le biais cette fois d'une expérience concrète, menée dans la première moitié du XXe siècle. Née le 3 février 1909 à Paris, elle mène des études brillantes et fut l'élève du philosophe Alain durant trois ans au lycée Henri-IV. Agrégée de philosophie en 1931, à l'âge de vingt-deux ans, elle refuse pourtant d'enseigner à destination d'une élite bourgeoise, mais choisit de rejoindre la province et s'y engage dans les questions sociales. Le travail devient alors pour elle bien plus qu'un objet de prédilection ou de recherche, que l'on pourrait envisager de l'extérieur. Pour le penser jusqu'au bout, il nécessite une implication totale du sujet qui s'y confronte, en se posant soi-même comme un sujet qui travaille – un sujet *au* travail. Elle refuse donc de s'enfermer dans ce qui serait une tour d'ivoire, celle de l'écrivain-philosophe ou de l'écrivain censément « engagé », qui se complaît bien souvent dans les généralités et les idées abstraites. Simone Weil ne se vante d'ailleurs jamais de son « engagement », mais elle fait, agit concrètement. Or rien, ni son milieu d'origine ni sa formation, ne la prédestinait à la dureté d'une telle expérience. Philosopher devient donc dès lors, aussi, un travail sur soi. Il ne s'agit plus ici de chanter le monde qu'elle observe et dont elle partage les difficultés matérielles (en se confrontant aux machines et aux labeurs qui lui sont liés, auprès des ouvriers et des ouvrières) et morales (en se livrant à des réflexions engagées par cette confrontation même). Les mots lui manquent pour exprimer « la multitude des choses à dire », comme elle l'énonce d'emblée dans *La Condition ouvrière*, y évoquant « l'impossibilité d'exprimer l'essentiel », avant d'ajouter :

« [p]eut-être, plus tard, les mots justes me viendront-ils : maintenant, il me semble qu'il me faudrait pour traduire ce qui importe un autre langage » (p. 51-52) [1]. « En ce qui concerne les choses exprimables », et en particulier « l'organisation d'une entreprise », elle en éprouve le caractère « inhumain », ce qu'elle traduit sans ambages : « [p]our moi, cette vie est assez dure, à parler franchement » (p. 52, 53). Elle en sort radicalement transformée, bouleversée, comme elle le dit dans la conclusion d'une autre lettre adressée à Albertine Thévenon (p. 56).

Le monde du travail tel que le dépeint Vinaver n'est pas celui des ouvriers, mais bien plutôt celui des cadres et patrons, dont il a lui-même fait partie. Il ne s'agit pas alors d'une expérience ponctuelle, mais d'un métier dans lequel l'auteur s'est engagé pendant près de trente ans. Né à Paris le 13 janvier 1927, il obtient en 1951 une licence de lettres à la Sorbonne. Parallèlement à ses écrits, il est recruté comme cadre stagiaire par la société Gillette France, dont il est nommé chef du service administratif en 1953. Il va dès lors mener ses deux carrières de front, dans une assez étrange étanchéité, puisque la grande entreprise dans laquelle il travaille ignore tout de ses activités d'écrivain. C'est à la demande de Gabriel Monnet qu'il écrit sa première pièce, *Les Coréens* (1955), qui va marquer son entrée fulgurante dans le monde de la scène. La mise en scène de ses deux pièces suivantes ne sera pas si facile, tant Vinaver y continue son travail d'exploration et d'expérimentation de la forme et du langage théâtral. En découle une certaine amertume chez le dramaturge, et dix ans de « blocage », durant lesquels il adopte de manière pleine et entière la vie d'un dirigeant d'entreprise – il a été promu P.-D.G. de Gillette Italie, en 1964, puis de Gillette France, en 1966. Ce n'est qu'en 1967 que Vinaver commence à écrire *Par-dessus bord*, soit près de dix ans après sa pièce précédente. Cette œuvre est pour lui charnière car il y aborde pour la première fois la question de la vie professionnelle, qu'il connaît

1. Simone Weil, *La Condition ouvrière*, Paris, Gallimard, « Folio essais », 2002.

de si près. L'observation y est si méticuleuse, et le propos si déconcertant que l'auteur pense même alors que la pièce entraînera son renvoi de Gillette – ce qui n'aura pas lieu. Le dramaturge s'y livre à un véritable travail de la langue et de la forme, procédant comme à tâtons afin de faire émerger le sens, par fragments, dans un univers qui en semble bien souvent dénué. Aussi sa pièce est-elle une pièce sur le travail, abondamment travaillée. L'« entrelacs », qui désigne à l'origine un ornement composé de motifs entrelacés, dont les lignes s'entrecroisent et s'enchevêtrent, est utilisé pour permettre la coïncidence dans le temps de plusieurs actions « déchiquetées », « l'emmêlement de dialogues fragmentaires mettant en jeu un grand nombre d'acteurs et de lieux [1] », comme l'a lui-même expliqué l'auteur. Le recours à l'Histoire et au mythe participe aussi de ces « montages » par lesquels il donne à voir un nouveau capitalisme ambivalent, qui apparaît à la fois comme une dynamique triomphante, dotée de fascinantes facultés d'autorégénération, et comme une mécanique mortifère, qui n'hésite pas à évincer froidement des cadres pourtant très investis dans leur travail. Dans ce processus de dévoilement, il trouve dans le personnage de Passemar, son « double de fantaisie », le « passeur » d'une réflexion à la fois ludique et profonde sur le monde du travail, dans laquelle tout peut faire l'objet de spéculations et de retournements.

Les Travailleurs

Les travailleurs occupent évidemment une place centrale dans notre programme. Qu'il s'agisse des travailleurs de la terre dans le monde antique ou des acteurs de la société industrielle au XXe siècle, tous reflètent les maux humains et/ou la possibilité de leur dépassement.

Virgile s'attache à la représentation des paysans, laboureurs et bergers à qui il s'adresse dans ses *Géorgiques*. Il fait état de leur force

1. Michel Vinaver, « Un comique de découverte » (1978), *Écrits sur le théâtre*, *op. cit.*, p. 297.

et de leur endurance, de leur dignité et de leur joie. Il les ennoblit en dressant un éloge de leur labeur. Après le désastre des guerres civiles, et tout comme Auguste sous l'égide duquel il se met au travail, il cherche à renouer avec l'idéal du petit paysan, cultivateur et soldat, qui a fondé Rome. Il ne s'agit pas alors forcément d'un homme qui travaille personnellement une terre qui serait la sienne. Aux paysans libres qui cultivent leur propre terre se mêlent en effet d'importants groupes de personnes qui travaillent des terres appartenant à d'autres, par le biais de contrats plus ou moins stables ou lors de travaux saisonniers. Tous ont cependant la caractéristique d'être libres, bien que l'on puisse concevoir que certaines tâches étaient parfois confiées à des esclaves. Le paysan romain incarne alors traditionnellement le rêve de l'autosuffisance, presque de l'autarcie, en marge de l'économie marchande puisqu'il se contente de vendre ses produits sur des marchés locaux ou dans des petites villes. Virgile mentionne leurs outils ancestraux (l'araire, les herses et les houes), décrit les semences et plus généralement l'art des laboureurs et des bergers, susceptible de corriger certains effets de la nature. Il ne masque pas leur pauvreté, ni la fatigue ou les difficultés. Tout cela est, au contraire, célébré. L'exemple du vieillard corycien souligne à quelles merveilles peut conduire le dur labeur. Ce vieil homme doté d'« un terrain abandonné », et « dont le sol n'était ni docile aux bœufs de labour, ni favorable au bétail, ni propice à Bacchus », en a fait des « richesses » par lesquelles « il s'égalait, dans son âme, aux rois » (IV, 159). Cette figure, comme toutes celles des travailleurs à qui elle renvoie, est donc particulièrement honorable. Les problèmes de la ville, de la cité, sont, par opposition à elle, interrogés. « Eux qui, loin des discordes armées, voient la très juste terre leur verser de son sol une nourriture facile », écrit ainsi Virgile, « [s]'ils n'ont pas une haute demeure dont les superbes portes vomissent tous les matins un énorme flot de clients venus pour les saluer ; s'ils ne sont pas ébahis par des battants incrustés d'une belle écaille, ni par des étoffes où l'or se joue, ni par des bronzes d'Ephyré ; [...] du moins un repos assuré, une vie qui ne sait point les tromper, riche en ressources variées, du moins les loisirs en de vastes domaines, les grottes, les lacs d'eau vive, du moins les frais Tempé, les mugissements des bœufs et les doux sommes sous l'arbre ne leur sont pas étrangers » (II, 129). Par la double accumulation, Virgile oppose ici les vanités humaines et le monde paysan qui les méconnaît, au sein d'une douce tranquillité. La force humaine, qui est son apanage, condamne alors implicitement le principe de déclin et de décadence générale ; le paysan, comme le soldat, actualise la *virtus*, c'est-à-dire le courage, la qualité de l'homme capable de sacrifier son bien-être biologique pour une cause plus haute, la vie des autres. Tout le but de la deuxième *Géorgique* sera donc de chanter la vie simple du paysan, marquée par l'amour de la nature, de la patrie et du reste des hommes. Le paysan est en effet relié à la nature et aux saisons : par son travail, il peut aussi, et peut-être mieux que le philosophe, « pouvoir apprendre à connaître les causes », tout en restant proche des dieux et en se tenant loin de la politique et des folies de la guerre.

Une telle harmonie est-elle encore possible pour l'ouvrier tel que le dépeint Simone Weil ? L'ouvrier, comme elle le montre, s'apparente toujours à une sorte d'exilé dans son propre pays. Il ressent dans sa chair ce que c'est que de se sentir étranger à un lieu où il doit se rendre tous les jours pour y subvenir à ses besoins. Aussi la philosophe cherchera-t-elle aussi à suivre ce mouvement de dépaysement et de déterritorialisation, afin de penser autrement. Ces femmes et ces hommes sont en effet pour elle de « vraies gens », ceux qui comptent vraiment à ses yeux et qui devraient compter aux yeux de tous ; des individus authentiques, puisque eux seuls sont à la tâche et qu'ils ne peuvent échapper à la nécessité des choses, tout en étant comptés pour rien par ceux qui les commandent. La monotonie de leur vie à l'usine est un enfer, envahi par l'angoisse impulsée par l'exigence de cadence, sans compter les incidents et blocages liés aux machines. Ces ouvriers ne doivent pas en ce sens être considérés comme des sujets abstraits. Si Simone Weil ne ressort pas indemne de son expérience à l'usine, le lecteur, à sa place, subit lui aussi un choc : la philosophe l'oblige à observer ceux que personne ne regarde, à écouter ceux que l'on force à se taire, et dont le malheur provient essentiellement de la solitude et de l'effort permanent, qui laisse l'âme et le corps épuisés. Aussi brosse-t-elle, par touches successives, des portraits précis, dont celui de Jacques Redon, dit Jacquot, qui, « très doux », l'aide dans son labeur, ou prend un « air grave » quand une pièce est « loupée » (p. 106, 107). Bien d'autres figures ne sont pas nommées, mais toujours décrites et données à voir dans leur singularité. « [U]ne ouvrière italienne, au visage courageux et ouvert », « un soudeur, assis, avec des lunettes bleues et un visage grave », « [d]e l'autre côté, une équipe de chaudronniers », « [p]lus loin, un gars costaud » apparaissent ainsi tout à tour dans la troisième lettre à Albertine Thévenon, comme sur la scène de l'usine (p. 58). Simone Weil souligne aussi le choc qu'elle a ressenti à la vue de ces femmes qui attendent sous la pluie battante devant une porte ouverte l'heure exacte pour avoir le droit de rentrer dans l'usine. Dans « La vie et la grève des ouvrières métallos », elle décrit toutes les humiliations qu'ont vécues les travailleurs, avant d'analyser ce qui a motivé leur grève. Elle fait état de la joie de « [s]e tenir debout », de « [s]e sentir des hommes, pendant quelques jours » (p. 275). Ils peinent pourtant à formuler leurs exigences précises. De son « Expérience de la vie d'usine », la philosophe comprend en effet que les ouvriers ont du mal à « écrire, parler ou même réfléchir à ce sujet, car le premier effet du malheur est que la pensée veut s'évader » (p. 328). Ils doivent bien en ce sens être accompagnés.

Chez Vinaver, nul paysan ni ouvrier. Les travailleurs qu'il représente appartiennent dans leur grande majorité aux sphères supérieures du monde de l'entreprise, ils sont d'abord abordés sur un mode clinique, selon la fonction qu'ils occupent au sein de l'entreprise, ou par rapport à elle. C'est ainsi que les didascalies initiales définissent la grande majorité d'entre eux (p. 246) [1]. La pièce est marquée par des figures très nombreuses (pas moins de vingt-sept personnages, trente et un dans la version intégrale), par lesquelles

1. Michel Vinaver, *Par-dessus bord, version hyper-brève*, in *Théâtre complet*, vol. 2, Arles, Actes Sud, 2003.

nous sont données à voir toutes les strates du monde du travail. Vingt d'entre elles font partie de Ravoire et Dehaze ou y interviennent à titre professionnel. Dans le premier pôle, trois groupes principaux se distinguent, qui correspondent à une certaine hiérarchie. Le groupe de direction, d'une part, est lui-même à hiérarchiser, puisqu'il faut y distinguer Mme Alvarez et Mme Bachevski, respectivement directeur (*sic*) commercial et directeur des achats, du triumvirat qui constitue au cœur de l'entreprise la véritable instance de pouvoir, à savoir Fernand Dehaze, le président-directeur général, et ses deux fils, Olivier, directeur général adjoint, et Benoît, directeur commercial – du moins au début de la pièce. À leurs côtés, le groupe le plus important est celui des différents « chefs », qui occupent les fonctions exécutives au sein de Ravoire et Dehaze. Ce sont tous des hommes, dont Vinaver prend à chaque fois soin de détailler la fonction : le premier personnage qu'indiquent les didascalies initiales est celui de Passemar, chef du service administration des ventes. Suivent M. Cohen, chef comptable, Grangier, chef planning fabrication, Dutôt, chef des ventes, Battistini, chef de service étude de marché, et Peyre, chef de produit. On notera enfin qu'en dessous d'eux, les employés sont anonymes. Leur présence est toutefois bien indiquée, et donc souhaitée, par les didascalies initiales. Ces employés interviennent de manière très claire dans le premier et le dernier mouvement de la pièce par le biais de dialogues indifférenciés : ils apparaissent donc en arrière-plan, à l'exception de Lubin, qui par sa fonction (il est l'un des représentants de Ravoire et Dehaze) et son contact direct avec les acheteurs, se distingue de tous ces travailleurs qui officient au sein même de l'entreprise. Le monde de l'entreprise s'étend aussi à un certain nombre de métiers qui participent pleinement à son économie générale. Dans la pièce, un deuxième grand pôle de personnages intervient donc à titre professionnel auprès de Ravoire et Dehaze. À travers eux, l'entreprise apparaît comme un lieu d'interactions, insérées dans un tissu de relations. La question de son financement est évoquée à travers le banquier Ausange, comme celle de son élargissement potentiel, telle qu'envisagé par le président de United

Paper Europe, Ralph Young, Jack Donohue et Jenny Frankfurter, conseillers en marketing, Reszanyi, psychosociologue, conseil d'entreprise, et Jaloux, concepteur-rédacteur officiant en agence de publicité. Bien plus bas dans l'échelle mais à un niveau non moins vital et stratégique, puisque la bonne santé de l'entreprise dépend en réalité de lui, est évoqué le problème plus concret de la vente et de l'écoulement de la production, comme le soulignent les échanges répétés et structurants dans la pièce (ils ouvrent en particulier ses premier, deuxième et quatrième mouvements) entre Lubin et Mme Lépine, la grossiste en droguerie. Le travail à travers toutes ces figures apparaît comme une ruche, un monde bourdonnant, à peine masquée par le caractère très confiné de ses plus hautes instances. L'ordre et l'harmonie s'y présentent toutefois comme d'impossibles combats : l'entreprise est enlisée dans les non-dits et les conventions, ou traversée de débats et d'oppositions.

Les Espaces du travail

Les espaces du travail déterminent le travail lui-même, et les relations que les travailleurs entretiennent avec lui. Ce sont des cadres familiers, régulièrement personnifiés : ils fonctionnent en cela comme des adjuvants ou des opposants, en révélant à chaque fois des faces cachées du travail.

Chez Vinaver, la multiplicité des personnages pose des problèmes de mise en scène : au-delà de leur seul nombre, la plupart évoluent dans des espaces différenciés, par lesquels sont figurés tous les espaces du travail qu'il s'agit aussi de représenter sur scène. On y distinguera là encore deux grands groupes : ceux qui n'appartiennent pas strictement au monde de l'entreprise, mais lui sont liés d'une manière ou d'une autre, et ceux qui se situent à l'intérieur de Ravoire et Dehaze, dont nous avons ainsi une vision circonstanciée. Dans le premier groupe, trois espaces sont apparemment totalement extérieurs au monde de l'entreprise : la chambre d'hôpital où repose Fernand Dehaze dans les deuxième et troisième mouvements de la pièce, le magasin de l'antiquaire, Toppfer, et le Collège de France ; mais l'on ne cesse jamais en réalité d'y parler des affaires de l'entreprise – même alors que son P.-D.G. est à l'article de la mort. En ce sens, l'entreprise est bien toujours le point focal de la pièce. Il peut s'agir aussi des demeures privées (l'atelier-salon de Fernand Dehaze, la chambre de Benoît et Margerie), mais là encore on ne cesse de parler affaires (Fernand Dehaze reçoit Ausange, le banquier, dans son atelier). Pour les acteurs de l'entreprise, la frontière entre les domaines public et privé est donc rendue pour le moins poreuse. Enfin, certains espaces représentés sont, pour ses membres dirigeants, des lieux de délassement, mais aussi de rencontres professionnelles, à mi-chemin là encore entre le public et le privé. Ils se présentent comme des extensions plus ou moins officielles du travail : le bar du Plaza Athénée offre son cadre luxueux aux négociations menées entre Benoît et Ralph Young, de même que l'Infirmerie plus déjantée où se retrouvent Benoît et Jenny ; les deux lieux étant d'ailleurs entremêlés à la fin du cinquième mouvement. La plupart des lieux indiqués dans la pièce restent toutefois des espaces de travail au sens strict du terme. La salle des fêtes qui accueillent les festivités de l'entreprise en est l'espace le plus ouvert, qui n'est pas celui des bureaux : les célébrations qui y ont lieu dans le premier et le dernier mouvement de la pièce (qui s'y déroule intégralement) n'en manifestent pas moins l'unité proclamée de l'entreprise. Les réunions et les échanges se déroulent de manière plus formelle dans la « Salle de Conseil de Ravoire et Dehaze », où Olivier pense pouvoir prendre la suite de son père, et la « Salle de réunion », présentée dans les quatrième et cinquième mouvements. Mais la pièce se déroule plus volontiers dans les bureaux des personnages (auxquels il faut aussi ajouter le bureau d'Ausange, à la banque), qui reprennent toute la hiérarchie de l'entreprise, depuis le « Bureau du Président », ceux d'Olivier et de Benoît, jusqu'aux bureaux des chefs et directeurs : nous entrons ainsi successivement dans ceux de Mme Alvarez, Passemar,

M. Cohen, Mme Bachevski, et Dutôt. Ce sont des lieux de bruissement, d'échanges et de débats : c'est à travers eux surtout que se manifeste le bourdonnement du monde vivant de l'entreprise. Tout y est empli de rumeurs qui parfois se diffusent « [d]ans les bureaux », au moment par exemple où se répand la nouvelle de l'hospitalisation de Fernand Dehaze (II, 289). Il peut s'agir, plus encore, des « Couloirs », lieux de passage qui deviennent les réceptacles d'une parole plus informelle encore. Tous y semblent toujours au travail, aspirés et comme définis par le monde chronophage de l'entreprise.

Quand Virgile songe aux paysans, il les voit bien plus simplement dans une petite ferme. La campagne n'est pas pour lui un *locus amoenus*, une utopie, mais un monde bien réel dans lequel de nombreux Romains travaillent. Cet espace est celui des champs, des arbres et de la vigne, de l'élevage et des jardins, dont fait partie au plus haut point l'apiculture. Chaque domaine est successivement chanté, révélé dans son rapport aux hommes, à la nature et au monde. En commençant par la culture du blé, Virgile insiste sur la terre, ses qualités diverses, les ressources qu'elle produit. Dans la deuxième *Géorgique*, les arbres sont placés sous la protection de Bacchus, dieu de la fécondité et de la croissance. Le poète célèbre alors la collaboration réussie entre la nature et l'homme par la pratique du bouturage et du greffage. Il se penche en particulier sur la vigne, dont la culture est très importante à l'époque. Il dresse la liste de seize cépages avec leurs qualités propres, avant de célébrer l'olivier et d'autres arbres, utiles pour leurs fruits et leur bois. La représentation de la nature a ici partie liée avec le sublime : Virgile veut chanter la vie paysanne et la nature en exaltant de manière la plus haute les choses les plus simples, en recherchant l'effet le plus grand par le biais d'un minimum d'effort, sans exaltation mais en conciliant modestie et grandeur – à l'image du paysan lui-même. Tout alors se trouve dans la nature, source du sublime. Le poète trouve dans la terre elle-même une leçon de sagesse : le paysan doit aimer la terre pour la travailler, et en retour la terre devient féconde, comme en poésie il faut travailler la langue pour créer l'harmonie. Proche des stoïciens par sa célébration de l'endurance, Virgile l'est donc aussi des épicuriens quand il évoque avec eux la vie frugale, modérée, qu'il faut rejoindre. Mais il faut pour se faire quitter la cité, en faisant sécession. À la nature comme espace du travail des laboureurs, paysans et bergers, le poète oppose en effet la ville et ses agréments illusoires qu'il faut nécessairement quitter pour rejoindre la terre, seule bonne conseillère. « Ô trop fortunés, s'ils connaissaient leurs biens, les cultivateurs ? » écrit-il ainsi : « Eux qui, loin des discordes armées, voient la très juste terre leur verser de son sol une nourriture facile » (II, 129). Par opposition, comme le soulignait déjà Hésiode, Virgile déplore le fait que « le juste et l'injuste » soient « renversés » dans le monde des hommes, « tant il y a de guerres par le monde, tant le crime revêt d'aspects divers ». La cause en est à trouver dans un éloignement du travail de la terre : « [l]a charrue », écrit le poète dès la fin de sa première *Géorgique*, « ne reçoit plus l'honneur dont elle est digne ; les guérets sont en friche, privés des laboureurs entraînés dans les camps ; et les faulx recourbées servent à forger une épée rigide » (I, 112). La situation exige donc un recentrement.

On est pourtant bien loin de la nature dans *La Condition ouvrière*. Certes, Simone Weil a pratiqué le travail des champs, de manière assez éphémère. En juin 1941, alors que les troupes allemandes progressent et qu'elle doit pour cette raison quitter Paris pour Marseille, le père Perrin, un religieux qu'elle apprécie, lui permet de rejoindre une ferme en Ardèche. Elle participera également plus tard aux vendanges. Ce travail va l'enthousiasmer, comme elle en témoigne dans *La Condition ouvrière*, pour opposer à cet épanouissement la servitude à laquelle le monde de l'usine livre le travailleur, marqué par le vacarme assourdissant des machines. Alors, écrit la philosophe dans « Expérience de la vie d'usine », « [a]ux heures sombres des matinées et des soirées d'hiver, quand ne brille que la lumière électrique », pour les ouvriers, « tous les sens participent à un univers où rien ne rappelle la nature [...] » (p. 329). Elle décrit dans sa lettre à Boris Souvakine l'usine Jean-Jacques Carnaud et Forges de Basse-Indre, où elle restera à peine un mois, « une sale, une très sale boîte », où elle commence par officier dans « un atelier particulièrement dégoûtant », un « atelier infernal », comme elle l'écrit enfin (p. 73, 76). Les instruments qui y règnent témoignent de la matérialité des souffrances infligées aux travailleurs, et de la réflexion spécifique qui ne peut que lui être liée : on ne pense pas le travail de la même manière quand l'on est tranquillement assis devant son bureau que quand l'on manie soi-même une fraiseuse qui nous résiste ou que l'on manque de se brûler en refermant le tablier d'un four… Aussi faut-il pour bien rendre compte de ces activités chercher à faire non seulement le portrait des ouvriers, mais aussi celui de leurs espaces de travail, en recréant des ambiances et en montrant à quel point ces espaces et les conditions de travail qu'ils génèrent sont oppressants. Ce sont des lieux inhumains, qui empêchent tout mouvement de pensée. Il faudrait donc les restructurer en petits ateliers qui réduiraient aussi la distance entre les ouvriers et les ingénieurs. « Il faudrait pour cela y changer, en un sens peu de choses, en un sens beaucoup » ; alors, l'usine pourrait devenir ce « lieu de joie » que Simone Weil appelle de ses vœux (p. 343).

Travail et transcendance

Dans son lien avec la nature ou les difficultés éprouvantes du quotidien, le travail a dans les œuvres étudiées partie liée avec la notion de transcendance, qu'elle prenne le visage des dieux, celui des préceptes chrétiens, ou encore celui du mythe, qui s'attachent à questionner le monde du travail comme une œuvre qui nous dépasse.

La transcendance est présente chez Vinaver, très différemment des autres œuvres. Elle prend les atours du mythe des Ases et des Vanes, qui rejoue et figure en épopée le combat de l'entreprise française et de la multinationale américaine. Dans la mythologie nordique, la guerre entre les Ases et les Vanes est la première guerre de l'univers. Elle est traitée en particulier dans le poème eddique *Völuspá*, antérieur au XIIIe siècle. Dans *Par-dessus bord*, du premier au tout dernier mouvement, elle illustre les mutations de l'entreprise capitaliste, qu'elle dépayse en y révélant par là même une dimension insoupçonnée, quasi mythifiée par le nouvel entrelacs ainsi créé. Dans le premier mouvement de la pièce, le cours de Monsieur Onde et les répliques de Passemar se répondent d'abord presque terme à terme, le second apparaissant comme le commentaire du premier, le présent étant redoublé et révélé par le mythe, comme deux épopées entrelacées. Vanes contre Ases, Français contre Américains, les seconds commençant par attaquer les premiers dans une guerre originelle, prélude à un monde renouvelé. L'avant-dernier propos du cours de Monsieur Onde au Collège de France apparaît alors comme le miroir exact du sort annoncé de l'entreprise française. Les Vanes attaqués par les Ases sont « pris de panique et s'enfuient dans une grande bousculade », mais leur défaite n'est pas définitive puisque « contre toute attente », ils « parviennent à détruire l'enceinte des Ases ». En parallèle, « [d]e Minneapolis » les Américains ont « débarqué en force ont pris pied », mais « alors que l'effondrement paraissait imminent il y a eu une petite révolution de palais » – la prise de pouvoir de Benoît, qui a permis elle aussi le renversement : les Français « ont réussi à renverser la vapeur et à mettre en difficulté le colosse d'outre-Atlantique » (I, 264). Le dénouement inattendu étant dans les deux cas celui d'une réconciliation, « une paix surprenante aussi harmonieuse que la guerre a été implacable », effectivement signalée au dernier mouvement par l'alliance de Benoît et de Ralph Young, telle qu'énoncée par l'héritier français : « Un rapprochement s'est produit notre adversaire d'hier […] / Est notre associé d'aujourd'hui » (VI, 414). Si le conflit des dieux renvoie donc à un monde dévasté, il est dans le même temps corrélé à l'émergence d'un monde nouveau, comme répété tout au long de la pièce, tel un refrain ou un oracle. La pièce en ce sens s'achève sur un mode à la fois édifiant et ludique. Monsieur Onde y réapparaît « en tenue de sport dans un fauteuil en osier », comme débarrassé désormais de ses atours sérieux et savants, lui qui a effectivement joué son rôle et semble pressé d'en finir, enjoué comme tous les autres participants du festin. Faut-il dès lors prendre le message mythique au sérieux ?

Les dieux sont omniprésents et clairement respectés dans les *Géorgiques* de Virgile. À l'époque, Auguste a interdit les cultes orientaux et tente de remettre l'ancienne religion en avant, quitte à créer une sorte de religion d'État, permettant au moins d'assurer l'unité politique : le culte de Rome divinisée se mêle alors à celui de Jupiter, de Junon ou de Minerve. Chez Virgile, la terre est traitée comme une allégorie de la terre-mère, la terre nourricière. Face à elle, le paysan ne doit donc pas simplement maîtriser une technique mais aussi prier les dieux pour obtenir un climat favorable. Virgile évoque d'emblée l'origine du travail humain, en l'attribuant à Jupiter : le travail de la terre, s'il est pénible, n'est pas une punition, mais une nécessité voulue par le dieu, car la culture, au double sens de travail et de civilisation, empêche les hommes de se retourner sous la domination de Cronos/Saturne, et leur permet de maîtriser le monde par une création permanente. Virgile rappelle immédiatement après que Cérès est la première divinité qui a appris aux humains à se servir d'une charrue. Ces deux interventions de Jupiter et de Cérès, du ciel et de la terre, introduisent alors, d'emblée, la dimension cosmique et harmonieuse du travail des champs. Virgile s'est déjà adressé à Bacchus, aux Faunes, « divinités gardiennes des campagnards », aux Dryades, nymphes protectrices des bois dont il dit vouloir chanter les dons, à Neptune, Minerve, « créatrice de l'olivier », et à bien d'autres figures divines sous l'égide desquelles il entame son poème :

> […] vous tous, dieux et déesses, qui veillez avec soin sur nos guérets, qui nourrissez les plantes nouvelles nées sans aucune semence, et qui du haut du ciel faites tomber sur les semailles une pluie abondante. (I, 97-98)

La structure même des *Géorgiques* évoque une gradation du matériel vers le spirituel : du travail de la terre, de la vie végétale et animale, on passe en effet aux abeilles, qui semblent dotées d'une forme d'intelligence divine. Elles possèdent en elles une force singulière qui leur permet de dépasser la mort et d'envisager la renaissance, comme portées par la nature cyclique du monde et un temps absolu. Face à la nature, les travailleurs doivent donc se montrer humbles et vigilants, distinguer les bons comme les mauvais vents grâce à l'observation du mouvement des oiseaux dans le ciel, qui constitue des signaux envoyés par les dieux. Ils doivent de même tenir compte de leurs avertissements, en particulier ceux du Soleil et de la Lune, dont les éclipses et autres prodiges prennent une valeur religieuse. La troisième *Géorgique*, qui a si bien évoqué les ressources de la nature, s'achève quant à elle sur la description d'une épizootie qui, en un automne, a exterminé les troupeaux mais aussi la faune sauvage du Norique. Un homme aussi pieux que Virgile ne peut alors que noter sa compréhension insuffisante d'une telle injustice et son impuissance face au décret divin, qui s'abat sur la nature comme sur les hommes au travail.

La foi de Simone Weil est plus encore un aspect marquant de son parcours. Son engagement radical et sans compromission dans le monde social et politique s'explique en partie par ses convictions religieuses. Elle ne cesse de s'interroger sur la présence possible du divin au sein de l'usine, apparemment vouée à la perte des hommes et de l'humain. Différents épisodes de sa biographie témoignent de son rapport à la foi. En 1935, elle est bouleversée par des cantiques au Portugal, expression pure du malheur des déshérités. Le christianisme devient pour elle la religion de ces derniers, exprimant la souffrance universelle des hommes, par opposition à l'Église qu'elle ne manque pas de critiquer, en tant qu'institution qui, comme toutes les autres, peut exercer sa violence. En 1938, elle assiste à la Semaine sainte de Solesmes et vit une expérience mystique, en faisant l'épreuve de la présence du Christ. Elle s'intéresse aussi aux philosophies bouddhiste et indienne. Ses expériences à l'usine mais aussi au front, pendant la guerre, son intérêt pour les questions religieuses, tout cela va l'éloigner du rationalisme et même de l'humanisme d'Alain, qui fut son professeur. Progressivement, ce n'est plus l'homme qu'elle met au centre de sa réflexion, mais le Christ. Le travail concret auquel elle se livre à l'usine ne doit donc pas être détaché d'une expérience de pensée dont elle ressent le besoin spirituel, malgré le partage du malheur et l'impression perpétuelle de désenchantement auxquels la conduit le travail à l'usine. Sa quête du sens collectif s'y prolonge par la recherche constante de l'absolu : contre la pesanteur terrestre, il faut en appeler à la grâce, au don de Dieu. Le travailleur est proche de Dieu, lui-même « source » de la poésie dont son travail prive l'ouvrier mais dont il a besoin. Pour s'attacher au divin, il faut en effet se débarrasser du superflu dont le travailleur n'est pas alourdi. « La condition des travailleurs » est donc « celle où la faim de finalité qui constitue l'être même de tout homme ne peut être rassasiée, sinon par Dieu », écrit Weil dans « Condition première d'un travail non servile ». Et d'ajouter plus loin au sujet des travailleurs : « Rien ne les sépare de Dieu. Ils n'ont qu'à lever la tête » (p. 424). Simone Weil imagine ainsi dans l'idéal ce que pourrait être la grande entreprise humaine, marquée non plus par la verticalité mais par des rapports horizontaux de respect et d'égalité, caractéristiques de l'amour vrai. Elle veut faire entrer ce souffle du don de soi et de la charité jusque dans l'usine, qui deviendrait alors un lieu de ferveur, proche de l'église.

Travail et pouvoir

Le travail est un espace organisé, souvent soumis à la hiérarchie. La question du pouvoir s'y pose en tout cas, que ce pouvoir soit subi ou que l'on travaille en collaboration avec lui, pour l'accompagner ou réaliser ses fins.

Virgile rédige ainsi ses *Géorgiques* à une époque très particulière de l'Histoire romaine. Après l'assassinat de Jules César, Antoine, Lépide et le futur Auguste, qui s'appelle encore Octave, s'unissent pour prendre le pouvoir. Lépide s'efface rapidement, et Octave vient à bout d'Antoine après la bataille navale d'Actium en 31 av. J.-C. Tous les écrivains de cette époque ont donc connu les dernières luttes politiques de la fin de la République, qui ont elles-mêmes suivi un siècle de guerres civiles : lorsque Octave triomphe, réorganise le pouvoir et l'Empire, Virgile a trente-neuf ans. Avec une grande habileté, Octave feint de conserver les apparences de l'ancienne République, mais s'arroge en réalité tous les pouvoirs. Il surveille avec attention le recrutement du corps sénatorial, est le chef politique et militaire de l'Empire romain, devient également le chef de la religion. Il comprend toutefois que l'Empire ne peut plus s'étendre et qu'il faut désormais construire une paix véritable. Si le peuple a retrouvé avec joie l'ordre et la paix, la démoralisation n'en reste pas moins grande après tant de sang versé. Octave, avec l'aide de son ami Mécène, cherche donc à promouvoir et subventionner des artistes qui vont, en retour, célébrer la civilisation et son maître. Les représentations d'Auguste l'associent alors à un homme pur, vertueux, tout entier tourné vers une vie frugale et l'intérêt général. Il symbolise également la lutte contre toute disette : dans ses jardins du Palatin, il a fait aménager un potager où il fait pousser des choux, des salades, des fèves, des lentilles. On comprend mieux la démarche de Virgile dans un tel contexte, à une époque où la littérature devient le centre de la culture latine, avec le développement de cercles littéraires dont il fait pleinement partie. Mécène réunit en effet autour de lui un groupe de poètes à qui il suggère de célébrer la gloire d'Auguste. En écrivant ses *Géorgiques*, Virgile aurait ainsi collaboré à la renaissance de l'agriculture italienne, selon les vœux de l'Empereur. Ce dernier est ainsi adossé aux divinités qui viennent d'être invoquées, dès les premiers vers de l'ouvrage :

> Et toi enfin, qui dois un jour prendre place dans les conseils des dieux à un titre qu'on ignore, veux-tu, César, visiter les villes ou prendre soin des terres et voir le vaste univers t'accueillir comme l'auteur des moissons et le maître des saisons, en te ceignant les tempes du myrte maternel ? (I, 98)

Ses hauts faits sont encore encensés dans la conclusion de l'ouvrage :

> Voilà ce que je chantais sur les soins à donner aux guérets et aux troupeaux, ainsi que sur les arbres, pendant que le grand César lançait ses foudres

> guerrières contre l'Euphrate profond, et, vainqueur, donnait des lois aux peuples soumis, et se frayait un chemin vers l'Olympe. (IV, 172)

Dans le même temps toutefois, l'agriculture telle que le poète la chante est très loin de l'exploitation moderne des sols telle qu'elle se pratique à l'époque. Virgile représente une agriculture traditionnelle, où le paysan exploite un petit domaine en produisant ce qui lui est nécessaire pour vivre en autarcie. Nulle autorité, ici, pour ce laboureur en paix, soumis aux seuls aléas de la nature et de son propre travail.

Les travailleurs que dépeint Vinaver sont quant à eux soumis à des pouvoirs fluctuants. Tous ont pour objet le bon fonctionnement de l'entreprise. L'une des voix qui s'expriment au début de la pièce au moment des festivités annuelles le dit sans ambages : « ils cherchent à nous exploiter c'est normal c'est leur rôle » (I, 260). Au début de la pièce toujours, sa précieuse collection assimile Fernand Dehaze à un Louis XV des temps modernes, régnant sur sa Cour. La violence exercée à l'encontre des cadres et salariés n'est donc pas exclusive au nouvel ordre du travail, qui ne fait que l'étendre et la remotiver. Le pouvoir paternaliste tel qu'il est exercé par Fernand Dehaze, que Mme Bachevski dit « [p]rofondément humain » (II, 289), n'a cependant pas grand-chose à voir avec celui que Benoît mettra en place. D'après Lubin, Fernand Dehaze n'aurait pas mené ses représentants « à l'abattoir », comme son fils le fera sans ciller (V, 393). Ce dernier s'arroge les pleins pouvoirs, et réorganise l'entreprise pour répondre aux impératifs de la rentabilité et de l'efficacité. C'est pourquoi le banquier Ausange prend son parti et non celui d'Olivier, que tout semblait pourtant légitimer à l'exercice des plus hautes fonctions. Le prêt accordé à Ravoire et Dehaze, et par conséquent l'intérêt bien compris des financeurs, est ici assujetti au choix de son frère, « plus méchant » que lui, comme Ausange le signifie dans un court portrait sans équivoque : « il nous faut un méchant bonhomme qui aime mordre » (III, 311). Il s'agit alors, d'une part, de procéder à « un apport de sang neuf » (IV, p. 330), avec la promotion d'un certain nombre de « jeunes loups », promis au plus bel avenir (IV, 368), mais aussi, dans le même temps, d'invalider un certain nombre d'êtres et de pratiques dévalués, désormais considérés comme obsolètes. « [C]eux d'entre vous qui n'adopteront pas la cadence », dit ainsi Benoît de manière froide et sans appel, « eh bien ils resteront sur le quai ce n'est pas une menace c'est une constatation » (IV, 330). Tous devront « avaler quelques couleuvres » et en prendre pour leur grade (IV, 329), comme le signale Mme Alvarez à Mme Bachevski, bien avant que cette dernière ne soit aussi poussée vers la sortie. « [C]'est comme si la terre s'était ouverte sous ses pieds », énonce Passemar pour évoquer la stupeur de la directrice des achats, « cette pauvre Mme Bachevski » (V, 383). Elle qui adhérait pourtant si pleinement au nouvel ordre de l'entreprise se voit reprocher son incapacité à s'adapter. Pour Saillant, le nouveau « controller », elle n'est plus capable à son âge de se « recycler ». Mme Bachevski est invitée à quitter ses fonctions le soir même, ce qui la laisse « abasourdie ». Plus d'ambiguïté, semble-t-il alors : le terme employé par Passemar pour commenter son éviction (elle a été « liquidée ») renvoie à une mise à mort, évoquée bien au-delà de sa seule dimension symbolique, comme le souligne froidement le dernier commentaire du personnage : « [o]n dit que le taux de mortalité des gens à partir du moment où on les met à la retraite grimpe d'une façon vertigineuse » (V, 385).

La condition ouvrière telle que Simone Weil l'observe et l'analyse est aussi clairement soumise à l'autorité du pouvoir tel qu'il s'exerce à travers les différents chefs, contremaîtres et patrons auxquels elle se confronte. Des rapports de force se nouent qu'il faut analyser pour déconstruire les préjugés de la société industrielle, mais aussi et surtout ceux des intellectuels, syndicalistes, dirigeants et politiciens qui la soutiennent. Le travail de la philosophe implique le refus des hiérarchies, de la verticalité. Or les « bureaucrates impitoyables » (p. 67) qui soumettent les ouvriers à une cadence infernale ne les comptent pour rien, alors qu'ils sont précisément pour Weil les individus les plus authentiques, confrontés aux tâches quotidiennes – « le chef d'équipe et le chef d'atelier », eux « ne viennent pour ainsi dire jamais » (p. 58). Ce qui empêche les avancées sociales des plus démunis provient souvent d'un orgueil des plus aisés, qui voient d'un mauvais œil des individus qu'ils jugent inférieurs acquérir des droits similaires aux leurs. « Adresser la parole à un chef – même pour une chose indispensable », c'est toujours alors « s'exposer à se faire rabrouer ; et quand ça arrive, il faut encore se taire » (p. 60). Sortie de l'usine, Weil parlera donc aux chefs sans ciller, jouant avec eux comme aux échecs, avec plusieurs coups d'avance, comme un stratège animé cependant d'un sens profond de l'humain. Il faudrait, en effet, que chacun puisse se mettre à la place de l'autre pour le comprendre. La philosophe cherche à trouver le bon ton pour être entendue de tous, afin de mener ses interlocuteurs, patrons compris, à « admettre que », plutôt que de s'opposer frontalement à eux. C'est en ce sens que l'on peut lire ses échanges avec Victor Bernard, à qui elle écrit : « [c]ommander ne rend pas facile de se mettre à la place de ceux qui obéissent », alors qu'il faudrait « alléger un peu le poids des humiliations que la vie impose jour par jour aux ouvriers » (p. 213). Weil souhaite ainsi résorber l'écart malheureux que l'organisation du travail induit entre les êtres, en particulier entre ceux qui donnent des ordres et ceux qui doivent y obéir, les premiers étant souvent aussi victimes du dispositif global. Le patron tel qu'elle le décrit semble dégonflé de l'importance que lui garantissait apparemment son poste. Detœuf par exemple, « directeur administratif et administrateur délégué », formé au sein des plus grandes écoles, « [e]st arrivé à la tête de l'entreprise ignorant *tout* de la technique de la fabrication », et « [s]'est senti perdu pendant un an » (p. 181). Pour Simone Weil, le choix du dialogue, le fait de pouvoir changer d'avis, le refus du dogmatisme et l'esprit de tolérance face à la diversité des vues doivent donc viser à progresser ensemble vers le ciel commun des valeurs. L'une des solutions à la condition ouvrière est pour elle de réactiver le contrat social entre tous ceux qui travaillent à l'usine, chefs, contremaîtres et manœuvres compris.

Aliénation

L'aliénation renvoie à l'état de celui qui ne s'appartient plus, devenu comme étranger à lui-même. Elle advient pour le travailleur au moment où il se trouve dépossédé de son travail. Ce dernier devient alors un objet extérieur, comme une puissance autonome et hostile à son égard.

Dans la grande industrie, contrairement à ce qui se passe dans l'artisanat, les ouvriers sont ainsi soumis aux ordres qui leur sont donnés, sans possibilité d'échanger. Weil écrit au sujet de l'usine que « [l]e travail nouveau » y est « imposé tout d'un coup, sans préparation, sous la forme d'un ordre auquel il faut obéir immédiatement et sans réplique » : « [c]elui qui obéit ainsi ressent alors brutalement que son temps est sans cesse à la disposition d'autrui ». Le « petit artisan qui possède un atelier de mécanique », souligne-t-elle au contraire, « ne dispose pas non plus arbitrairement de son temps, mais du moins, la commande une fois admise, c'est lui qui détermine d'avance l'emploi de ses heures et de ses journées » (p. 332). Les ouvriers, eux, ne sont pas des hommes libres, mais des esclaves, mus par « [u]ne docilité de bête de somme résignée » (p. 59). Weil parle donc de « ces mois d'esclavage » qu'elle a traversés à l'usine (p. 56), et montre, dans sa conférence sur « La rationalisation », comment un tel système a été mis en place par Taylor, puis Ford, qui ont pensé une organisation prétendument « scientifique » du travail dont la seule visée a été d'augmenter la cadence. Les normes et les injonctions incessantes, le minutage qui empêche tout repos y sont conçus de telle sorte que les ouvriers ne sont jamais considérés comme des individus, mais comme de simples matricules, des choses – on se laisse même, écrit Weil, « abaisser au-dessous de la machine » (p. 57). Les personnes voient leur statut inversé avec cette dernière, qui est chez elle à l'usine, là où les ouvriers s'y sentent comme des exilés. Les suites, conçues par l'ingénieur, sont cristallisées dans des objets inertes, que les ouvriers eux aussi réifiés n'ont plus qu'à reproduire indéfiniment en séries abrutissantes, dans un automatisme physiologique ruineux. L'analyse des rapports de force en usine et des mécanismes qui conduisent à la servitude et à la soumission, à l'oppression des uns par les autres, se prolonge alors chez Simone Weil par une analyse lucide, qui anticipe ici celle d'Hannah Arendt. Elle renvoie à la notion de totalitarisme, que Weil observe non seulement à travers le nazisme hitlérien, mais aussi dans le système stalinien, qui ne la séduit aucunement par sa brutalité.

Les cadres de *Par-dessus bord* subissent aussi une forme d'aliénation. Ils y sont toujours représentés sur leurs lieux de travail, couloirs, bureaux et salles de réunion, dont seuls les patrons sortent pour rejoindre des lieux de délassement. Dans ce contexte, l'entreprise devient une machine à broyer, qui rend l'homme « jetable », comme le produit qu'elle fabrique en série. Et ce, peut-être, quel que soit le moment du capitalisme considéré : on apprend incidemment de Passemar que son prédécesseur au sein de l'entreprise s'est « suicidé sans raison apparente », sans que la pièce ne revienne jamais sur cet incident (I, 251). La référence au totalitarisme est alors patente. Quand Alex est embauché par l'entreprise au moment même où Lubin, son désormais beau-père, en est licencié, ce nouveau travail n'a plus rien à voir avec la liberté du « free » jazz qu'il pratiquait jusqu'alors, artiste et précaire. Il vit l'entrée « dans la vie normale » de manière ambivalente, renvoyant sans doute à la position du dramaturge lui-même. Il s'agit d'une irrésistible opportunité : Alex n'a « pas résisté à la tentation » et emprunte ce nouveau chemin « la langue à l'air les yeux ouverts les narines dilatées », prêt à en savourer le goût nouveau. Mais il s'agit aussi, dans le même temps, d'un renoncement, d'un saut dans le vide et d'un terrain « glissant », qu'il s'apprête à emprunter avec son épouse : « le jeu est joué adieu lumière viens Jiji faisons le premier pas ensemble tiens-moi la main c'est glissant ». Or le personnage rapproche alors significativement ce moment de la disparition de son propre père dans les camps : « Mon père est mort en tombant en arrière dans une fosse à merde poussé par un SS maintenant moi [...] J'entre dedans je m'avance je tombe en avant » (VI, 406-407).

C'est dans ce contexte que la grande entreprise capitaliste américaine, prédatrice au long cours, achève son projet dans l'emprise totale des travailleurs. Ravoire et Dehaze se fait ici racheter par la United Paper Company, et le discours final de Ralph Young présente une idée assez glaçante d'uniformisation des employés. Selon Young, en effet, « on reconnaît un homme Youpico n'importe où », « dans un aéroport sur une plage », « il a le regard clair le maintien assuré » (VI, 415). Les derniers mots du dirigeant apparaissent alors presque déments, dans l'indifférence générale puisque les didascalies indiquent alors que « [l]e festin se poursuit » : « [L]a société que nous achetons ça n'est pas les machines ni les bâtiments ni les produits it's the people ce sont les gens c'est vous tous que nous voulions c'est vous que nous avons c'est vous vous Youpico youpico ra ra Youpico youpico ra ra » (VI, 415).

Un tel état semble alors bien loin de l'harmonie qui entoure les travaux du paysan. Les dieux, on l'a vu, président à ces derniers. Certes, Virgile ne cache rien des difficultés du laboureur ou du berger. Il évoque leur dur labeur et la campagne n'est pas toujours présentée comme un lieu idyllique. Le travail y est cyclique, et la tâche permanente, qui laisse le paysan toujours occupé. « Il y a encore, parmi les soins dus aux vignes », explique ainsi le poète, « un autre travail, et qui n'est jamais épuisé : il faut en effet trois ou quatre fois l'an fendre tout le sol, et en briser éternellement les mottes avec le revers des bidents ; il faut soulager tout le vignoble de son feuillage. Le travail des laboureurs revient toujours en un cercle, et l'année en se déroulant le ramène avec elle sur ses traces » (II, 127). Le laboureur doit constamment rester vigilant, comme l'a voulu Jupiter lui-même :

> Et cependant, en dépit de tout ce mal que les hommes et les bœufs se sont donné pour retourner la terre, ils ont encore à craindre l'oie vorace, les grues du Strymon, l'endive aux fibres amères et les méfaits de l'ombre. Le Père des dieux lui-même a voulu rendre la culture des champs difficile, et c'est lui qui le premier a fait un art de remuer la terre, en aiguisant par les soucis les cœurs des mortels et en ne souffrant pas que son empire s'engourdît dans une triste indolence. (I, 100-101)

En même temps pourtant, ce mythe du travail est à l'origine de la pleine humanité du paysan. S'il est pénible, le travail de la terre n'est en effet pas une punition : c'est la maîtrise du monde par le biais de la création permanente qui est au contraire autorisée par la culture, au double sens de travail et de civilisation. C'est bien la plénitude qui règne alors, comme le souligne la double exclamation, dans un passage qui fait de la cité le lieu de la véritable aliénation :

> Heureux qui a pu connaître les causes des choses et qui a mis sous ses pieds toutes les craintes, et l'inexorable destin, et le bruit de l'avare Achéron ! Mais fortuné aussi celui qui connaît les dieux champêtres, et Pan, et le vieux Silvain, et les Nymphes sœurs ! Celui-là, ni les faisceaux du peuple, ni la pourpre des rois ne l'ont fléchi […] ; celui-là ne voit autour de lui ni indigents à plaindre miséricordieusement, ni riches à envier. Les fruits que donnent les rameaux, ceux que donnent d'elles-mêmes les bienveillantes campagnes, il les cueille sans connaître ni les lois d'airain, ni le forum insensé ni les archives du peuple. (II, 130)

Solidarité

Des élans de solidarité peuvent éclairer le monde éprouvant du travail. Les œuvres au programme oscillent cependant entre espoir et désillusion à ce sujet, tant le quotidien du labeur et les rapports de force qui s'y jouent semblent parfois rendre impossible toute forme d'assistance et de secours mutuels.

Virgile cherche à renouer avec l'idéal du petit paysan, cultivateur et soldat, qui a fondé Rome. Dans son désir ardent de concorde, il rêve d'une société nouvelle, d'une solidarité grâce au travail organisé sous un maître respecté, son propre travail de poète rejoignant en ce sens encore celui du paysan. L'hommage qu'il rend à Auguste au début du premier et du troisième chant le souligne en particulier. Il se concentre aussi sur les liens entre les hommes et les animaux dans la troisième *Géorgique*, bovins et chevaux, brebis et chèvres, ainsi que les chiens, compagnons fidèles du berger. Il souligne la collaboration fraternelle qui se manifeste entre tous les êtres naturels. Il se montre alors très proche de ce que les stoïciens appellent « sympathie universelle », principe que l'on retrouve dans le terme grec de *kosmos*, qui relie harmonie et beauté. Mais ce rêve social apparaît surtout à travers la peinture de la cité des abeilles, dans la quatrième et dernière *Géorgique*. Certes, les abeilles sont parfois touchées par des rivalités intestines. Elles rejouent les conflits humains « pour livrer bataille », car souvent, note le poète, « la discorde s'élève entre deux rois et provoque un grand trouble ». C'est alors bien une « ardeur belliqueuse qui agite les cœurs », où les abeilles « se mêlent et provoquent l'ennemi à grands cris » (IV, 157). Ce qui les caractérise toutefois est bien plutôt l'ordre et la concorde, dans un travail où chacune agit en parfaite harmonie pour la réalisation du bien commun. Le modèle des abeilles est donc riche d'enseignements : elles possèdent le sens du sacrifice, savent vivre en communauté en s'élevant au-dessus du désir individuel d'amasser. La ruche est l'image d'une cité où les devoirs l'emportent sur les droits, sous l'égide d'un chef dont chaque membre de la communauté suit les directives. Les abeilles y « élèvent leur progéniture en commun, possèdent des demeures indivises dans leur cité, et passent leur vie sous de puissantes lois ». Elles sont dotées d'« instincts merveilleux » qu'elles doivent à Jupiter lui-même, par lesquelles nous sont données à voir les marques d'une organisation parfaitement solidaire :

> Les unes, en effet, veillent à la subsistance, et, fidèles au pacte conclu, se démènent dans les champs ; les autres, restées dans les enceintes de leurs demeures, emploient la larme du narcisse et la gomme gluante de l'écorce pour jeter les premières assises des rayons [...] ; d'autres font sortir les adultes, espoir de la nation ; d'autres épaississent le miel le plus pur et gonflent les alvéoles d'un limpide nectar. (IV, 160)

Dans ce tableau, les abeilles présentent donc toutes les vertus qui conviennent aussi aux citoyens. Virgile insiste ici sur la notion d'unité : si le « roi » fait défaut, la ruche perd son unité et c'est le déclin, sinon la mort collective. Comme les abeilles, les cités humaines peuvent périr quand elles se dissocient.

« C'est la boîte entière qui fout le camp il n'y a plus de boîte monsieur Olivier il n'y a plus que les gens et les gens c'est jamais très joli quand il n'y a plus de boîte pour leur donner le sentiment qu'ils font quelque chose en commun », dit Grangier dans *Par-dessus bord*, inquiet des tensions qui animent l'entreprise (II, 282). La ruche semble alors sur le point de sombrer. S'agit-il d'aliénation quand Benoît impose ses vues pour la restructurer, quand cadres et employés sont alors sommés de suivre ses nouvelles directives ? Ont-ils encore quelques latitudes ou doivent-ils œuvrer en dépit d'eux-mêmes pour le « bien » commun ? La pièce semble au contraire souligner un certain anéantissement des relations et du tissu social au sein de la nouvelle entreprise. Lubin se dit « mené à l'abattoir », Mme Bachevski est « liquidée », sans que cela ne provoque de véritable réaction. Seuls les danseurs de Passemar parviennent à s'unir pour faire valoir leurs droits : ils réussissent à s'entendre avec leur metteur en scène et la pièce se poursuit. Ce n'est pas le cas des autres personnages, marqués par le renoncement, dans un contexte où l'action collective semble inexistante. L'ordre précédent de l'entreprise familiale semblait plus confraternel : selon le représentant, Fernand Dehaze se serait offusqué du traitement désormais réservé à ses employés, lui qui était un être « [p]rofondément humain » (II, 289). Son attitude paternaliste n'empêche toutefois pas que certains employés ressentent le fait d'être « exploit[és] », tout en trouvant cette situation parfaitement « normal[e] » (I, 260). Dans la pièce, la possibilité de la solidarité est pourtant évoquée de manière discrète, par fragments. La relation commerciale qui se noue entre Lubin et Mme Lépine est celle d'un échange, qui finit par se muer en reconnaissance. À la fin du cinquième mouvement de la pièce, Mme Lépine est très choquée d'apprendre l'éviction du représentant. Elle s'inquiète pour lui et sa famille. Lors des festivités annuelles de Ravoire et Dehaze, elle n'hésite pas à monter sur scène pour rendre hommage à son plein investissement dans le travail, dont elle se veut alors le témoin.

« [A]u nom de tous les clients de monsieur Lubin moi je voudrais dire que ça a été un honnête homme qui faisait son métier on s'était habitués à lui », dit-elle ainsi, « en larmes » quand elle finit son discours (p. 405, 406). Leurs échanges n'auront toutefois plus cours, car les transactions se feront désormais par le biais de centrales d'achat.

Chez Simone Weil, l'aliénation par le travail semble empêcher plus encore tout élan de solidarité entre les ouvriers, épuisés par des machines qui empêchent toute prise de distance. Certes, parfois, la solidarité se manifeste, par le biais d'éclats salvateurs. La philosophe note ainsi dans son Journal d'usine : « [j]e n'arrive pas à baisser le tablier du four. Un chaudronnier se précipite et le baisse pour moi. Quelle reconnaissance, à des moments pareils ! […] Toutes les fois que je me suis brûlée, le soudeur m'a adressé un sourire de sympathie » (p. 94). Mais plus généralement, si trop de pièces sont considérées comme des « loupés », l'ouvrier est mécaniquement mis à pied, sans même observer de gestes de solidarité de la part de ses collègues, tous cloisonnés dans leur tâche. Ils deviennent indifférents et brutaux, comme le système dans lequel ils sont enfermés. Le respect de la cadence concentre les esprits sur des buts mesquins, comme les records de vitesse et l'argent. À l'usine, « la solidarité fait défaut dans une large mesure », note par conséquent la philosophe dans sa dernière lettre à Albertine Thévenon (p. 64). Or si le malheur de l'ouvrier provient essentiellement de sa solitude, de l'interdiction qui lui est faite de parler sous peine d'amende, ou d'entretenir des liens solidaires, c'est le dialogue qu'il faut rétablir au sein de l'entreprise. C'est dans la relation égalitaire à autrui, comme Rousseau le suggère à travers le contrat social, mais aussi plus profondément dans son exigence de réciprocité entre les personnes, que la solidarité peut ainsi se construire. Mais il s'agit aussi, pour Weil, d'être affectée par les situations, d'être émue par les gens, d'éprouver de l'empathie à l'égard des opprimés qui ne ressentent plus rien. Il faut donc leur enseigner aussi à (re)devenir sensible, l'objectif étant de réussir à mieux se comprendre, en parvenant à se mettre à la place les uns des autres. Weil propose aux ouvriers de s'exprimer de la manière la plus directe possible, en passant par elle, selon un principe d'horizontalité qui doit gouverner les rapports entre individus. « Vos camarades vous liront », écrit-elle dans son « appel aux ouvriers de Rosières ». « De toute manière vous vous comprendrez mieux les uns les autres. La camaraderie ne pourra qu'y gagner, et ce sera déjà un grand bien. » Même les chefs, ajoute-t-elle, « vous comprendront bien mieux après vous avoir lus » (p. 209). Ses propres conférences contribuent à la démocratisation de la philosophie et à la vulgarisation de la question sociale, dont elle s'étonne que peu d'ouvriers y fassent référence. Elle parle alors non pas en son nom propre, mais au nom d'un collectif, dans lequel l'individu doit s'éveiller au désir du bien qui l'anime. La camaraderie, l'occupation collective d'usines font alors naître le vrai plaisir de ne faire qu'un avec la ruche formée par les humains.

SECONDE PARTIE
Outils

Citations commentées des œuvres

Citations commentées des *Géorgiques*

« Mais avant de fendre avec le fer une campagne inconnue, qu'on ait soin d'étudier au préalable les vents, la nature variable du climat, les traditions de culture et les caractères des lieux, et ce que donne ou refuse chaque contrée » (I, p. 98)

Virgile révèle ici l'essentiel de la culture et de l'imaginaire des Romains. Un mélange de méthode, de rigueur, de pragmatisme et, même si le mot est anachronique, de positivisme, et au contraire une superstition parfois excessive, une obsession de l'avenir dont il faudrait pouvoir décrypter les détails, un soin maniaque de l'observation des signes, d'où qu'ils viennent, et aussi des songes. L'esprit romain est donc un concentré de contradictions. On retrouve pleinement cette alliance dans l'œuvre de Virgile tout entière, et en particulier dans les *Géorgiques* : c'est un traité didactique, technique à bien des égards, mais qui remet les dieux au centre, ce que ne faisait pas par exemple Lucrèce dans le *De natura rerum*, prisonnier d'une doctrine épicurienne qui fait des dieux des spectateurs impuissants de la nature humaine.

★

« Courage donc ! » (I, p. 99)

Cette exclamation peut tout aussi bien s'appliquer au poète lui-même, qui commence son poème didactique, au lecteur, qui va devoir le suivre, aux paysans surtout, qui font toujours preuve de *virtus*. Le courage, pour les Romains, c'est la qualité du *vir*, c'est-à-dire de l'homme mâle. Dans la conception indo-européenne, seul l'homme masculin a le droit et le devoir de sacrifier son corps biologique pour une cause, qui est en général la survie (et parfois l'honneur) de la collectivité. C'est ce que doit faire tout soldat, c'est ce qu'entend faire aussi Auguste qui se donne tout entier à l'Empire, c'est ce que fait chaque jour le paysan au service de sa terre et de ceux qu'il nourrit. Ce mot de *virtus*, qui est devenu en français « vertu », au sens tout différent, nous rappelle la quasi-absence des femmes dans les *Géorgiques* : dans cette conception, en effet, la femme accompagne le laboureur, mais son but est de peupler cette terre sur laquelle le paysan travaille, que le soldat défend ou conquiert, que le souverain protège par son intercession directe avec les dieux.

★

« Le Père des dieux lui-même a voulu rendre la culture des champs difficile, et c'est lui qui le premier a fait un art de remuer la terre, en aiguisant par les soucis les cœurs des mortels et en ne souffrant pas que son empire s'engourdît dans une triste indolence » (I, p. 100-101)

Voilà une citation qui peut paraître bien paradoxale. La conception païenne ne correspond pas à la vision chrétienne des choses : dans le monothéisme judéo-chrétien, l'homme est un pécheur, il est déchu, chassé du jardin d'Éden ; il est condamné à travailler dans le monde, à souffrir, à « gagner son pain à la sueur de son front » ; et s'il travaille honnêtement, dans un bon esprit, il peut espérer être sauvé et être délivré de tout travail pour l'éternité en rejoignant le royaume des cieux et de Dieu. Il n'est pas question de cela ici. Comment expliquer que l'homme soit ainsi forcé au travail, et que même ce travail puisse être une forme de dignité, d'honneur, alors que l'oisiveté pourrait bien être la « mère de tous les vices » ? Le travail éloigne de l'ennui. Jamais Virgile n'aura autant anticipé la toute fin de *Candide* de Voltaire. Mais ce qui explique le mieux une telle conception se trouve finalement dans le passage souvent intitulé « dialectique du maître de l'esclave » dans la *Phénoménologie de l'esprit* de Hegel. Pour Hegel, c'est l'esclave, celui qui travaille pour un autre, pour les autres, qui détient le sens de l'histoire, alors que le maître, celui qui se livre à l'*otium* (loisir), est dans une impasse existentielle. Le maître est libre et, par conséquent, il ne le sait pas. Le travailleur, qui ne l'est assurément pas, a un idéal, une cause supérieure : sa libération. Pour se libérer, il se dote d'un savoir, d'une science, d'une technique, qui ne supprimera pas le travail mais lui donnera du temps libre ; le travailleur va également s'allier à d'autres, inventer une sociabilité, une solidarité, parce que l'union fait la force. C'est donc par le travail que l'homme progresse, c'est parce qu'il travaille qu'il peut espérer travailler moins et gagner ainsi *sa propre liberté*. Cette analyse, qui a été reprise par Marx, peut s'appliquer à l'univers de Virgile, en y ajoutant ce qui n'est pas chez Hegel ou chez Marx : la volonté des dieux.

★

« De là vient que nous pouvons même par un ciel douteux connaître d'avance les saisons, distinguer le temps de la moisson et le temps des semailles » (I, p. 104)

Il y a dans les *Géorgiques* une alliance profonde et confiante entre l'homme et la nature : Virgile chante cette confiance à l'intérieur de ce grand cosmos. Le paysan ne doit donc pas être simplement un travailleur, qui serait aveugle et sourd, mais quelqu'un qui observe la nature, en suit les évolutions, les comprend, les anticipe pour mieux s'y adapter. C'est la base de la culture, au sens de l'agriculture comme au sens plus métaphorique qu'incarne l'homme cultivé. Cultiver, c'est travailler avec des artifices, des outils, une nature dont on suit la temporalité, l'organisation, dont on respecte même les caprices, pour mieux à la fin recevoir d'elle un bien, un profit. La nature en retour s'enrichit donc du travail humain, et elle est paradoxalement plus naturelle grâce à l'homme que sans lui, où elle peut périr de sa propre liberté.

★

« Avant tout, honore les dieux » (I, p. 107)

Virgile est un grand lecteur de Lucrèce et la sagesse qu'il développe n'est pas sans rappeler souvent les analyses de ce grand épicurien, qui l'a précédé avec un autre (immense) poème didactique, le *De natura rerum*. Cependant, Virgile ne peut pas tout à fait s'accommoder d'une vision de la nature et de l'homme sans l'intercession des dieux. Dans toute l'œuvre, la divinité est remise au centre de tout, alors qu'elle est évacuée, évincée chez le poète épicurien, pour des raisons strictement doctrinales. La *pietas* est un point cardinal dans le système d'idées de Virgile, et surtout dans la nouvelle politique qu'Octave-Auguste cherche à mettre en place dans tout l'Empire. Être *pius*, c'est respecter ses devoirs, envers les dieux bien sûr, mais aussi envers sa famille, comme le *pius Æneas*, envers aussi la nature, ce qui fait du paysan de Virgile un véritable écologiste. Le temps des hommes a besoin de se concilier avec le temps des dieux. C'est toute l'organisation politique, sociale, religieuse de Rome qui transparaît ainsi. Par une sorte d'ironie de l'histoire, il faut se rappeler que le grand philosophe de l'écologie moderne, Hans Jonas, émet l'hypothèse dans son *Principe responsabilité* qu'on ne peut pas défendre la nature, être véritablement écologiste, sans être croyant : peut-être sans le savoir, rend-il ainsi hommage à Virgile…

★

« Le soleil ! Qui oserait le traiter d'imposteur ? Lui qui nous avertit souvent que d'obscurs tumultes nous menacent et que couvent sourdement la trahison et les guerres ! » (I, p. 111)

On a souvent parlé de la mélancolie de Virgile, de ce « soleil noir » qui s'exprime parfois dans son lyrisme, notamment dans les

Bucoliques. Cet hymne au soleil pourrait donc paraître étonnant. C'est d'abord un hymne à la nature, cet élément fécondant, garant de la vie, de la chaleur, de la lumière. Mais il y a un autre sens caché, plus historique. Le soleil voit tout, il éclaire la part d'obscurité dont les hommes sont porteurs. L'obscurité, depuis un siècle, ce sont les guerres civiles qui ont empêché les Romains de jouir de la prospérité, de la sécurité, de la foi en la vie. Le soleil, ce peut-être maintenant, aussi, cette forme d'espérance en un homme, presque un dieu, qui va réussir à éclairer le monde, à le réchauffer, à le faire renaître, le bien nommé *Augustus*. Enfin, on notera dans ces vers l'intérêt permanent des Romains pour l'observation du ciel. Les hommes sont avertis, s'ils prennent le temps d'observer avec humilité les signes qui leur sont envoyés.

★

« Viens à mon aide et longe le bord de la côte ; les terres sont à la portée de nos mains : je ne te retiendrai pas ici par des fictions de poète ni par de vains ambages et de longs exordes » (II, p. 116)

Le travail du poète doit ressembler au travail du paysan. Ce qui les relie, c'est l'humilité, car l'humilité, c'est l'*humus*, la terre encore humide qui va permettre à tout ce qui pousse de croître, de se développer. Le bas est la condition du haut, la terre elle-même est une forme de décomposition, de mort, qui pourtant conditionne la vie ; les engrais ne sont-ils pas d'abord de la décomposition quand ils sont naturels, et pourtant c'est bien eux qui permettent d'accélérer la culture ? Il y a un grand cycle de la mort et de la vie, du bas et du haut, symbolisé par les arbres qui prennent racine pour aller vers le ciel. La volonté de Virgile de ne pas trop ornementer, de ne pas céder à l'emphase, consiste simplement à adapter son style à son sujet : il y a une noblesse, une beauté dans la simplicité.

★

« Ô trop fortunés, s'ils connaissaient leurs biens, les cultivateurs ? » (II, p. 129)

Être paysan, c'est être pauvre, c'est aussi souvent souffrir, être soumis aux aléas, aux caprices parfois terribles de la nature. Virgile ne cache pas cette situation en apparence bien peu enviable du cultivateur, de l'éleveur, même de l'apiculteur. Pourtant, le paysan est porteur d'un esprit et d'un savoir qui le mettent à égalité avec les savants et les philosophes : sa sagesse à lui est d'être en contact avec la nature, de s'allier avec elle, de la comprendre non pas en théorie, mais en pratique. C'est bien là être fortuné, c'est-à-dire protégé par la fortune, que de faire corps avec elle. Mais le paysan est trop humble, sans doute aussi beaucoup trop occupé, pour tirer gloire d'une telle fortune. Peut-être même sombrerait-il dans l'*hybris*, s'il connaissait son vrai bien…

★

« Heureux qui a pu connaître les causes des choses et qui a mis sous ses pieds toutes les craintes » (II, p. 130)

Matérialiste et atomiste, Lucrèce prétend enseigner l'origine du monde. Il veut faire découvrir aux hommes les vraies causes, qui n'ont rien à voir avec une cosmogonie, un souffle divin ; c'est ainsi que l'homme, comprenant les causes, pourra être enfin délivré de ses craintes, qui sinon le précipitent dans les affres de la superstition. Il faut donc la doctrine des philosophes pour atteindre la sérénité avec la science. La transposition d'une telle idée chez Virgile, on ose dire transplantation, ne se fait pas sans difficulté : chez lui, les dieux sont présents, et le véritable savoir, comme la véritable philosophie se trouvent peut-être à portée de main, dans le travail même du cultivateur. En se soumettant à la nature, en l'analysant, le paysan connaît ce sur quoi il travaille, car connaître, c'est « naître avec ». Il participe de la nature, non pas de l'extérieur, comme le ferait le philosophe, mais de l'intérieur, en s'alliant au grand Tout.

Ainsi, il peut prétendre lui aussi à une forme de bonheur, de sérénité, qui se nomme l'ataraxie, et ce d'autant plus que le travail, surtout quand il est acharné, « vient à bout de tout », et permet donc… de moins travailler.

★

« Oui, toute la race sur terre et des hommes et des bêtes, ainsi que la race marine, les troupeaux, les oiseaux peints de mille couleurs, se ruent à ces furies et à ce feu : l'amour est le même pour tous » (III, p. 142)

L'amour ici, c'est Éros, la pulsion de vie, tout un système qui pousse chaque être non pas à persévérer dans son être mais à continuer la survie de son espèce : on est proche de Schopenhauer ! Vivre, c'est chercher à se prolonger, se reproduire. Aucun être vivant ne peut y échapper, puisque c'est la définition même de la vie. Cependant, là encore, comme pour le travail, cela ne se fait pas sans souffrance. L'amour est rarement sans passion. Virgile nous dépeint un monde entièrement soumis à la loi de l'ambivalence : exactement comme l'eau est ce qui féconde ET ce qui inonde, l'air ce qui fait respirer ET ce qui cause de terribles tempêtes, la terre ce qui est de la décomposition ET ce qui fait croître, le feu est ce qui réchauffe ET ce qui brûle. Paradoxalement, Virgile ne peint pas l'amour humain de manière bestiale, comme on peut le voir chez Lucrèce ou, d'une manière plus légère, chez Ovide ; au contraire, il décrit l'amour des bêtes de manière très anthropomorphique. La nature chez Virgile nous fait dépasser les différences entre espèces : il y a une grande identité, une unité, que le poète contemple et célèbre.

★

« [...] quiconque essayait de revêtir ces funestes dépouilles voyait aussitôt des pustules ardentes et une sueur immonde couvrir ses membres infects, et ne tardait plus longtemps à périr dévoré par les atteintes du feu maudit » (III p. 152)

Le passage sur l'épidémie, ou plutôt l'épizootie, du Norique, qui est en fait un décalque de la description de la peste chez Lucrèce, voire chez Thucydide, nous fait basculer d'un coup dans une autre vision de la médecine, impuissante, qu'elle soit humaine, vétérinaire ou encore agronomique, face à ce déchaînement. Les Grecs avaient foi dans une médecine qui consistait à trouver dans la nature même les remèdes aux dysfonctionnements passagers de la nature : le médecin devait ainsi coopérer avec la maladie... On aurait pu croire qu'avec Virgile, en célébrant l'alliance permanente entre l'homme et la nature que réalise le cultivateur, on aurait aussi cette coopération. Et pourtant non : il y a ce mystère du mal, obsédant, incompréhensible. Il y a chez Virgile un étonnement face au déchaînement morbide et souvent mortel, qu'il vienne des hommes ou de la nature. Le mal est là, démoniaque, trompeur, on dirait *diabolique*, malgré tous les soins, toute la foi et toute l'humilité que peuvent déployer les humains. C'est à bon droit qu'on a fait de Virgile un poète assurant la transition entre la vision païenne du monde et la conception chrétienne, où l'homme doit se battre en permanence d'abord pour sa santé ici-bas, mais aussi pour sa sainteté dans l'au-delà.

★

« Poursuivant mon œuvre, je vais chanter le miel aérien, présent céleste » (IV, p. 155)

Du Bellay, dans les *Regrets*, prétendait vouloir composer une poésie où se mélangeraient le miel, le fiel et le sel. De fait, le miel est souvent utilisé par métaphore pour désigner le lyrisme élégiaque. Ce terme convient bien à la recherche permanente de la *suavitas* chez Virgile, cette forme de douceur persuasive, peut-être insidieuse, qui permet, notamment grâce à l'harmonie imitative, de communiquer presque naturellement les plus fortes émotions. Le choix de consacrer presque tout le chant IV aux abeilles renvoie donc à une démarche autotélique : le poème parle d'abord de poésie, et constitue un art poétique qui dit ce qu'il fait, fait ce qu'il dit et a du sens. Le miel est aussi un aliment parfaitement naturel qui semble avoir été réalisé pour le seul profit des hommes : un de ces cadeaux de la nature qui témoignent des rapports pacifiés entre l'homme, les animaux mais aussi les végétaux, sans lesquels il n'y aurait pas de miel. Au-delà de la métaphore de la ruche comme cité parfaite et modèle pour les humains, au-delà donc de l'analyse politique de la cité des abeilles, il faut voir dans l'éloge du miel un autre hommage : à l'époque de Virgile, le miel devient un ingrédient essentiel de nombreux médicaments. Après le terrible passage sur le Norique au chant III, Virgile nous apporte du réconfort, sinon une résolution des problèmes évoqués plus haut : il faut faire confiance à la nature. C'est ainsi que la poésie, si artificielle en elle-même, devient en réalité profondément naturelle, pour célébrer un produit naturel qui deviendra l'allié d'une médecine artificielle. L'unité est reconstruite.

★

« Ce qui te paraîtra surtout admirable dans les mœurs des abeilles, c'est qu'elles ne se laissent pas aller à l'accouplement, qu'elles n'énervent pas languissamment leur corps au service de Vénus » (IV, p. 161)

Lucrèce avait déjà largement décrit la fureur de la passion amoureuse et ses conséquences. Les abeilles semblent échapper miraculeusement à cette folie de l'amour, abondamment décrite dans le chant précédent. Peut-être faut-il voir ici un clin d'œil autobiographique, ce que confirme Donat dans sa biographie de Virgile, reprise par Chateaubriand et quelques autres. Virgile aurait eu une jeunesse passionnée mais frustrée, remplie d'amours transies, décevantes. Au bout du compte, comme les abeilles font leur miel, ce que Virgile a le mieux réalisé, ce sont ses livres, qui sont comme ses enfants. Cicéron avait d'ailleurs cette formule toute nietzschéenne pour dissuader les hommes de lettres de fonder une famille ou de se livrer aux passions ardentes et sensuelles : *aut libri, aut liberi* (ou des livres, ou des enfants).

★

« En ce temps-là, la douce Parthénope me nourrissait, moi, Virgile, florissant aux soins d'un obscur loisir, moi qui ai dit par jeu les chansons des bergers, et qui, audacieux comme la jeunesse, t'ai chanté, ô Tityre, sous le dôme d'un vaste hêtre » (IV, p. 172)

C'est somme toute un cas assez rare dans l'Antiquité d'une œuvre qui se termine de manière aussi claire par une signature. Virgile inscrit les *Géorgiques* dans un temps littéraire, en renvoyant à ses débuts, les *Bucoliques*. Peut-être veut-il mettre en avant les échos entre les deux œuvres, notamment pour les passages les plus ésotériques et sujets à des interprétations complexes. Peut-être aussi veut-il montrer une évolution dans son rapport à la nature, qui lui tient tellement à cœur : après le *locus amoenus*, la nature utopique d'hébérger, voici la nature terrestre, réelle (mais tout de même encore bien idéalisée !), la glèbe. Peut-être enfin veut-il nous mener vers l'ouvrage qui suit, qui est « en germe », ce roman national, cette épopée légendaire qui permettra à Virgile d'accomplir véritablement son œuvre mais aussi de réaliser les volontés d'un prince soucieux de ramener les hommes aux cultes et à la culture, sous toutes ses formes.

Citations commentées de *La Condition ouvrière*

« Cette expérience, qui correspond par bien des côtés à ce que j'attendais, en diffère quand même par un abîme : c'est la réalité, non plus l'imagination. Elle a changé pour moi non pas telle ou telle de mes idées (beaucoup ont été au contraire confirmées), mais infiniment plus, toute ma perspective sur les choses, le sentiment même que j'ai de la vie. Je connaîtrai encore la joie, mais il y a une certaine légèreté de cœur qui me restera, il me semble, toujours impossible. » (p. 52)

Simone Weil témoigne de l'expérience de la vie ouvrière comme l'épreuve d'un décalage entre les concepts, hypothèses et idéologies, et la réalité des choses. C'est sur le terrain, en première personne, que l'on peut tester la pertinence des systèmes. La vie est bien plus riche et complexe que nos simplifications abstraites, une idée que Bergson partage avec elle : les concepts sont des vêtements bien trop larges pour épouser le réel, ce sont des cotes mal taillées. Le vécu échappe à sa conceptualisation. Le langage échoue souvent à dire la souffrance, qui reste muette. L'expérience vécue est insubstituable, mais Weil essaie tout de même de nous faire sentir le décalage entre la théorie et l'expérience vécue pour que l'on puisse se faire une idée de ce qu'elle a réalisé. L'expérience n'a pas été partielle et particulière, mais totale et globale. Ce n'est pas seulement le travail qu'elle a étudié, mais à travers lui, elle a révisé sa manière de penser l'homme, la société, les sentiments vécus, la manière d'en témoigner, l'organisation de groupes, la technique, le progrès, la liberté, l'espoir, etc. Cette expérience lui a fait notamment renoncer à croire dans les partis politiques, les syndicats révolutionnaires. Elle a vu que le malheur ne tient pas au fait que des classes sociales soient en lutte ou que la machine ne soit pas la propriété collective de toute la communauté des travailleurs, mais surtout à la coupure entre ceux qui doivent obéir aux ordres et ceux qui commandent. C'est l'humiliation des uns par les autres qui doit cesser pour que l'usine puisse créer chez les travailleurs de la joie. L'expérience en usine ternit sa vie d'une ombre ineffaçable, au point que sa philosophie peut être en partie nommée philosophie du malheur. C'est le malheur qui est la première chose à saisir si l'on veut comprendre ce qu'est un être humain. Mais elle n'est pas pessimiste pour autant. La joie peut émerger au cœur de cette expérience du malheur elle-même.

★

« C'est inhumain : travail parcellaire – à la tâche – organisation purement bureaucratique des rapports entre les divers éléments de l'entreprise, les différentes opérations du travail. L'attention, privée d'objets dignes d'elle, est par contre contrainte à se concentrer seconde par seconde sur un problème mesquin [...]. » (p. 52)

Avant Michael Friedman, Weil analyse la manière dont le travail émietté déshumanise l'homme. L'automatisation est ruineuse pour l'ouvrier, contraint de répéter des tâches monotones tout en devant maintenir un minimum de vigilance pour ne pas rêver ou s'assoupir. Cela se double du côté administratif par un bureaucratisme qui place des chefs, des sous-chefs, des sous-sous-chefs, etc., à tous les étages, le directeur ayant le statut d'un Louis XIV au sommet. On ne sait à quel saint se vouer en cas de problème, on doit attendre sans savoir à qui s'adresser et on finit par se faire engueuler pour incompétence, alors que la lenteur est due au dispositif global et non à notre incapacité. Les ordres sont donnés de manière parfois contradictoire, toujours avec un sentiment d'arbitraire. On ne nous donne pas en tant que manœuvre la possibilité de les contester, ou bien de faire valoir que la machine s'est par hasard enrayée, etc. Le hasard n'existe pas dans l'usine ! Ou plutôt, il existe, comme partout, mais on ne peut l'invoquer pour excuser un bon que l'on a « coulé ». L'ouvrier ne voit pas le sens de l'entreprise globale, la place qu'il a dans la ruche, la fonction sociale que son geste, même minime, a pour l'ensemble de la société. Tout est fait pour casser le régime de l'attention : monotonie, absence de mobilisation de l'activité de conceptualisation, absence de mobilisation de l'activité consistant à viser des fins. L'ensemble des gestes exigés est mécanique, résultat de causes extérieures. Or, il faudrait que l'ouvrier puisse, comme l'artisan, être attentif à ce qu'il fait pour y mettre de son énergie, de ses sentiments, de son intérêt. L'attention se brise à l'usine, car le temps est cadencé et le tempo rapide. On est focalisé sur l'instant. Or, pour être attentif, il faut pouvoir envisager un espace de temps long, impliquant la remémoration des gestes passés, l'attention au présent et une protention qui nous porte sur l'avenir, par anticipation. Il faut donc absolument lutter contre l'émiettement du travail en montrant aux ouvriers l'ensemble de la chaîne et le produit fini, surmonter la coupure entre ceux qui donnent des ordres et ceux qui les exécutent en rapprochant les ouvriers des ingénieurs et en mobilisant leur participation active et tempérer la bureaucratisation en créant des délégués ouvriers intégrés dans les comités de direction et pouvant exercer un contrôle sur les raisons invoquées par les patrons pour augmenter la cadence, réduire les salaires, etc. L'ouvrier doit dans l'idéal non pas répéter des séries, mais imaginer comme l'ingénieur des suites et laisser les séries à des machines souples.

★

« D'une manière générale, la tentation la plus difficile à repousser, dans une pareille vie, c'est celle de renoncer tout à fait à penser : on sent si bien que c'est l'unique moyen de ne plus souffrir ! D'abord de ne plus souffrir moralement. Car la situation même efface automatiquement le sentiment de révolte : faire son travail avec irritation, ce serait le faire mal, et se condamner à crever de faim ; et on n'a personne à qui s'attaquer en dehors du travail lui-même. » (p. 53)

Weil souligne ici divers paradoxes : on pense habituellement que le travail à la chaîne n'exigeant pas de nous la pensée, l'âme peut être mise au vestiaire en entrant à l'usine et récupérée à la sortie intacte. Or, l'âme reste éveillée, malgré l'automatisation, car il faut être vigilant quand les ordres changent, quand la tâche est terminée, il faut compter les pièces, etc. On a donc tragiquement conscience de la monotonie de gestes qui n'exigent rien de notre âme. On essaie donc de s'abrutir au travail, mais l'âme en sort épuisée, car on ressent l'humiliation, qui est pire que la souffrance et est même la clé du mal. Second paradoxe : on s'attend à ce que les ouvriers, voyant leur condition si injuste et si misérable, n'aient qu'une hâte, contester cet esclavage et faire la révolution. Mais le travail en usine n'est pas un esclavage où on est mené par le fouet, enchaîné à un boulet. Nous sommes nous-mêmes nos propres bourreaux et devons trouver en nous la motivation à ces gestes absurdes à répéter sans fin. C'est cela qui est le comble : ne pas pouvoir se retourner contre le patron, qui ne nous fouette pas, ou contre les machines, qui font ce qu'elles ont à faire bon an mal an. On ne peut s'en prendre qu'au travail lui-même, c'est-à-dire au dispositif de l'usine, ce qui ne vient à l'esprit d'aucun travailleur, tant la question sociale est oubliée de tous. Marx soulignait déjà l'absurdité de la casse par les travailleurs de leurs machines : ce ne sont pas elles qu'il faut casser, elles ne sont pas responsables, c'est la manière capitaliste de les employer qui est à condamner. Weil dirait autre chose : c'est l'organisation de l'usine qui est à incriminer, parce qu'elle inclut la nécessité d'une coupure technique entre ceux qui commandent et ceux qui exécutent. C'est donc cette coupure qu'il faut tempérer.

⋆

« On est gentil, très gentil. Mais de vraie fraternité, je n'en ai presque pas senti. » (p. 54)

Weil montre l'écart entre une communauté heureuse des métiers caractéristique des cités grecques antiques, telle que Platon ou Aristote la pensait, tous échangeant avec tous suivant les besoins de chacun avec équité, et une usine où les ouvriers sont isolés, ne sentant pas la présence des autres à leurs côtés, car ils doivent se concentrer sur quelques gestes, sont rendus jaloux par les primes, les records de vitesse, l'angoisse de la mise à pied. Weil note des moments de jalousie vraiment violente, par exemple quand des femmes font la quête pour une femme enceinte, certaines s'indignent car c'est déjà arrivé pour cette même femme l'année précédente et d'autres se demandent s'il faut vraiment faire la quête pour un tel motif. C'est la pesanteur de l'usine. La fraternité a lieu par éclairs, quand un sourire apparaît au beau milieu de difficultés techniques. Cette fraternité pure ne peut avoir lieu qu'à l'usine. Mais elle est rare. Le seul moment où elle est rendue possible, c'est dans de petits ateliers où les chefs ne vont pas ou lors de grèves, moments de camaraderie où chacun se sent frère de son prochain.

⋆

« J'ai beaucoup souffert de ces mois d'esclavage, mais je ne voudrais pour rien au monde ne pas les avoir traversés. Ils m'ont permis de m'éprouver moi-même et de toucher du doigt tout ce que je n'avais pu qu'imaginer. J'en suis sortie bien différentes de ce que j'étais quand j'y suis entrée – physiquement épuisée, mais moralement endurcie [...]. » (p. 56)

Weil qualifie le travail en usine d'esclavage, car on y ressent l'oppression non pas d'un maître, mais de toute la société. Elle ne sort pas indemne de son étude. Le travail en usine modifie l'identité des individus. Il rétrécit l'âme, il rend malheureux, il brise le corps. Weil voit toujours l'âme et le corps fonctionner de pair : un geste technique réussi rend joyeux l'esprit de celui qui attrape le tour de main après des efforts répétés ; mais la monotonie de gestes manuels machinaux rend malheureux en humiliant celui qui s'y livre.

⋆

« [...] chaque fois que la douleur me contracte le visage, il m'envoie un sourire triste, plein de sympathie fraternelle, qui me fait un bien indicible. » (p. 58)

Weil doit remonter le tablier d'un four et menace de se brûler aux doigts et au visage, car elle ne maîtrise pas le geste technique à réaliser. Malgré ces échecs personnels, une compensation survient grâce à l'empathie d'un ouvrier, miraculeuse étant donné tout ce qui est fait pour rendre les ouvriers indifférents les uns aux autres. Un sourire triste est un oxymore qui dit toute la complexité d'une situation où l'on est tendu entre deux pôles opposés : l'obéissance aux dures lois de la nécessité qui nous déracinent et nous rendent comme étrangers à nous-mêmes d'un côté, et l'enracinement dans des valeurs absolues de l'autre (vérité, bien, justice...). C'est la grâce qui survient, au beau milieu de l'expérience de la souffrance, qui fait que pour Weil, on peut parler de mystique du travail. La pire épreuve peut faire saisir au fond de soi le désir du bien et le principe de charité qui animent l'homme. Plus fondamentalement que la mesquinerie de la jalousie, s'enracine en l'homme le désir du bien. Mais la joie pure est de courte durée, elle apparaît par éclairs.

★

« Une docilité de bête de somme résignée. » (p. 59)

Weil constate qu'elle se place facilement sous le joug, comme un animal dressé pour l'homme. Comme son travail la déshumanise, elle se compare à un animal de trait. La docilité qualifie ceux qui ne se rebellent plus. Or, Weil est révoltée, autant que Camus. Le travail en usine parvient presque à lui faire oublier son indignation première face à l'asservissement des uns par les autres. C'est pourquoi elle cherche sans cesse à se remémorer le sens de sa démarche, à se ressaisir pour tenir parole et reconquérir pour elle et pour les autres la dignité de l'être humain.

★

« Quant à ses propres accès d'énervement et de mauvaise humeur, il faut les ravaler ; ils ne peuvent se traduire ni en paroles ni en gestes, car les gestes sont à chaque instant déterminés par le travail. Cette situation fait que la pensée se recroqueville, se rétracte, comme la chair se rétracte devant le bistouri. On ne *peut pas* être "conscient". » (p. 60)

Le problème de la vie en usine vient d'une impossibilité de s'exprimer (exprimer son désaccord, ses idées, ses projets, sa colère) et de dialoguer les uns avec les autres, mais aussi d'une absence de finalité dans les gestes, qui ne sont que le reflet d'une nécessité extérieure. La métaphore du bistouri est intéressante quand on sait que Weil était fille de médecin des armées et qu'elle a voulu elle-même lancer le programme d'infirmières en première ligne : de même que le corps, pourtant blessé, a peur d'être soigné tant il a souffert, de même, l'âme blessée, humiliée, craint sans cesse pire souffrance que celle qu'elle éprouve déjà et abandonne certaines solutions qui pourraient atténuer son mal (demander des justifications aux patrons, demander de l'aide, discuter la pertinence d'un certain ordre, se rebeller...).

Citations

★

« C'est difficile de ne pas oublier, quand on change si radicalement de manière de vivre. » (p. 61)

Weil considère le travail plus que comme un objet : comme une condition d'existence. Elle découvre non seulement un métier, mais une manière de vivre très différente de celle qu'elle connaît en tant qu'intellectuelle. Elle veut indiquer aux intellectuels cette différence de sensibilité qui naît chez les travailleurs par rapport à eux, car il faut qu'ils fassent l'effort de se transporter dans leur manière de vivre pour parler correctement de ce qui s'y passe. Il faut traduire les concepts d'une sphère à l'autre, en tenant compte de la sensibilité qui naît de part et d'autre : dans un parti, la sensibilité n'est pas la même qu'à l'usine. Il ne faut pas que les partis et syndicats se coupent de ceux qu'ils soutiennent en ne sentant pas dans leur chair ce que c'est que de vivre avec au ventre la faim et l'angoisse de ne pas pouvoir conserver son gagne-pain.

★

« On travaille aux pièces, les normes sont dures, comme il est normal en temps de crise, rien dans ma vie passée ne m'a préparée à ce genre d'efforts, et le découpage est, je crois, une des choses les plus dures qu'il y ait parmi les travaux de femmes. Je suis loin encore d'atteindre les normes [...]. » (p. 63)

Comme Marx dans *Le Capital*, Weil questionne ici la rationalisation prétendue du travail qui impose à chaque ouvrier moyen un travail moyen, réalisé à une cadence moyenne, pour un salaire moyen. Ce qui existe, ce ne sont pas ces abstractions chiffrées, ces quantités abstraites, mais des individus qui sont qualitativement tous différents et dont la force de travail diffère, tout comme l'habileté, le temps d'expérience, l'histoire. Elle indique ici que si elle avait appartenu depuis l'enfance au monde ouvrier et avait commencé à travailler à l'usine dès l'adolescence, elle ne se serait pas posé autant de questions, car elle aurait certainement mieux réussi à tenir la cadence. Le fait d'être loin des normes la questionne. Que lui manque-t-il pour suivre la cadence et rejoindre le rythme ininterrompu ? Pas tant l'habileté technique que quelque chose en trop : elle n'arrive pas à faire ce vide mental, l'absence de pensée indispensable aux esclaves de la machine moderne. Intellectuelle de formation, elle obéit à ce que Bourdieu appellerait un certain habitus culturel : elle a l'habitude d'accompagner ses gestes de la pensée et de la conscience. Comme elle est venue pour dénoncer les conditions lamentables des ouvrières, elle est animée par la conscience de l'injustice, elle est rebelle. Mais elle doit justement laisser cette conscience au placard pour pouvoir entrer pleinement dans la condition ouvrière : quel paradoxe !

★

« J'ai le sentiment, surtout, de m'être échappée d'un monde d'abstractions et de me trouver parmi des hommes réels – bons ou mauvais, mais d'une bonté ou d'une méchanceté véritable. » (p. 68)

Comme d'autres philosophes qui se sont plongés avec délice dans l'ethnologie pour quitter l'abstraction stérile de la philosophie, tels Claude Lévi-Strauss et Philippe Descola, Weil est heureuse de sortir de sa tour d'ivoire. Dans l'allégorie de la caverne racontée par Platon dans le livre VII de *La République*, le philosophe qui accède au vrai est d'abord ébloui, puis il s'habitue tant aux idées abstraites qu'il cherche à définir qu'il en perd l'envie de retourner dans l'obscurité de la caverne, où jouaient les ombres, pour sauver d'autres humains enchaînés aux apparences. Mais Platon oblige le philosophe à re-rentrer dans la caverne du sensible pour dialoguer avec les autres et leur indiquer la voie de la délivrance. Les idées ne sont pas tant coupées du sensible qu'elles ne doivent servir à l'éclairer et à dissiper les ombres. Weil semble, quant à elle, heureuse de se replonger dans le réel, ayant éprouvé le risque de s'enfermer dans des abstractions qui coupent de la vraie vie. Son frère, mathématicien, l'a aussi invitée à l'abstraction. Mais si elle aime les concepts et la raison, elle veut être un homme total, réconciliant son corps et son âme, le malheur de l'ici-bas et la joie pure de rejoindre l'absolu, car pour elle, les deux sont liés. L'homme est-il bon ? Méchant ? Dieu est-il bon ? Méchant ? Weil n'en juge pas vraiment, l'harmonie passe au-dessus de ces coupures. Les patrons ne sont pas méchants, ils sont victimes eux aussi du dispositif de l'entreprise et de la concurrence. Les ouvriers jaloux ne sont pas méchants, ils sont seulement victimes du système absurde des primes. Quant à Dieu, il a laissé le monde être, alors qu'il était parfait. Certes, le monde n'est pas parfait, mais en acceptant de le laisser être, Dieu a laissé exister le malheur, mais aussi la grâce dans les expériences où l'individu se sent enraciné aux autres ou à l'absolu divin.

★

« En dehors de tout cela, les machines par elles-mêmes m'attirent et m'intéressent. » (p. 68)

Weil témoigne, comme Simondon, d'un intérêt pour le fonctionnement technique des machines. Elle dessine des pièces, essaie de comprendre la raison d'être des loupés, se donne des consignes pour ne pas commettre les mêmes erreurs le lendemain. Elle ne méprise pas les machines. Elle aimerait même que les ouvriers puissent contribuer à inventer des machines souples et intelligentes, qui s'adapteraient au milieu associé et à ses modifications éventuelles. Le problème, ce sont des machines rigides, qui n'arrivent pas à sortir d'un programme basique. Weil aurait sans doute beaucoup apprécié l'idée de développer la technologie propre à Simondon. Sa lecture de Jacques Lafitte en témoigne.

★

« Car la réalité de la vie, ce n'est pas la sensation, c'est l'activité – j'entends l'activité et dans la pensée et dans l'action. » (p. 69)

On comprend ici la conception dynamique que Weil se fait du réel. Le réel, c'est ce sur quoi on agit, c'est l'activité du corps et de l'esprit conjointement, par exemple est dit réel un homme qui sait manier un outil et qui sait le sens que cela peut avoir pour l'ensemble de la société et qui éprouve donc de la dignité. Au contraire, est dit imaginaire ou fictif, le concept qui reste enfermé dans une idéologie. Un intellectuel qui reste dans sa tour d'ivoire, pris dans la pure théorie, n'est pas dans le réel. La philosophie de Weil est une philosophie de l'action. Même penser demande des efforts de dépassement perpétuel de ses propres préjugés. Les idées fixes, les idées toutes faites, les dogmatismes sont à bannir. Il y a des proximités ici avec Bergson, mais aussi avec Arendt.

★

Weil cherche à atteindre « un degré de maturité qui [lui] permette de savoir au juste ce qu'[elle] demande en général à la vie, ce qu'[elle] attend d'elle ». (p. 70)

C'est dans l'expérience en usine qu'elle cherche une réponse au sens de sa vie, car cela va la réintégrer en tant qu'individu, malgré le sentiment de solitude et de malheur, au collectif. De même que quand elle va aller à la guerre ou faire de la résistance : elle cherche à aller du côté des opprimés, car c'est là qu'elle peut chercher à rééquilibrer le plateau de la justice où se trouvent les uns et les autres. Elle se rend compte à travers le malheur que certains lui viennent en aide et qu'elle peut venir en aide à d'autres moins bien lotis qu'elle, et finalement, elle se rend compte de la charité de Dieu, qui a fait don de soi en créant le monde. Au moment où elle pourrait le moins attendre de la vie, car tout est désenchanté, brille pour elle le sens de son engagement.

★

« Je ne saurais trop vous recommander d'exercer le plus que vous pouvez vos muscles, vos mains, vos yeux. Sans un pareil exercice, on se sent singulièrement incomplet. » (p. 72)

On retrouve l'idée d'homme total dont parle également Marx dans le *Manuscrit de 1844*. Il s'agit de l'homme qui intègre sa dimension corporelle et spirituelle, la matérialité et le sens. Le matérialisme de Marx l'invite à insister sur les conditions matérielles de la vie humaine pour le saisir. Tandis que le spiritualisme de Weil l'invite à rappeler l'homme au ciel des idées où ses valeurs s'enracinent. Mais ces deux penseurs, sans mettre l'accent sur le même pôle, cherchent à les mettre en relation. Les communistes prônaient un retour des intellectuels aux champs (Mao) ou à l'usine, afin de rééquilibrer la société, sans coupure entre deux classes sociales en lutte. Le travail suppose comme le sport un effort dont on se sent grandi et dont on est fier. L'exercice permet de développer tout le potentiel de l'humain, les dispositions acquises augmentent l'homme. Dans *Le Geste et la Parole*, André Leroi-Gourhan parlera du risque qu'il y aurait pour l'homme à ne plus utiliser l'intelligence de ses dix doigts. Il a peur qu'en utilisant moins sa main pour augmenter sa dextérité, l'imagination humaine périclite et avec elle l'inventivité indispensable pour le progrès technique et humain.

★

« Vous comprenez, on nous fait une grâce en nous permettant de nous crever, et il faut dire merci. » (p. 74)

Weil réemploie le vocabulaire même des ouvriers, familier : « nous crever », comme elle le fait en employant les expressions courantes de l'usine : « les loupés », « couler le bon », « forcer », « se faire engueuler »… Certains mots sont violents et renvoient indirectement à la mort symbolique que constitue le travail. Weil est attentive aux expressions employées, qu'elle saisit telles quelles. Cela permet de bien saisir l'ambiance de l'usine et la sensibilité des gens, de rendre vivantes les scènes. Elle n'est pas condescendante. Il ne s'agit pas pour elle de ramener ses grandes théories dans l'usine, mais au contraire de prendre au sérieux ce qui se passe dans l'usine pour en faire état, au plus près de ce que vivent les ouvriers. Pour restituer la manière dont ils pensent, elle passe par leurs expressions. Ici, le paradoxe est que les patrons se mettent faussement à la place de Dieu, en faisant semblant de faire un don aux ouvriers en leur offrant du travail, mais comme ce travail n'a rien d'humain et est là pour les humilier, cela n'a rien d'une vraie charité. C'est plutôt l'ouvrier qui fait preuve de grâce en offrant ses services sans grande rétribution. Lui seul donne vraiment de sa personne et souffre comme le Christ a souffert la Passion et s'est donné aux hommes.

★

Une ouvrière « m'a dit qu'au bout de quelques années, ou même d'un an, on arrive à ne plus souffrir, bien qu'on continue à se sentir abrutie ». (p. 75)

Seule l'habitude peut atténuer le choc de la découverte de la vie ouvrière pour quelqu'un qui n'y a pas été préparé par sa famille, son éducation, son milieu social ou son expérience personnelle. Mais le fait d'être habitué à la souffrance ne l'annule pas vraiment. On l'oublie et on se résigne, on arrête de se rebeller. Mais on demeure atteint, transformé en bête de somme. L'idée d'être abruti renvoie au manque d'intelligence, mais surtout ici, au statut de l'animal, et enfin au fait d'être comme abasourdi, anesthésié, car la conscience, comme on l'a vu dans une citation précédente, ne peut pas se produire.

★

« [...] la responsabilité est collective, et la souffrance individuelle. Un être qui a le cœur bien placé doit pleurer des larmes de sang s'il se trouve pris dans cet engrenage. » (p. 75)

Cette citation met en vis-à-vis le groupe et l'individu, seul dans sa souffrance, non partageable, non exprimable, expérience insubstituable, qui ne peut qu'être vécue en première personne. Mais c'est l'ensemble du groupe qui est responsable de la situation où se retrouvent les humains : car c'est le groupe qui est responsable d'avoir choisi ces structures d'organisation du travail. Il faut donc que l'individu prenne conscience par sa souffrance du fait que le groupe doit se redéfinir pour accéder à plus de solidarité par le dialogue. Les larmes de sang évoquent celles de la Vierge Marie qui pleure son fils mis injustement sur la croix, ou celles de Madeleine au pied de la croix. Les larmes évoquent l'amour du prochain, et de la dimension sacrée de tout être. Weil raconte qu'elle a pleuré toute une journée en essayant de faire marcher sa machine, mais elle a dû ravaler ses larmes. Ici, elle voit comme une bénédiction le fait d'être capable de commisération. Le terme d'engrenage rappelle la mécanique de la machine, mais devient ici métaphorique : c'est toute l'organisation de l'usine qui est un engrenage, voire la société entière, quand l'individu se déracine de ses valeurs.

★

« On ne vous demande que des pièces, on ne vous donne que des sous. » (p. 206)

Les échanges humains se trouvent réduits à des échanges purement matériels. On fétichise la marchandise, on porte aux nues le dieu argent, comme le dirait Marx.

★

« [...] parfois la joie du travail, la fierté de l'effort accompli. » (p. 207)

Le travail ne va pas sans joie, car il est l'essence de l'homme. L'effort, comme chez Maine de Biran, devient source de conscience de soi par l'épreuve de la résistance et de l'adversité du réel.

★

« Vos camarades vous liront. [...] Vos chefs aussi vous liront. [...] Ils vous comprendront bien mieux après vous avoir lu [...]. Les hommes ne savent jamais se mettre à la place les uns des autres. » (p. 209)

Weil veut permettre aux ouvriers de s'exprimer et d'être le porte-voix des sans-voix. Cela seul restaure le dialogue et permet la naissance de l'empathie, voire de la sympathie avec autrui.

★

« Tout d'abord l'impitoyable loi du rendement pèse sur vos chefs comme sur vous [...]. » (p. 209-210)

Les patrons sont tout autant pris dans l'engrenage de l'usine. Ils sont également des victimes du dispositif.

★

« [...] il faudrait que leur préoccupation dominante soit non d'augmenter toujours le rendement au maximum, mais d'organiser les conditions de travail les plus humaines compatibles avec le rendement indispensable à l'existence de l'usine. » (p. 210-211)

Voici, exprimés avec l'esprit de synthèse propre à Weil, tout l'objet de sa démarche et son objectif.

★

« [...] la relation de chef à subordonné n'est pas de celles qui facilitent la compréhension mutuelle. On ne comprend jamais tout à fait ceux à qui on donne des ordres. On ne comprend jamais tout à fait non plus ceux de qui on reçoit des ordres. » (p. 211)

La compréhension entre les individus ne se réalise que si chacun se conçoit comme l'égal des autres. Cela rappelle Rousseau quand il demande à Émile de n'adopter ni un ton supérieur, ni un ton inférieur avec autrui.

★

« Rien ne paralyse plus la pensée que le sentiment d'infériorité nécessairement imposé par les atteintes quotidiennes de la pauvreté, de la subordination, de la dépendance. La première chose à faire pour eux, c'est de les aider à retrouver ou à conserver, selon le cas, le sentiment de leur dignité. » (p. 213-214)

L'humiliation étant pire que la souffrance, c'est elle qu'il faut commencer par soigner en laissant les ouvriers relever la tête pour admirer le travail fait, être reconnus pour leurs talents. La dignité est traitée par Kant, mais il l'associe aux personnes abstraites, tandis que Weil veut l'accorder à tout individu bien concret, en chair et en os.

★

« Ce qui peut au contraire aviver l'esprit de classe, ce sont les phrases malheureuses qui, par l'effet d'une cruauté inconsciente, mettent indirectement l'accent sur l'infériorité sociale des lecteurs. Ces phrases malheureuses sont nombreuses dans la collection de votre journal. » (p. 215)

Les révoltes naissent à cause du ton méprisant que les dirigeants utilisent pour parler aux ouvriers.

★

« Il faut me pardonner si je prononce le mot de chef avec un peu trop d'amertume. » (p. 218)

Simone Weil manie l'ironie. Elle dit vouloir parler à tous d'égal à égal, mais en est ici au point de mépriser autant les chefs qu'eux méprisent leurs employés. Elle cherche donc à replacer le chef non pas au sommet, mais à sa juste place. Les appellations, les rangs, ont toute leur importance dans cette sorte de Cour en miniature qu'est l'usine, mais Weil montre la vanité de ces étiquettes.

★

« On est très mal placé en haut pour se rendre compte et en bas pour agir. » (p. 219)

Weil cherche dans une figure de chiasme à être l'intellectuelle qui se place en bas pour se rendre compte de ce que vivent les simples manœuvres, tandis qu'elle invite par son récit haut en couleur les patrons à s'imaginer à la place de leurs propres ouvriers.

★

« Je ne conçois les rapports humains que sur le plan de l'égalité ; dès lors que quelqu'un s'est mis à me traiter comme inférieure, il n'y a plus à mes yeux de rapports humains possibles entre lui et moi, et je le traite à mon tour en supérieur, c'est-à-dire que je subis son pouvoir comme je subirais le froid ou la pluie. » (p. 222-223)

Pour construire des relations humaines solides au travail, il ne faut, dans l'idéal, ni commander, ni obéir aux ordres, comme s'ils avaient autant de nécessité qu'une contrainte naturelle.

★

« [...] l'oppression, à partir d'un certain degré d'intensité, engendre non une tendance à la révolte, mais une tendance presque irrésistible à la plus complète soumission. » (p. 223)

Nous retrouvons là un paradoxe déjà évoqué lors de notre analyse thématique de l'ouvrage : si l'oppression était minime, on se rebellerait, mais comme elle passe totalement le seuil du supportable, elle nous anesthésie.

★

« Par esprit de classe, vous entendez, je suppose, esprit de révolte. Or je ne désire exciter rien de pareil. » (p. 231)

Simone Weil ne souhaite ni adopter le ton polémiste d'un Nietzsche, ni en appeler à l'union de tous les prolétaires pour se rendre possesseurs des machines comme chez Marx. Le syndicalisme révolutionnaire est une utopie comme les autres qu'il faut, elle aussi, démystifier.

★

« [...] à l'usine, ils n'ont donc pas à collaborer, mais seulement à obéir, obéir encore et toujours, depuis le moment où ils pointent pour entrer jusqu'au moment où ils pointent pour sortir. Hors de l'usine, ils se trouvent au milieu de choses qui toutes sont faites pour eux, mais qui toutes sont faites par vous. Même leur propre coopérative, en fait ils ne la contrôlent pas. » (p. 233)

On voit ici un jeu de mots sur collaborer (littéralement, en latin, « travailler avec »), un terme qu'il faut promouvoir. Le paternalisme n'est absolument pas une issue profitable. Les ouvriers doivent être invités à avoir l'esprit d'initiative. Or, le patron a compris l'intérêt du contrôle et tout est utilisé en ce sens : système des primes, focalisation sur des choses mesquines comme les sous, la vitesse, etc.

★

« [...] à l'usine il est interdit de causer sous peine d'amende. » (p. 235)

On voit à nouveau le silence imposé aux travailleurs. Ils ne peuvent ni se plaindre aux chefs de manière verticale, ni s'entretenir par un gai babillage qui leur permettrait de souder une vraie collectivité.

★

« À mon avis le travail doit tendre, *dans toute la mesure des possibilités matérielles*, à constituer une éducation. » (p. 237)

L'approche pédagogique de Weil est très intéressante, de même que son insertion de l'approche technique dans une approche culturelle plus vaste. En un sens, elle développe sur le travail une philosophie de la culture proche de celle de Cassirer. Quelle forme symbolique incarne le travail ? Comment donne-t-il sens au monde ? Quel type de langage implique-t-il ?

★

« J'ai commencé par *Antigone*. Si j'ai réussi dans mon dessein, cela doit pouvoir intéresser et toucher tout le monde – depuis le directeur jusqu'au dernier manœuvre [...]. » (p. 244)

Les grands mythes fondateurs unissent les générations à travers les âges, mais aussi à travers la diversité des classes sociales. Fille d'Œdipe, Antigone incarne la loi du cœur contre la loi de la raison.

★

« Il se trouve que par eux [...], je pourrais peut-être pénétrer dans la vie des champs, car je ne puis pas me mêler aux paysans par la même méthode que je me suis mêlée aux ouvriers. Je pense que quand on a été ouvrière, il faut au moins devenir aussi paysanne [...]. » (p. 254-255)

Certes, Weil a moins travaillé dans les champs que dans l'univers artificiel de l'usine. Mais elle aimerait rapprocher ces deux modes de vie, car le travail en usine devrait plus se calquer sur le modèle que représente l'agriculture. Elle a fait notamment de l'arrachage de pommes de terre et a contribué à des vendanges.

★

« L'organisation du travail doit réaliser la combinaison de l'ordre et de la liberté. » (p. 257)

Si l'on ne fait que la révolution, on obtient de nouveaux rapports de force qui ne résolvent pas les problèmes de coupure entre groupes sociaux et la tension entre eux. On doit donc faire comprendre aux patrons les souffrances des ouvriers et faire comprendre aux ouvriers les impératifs de la gestion.

★

« Il faudrait donc des machines *automatiques* et *souples.* » (p. 259)

Marx n'était pas technophobe et pensait que le développement des machines permettrait une société de loisirs ne nécessitant presque plus de travailler, outre le réglage des machines. Weil ne l'est pas plus et s'intéresse authentiquement au fonctionnement technique des machines. Elle ne vient pas pour critiquer, mais pour acquérir le plus de connaissances possible sur les machines.

★

« Enfin, on respire ! C'est la grève chez les métallos. » (p. 265)

Joie pure de la grève, de sorte que les phrases se terminent par des points d'exclamation. Weil s'incorpore tellement aux personnes qu'elle observe qu'on la croirait seulement ouvrière devenue philosophe et non philosophe devenue ouvrière, comme elle l'est. Le « on » efface sa personne et l'inclut dans le regroupement joyeux des métallurgistes.

★

« [...] il est impossible de dire dans quelle mesure c'est de l'angoisse et dans quelle mesure c'est de la faim. » (p. 268)

Weil raconte le comble de l'horreur, quand l'ouvrier n'a pas de quoi manger parce qu'il n'a pas assez travaillé ou pas eu de « bon boulot ». Un cercle vicieux s'installe, car plus on a faim, moins on travaille bien, etc. L'angoisse dont parle Weil n'est pas celle de Pascal, Kierkegaard, Sartre ou Heidegger, qui questionnent le vide de l'espace infini, la finitude, l'absence de sens déterminé de l'existence. Il s'agit de l'angoisse très concrète de vouloir continuer malgré tout à exister, sans que l'existence ne soit pour autant un bien. Si l'on est trop humilié, on continue à vivre, mais notre existence est un enfer. On devient comparable à Sisyphe, Tantale, ou d'autres figures grecques, dont Camus a également fait des figures mythiques de son propre panthéon.

★

« [...] pour cette fatigue-là il faudrait un nom à part. » (p. 271)

La fatigue à l'usine n'est pas l'effort noble de l'artisan qui a appris à manier un outil et s'arrête, épuisé physiquement, mais heureux moralement, car fier de son action. Elle est épuisement sans aucun sens, sans grâce, sans élévation de soi.

★

« Il s'agit, après avoir toujours plié, tout subi, tout encaissé en silence pendant des mois et des années, d'oser enfin se redresser. » (p. 275)

La référence aux *Pensées* de Blaise Pascal est ici discrète, mais on la sent : l'homme est un roseau, le plus faible de la nature, un rien suffit à le faire ployer, mais c'est un roseau pensant. Il relèvera donc toujours la tête, car il reste animé du désir du bien, de la vertu, de la justice et de tous ses idéaux.

Citations commentées de *Par-dessus bord (version hyper-brève)*

PASSEMAR

Je suis l'auteur de cette pièce dès le plus jeune âge se manifestait mon don d'écrire à neuf ans j'avais composé une pièce en un acte qui s'appelle *La Révolte des légumes* mais il fallait vivre alors ç'a été cette petite annonce jeune licencié ès lettres présentant bien et ils m'ont embauché chez Ravoire et Dehaze pour succéder à un chef de section au service facturation qui s'était suicidé sans raison apparente [...] chez Ravoire et Dehaze ils ne connaissent pas mon activité littéraire pour eux j'étais un cadre qui faisait à peu près correctement son boulot [...]

(I, 251)

Passemar est dans la pièce le « double de fantaisie » de Michel Vinaver. S'il n'occupe pas au sein de l'entreprise la même fonction que lui (il se présente comme un cadre moyen, là où Vinaver est P.-D.G. de Gillette France au moment où il écrit la pièce), son parcours l'apparente bien au dramaturge : il a rédigé comme lui une pièce intitulée *La Révolte des légumes* (en deux actes chez Vinaver), a obtenu une licence de lettres, a été embauché par une entreprise au sein de laquelle il a patiemment gravi tous les échelons. Comme Vinaver surtout, Passemar mène une double activité de cadre et de dramaturge, dans une assez étrange étanchéité des deux fonctions. Le parallèle est donc très net entre les deux figures, dans ce passage qui insiste plus généralement aussi sur les motivations et les conditions d'exercice du travail. « [I]l fallait vivre », note en effet Passemar afin d'expliquer pourquoi il a rejoint l'entreprise après sa licence de lettres, qui ne lui a visiblement pas permis de subvenir à ses besoins. On est donc bien loin ici d'un idéal professionnel. L'entreprise est du reste implicitement dépeinte comme un univers inquiétant, sinon déjà violent : la mention du suicide « sans raison apparente » de son prédécesseur ne sera jamais reprise par Passemar, ni à aucun autre moment dans la pièce.

★

MADAME ALVAREZ
Le service des ventes gronde Passemar
PASSEMAR
J'ai aussitôt fait une note de service à monsieur Olivier avec copie à monsieur Dutôt
DUTÔT
Je m'en torche de vos notes de service moi il me faut la camelote mes représentants foncent à mort avec leur promotion
(I, 252)

L'entreprise familiale qui nous est initialement présentée dans la pièce est caractérisée par une certaine lourdeur administrative. Alors que son produit « historique », le papier toilette Super-Douceur, est en rupture de stock depuis plusieurs jours, personne ne semble réagir. « L'usine ne suit pas » et « [l]e service des ventes gronde », ce qui semble attester un manque de coordination et de suivi de la chaîne de production et d'écoulement du bien. Seule une « note de service » interne est adressée au directeur général adjoint, « avec copie » au chef des ventes, de bien peu d'efficacité si l'on en croit la panique qui saisit les cadres de l'entreprise en ce début du premier mouvement de la pièce. Les propos musclés qu'échangent alors les différents cadres de l'entreprise soulignent l'impasse dans laquelle se trouve ce premier moment du capitalisme. Les tensions qui y règnent sont dues aux modes concurrents des représentations du travail, mais aussi à la mise sous pression des cadres. Dutôt réclame de la « flexibilité » et Mme Alvarez « [u]n peu d'esprit de coopération », dans la suite immédiate du passage. Deux clans s'opposent dès lors ouvertement dans l'entreprise, ce qui témoigne de l'urgence d'un renouvellement.

★

PASSEMAR

Mon propos est simplement ceci l'absorption de la moyenne entreprise où je suis moi-même un cadre moyen par une puissante société américaine est-ce un bien ? Est-ce un mal ? Je ne sais pas j'aimerais y voir plus clair ça me fait penser à cette vieille histoire des Ases et des Vanes dont parlait monsieur Onde du temps où je suivais ses cours au Collège de France

(I, 263)

À travers son personnage, Vinaver expose l'objet de son intrigue, mais aussi, et surtout, la position qu'il adopte à l'égard des questions qu'il a choisi de mettre en scène. Or loin de tout manichéisme, le dramaturge revendique le droit à l'errance, au cheminement. Dans son « Auto-interrogatoire » au sujet de *Par-dessus bord*, Vinaver n'écrira d'ailleurs pas autre chose que ce qu'il fait dire ici à son « double de fantaisie » : « En écrivant, non seulement je n'exprime pas des positions, mais écrire c'est pour moi chercher à y voir un peu plus clair. » L'écriture engagée ne peut donc l'être selon lui que détachée de toute intention *a priori*, et c'est qu'ainsi qu'émergeront des « fragments » de sens, susceptibles d'orienter l'écrivain, comme son lecteur/spectateur. Tous deux seront aussi guidés dans ce travail par la référence mythique des Ases et des Vanes, qui traverse l'œuvre tout entière.

★

GRANGIER

C'est la boîte entière qui fout le camp il n'y a plus de boîte monsieur Olivier il n'y a plus que les gens et les gens c'est jamais très joli quand il n'y a plus de boîte pour leur donner le sentiment qu'ils font quelque chose en commun

(II, 282).

Ce passage évoque la situation de confusion dans laquelle se trouve l'entreprise au moment de sa mutation. Elle n'existe plus en tant que telle, anéantie de l'intérieur par les courants et les visions adverses qui se disputent le pouvoir. Sa faillite naît d'une absence de cohésion : une entreprise, ce sont en effet avant tout des hommes et des femmes mus par le souci d'un bien commun, objectivé par leur travail. La confusion révèle au contraire la nature intrinsèquement conflictuelle des individus, livrés à eux-mêmes. L'entreprise en ce sens apparaît ici comme la condition de la sociabilité.

★

MARGERIE (au lit, avec Benoît)

Quand je couchais à l'université avec les garçons américains ils étaient très sympathiques / [...] Aussitôt quittée l'université ils devenaient des petits managers puants qui ne pensent plus à autre chose que manage their business alors je suis partie

BENOÎT

Pour Paris

MARGERIE

Qui commence à devenir pire que l'Amérique sauf les étudiants ils sont encore très bien tu sais quand je suis allée sur les barricades j'ai senti que tout était pas encore foutu mais toi tu deviens tous les jours un petit peu plus manager un peu plus con

(II, 287)

Margerie, la femme de Benoît, est une Américaine qui a rejoint la France par amour de la culture française. Elle se désole ici du mimétisme des nouveaux managers français, qui prennent l'Amérique pour modèle. Le parallèle est très net entre les « très sympathiques » étudiants américains qui deviennent, aussitôt leurs études achevées, de « petits managers puants », et les Français qui « commenc[ent] à devenir pire[s] » que leurs homologues d'outre-Atlantique. Benoît, à qui Margerie s'adresse alors, en est pour elle l'exemple manifeste, lui qui « devien[t] tous les jours un peu plus manager un peu plus con » ; la juxtaposition soulignant alors l'analyse qu'elle fait d'une telle « évolution ». La pièce figure donc une parfaite adéquation entre ces Américains et les nouveaux managers français qui cherchent à révolutionner l'entreprise hexagonale. Pour Margerie, qui connaît bien ce modèle, ce sont les Français d'une manière générale qui cherchent même à le « singer » (III, 313).

★

PASSEMAR
Quand je vous écoute toutes sortes de choses se relient cela irradie
MONSIEUR ONDE
Quelle ironie lorsque je me retourne en arrière la seule constante c'est ce sentiment de cheminement dans le noir avec peut-être une lueur falote intermittente mais qui ne s'est jamais laissé entièrement souffler je n'ai jamais douté que tout système mythologique signifie quelque chose aide la société qui le pratique à s'accepter à être fière de son passé confiante dans son présent et son avenir
(III, 296)

À travers Monsieur Onde, Vinaver rend hommage à une autre forme de travail, celui des chercheurs, intellectuels et savants. À leur image, Monsieur Onde est M. Onde (il est d'ailleurs constamment noté ainsi dans la version intégrale de la pièce), capable de révéler le monde, tel Georges Dumézil (1898-1986), dont le dramaturge suivit lui-même les cours au Collège de France. Le travail qu'il mène inlassablement, par lequel il laboure solitairement le (sous) terrain du mythe, suscite en ce sens un « sentiment de cheminement dans le noir » qui, paradoxalement, est éclairant, investi d'une dimension sociale et politique. Cette foi accordée au savoir mythique ne peut pourtant se construire que dans l'écoute et dans l'interaction. Ce savoir est construction du langage mais aussi échange entre le professeur qui avance « dans le noir » et Passemar, metteur en scène que Monsieur Onde voit comme un « soleil » : deux figures *du* travail, *au* travail. Du reste, Passemar est lui-même transporté par les lumières du professeur, par lesquelles le lecteur/spectateur est aussi convié à faire émerger des « déflagrations de sens », pour reprendre l'expression de Vinaver.

★

BENOÎT

Olivier veut faire de Ravoire et Dehaze un monument consacré à la mémoire de son père et de son grand-père avec pour résultat probable qu'il n'y aura plus de Ravoire et Dehaze dans quelques mois sinon dans le souvenir attendri de quelques bons vieux employés d'ailleurs au chômage le redressement est encore possible mais il exige une attitude absolument nouvelle partir de zéro vivre une aventure avec tout ce que cela comporte de rigueur de don de soi parce que le potentiel de ce marché est immense [...]

(III, 302)

Pour Benoît, l'entreprise familiale est vouée à sa perte. Son attitude correspond à une stratégie et à un regard spécifique porté sur le monde de l'entreprise et sur la nécessité de sa mutation. Il ironise sur le rapport affectif qu'elle prétend entretenir avec ses « bons vieux employés », qui ne tireront en réalité aucun profit des égarements de leur chef, sinon un « souvenir attendri » de leur emploi perdu. Il se montre en ce sens très pragmatique, et résolument tourné vers une gestion moderne et managériale. Il se présente comme un visionnaire des temps nouveaux, envisageant son père en contre-modèle, incapable de voir tout le potentiel de son affaire : « aveugle comme il est l'or dans ses mains s'est transformé en sable et le sable lui file entre les doigts » (II, 271). Il apparaît en ce sens comme l'aventurier sans scrupule du capitalisme moderne, exigeant une attitude « absolument nouvelle », qui nécessite le plein engagement de ses acteurs. La tonalité du passage relève de l'épique : c'est pour l'entreprise un nouveau défi qu'elle doit relever pour ne pas sombrer.

★

JACK

L'action Ben ça se déroule comme une pelote de laine à partir du moment où il y a une vision

JENNY

Nous pouvons vous forcer à ouvrir les yeux alors vous vous émerveillerez

JACK

Mais avant de réussir à voir il faut déblayer il faudra remuer des tonnes d'idées reçues d'inhibitions toute cette caillasse stérile

(IV, 318-319)

Autour de Jack et Jenny, les deux « experts » en marketing recrutés à grands frais par Benoît, la créativité est appelée à s'exprimer sans filtre, « en roue libre » (IV, 332). Le produit, en effet, est vendu selon eux comme « un produit distant abstrait » (IV, 317), là où il faudrait au contraire en revenir aux fondamentaux des valeurs associées à sa nature et à ses fins. En ce sens, Jack et Jenny se présentent eux aussi comme des visionnaires, censés révéler la vérité nouvelle du capitalisme triomphant. Leurs propos insistent sur la thématique de la « vision », liée à l'imagination, qui les apparente non sans ironie à des figures renouvelées du génie artistique. La pièce souligne à travers eux comment Mai 68 a été récupéré par le monde de l'entreprise, en y stimulant la créativité mise au service de la rentabilité. Il s'agit, littéralement, de mettre « l'imagination au pouvoir », comme le scandaient alors les manifestants. Une telle remotivation du travail n'en reste pas moins chevillée au corps des intérêts financiers de l'entreprise et, en dernière instance, de la notion de profit, auxquels les deux Américains offrent avant tout leur service.

★

PASSEMAR

[…] dans la crise actuelle il faut bien admettre que le seul théâtre qui fasse des recettes est un théâtre qui répond à la demande d'un public qui est le public de la société de consommation alors il faut lui offrir le produit qu'il désire

(IV, 321)

Comme l'entrepreneur, le dramaturge apparaît ici voué à des enjeux qui le dépassent, et avec lesquels il doit composer. « [É]videmment ce sera un spectacle coûteux à monter », expliquait d'emblée Passemar, « est-ce que je ne diminue pas d'autant mes chances d'être représenté ? » (I, 265). Le questionnement sera aussi celui de Vinaver, dont la pièce est réputée injouable, et fut effectivement très difficile à monter.

★

PASSEMAR

[…] c'est même assez passionnant d'assister à cette transformation mais je crains que cela ne se fasse en dehors et au détriment des cadres de l'ancienne génération dont on suppose a priori qu'ils ne sont pas à même de suivre le mouvement

(IV, 321)

BENOÎT

[…] ceux d'entre vous qui n'adopteront pas la cadence eh bien ils resteront sur le quai ce n'est pas une menace c'est une constatation

(IV, 330)

Vinaver n'est pas sans ambiguïté quant au nouveau tournant du capitalisme, dont il suit les « mouvements » avec attention. Dans le même temps cependant, sa pièce donne figure aux laissés-pour-compte d'un tel projet. Les transformations à l'œuvre au sein de Ravoire et Dehaze sont donc à la fois « assez passionnant[es] » et cruelles, dans la mesure où elles ne se font pas sans victimes, anciens cadres qu'elle jette littéralement « par-dessus bord ». Les propos de Benoît le confirmeront : ils sont froids, et sans appel. Benoît ne s'y embarrasse pas de détours pour signifier les choix qui ne manqueront pas d'être effectués dans ce qu'il convient d'appeler la « gestion des ressources humaines », ainsi objectivées. De la dénonciation des « grenouillages » à celle du pantouflage supposé des cadres, incapables de se mettre en danger et de se lancer des « défis », il n'y a qu'un pas, dont Lubin et Mme Bachevski seront les principales victimes.

★

PASSEMAR

Ce qui l'a le plus abasourdie [Mme Bachevski] c'est d'avoir été liquidée elle alors que son adversaire de toujours madame Alvarez de trois années plus âgée et qui ne perd aucune occasion pour narguer monsieur Benoît / [...] On dit que le taux de mortalité des gens à partir du moment où on les met à la retraite grimpe d'une façon vertigineuse

(V, 385)

Bien des cadres historiques doivent « avaler quelques couleuvres » après la prise de pouvoir de Benoît (IV, 329), comme le signale Mme Alvarez à Mme Bachevski, bien avant que cette dernière ne soit aussi poussée vers la sortie. « [C]'est comme si la terre s'était ouverte sous ses pieds », énonce Passemar pour évoquer la stupeur de la directrice des achats, « cette pauvre Mme Bachevski » (V, 383). Elle qui adhérait pourtant si pleinement au nouvel ordre de l'entreprise se voit reprocher son incapacité à s'adapter. Elle est invitée à quitter ses fonctions sans délai, ce qui la laisse « abasourdie ». Plus d'ambiguïté, semble-t-il alors : le terme employé par Passemar pour commenter son éviction (elle a été « liquidée ») renvoie à une mise à mort, évoquée bien au-delà de sa seule dimension symbolique, comme le souligne très froidement la fin du passage.

★

LUBIN

Oh vous savez mais ça vous porte quand même un coup mais c'est normal qu'est-ce que vous voulez si monsieur Dehaze était encore là pour voir comment on mène à l'abattoir ses anciens représentants parce que le bâtard s'est entouré d'une bande de fumiers qui tueraient leur propre mère si ça pouvait servir leur carrière [...]

(V, 393)

L'autre grande victime du basculement de Ravoire et Dehaze est Lubin, figure on ne peut plus symbolique de ces employés auparavant considérés comme des « seigneurs » qui se « tueraient pour la maison » (I, 275), désormais sacrifiés sur l'autel de la rentabilité et de l'efficacité. Tout entier dévoué à son travail et à l'entreprise, lui-même n'était pas sans éprouver une certaine fascination à l'égard des nouveaux cadres promus à la tête des opérations, ces « jeunes loups » carnassiers, qu'il désignait alors comme tels à Mme Lépine pour lui signifier son enthousiasme. On apprend pourtant à la fin du mouvement suivant qu'il va quitter l'entreprise, après s'être vu proposer un poste de magasinier à l'usine. Nul compte n'est alors tenu de ses compétences, de son parcours, de son investissement, ni même de sa situation familiale (la maladie de sa femme). Il n'a pas alors de mots assez durs sur l'état présent d'une entreprise dont il semblait pourtant vouloir adopter le « mouvement ». Il ne parle plus de jeunes loups mais d'« une bande de fumiers » dont s'est entouré « le bâtard », ce dernier n'étant plus désigné que par son statut de fils illégitime, et non plus comme le sauveur de l'entreprise. Quant aux anciens représentants dont il fait partie, ils sont « menés à l'abattoir », comme du bétail, ce dont Fernand Dehaze, lui, se serait offusqué. Ironiquement, ces propos sont immédiatement suivis par l'annonce du « raz-de-marée » connu par Mousse et Bruyère. Le profit capitaliste triomphe sur les décombres d'anciens cadres sacrifiés.

★

ALEX

[…] j'entre dans la vie normale la vie normale qui m'était interdite je n'ai pas résisté à la tentation ah paysage hallucinant la langue à l'air les yeux ouverts les narines dilatées ah si vous saviez ce que ça dégage mais le jeu est joué adieu lumière viens Jiji faisons le premier pas ensemble tiens-moi la main c'est glissant

(VI, 407)

Alex est embauché par l'entreprise au moment même où Lubin, son désormais beau-père, en est licencié. Ce nouveau travail n'a pour lui plus rien à voir avec la liberté, artiste et précaire, du « free » jazz. L'entrée « dans la vie normale » est alors vécue de manière ambivalente, renvoyant sans doute en ce sens à la position du dramaturge lui-même. Il s'agit d'une irrésistible opportunité, dont Alex s'apprête à savourer le goût nouveau, comme le souligne ici le lexique lié aux sensations. Mais il s'agit aussi pour lui, dans le même temps, d'un renoncement, et d'un terrain d'autant plus « glissant » qu'il a significativement été rapproché, peu avant, de la disparition de son propre père dans les camps : « Mon père est mort en tombant en arrière dans une fosse à merde poussé par un SS maintenant moi [...] J'entre dedans je m'avance je tombe en avant » (VI, 406).

★

YOUNG

[...] la société que nous achetons ça n'est pas les machines ni les bâtiments ni les produits it's the people ce sont les gens c'est vous tous que nous voulions c'est vous que nous avons c'est vous vous Youpico youpico ra ra Youpico youpico ra ra

(VI, 415)

Dans le dernier mouvement de la pièce, la grande entreprise capitaliste américaine, prédatrice au long cours, achève son projet dans l'emprise totale des travailleurs. Alex, « l'artiste en marge », a lui-même été récupéré, comme « ingéré ». Ravoire et Dehaze s'est fait racheter par la United Paper Company, et le discours final de Ralph Young prend des accents totalitaires. Les derniers mots de Young apparaissent alors « terrifiants » et presque déments, dans l'indifférence générale puisque les didascalies indiquent immédiatement après que « le festin se poursuit », comme si de rien n'était. Malgré la poursuite du banquet, tout a pourtant été bouleversé.

★

MONSIEUR ONDE

Et comme si soudain ils en avaient assez de cette alternance épuisante d'échecs et de succès sans suite de part et d'autre les Ases et les Vanes font la paix une paix surprenante aussi harmonieuse que la guerre a été implacable là où aucun compromis ne paraissait possible d'un seul coup c'est l'entente et même davantage [...] et jusqu'à la fin des temps il n'y aura plus l'ombre d'un conflit entre les Ases et les Vanes

PASSEMAR

De sorte que la fin rejoint le commencement

(VI, 418)

Le mythe des Ases et des Vanes encadre la pièce, qui présente en ce sens une structure en boucle. Dans le premier mouvement, le cours de Monsieur Onde et les répliques de Passemar se répondent presque terme à terme, le second apparaissant comme le commentaire du premier, le présent étant redoublé et révélé par le mythe, comme deux épopées entrelacées. Le dénouement inattendu en est celui d'une réconciliation, effectivement signalée dans le dénouement de la pièce par l'alliance de Benoît et Ralph Young. Si le mythe renvoie donc au conflit, il est aussi corrélé à l'émergence d'un monde nouveau, comme répété tout au long de la pièce, tel un refrain ou un oracle, porté par les danseurs de Passemar. La pièce en ce sens s'achève sur un mode à la fois édifiant et ludique. Monsieur Onde y réapparaît « en tenue de sport dans un fauteuil en osier », comme débarrassé désormais de ses atours sérieux et savants, lui qui a effectivement joué son rôle et semble pressé d'en finir, enjoué comme tous les autres participants au festin. La boucle n'en reste pas moins bouclée, la réconciliation inattendue ayant été d'emblée présentée, et le capitalisme (définitivement ?) régénéré.

Technique du résumé et de la dissertation

Nature de l'épreuve

Elle diffère suivant les concours, en nature (résumé + dissertation ou seulement dissertation) et en durée (4 heures ou 3 heures).

Filières MP/PC/PSI/TSI

Écrits ENS	Dissertation sur programme (note ne comptant que pour l'admissibilité) Durée : 4 heures
Écrits X-Polytechnique	Dissertation sur programme Durée : 4 heures
Écrits Concours commun Mines-Ponts	Dissertation sur programme Durée : 3 heures
Écrits Centrale	Résumé + dissertation sur programme Durée : 4 heures
Écrits CCP	Résumé + dissertation sur programme Durée : 4 heures
Écrits E3C	Dissertation sur programme Durée : 3 heures
Oral X-Polytechnique	Résumé et commentaire d'un texte hors programme Durée : 1 heure (30 minutes préparation – 30 minutes passage)

Oral Concours commun Mines-Ponts	Analyse et commentaire d'un texte hors programme d'après 1945 Durée : 1 heure (30 minutes préparation – 30 minutes passage)
Oral CCP	Entretien de personnalité et motivation Durée : 30 ou 45 minutes
TPE et EIVP	Analyse et commentaire d'un texte hors programme d'après 1945 Durée : 1 heure

Filières PT

Français A	Dissertation sur programme Durée : 4 heures
Français B	Résumé + dissertation Durée : 4 heures

Filières BCPST

Agro Véto	Dissertation sur programme Durée : 3 heures
G2E	Dissertation sur programme Durée : 3 heures
TBE	Analyse + développement sur programme Durée : 3 heures

L'épreuve de français-philosophie forme un tout composé d'un résumé et d'une dissertation pour la banque d'épreuves Centrale et CC-INP, l'ensemble étant à réaliser en 4 heures.

Pour le concours Centrale-Supélec, le texte à résumer et le résumé sont plus longs que pour le concours CC-INP.

Le texte type Centrale-Supélec comporte entre 1 000 et 1 200 mots et est à résumer en 200 mots pour les MPSI et PCSI et en 150 mots pour les TSI. De plus, il faut que la dissertation du concours Centrale-Supélec comporte moins de 1 800 mots. L'esprit de synthèse est explicitement encouragé dans l'intitulé du sujet de ce concours, ainsi que l'appel à des citations précises des textes du corpus, ce qui est moins explicitement souligné dans d'autres banques d'épreuves. Il est à noter que vous n'aurez aucun ouvrage à votre disposition le jour de l'épreuve. Il vous faudra donc apprendre des citations par cœur. Le résumé et la dissertation sont notés globalement en une seule et unique note pour le concours Centrale-Supélec.

Le texte type CC-INP compte quant à lui entre 700 et 900 mots et est à résumer en 100 mots pour toutes les filières. Il n'y a dans ce cas-là pas de limite haute du nombre de mots pour la dissertation. Pour ce concours, le résumé est noté sur 10 points et la dissertation sur 20 points, chaque exercice étant noté de manière séparée.

Pour ce qui est de la qualité des textes et du type de textes choisis, il est à remarquer que les textes donnés sont souvent récents (XXe et XXIe siècles), et assez généraux pour aborder de manière transversale tous les aspects du thème et éclairer l'ensemble du corpus. Ce ne sont que très rarement des textes usant d'un vocabulaire technique et proposant des argumentations spécifiques et pointues.

NB : On peut, en droit, tomber sur le programme de la première année de classes préparatoires, mais dans les faits cela n'arrive que très rarement. Néanmoins, il faut garder en tête cette éventualité, en relisant ses cours de première année avant le concours.

Méthodologie du résumé de texte

Remarques préliminaires

L'organisation du temps

Il s'agit d'un point décisif de l'épreuve car il vous faut répartir l'exécution de plusieurs tâches en un temps somme toute restreint. Il est donc très important d'avoir, dès les entraînements réalisés au long de l'année, une organisation stricte du temps imparti et une bonne gestion des priorités.

Il faut réserver environ une heure et demie sur quatre à la lecture du texte et à la rédaction du résumé. Pas moins d'une heure et demie, en effet, sinon la lecture et la compréhension du texte risquent d'être bâclées et le hors-sujet vous guette pour la dissertation, ainsi que la perte de points liée à un résumé rédigé à la va-vite. Mais pas plus d'une heure et demie non plus, car sinon la rédaction complète de la dissertation en sera compromise. Il faut réserver en effet au moins deux heures et demie à la dissertation. Plus précisément, pour le brouillon de la dissertation, on réservera quarante minutes, pour la rédaction de la dissertation, on comptera une heure et demie et pour la relecture au minimum vingt minutes.

La lecture complète de tout le sujet

Avant toute chose, il convient de commencer par une lecture complète du sujet, c'est-à-dire du texte et du sujet de dissertation, avec sa consigne précise. Soulignez bien les exigences précises formulées dans le sujet. Il est souhaitable de prendre connaissance du sujet de dissertation avant de faire le résumé, bien qu'elle ne soit réalisée que dans un second temps. En effet, on peut, tout en travaillant sur le résumé, se faire une petite fiche au brouillon avec des concepts-clés repérés dans le texte en vue de la dissertation. Cela nourrira le corps de votre développement et vous permettra de ne pas oublier des pistes à exploiter pour étoffer vos paragraphes une fois votre plan de dissertation élaboré. La lecture attentive du sujet de dissertation peut en outre aiguiller sur le sens global du texte, son intérêt. Les concepteurs du sujet mettent en avant pour la dissertation une des phrases essentielles du texte, ou une de celles les plus en lien avec le thème annuel d'une part et avec le corpus d'autre part, afin que le candidat se positionne face à la thèse soutenue par l'auteur dans cet extrait précis. La lecture du sujet de dissertation peut aider à saisir ce qu'il faut mettre en relief dans le texte à résumer.

Faire le résumé, c'est se donner les moyens de maîtriser le texte, c'est-à-dire ses concepts-clés, sa progression. C'est aussi anticiper la dissertation et l'argumentation que l'on va développer pour débattre avec l'auteur. La réalisation du résumé et celle de la dissertation sont intimement liées. Qui a bien réalisé son résumé réussira souvent bien sa dissertation et réciproquement, qui a lu le sujet de dissertation avant de faire le résumé pour anticiper sur la suite réussira à coup sûr mieux son résumé.

À titre préliminaire, on peut conseiller, à la fin de la première lecture du texte, de toujours bien noter le titre de l'ouvrage d'où il est extrait, ainsi que la date de parution, et si on connaît l'auteur, d'imaginer quelle importance cela peut avoir pour ne pas oublier dans le développement de la dissertation d'exploiter ces données. Si l'auteur est un homme politique célèbre, un romancier… cela peut avoir son importance de le souligner. Parfois, le titre de l'ouvrage offre une réelle clé de compréhension, en faisant surgir un concept qui n'est pas explicitement inscrit dans l'extrait, mais qu'il faut utiliser pour éclairer le texte ou en synthétiser des parties, car implicitement, le texte tourne autour de cette notion que le titre nous révèle.

Définition du résumé

Une contraction du texte

Le résumé doit être une contraction du texte, autrement dit une réduction, une maquette ou un modèle réduit. C'est un point de méthode très important à intégrer, car cela est spécifique par rapport à d'autres types de résumé que vous auriez pu avoir à faire par ailleurs au collège ou au lycée, par exemple de la synthèse de documents divers en cours d'histoire ou un dossier sur un thème. Il ne faut donc ni commenter le texte, ni l'analyser, ni le critiquer dans le résumé, car ces tâches sont réservées à la dissertation. Il ne faut pas ajouter d'éléments, hormis des liens logiques permettant de restituer la progression des arguments du texte. Vous ne devez jamais écrire : « L'auteur… dans son œuvre… dit que… ».

Vous devez conserver les personnes utilisées par l'auteur (dites « je », si l'auteur dit « je », dites « nous », s'il dit « nous », « on », s'il dit « on »…), les temps employés (gardez les mêmes temps et les mêmes modes, indicatif si c'est indicatif, subjonctif si c'est subjonctif, etc.), les moyens rhétoriques (s'il y a des adresses au lecteur, vous pouvez les restituer), la tonalité (lyrique, emphatique, critique, polémique…). S'il y a un exemple et qu'il est long et décisif, vous pouvez choisir de le maintenir en le raccourcissant, bien évidemment. S'il y a une longue liste d'exemples, vous pouvez choisir de conserver l'idée de liste, d'énumération, mais en plus restreinte.

Reformuler la pensée d'autrui sans la dénaturer

Bien comprendre l'objectif de l'exercice est primordial. En tant que futur ingénieur ou dirigeant d'entreprise, en tant qu'enseignant-chercheur en biologie ou vétérinaire, on veut savoir si vous savez restituer correctement la pensée d'autrui sans la travestir, sans la juger, sans la dénigrer, avec une forme de neutralité absolue à son égard. Il faut donc respecter absolument la pensée de l'auteur, y être fidèle, ne pas s'en écarter, s'y tenir. On veut aussi mesurer la qualité de votre langue française, votre maîtrise des subtilités de la grammaire, votre usage des synonymes, la pertinence des liens logiques que vous faites surgir.

Reformuler suppose de construire un nouveau texte et c'est la qualité de chaque nouvelle phrase qui compte. Un résumé est par nature bref. Tout y prend par conséquent de l'importance, y compris la ponctuation. Une seule phrase bancale peut vraiment venir ruiner tout votre résumé, ce qui n'est pas le cas pour la dissertation, où le correcteur pardonne volontiers une tournure malheureuse.

Il ne faut pas déformer la pensée de l'auteur en la rendant floue, vague, imprécise. Il ne s'agit pas de dire « mal » ce que l'auteur a si « bien » dit. Il faut donc éviter soigneusement les mots « chose », « quelqu'un », « des personnes pensent que », « depuis la nuit des temps », « depuis toujours », « il y a des gens qui... ». Le mot « chose » peut être par exemple utilement remplacé par « état », « élément », « facteur », « fonction », suivant le sens de la phrase. Utilisez des ressorts comme les pronoms relatifs « duquel », « auquel », « dont » qui, bien employés, élèvent la qualité de la langue.

Le résumé doit au maximum consister en une reformulation, avec vos expressions propres, du texte initial. Il ne s'agit pas d'appauvrir le niveau de langue du texte ou de trop le simplifier, nous l'avons dit. Au contraire, vous devez rester très précis et choisir la formule adéquate. Vous ne devez pas vous contenter de sélectionner les phrases importantes et de les coller « bout à bout ». Il faut absolument éviter de faire un « patchwork » du texte, assemblage maladroit dont se contentent souvent trop facilement les candidats, omettant une partie de l'exercice, à savoir la reformulation. Il ne suffit pas de réduire les idées du texte, il faut aussi les retraduire par des synonymes, des mots qui résument bien tout un pan de phrase initiale.

Parfois, certains mots ne peuvent pas être reformulés sans obscurcir le sens. En ce cas, il faut absolument les maintenir, les modifier serait une erreur. C'est souvent le cas des notions phares du programme autour desquelles tournent les textes proposés au concours. Les conserver est ici judicieux.

La clarté du résumé

Du point de vue de la clarté et du style, il faut éviter les « phrases fleuves ». On veut dire par là qu'il ne faut pas se laisser aller à écrire « au fil de la plume », à passer « du coq à l'âne », mais au contraire surveiller constamment le sens précis de chaque phrase, contrôler systématiquement la production de l'enchaînement des mots dans la phrase et des phrases entre elles.

Dans le même ordre d'idées, doivent être évitées les « phrases à rallonge » où le correcteur, même avec de la bonne volonté, se perd. Pensez ici à vérifier la ponctuation, pour faire respirer la phrase aux bons endroits.

Les « phrases à tiroirs » ou « en cascade » doivent également être prohibées. Par exemple, une cascade de « qui » et de « que » est à éviter, car le lecteur finit par ne plus savoir ce qui est qualifié. Le mieux est bien souvent, quand on sent une phrase s'alourdir, de faire deux petites phrases au lieu d'une, en les reliant correctement par un lien logique précis. Une idée par phrase suffit bien souvent, à moins de parfaitement maîtriser la grammaire française et de connaître l'art rhétorique, mais n'est pas Victor Hugo qui veut... La modestie en la matière, si elle garantit la maîtrise parfaite de ce que vous dites et voulez dire, sera appréciée, ou en tout cas ne prêtera pas le flanc à la critique. Pour faire bref sur ce point important, il vaut mieux faire deux phrases courtes bien solides qu'une phrase plus longue mais présentant une construction grammaticale incorrecte. Essayez de bien évaluer le niveau d'expression qui est le vôtre et de ne pas viser trop haut : en voulant mieux faire, vous feriez pire. D'autres moins audacieux vous passeraient alors devant... À vous de savoir être bon stratège en connaissant votre niveau, en sachant manier vos armes.

Préférez les liens logiques forts (« toutefois », « néanmoins », « or », « mais », « par contraste »...) aux liens logiques faibles (« puis », « ensuite »...), qui juxtaposent simplement les idées, les collent les unes aux autres, mais sans donner la véritable logique de l'articulation du propos, sans en éclairer la progression, alors que c'est précisément ce à quoi doit tendre votre résumé.

Pour finir, évitez les « phrases bancales », qui offrent par exemple une proposition relative sans la subordonnée, ou qui annoncent un balancement qui ne vient pas (« tandis que... »). Évitez encore les phrases « en style télégraphique », ainsi que les phrases nominales, sans verbe conjugué. Ce n'est pas au correcteur de finir vos phrases. Toute abréviation est formellement interdite, ainsi que l'indication de numérotation pour vos parties de résumé ou de dissertation. Tout doit être rédigé. Évitez dans le même ordre d'idées les tirets ou astérisques, que certains croient possible d'utiliser pour indiquer plusieurs points ou plusieurs arguments pour leurs résumés. On ne fait ni une fiche de résumé de cours, ni une « carte mentale » du texte. Le résumé doit être un texte complet dont toutes les phrases tiennent par elles-mêmes et sont bien reliées entre elles. Des phrases qui laisseraient le sens en suspens, flottant, et qui contribueraient à créer du flou, alors que l'on cherche la clarté de l'expression, sont à retravailler jusqu'à l'entière satisfaction du candidat.

Atouts d'un bon résumé

Restituer toutes les idées centrales du texte

Les critères d'un bon résumé sont, dans l'ordre d'importance, tout d'abord la restitution de *toutes* les idées principales du texte, y compris *celles de la fin du texte*, souvent omises par absence de vue d'ensemble et par mauvaise gestion du temps. De plus, les idées principales doivent occuper dans le résumé la même proportion que dans le texte initial. Le contenu est donc primordial. Le résumé n'est pas qu'un exercice formel, creux, vide, superficiel. Il indique le mouvement du texte, ses points forts, ses inflexions, et aide à comprendre ce que défend son auteur et la manière dont il s'y prend.

Atteindre la clarté

Compte en second lieu la clarté du résumé produit, qui devrait en droit être compris par quelqu'un qui n'a pas lu le texte initial. Par conséquent, évitez toute allusion vague au texte. Vérifiez cela en vous demandant si une personne lambda comprendrait ce que vous dites.

Viser la justesse de l'expression

La justesse de l'expression en découle, au titre de troisième critère. Comme dans des mots-croisés, qui constituent soit dit en passant un excellent entraînement à l'enrichissement de votre vocabulaire pour faire de bons résumés, il faut « se creuser la tête » pour trouver le bon mot, la meilleure expression, celle que l'on nomme « l'expression consacrée », autrement dit le bon mot-clé ou le concept parfait.

Il faut ensuite vérifier les prépositions, restituer les tournures adéquates, vérifier la concordance des temps. Pour garantir que l'on a trouvé la bonne préposition, on peut sortir l'expression de la phrase du résumé : par exemple, on dit « se consacrer à », « aspirer à », « se satisfaire de », « se souvenir de »… Sortir l'expression de la phrase permet parfois de rectifier une préposition initialement mal choisie qui va obscurcir le sens de votre texte.

La correction orthographique est prise en compte et a une grande importance, ce qui est toujours rappelé dans les intitulés des sujets et dans les rapports de jury. On peut souvent facilement corriger, en y réfléchissant quelques minutes, les accords sujet/verbe, nom/adjectif… Encore faut-il s'en donner la peine. Un résumé sans aucune faute au milieu d'un océan de résumés qui en sont truffés constitue un véritable bain de jouvence pour votre correcteur, qui sera prêt à être indulgent sur d'autres points.

Adopter des tournures élégantes

L'élégance du style, pour finir, se gagne en travaillant à cela tout au long de l'année. Ne craignez jamais d'user d'un vocabulaire trop raffiné ou de vous rendre ridicule en usant d'un « nonobstant le fait que », « d'une part… d'autre part… », « de manière générale… plus particulièrement… », car on attend précisément de vous que vous jouiez le jeu de l'élégance stylistique. Cela fera la différence avec ceux qui en restent à des formulations banales, « bateau », plates, naïves, enfantines… Réussir un concours consiste bien souvent non pas à faire différemment des autres, mais à faire simplement mieux que les autres, à dire plus finement ce que d'autres ont dit trop grossièrement.

On entend par l'élégance stylistique la légèreté de l'écriture, la rareté de son vocabulaire, sa précision. La capacité à faire du résumé un tout unifié, organique, où chaque élément trouve sa juste place. On veut un texte qui progresse de manière limpide, sans aucun « cheveu sur la soupe ».

Utilisez des métaphores, des comparaisons, si cela s'y prête, des expressions travaillées. Usez d'une ponctuation ne négligeant pas l'usage des points-virgules. Le candidat ne doit pas écrire comme il parle. Évitez tout langage commun, toute expression familière, toute apostrophe qui donne l'impression d'oralité, ainsi que les expressions « forcément », « bien sûr », « et bien », « et oui », qui doivent être remplacées respectivement par « nécessairement », « évidemment », « en l'occurrence », « certes ». Vous ne devez de manière générale jamais, au cours de la copie, vous adresser directement au correcteur. Ne lui faites aucun clin d'œil, ne faites aucun sous-entendu (« vous l'avez bien compris »…) et ne témoignez d'aucune familiarité (« vous tomberez en cela d'accord avec moi »…).

Organiser la rédaction du résumé

Pour le résumé, il est possible de procéder en trois temps. Certes, d'autres méthodes pertinentes sont toujours possibles et il vous faut suivre celle qui vous convient le mieux, en prenant en compte les conseils et les astuces de votre professeur ainsi que votre propre personnalité. Néanmoins, en règle générale, employer toujours la même méthode toute l'année, que ce soit en DS, en concours blanc ou au véritable concours, est vivement recommandé. Il ne faut en effet pas improviser la méthodologie le jour J, pas « changer de monture » en cours de route. Votre méthode de résumé, quelle qu'elle soit, doit être parfaitement rodée avant le concours et contribuer à vous rassurer le jour J et à vous permettre de rester bien lucide et concentré lors de l'exercice. Vous ne devez pas être en train de vous demander par où commencer. Toutes les étapes à suivre doivent au contraire vous être bien connues. Vous devez suivre le jour du concours la méthode à laquelle vous faites confiance pour réussir, en vous mettant comme sur une sorte de rail. Si l'oubli d'une idée centrale est sanctionné, il est à noter que des résumés assez différents peuvent très bien restituer le texte initial. Les idées centrales peuvent être restituées différemment. Il existe de nombreux bons résumés d'un même texte.

N'oubliez pas que les mots sont à compter avec précision et qu'il faut bien indiquer leur nombre final clairement en fin de résumé et ce sans se tromper, ainsi que marquer par des barres les groupements de 20 ou 40 mots, suivant ce que le sujet exige dans ses consignes. Il convient de bien souligner ces consignes, pour ne pas oublier de le faire en fin de résumé, et de suivre scrupuleusement ce qui est demandé, sans ratures. Pour les mots composés, soyez bien attentifs, car on compte autant de mots que d'unités de sens dans le mot : « c'est-à-dire » compte par exemple 4 mots, car les 4 petits mots qui composent cette expression ont chacun un sens pris à part, et cette expression n'est donc pas très efficace, car elle emploie beaucoup de mots pour peu d'effet ; « aujourd'hui » compte pour sa part seulement 1 mot, car « hui » ne signifie rien pris isolément.

Le premier résumé : comprendre la logique du texte

Le premier jet du résumé doit permettre de relever les idées essentielles sans les reformuler, ou en les reformulant le moins possible pour être efficace. Il faut aller assez vite dans cette première démarche, en élaguant au maximum. L'idée est un peu de traverser la « jungle du texte » comme avec une « machette » : il faut délimiter, supprimer des éléments, « tailler » le chemin du texte, pour y voir clair dans sa progression et ses étapes.

Si à la première lecture vous ne comprenez pas une partie du texte, laissez-la en suspens dans un premier temps. Ne forcez pas son interprétation immédiate, surtout si ce que vous comprenez dans ce morceau de texte vous semble incohérent par rapport à l'ensemble, car c'est certainement le signe d'un contresens de votre part. Formulez diverses hypothèses au brouillon sans refermer le sens. Essayez d'éclairer ce passage à l'aide de ceux qui l'entourent, rétrospectivement, après la lecture de l'ensemble. Avancer dans la lecture d'un texte, c'est sans cesse modifier le sens de ce qui a déjà été lu en fonction de ce qui vient d'être lu. Il convient de ne pas avoir les idées trop vite arrêtées sur une seule interprétation fermée, mais de garder en tête les diverses possibilités de compréhension qui se présentent d'abord à vous. Si vous ne comprenez pas du tout un morceau du texte après diverses tentatives infructueuses, essayez de formuler une idée proche qui, quant à elle, vous semble vraiment claire et cohérente par rapport à ce qui encadre cette partie que vous ne saisissez pas bien. À défaut de bien comprendre, et pour ne pas céder à la panique, il s'agit alors de recomposer en quelque sorte le maillon qui vous manque par déduction logique et de vous rassurer sur le fait que vous avez tout de même globalement saisi le texte. Le résumé ne doit en aucun cas contenir un passage obscur. En dernier recours, il vaut donc mieux escamoter une phrase mal comprise et fournir tout de même un ensemble cohérent faisant sens que de laisser une phrase que l'on sent soi-même obscure au beau milieu de son résumé, en espérant que le correcteur n'y verra que du feu. Ce serait donner le bâton pour se faire battre, car si ce n'est pas clair pour vous, il y a de très grandes chances pour que cela le soit encore moins pour votre correcteur. Il ne faut à aucun moment de la progression se bloquer psychologiquement, mais clarifier petit à petit son interprétation, avancer pas à pas, se conforter dans l'idée qu'on avance dans la tâche à accomplir. Rome ne fut pas faite en un jour…

Essayez à cette étape de regrouper les paragraphes qui enchaînent une même idée ou contiennent la même idée, par exemple en plaçant des accolades dans la marge.

Comptez le nombre de mots obtenu pour chaque groupe d'idées ainsi formé. Fixez ensuite pour chaque paquet un nombre de mots idéal à atteindre, pour que l'ensemble final fasse bien le nombre de mots global attendu (plus ou moins 10 %). Par exemple, si « idée 1 » + « idée 2 » occupent, dans le premier résumé, 42 mots, on peut se fixer 30 mots dans l'idéal pour résumer cette partie ; si « idée 3 » occupe 54 mots, on peut raisonnablement fixer 40 mots pour le résumé final, car on sent qu'on pourra beaucoup gagner en synthèse pour cette partie, etc., cela de sorte que l'ensemble des projections chiffrées soit bien égal au nombre total de mots autorisé (100/150/200 mots). L'avantage de cette méthode est de se fixer des sous-objectifs faciles à remplir, de bien avoir en tête les proportions pour chaque idée et de ne pas se retrouver à recompter sans cesse l'ensemble des mots.

Ensuite, soulignez les morceaux de phrases qui vous semblent, au terme de cette première étape, faciles à réduire pour le second résumé, c'est-à-dire soulignez les éléments non essentiels, à ôter définitivement : les exemples inutiles à la compréhension de l'argumentation générale, les idées qui apparaissent rétrospectivement secondaires, une fois le premier jet terminé, les citations d'un auteur que ferait l'auteur du texte et qu'il serait lourd de conserver, le nom d'un auteur dont parle le texte, une description à rallonge... Vous pouvez aussi souligner les éléments qui peuvent facilement être rassemblés en un seul mot-clé qui les résumerait bien. Pensez aux mots-clés et au vocabulaire technique vus pendant vos cours, notamment les cours d'introduction générale au thème, car ils peuvent habilement synthétiser un groupe d'idées tout en montrant que vous maîtrisez le vocabulaire spécifique au thème annuel. Soulignez également les éléments qui témoignent de répétition et pourront être synthétisés pour encore gagner en nombre de mots à l'étape suivante.

Le second résumé : reformuler au maximum

Au second jet, vous essayez de reformuler *tous* les passages possibles à reformuler, au maximum. Vous devez sans cesse vous demander : puis-je trouver un synonyme pour ce mot sans perdre son sens initial ? Y a-t-il un concept technique approprié pour décrire le phénomène dont parle l'auteur dans ce paragraphe ?

Il ne suffit pas d'inverser l'ordre des propositions d'une phrase pour atteindre l'objectif de reformulation. Vous devez d'ailleurs veiller au maximum à conserver l'ordre des idées du texte. Mais si un parallèle est systématiquement établi entre deux termes dans tout un paragraphe du texte initial, et que ce parallèle se poursuit au paragraphe suivant, vous pouvez tenter de rassembler tout ce qui est dit pour qualifier le premier élément d'un côté et tout ce qui est dit pour qualifier le second élément de l'autre, avec un lien logique fort permettant de saisir le contraste, le parallèle, la balance, la tension, etc., entre les deux éléments. Cela évitera en effet de répéter les sujets des phrases plusieurs fois et montrera que vous avez compris sur quel contraste majeur le texte est construit.

Pour reformuler, on sera très attentif à éviter toute répétition. Le correcteur mesure votre esprit de synthèse, votre capacité à la concision sans perte de qualité du propos. Utilisez des pronoms de rappel appropriés (« ils », « ceux-ci », « ces derniers », « ceux-là », « les premiers », « lui », « y », « en »...). Veillez à ce que chaque pronom soit bien à la bonne personne et au bon nombre, et vérifiez que chaque pronom de rappel renvoie bel et bien à un terme mentionné auparavant dans le résumé, et ce sans figurer trop loin de lui, pour ne pas créer d'ambiguïté. Le résumé ne doit en aucun cas devenir un jeu de piste énigmatique. « Celui-ci » désigne le groupe nominal le plus proche dans la phrase précédente (équivalent de « ce dernier »), « celui-là », le groupe nominal qui est le plus éloigné (équivalent de « le premier »).

Vous pouvez habilement réduire le nombre de mots en remplaçant une subordonnée relative par un adjectif qualificatif apposé au sujet (par exemple « cette femme qui a le courage de vivre dans l'adversité... » → « Courageuse, cette femme... »). Faites attention, ce faisant, à ne pas trop cumuler d'idées dans une même phrase. Évitez de manière générale tout « agglomérat » d'idées, c'est-à-dire des idées présentées sans liant, sans ciment, sans articulation entre elles, « collées » les unes aux autres. Vous ne devez pas apporter à votre correcteur tout votre matériel de construction « en tas », empilé, entassé, comme les candidats se contentent souvent de le faire : à vous au contraire d'indiquer où se tracent vos fondations et de monter vous-mêmes les murs.

Apprenez à aller au bout de votre idée et à poursuivre jusqu'aux finitions. Souvent, les candidats ont bien trouvé les bonnes idées, mais beaucoup ne font pas l'effort d'aller jusqu'au bout pour les transmettre correctement au correcteur. Or c'est bien là l'essentiel de tout processus de communication, quel qu'il soit. Ce n'est pas au correcteur d'imaginer ce que vous vouliez dire, de même que ce ne sera pas à vos futurs collaborateurs de deviner vos sous-entendus. Ce n'est pas au correcteur de déchiffrer vos rébus ou de tenter d'interpréter ce que vous avez peut-être eu comme idée. Il n'a pas le temps pour cela et vous pénalisera s'il doit sans cesse chercher derrière ce que vous dites ce que vous avez « voulu dire ». Une bonne copie se lit d'une traite, car le correcteur n'a à aucun moment à se demander ce que le candidat a bien voulu dire : cela coule de source.

Vous pouvez gagner des mots en remplaçant « c'est-à-dire » (4 mots) par « autrement dit » (2 mots), « par conséquent » (2 mots) par « donc » (1 mot), « en effet » (2 mots) par « car » (1 mot), « tandis que » (2 mots) par « quand » (1 mot)... Attention toutefois, en voulant économiser absolument le nombre de mots, à ne pas vous retrouver avec un style trop sec, ou même complètement aride. Il faut parfois préférer un « en effet » à un « car », s'il est plus fluide et permet de mieux comprendre précisément l'enchaînement des idées.

Il faut chercher longuement le synonyme approprié, pour être sûr de ne pas déplacer le sens du texte. Ce conseil est très important, car souvent, en reformulant, les étudiants font dériver le sens du texte vers un autre sens. Cela leur coûte alors un contresens, fatal le jour du concours. Si vous n'êtes pas sûr de votre synonyme, autant conserver l'expression du texte initial telle quelle. Ce ne sera certes pas très « glorieux », mais cela évitera au moins une note divisée par deux pour prix de ce contresens. Il faut vérifier que chaque phrase du résumé ait du sens, et ce, même pour un correcteur qui n'aurait pas connaissance du texte initial. En bref, il ne faut pas se contenter de faire des allusions vagues au texte initial, on l'a déjà dit, mais on ne saurait que trop le répéter. Il faut que quelqu'un qui n'ait pas lu le texte comprenne facilement tout ce que le résumé contient. Évitez par conséquent ce qui est dit de manière par trop « tortueuse ».

Il faut enfin à ce niveau du résumé ajouter des liens logiques entre les idées, pour qu'on comprenne bien la logique de l'enchaînement argumentatif (« toutefois », « certes », « or », « néanmoins », « tandis que », « par contraste », « a priori », « de fait », « en droit », « si », « alors »...).

On vérifie pour terminer cette seconde étape qu'on parvient bien au nombre de mots idéalement fixé dans la première étape pour chaque paquet d'idées. Si ce n'est pas le cas, on réestime à nouveau les proportions pour chaque groupement d'idées et on réajuste les objectifs finaux. Si un passage semble maladroit, on le souligne pour l'améliorer encore dans la troisième et dernière version, qui est la version finale.

Le troisième résumé : l'élégance du style

Le dernier jet peut se faire au brouillon si on pense qu'on a encore le temps pour cela, c'est-à-dire s'il reste bien une demi-heure sur l'heure et demie consacrée au résumé, une fois arrivé à ce stade. Si l'on constate que l'on n'a plus de temps pour faire les finitions au brouillon, on reformule directement cette troisième étape au propre, en n'allant toutefois pas trop vite, pour éviter de raturer le texte ou d'utiliser des effaceurs qui vont peut-être rendre votre copie illisible avec le passage du temps.

On peut aller plus vite pour compter le nombre de mots si on place à ce stade les mots dans une grille de 10 par 10, avec 10 mots par ligne, 1 mot par case. Mais la grille ne doit figurer qu'au brouillon, et non dans la version finale.

Lors de la dernière étape, une attention particulière sera portée au style et à la correction de la langue. On essaye de bien traduire ce que le texte dit avec des expressions élégantes, raffinées, bien choisies… On arrive avec précision au nombre de mots prévu. On rajoute un mot si cela rend le texte plus fluide, plus léger et qu'on peut se le permettre, en fonction du nombre de mots imparti. On ajoute la ponctuation adéquate pour rythmer la lecture du correcteur et l'aider à comprendre comment on groupe les mots.

Cette étape doit aller vite, par contraste avec la seconde, qui demande plus de temps que les deux autres.

Importance de la typographie et de l'écriture

Pour le résumé et la dissertation, la typographie est essentielle. Il convient de présenter d'abord le résumé sur la copie, en un seul

« bloc », c'est-à-dire sans sauter de lignes au milieu du résumé, puis de la dissertation. Toutefois, il faut marquer des alinéas clairs pour pointer visuellement les articulations du texte, comme dans l'introduction de la dissertation. Pour un résumé de 100 mots, nous conseillons au maximum 3 alinéas ; pour un résumé de 200 mots, un maximum de 6 alinéas. Ne marquer aucun alinéa serait dommage. Il convient en effet de profiter de la typographie pour « dire » visuellement au correcteur comment les idées s'articulent entre elles, et la typographie permet de le faire sans augmenter le nombre de mots. Faire trop d'alinéas morcellerait abusivement le texte. Il n'est absolument pas judicieux de revenir à la ligne à chaque phrase, comme on voit certains candidats le faire mécaniquement, ne songeant pas à l'effet ruineux que cela a sur la compréhension même du propos et à l'agacement créé chez le correcteur qui n'arrive plus à déterminer quand commence et quand finit un paragraphe, quand commence l'introduction, quand elle finit.

Il ne faut ni écrire en utilisant tous les petits carreaux de la copie, votre écriture serait trop tassée, fatigante à déchiffrer, illisible, ni sauter trop de lignes, comme si vous attendiez une correction entre vos lignes. C'est un concours, votre copie ne sera pas corrigée comme pour un devoir habituel. Vous pourriez donner la malencontreuse impression au correcteur de vouloir « remplir de la page » et ce n'est en aucun cas l'objectif de l'épreuve, qui se joue sur la qualité du contenu. Il convient d'espacer tout simplement normalement les lignes. Parfois, vos correcteurs ont plus de deux cents copies à corriger, voire jusqu'à quatre cents, songez à leur fatigue ou à leur énervement si vous ne respectez pas cela. Ce qui peut vous sembler secondaire sur ce point sera de fait perçu comme un manque de maîtrise des codes élémentaires de communication par votre correcteur. Faire une bonne copie, c'est comprendre et suivre des règles : les connaître et les appliquer, cela fait partie de la note finale, comme une question de politesse entre candidat et correcteur.

De même, la qualité de l'écriture est à soigner. Il est certes difficile de modifier notre écriture, tant elle est attachée à notre personnalité. Mais on peut ici aussi faire des efforts en s'entraînant toute l'année. Gonflez bien les lettres si vous avez une écriture qui a tendance à se tasser sur elle-même, écrivez lisiblement les fins de mots, où se joue la vérification de l'orthographe (les accords), marquez les barres de *t*, les points en fin de phrase, les majuscules en début de phrase, les *p* doivent se distinguer des *r*, les *r* ne doivent pas s'effacer en *n*, les doubles consonnes (*nn*) doivent être apparentes, etc. Si vous recevez souvent des remarques quant à la lisibilité de votre écriture, écrivez plus lentement, souvent cela suffit à rendre une écriture lisible. Une certaine lenteur n'est pas un défaut au moment de la rédaction, car votre esprit de synthèse est particulièrement recherché, ainsi que la qualité de l'expression. On n'obtient pas une meilleure note pour une dissertation plus longue, bien qu'une certaine quantité de développement soit tout de même attendue, quel que soit le concours. On ne peut donner autant d'informations et faire preuve d'autant de nuances dans une copie de trois pages que dans une copie qui en compte six.

Résumés corrigés

Sujet n° 1

Sujet type Centrale (4 heures, résumé en 200 mots + dissertation)
Voir page 371 pour la partie Dissertation du sujet.

Henri Bergson, *Les Deux Sources de la morale et de la religion*[1]

Vous résumerez ce texte de Henri Bergson en 200 mots (+/- 10 %).

Nous sentons bien que l'agriculture, qui nourrit l'homme, devrait dominer le reste, en tout cas être la première préoccupation de l'industrie elle-même. D'une manière générale, l'industrie ne s'est pas assez souciée de la plus ou moins grande importance des besoins à satisfaire. Volontiers elle suivait la mode, fabriquant sans autre pensée que de vendre. On voudrait, ici comme ailleurs, une pensée centrale, organisatrice, qui coordonnât l'industrie à l'agriculture et assignât aux machines leur place rationnelle, celle où elles peuvent rendre le plus de services à l'humanité. Quand on fait le procès du machinisme, on néglige le grief essentiel. On l'accuse d'abord de réduire l'ouvrier à l'état de machine, ensuite d'aboutir à une uniformité de production qui choque le sens artistique. Mais si la machine procure à l'ouvrier un plus grand nombre d'heures de repos, et si l'ouvrier emploie ce supplément de loisir à autre chose qu'aux prétendus amusements, qu'un industrialisme mal

1. Henri Bergson, *Les Deux Sources de la morale et de la religion*, Paris, Puf, 2000, p. 326-331.

dirigé a mis à portée de tous, il donnera à son intelligence le développement qu'il aura choisi, au lieu de s'en tenir à celui que lui imposerait, dans des limites toujours restreintes, le retour (d'ailleurs impossible) à l'outil, après suppression de la machine. Pour ce qui est de l'uniformité du produit, l'inconvénient en serait négligeable si l'économie de temps et de travail, réalisée ainsi par l'ensemble de la nation, permettait de pousser plus loin la culture intellectuelle et de développer les vraies originalités. On a reproché aux Américains d'avoir tous le même chapeau. Mais la tête doit passer avant le chapeau. Faites que je puisse meubler ma tête selon mon goût propre, et j'accepterai pour elle le chapeau de tout le monde. Là n'est pas notre grief contre le machinisme. Sans contester les services qu'il a rendus aux hommes en développant largement les moyens de satisfaire des besoins réels, nous lui reprocherons d'en avoir encouragé d'artificiels, d'avoir poussé au luxe, d'avoir favorisé les villes au détriment des campagnes, enfin d'avoir élargi la distance et transformé les rapports entre le patron et l'ouvrier, entre le capital et le travail. Tous ces effets pourraient d'ailleurs se corriger ; la machine ne serait plus alors que la grande bienfaitrice. Il faudrait que l'humanité entreprît de simplifier son existence avec autant de frénésie qu'elle en mit à la compliquer. L'initiative ne peut venir que d'elle, car c'est elle, et non pas la prétendue force des choses, encore moins une fatalité inhérente à la machine, qui a lancé sur une certaine piste l'esprit d'invention.

Mais l'a-t-elle tout à fait voulu ? L'impulsion qu'elle a donnée au début allait-elle exactement dans la direction que l'industrialisation a prise ? Ce qui n'est au départ qu'une déviation imperceptible devient un écart considérable à l'arrivée si l'on a marché tout droit et si la course a été longue. Or, il n'est pas douteux que les premiers linéaments de ce qui devait être plus tard le machinisme se soient dessinés en même temps que les premières aspirations à la démocratie. La parenté entre les deux tendances devient pleinement visible au XVIIIe siècle. Elle est frappante chez les encyclopédistes. Ne devons-nous pas supposer alors que ce fut un souffle démocratique qui poussa en avant l'esprit d'invention, aussi vieux que l'humanité, mais insuffisamment actif tant qu'on ne lui fit pas assez de place ? On ne pensait sûrement pas au luxe pour tous, ni même au bien-être pour tous ; mais pour tous on pouvait souhaiter l'existence matérielle assurée, la dignité et la sécurité. Le souhait était-il conscient ? Nous ne croyons pas à l'inconscient en histoire : les grands courants souterrains de pensée, dont on a tant parlé, sont dus à ce que des masses d'hommes ont été entraînées par un ou plusieurs d'entre eux. Ceux-ci savaient ce qu'ils faisaient, mais n'en prévoyaient pas toutes les conséquences. Nous qui connaissons la suite, nous ne pouvons nous empêcher d'en faire reculer l'image jusqu'à l'origine : le présent, aperçu dans le passé par un effet de mirage, est alors ce que nous appelons l'inconscient d'autrefois. La rétroactivité du présent est à l'origine de bien des illusions philosophiques. Nous nous garderons donc d'attribuer aux XVe, XVIe et XVIIIe siècles (encore moins au XVIIe, si différent, et qu'on a considéré comme une parenthèse sublime) des préoccupations démocratiques comparables aux nôtres. Nous ne leur prêterons pas davantage la vision de ce que l'esprit d'invention recélait en lui de puissance. Il n'en est pas moins vrai que la Réforme, la Renaissance et les premiers symptômes ou prodromes de la poussée inventive sont de la même époque. Il n'est pas impossible qu'il y ait eu là trois réactions, apparentées entre elles, contre la forme qu'avait prise jusqu'alors l'idéal chrétien. Cet idéal n'en subsistait pas moins, mais il apparaissait comme un astre qui aurait toujours tourné vers l'humanité la même face : on commençait à entrevoir l'autre, sans toujours s'apercevoir qu'il s'agissait du même astre. Que le mysticisme appellle l'ascétisme, cela n'est pas douteux. L'un et l'autre seront toujours l'apanage d'un petit nombre. Mais que le mysticisme vrai, complet, agissant, aspire à se répandre, en vertu de la charité qui en est l'essence, cela est non moins certain. Comment se propagerait-il, même dilué et atténué comme il le sera nécessairement, dans une humanité absorbée par la crainte de ne pas manger à sa faim ? L'homme ne se soulèvera au-dessus de la terre que si un outillage puissant lui fournit un point d'appui. Il devra peser sur la matière s'il veut se détacher d'elle. En d'autres termes, la mystique appelle la mécanique. On ne l'a pas assez remarqué, parce que la mécanique, par un accident d'aiguillage, a été lancée sur une voie au bout de laquelle étaient le bien-être exagéré et le luxe pour un certain nombre, plutôt que la libération pour tous. Nous sommes frappés du résultat accidentel, nous ne voyons pas le machinisme dans ce qu'il devrait être, dans ce qui en fait l'essence. Allons plus loin. Si nos organes sont des instruments naturels, nos instruments sont par là même des organes artificiels. L'outil de l'ouvrier continue son bras ; l'outillage de l'humanité est donc un prolongement de son corps. La nature, en nous dotant d'une intelligence essentiellement fabricatrice, avait ainsi préparé pour nous un certain agrandissement. Mais des machines qui marchent au pétrole, au charbon, à la « houille blanche » et qui convertissent en mouvement des énergies potentielles accumulées pendant des millions d'années, sont venues donner à notre organisme une extension si vaste et une puissance si formidable, si disproportionnée à sa dimension et à sa force, que sûrement il n'en avait rien été prévu dans le plan de la structure de notre espèce : ce fut une chance unique, la plus grande réussite matérielle de l'homme sur la planète. Une impulsion spirituelle avait peut-être été imprimée au début : l'extension s'était faite automatiquement, servie par un coup de pioche accidentel qui heurta sous terre un trésor miraculeux [1]. Or, dans ce corps démesurément grossi, l'âme reste ce qu'elle était, trop petite maintenant pour le remplir, trop faible pour le diriger. D'où le vide entre lui et elle. D'où les redoutables problèmes sociaux, politiques, internationaux, qui sont autant de définitions de ce vide et qui, pour le combler, provoquent aujourd'hui tant d'efforts désordonnés et inefficaces : il y faudrait de nouvelles réserves d'énergie potentielle, cette fois morale. Ne nous bornons pas à dire, comme nous le faisions plus haut, que la mystique appelle la mécanique. Ajoutons que le corps agrandi attend un supplément d'âme, et que la mécanique exigerait une mystique. Les origines de cette mécanique sont peut-être plus mystiques qu'on ne le croirait ; elle ne

1. Nous parlons au figuré, cela va sans dire. Le charbon était connu bien avant que la machine à vapeur le convertît en trésor.

retrouvera sa direction vraie, elle ne rendra des services proportionnés à sa puissance, que si l'humanité qu'elle a courbée encore davantage vers la terre arrive par elle à se redresser, et à regarder le ciel.

Corrigé

Premier résumé

Objectif : trouver les idées principales sans encore reformuler – fixer un nombre de mots optimal pour chaque paragraphe.

Il faudrait organiser conjointement l'industrie et l'agriculture en donnant leur juste place aux machines. Certes, la machine fait de l'ouvrier une machine et l'uniformisation des produits est regrettable, mais elle offre du loisir à l'ouvrier et, bien dirigé, le machinisme peut laisser libre l'individu de développer son intelligence comme il veut. La standardisation des produits n'est pas un problème, tant que l'on continue à développer comme on veut ses goûts.

78 mots → idéal = 50 mots

On peut tout de même reprocher aux machines d'avoir encouragé la consommation de produits inutiles et d'avoir transformé les rapports entre le patron et l'ouvrier, entre le capital et le travail. Mais même ce défaut est corrigeable, si l'homme simplifie son existence et s'il continue à faire preuve d'invention.

55 mots → idéal = 30 mots

Qu'a voulu l'homme avec l'industrialisation ? Remarquons qu'elle a historiquement commencé avec l'aspiration à la démocratie, notamment au siècle des Lumières chez les encyclopédistes. Est-ce lié ? On souhaitait à tous une existence matérielle assurée, la dignité et la sécurité. Certes, les XVe, XVIe et XVIIIe siècles n'ont pas eu des préoccupations démocratiques telles que les nôtres et ils ne voyaient pas ce que signifiait l'esprit d'invention comme nous le voyons. Mais démocratie et industrialisation semblent historiquement aller de pair.

87 mots → idéal = 50 mots

Ce sont peut-être des réactions contre la forme qu'avait prise jusqu'alors l'idéal chrétien ? Le mysticisme appelle l'ascétisme :

celui qui est vraiment mystique veut par charité que personne n'ait faim autour de lui. L'homme ne peut rejoindre le ciel que si un outillage puissant lui fournit un point d'appui pour peser sur la matière et s'en détacher. La mystique appelle la mécanique. On ne l'a pas assez remarqué, parce que la mécanique s'est égarée sur la voie du luxe réservé à une élite, mais le luxe n'est pas l'essence de la mécanique. Les machines sont le prolongement artificiel de nos organes naturels. Sans doute qu'il était de la nature de l'homme, vu son intelligence fabricatrice, d'être augmenté. Mais l'industrialisation a décuplé nos forces, ce qui était hautement imprévisible. Notre corps est comme trop grand par rapport à l'âme qui s'y loge. Il y a comme un vide entre corps et âme, ce qui crée des problèmes auxquels on essaie de répondre par un activisme désordonné. Ce qu'il manque, en termes d'énergie nouvelle, ce sont des ressources morales. Le corps agrandi attend un supplément d'âme : la mécanique exigerait une mystique. Les origines de la mécanique sont peut-être plus mystiques qu'on ne le croirait ; elle ne retrouvera sa direction vraie, elle ne rendra des services proportionnés à sa puissance, que si l'humanité qu'elle a courbée encore davantage vers la terre arrive par elle à se redresser, et à regarder le ciel.

264 mots → idéal = 70 mots

Deuxième résumé

Objectif : atteindre le bon nombre de mots en reformulant.

Réorganiser conjointement l'industrie et l'agriculture suppose de questionner la machine. Son défaut premier est d'aliéner le travailleur et d'uniformiser les produits, mais si on la pensait mieux, elle pourrait laisser l'intelligence de l'individu se déployer et il pourrait garder son style malgré la standardisation.

50 mots

Le second est d'encourager le luxe et de creuser la division technique du travail, mais cela se rectifie, par la sobriété et l'encouragement de tous à l'inventivité.

30 mots

D'où vient l'industrialisation ? Historiquement, elle coïncide avec les aspirations démocratiques. On souhaitait des conditions matérielles qui garantissent la dignité de tous.

23 mots

Quel rôle a joué la religion ? La charité mystique exige que personne n'ait faim. On ne peut donc s'élever à Dieu que si nos outils travaillent la matière pour s'en détacher. Le luxe réservé à une élite n'est pas l'essence de la mécanique. Elle prolonge artificiellement nos organes naturels, comme s'il nous était naturel d'être augmentés. Mais l'industrialisation décuple tellement nos forces que notre corps semble trop grand pour l'âme qui s'y loge. Ce vide ne peut pas être comblé par l'activisme désordonné, mais par des ressources morales. Les travailleurs doivent s'élever à des valeurs.

107 mots

Total : 210 mots

Sujet n° 2

Sujet type CC-INP (4 heures, résumé + dissertation)
Voir page 389 pour la partie Dissertation du sujet.

Gilbert Simondon, *Du mode d'existence des objets techniques*[1]

Vous résumerez ce texte de Gilbert Simondon en 150 mots (+/- 10 %).

Au XVIIIe siècle, le morcellement infini de la hiérarchie sociale et des communautés fermées a poussé à la découverte d'un moyen d'efficacité universelle et non médiate, par la rationalisation et l'universalisation du geste technique, dépassant toutes les barrières et prohibitions que les usages avaient instituées. Au XXe siècle, ce n'est plus le morcellement hiérarchique ou local de la société qui crée l'aliénation de la société humaine par rapport à l'homme, mais plutôt son immensité vertigineuse, sans limite, mouvante ; le monde humain de l'action technique est redevenu étranger à l'individu en se développant et se formalisant, en se durcissant aussi sous la forme du machinisme qui devient un nouveau rattachement de l'individu à un monde industriel qui dépasse la dimension et la possibilité de penser de l'individu. La technique libératrice du XVIIIe siècle est à la dimension de l'individu parce qu'elle est de type artisanal. Celle du XXe siècle est au-delà des forces de l'individu, et constitue dans le monde industriel une réalité humaine compacte et résistante, mais aliénée, et aussi complètement hors de la portée de l'individu que le fut jadis une société hiérarchisée.

Ce n'est plus d'une libération universalisante que l'homme a besoin, mais d'une médiation. La nouvelle magie ne sera pas à

1. Gilbert Simondon, *Du mode d'existence des objets techniques*, Paris, Aubier, (1958) 2012, p. 145-146.

découvrir dans le rayonnement direct du pouvoir individuel à agir, assuré par le savoir qui donne au geste la certitude efficace, mais dans la rationalisation de ces forces qui situent l'homme en lui donnant une signification dans un ensemble humain et naturel. Le seul fait de traiter la téléologie comme un mécanisme connaissable et non définitivement mystérieux montre la tentative pour ne pas accepter une situation simplement subie et vécue. Au lieu de chercher le procédé pour fabriquer des objets sans faire un pacte avec la matière, l'homme se libère de sa situation d'être asservi par la finalité du tout en apprenant à faire de la finalité, à organiser un tout finalisé qu'il juge et apprécie, pour n'avoir pas à subir passivement une intégration de fait. La Cybernétique, théorie de l'information et par conséquent aussi théorie des structures et des dynamismes finalisés, libère l'homme de la fermeture contraignante de l'organisation en le rendant capable de juger cette organisation, au lieu de la subir en la vénérant et en la respectant parce qu'il n'est pas capable de la penser ou de la constituer [1]. L'homme dépasse l'asservissement en organisant consciemment la finalité, comme il a dominé au XVIIIe siècle la nécessité malheureuse du travail en le rationalisant au lieu de souffrir avec résignation pour rendre le travail efficace. La société humaine, connaissant ses propres mécanismes téléologiques, résulte de la pensée humaine consciente, et incorpore par conséquent ceux qui la font ; elle est un produit de l'effort humain organisateur, et crée l'adéquation entre le fait d'être situé et le fait de se situer. La place de l'homme dans une société

1. Pendant les siècles passés, une cause importante d'aliénation résidait dans le fait que l'être humain prêtait son individualité biologique à l'organisation technique : il était porteur d'outils ; les ensembles techniques ne pouvaient se constituer qu'en incorporant l'homme comme porteur d'outils. Le caractère déformant de la profession était à la fois psychique et somatique. Le porteur d'outils était déformé par l'usage des outils. Les déformations professionnelles somatiques sont devenues rares de nos jours.

Dans la répugnance qu'éprouve l'honnête homme pour les gens de métier, il entre peut-être une part du sentiment désagréable que l'on éprouve en voyant une monstruosité. Les maux professionnels actuels sont minimes par rapport aux anciennes déformations professionnelles. Pour Platon, le *banaustos* est chauve et nain. Dans la légende chantée, le petit cordonnier est un être déshérité.

devient alors une relation entre un élément d'activité et un élément de passivité, comme un statut mixte susceptible d'être toujours repris et perfectionné, parce qu'il est de l'humain interrompu mais non aliéné. La conscience est à la fois activité démiurgique et résultat d'une organisation antérieure ; la réalité sociale est contemporaine de l'effort humain et homogène par rapport à lui. Seul un schème de simultanéité, une constellation de forces représentées dans leur pouvoir relationnel peut être adéquat à ce type de réalité. C'est son développement que postule une pareille représentation dynamique de l'homme dans la société ; les schèmes cybernétiques ne peuvent trouver un sens universel que dans une société déjà constituée d'une manière conforme à cette pensée ; la réactivité la plus difficile à établir est celle de la société par rapport à la pensée cybernétique elle-même ; elle ne peut se créer que progressivement et par l'intermédiaire des voies d'information déjà constituées, comme par exemple les échanges entre les techniques travaillant de manière synergique sur un point donné ; c'est ce type de groupement que Norbert Wiener cite comme une source de cette nouvelle technologie qui est une technique des techniques, au début de son ouvrage intitulé *Cybernetics*, publié en 1948, et qui est un nouveau *Discours de la méthode*, rédigé par un mathématicien enseignant dans un institut de technologie. La Cybernétique donne à l'homme un nouveau type de majorité, celle qui pénètre les relations de l'autorité se distribuant le corps social, et découvre, au-delà de la maturité de la raison, celle de la réflexion qui donne, en plus de la liberté d'agir, le pouvoir de créer l'organisation en instituant la téléologie. Par là même, la finalité et l'organisation pouvant être rationnellement pensées et créées, puisqu'elles deviennent matières de techniques, ne sont plus des raisons dernières, supérieures, capables de tout justifier : si la finalité devient objet de technique, il y a un au-delà de la finalité dans l'éthique ; la Cybernétique, en ce sens, libère l'homme du prestige inconditionnel de l'idée de finalité. L'homme se libérait, par la technique, de la contrainte sociale ; par la technologie de l'information, il devient créateur de cette organisation de solidarité qui jadis l'emprisonnait ;

l'étape de l'*encyclopédisme technique* ne peut être que provisoire ; elle appelle celle de l'*encyclopédisme technologique* qui l'achève en donnant à l'individu une possibilité de retour au social qui change de statut, et devient l'objet d'une construction organisatrice au lieu d'être l'acceptation d'un donné valorisé ou combattu, mais subsistant avec ses caractères primitifs, extérieurs à l'activité de l'homme.

Corrigé

Premier résumé

Objectif : trouver les idées principales sans encore reformuler – fixer un nombre de mots optimal pour chaque paragraphe.

Au XVIIIe siècle, le morcellement aliénant auquel conduisaient la hiérarchie sociale et les guildes fermées a pris fin grâce à la rationalisation et l'universalisation du geste technique. Au XXe siècle, ce qui est devenu source d'aliénation, c'est désormais la formalisation de l'action technique et l'impossibilité pour l'individu de penser le monde industriel tentaculaire. Alors que la technique était encore libératrice au XVIIIe siècle du fait de son côté artisanal, au XXe siècle, elle est au-delà des forces de l'individu et lui résiste en se tenant hors de sa portée.

97 mots → idéal = 50 mots

Il faut donc à l'homme une médiation nouvelle. Autrefois, la magie tenait au geste qu'on savait sûr d'être efficace, maintenant, elle tient à la rationalisation des forces qui constituent l'homme en lui donnant signification dans l'ensemble humain et naturel. On ne veut plus subir la situation en l'expliquant par une finalité mystérieuse, on veut par la mécanique l'éclairer. L'homme apprend à faire de la finalité, à organiser un tout finalisé.

78 mots → idéal = 40 mots

La Cybernétique rend ainsi l'homme capable d'évaluer et de juger cette organisation qu'il pense et constitue. La société est gouvernée par des mécanismes finalisés, l'individu étant pris entre passivité et activité. L'individu n'est pas de l'humain aliéné, mais interrompu. La Cybernétique intervient comme technique de la technique. Elle rend l'individu majeur en lui faisant atteindre non pas seulement la maturité de la raison, mais celle de la réflexion qui donne, en plus de la liberté d'agir, le pouvoir de créer l'organisation en instituant la téléologie. La finalité devenant objet de la technique, il y a un au-delà de la finalité dans l'éthique ; la Cybernétique, en ce sens, libère l'homme du prestige inconditionnel de l'idée de finalité. Le social change alors de statut, et devient l'objet d'une construction organisatrice au lieu d'être l'acceptation d'un donné valorisé ou combattu, mais subsistant avec ses caractères primitifs, extérieurs à l'activité de l'homme.

169 mots → idéal = 60 mots

Deuxième résumé

Objectif : atteindre le bon nombre de mots en reformulant.

Au siècle des Lumières, le travail était asservi par enfermement de l'individu dans des guildes. Désormais, c'est la rationalisation du geste technique qui est aliénante. La technique autrefois libératrice par son côté artisanal, apparaît maintenant au-delà des forces de l'individu.

44 mots

Il faut donc à l'homme une médiation nouvelle. Autrefois, tout tenait à l'efficacité du geste technique, désormais tout tient à la rationalisation des forces qui donnent sa place à l'humain dans le monde. La mécanique se substitue à la finalité mystérieuse pour libérer l'homme, capable d'organiser lui-même un tout finalisé.

56 mots

La Cybernétique évalue cette organisation. La société, gouvernée par des mécanismes finalisés, rend l'individu passif et actif à la fois. Il n'est pas aliéné, car la Cybernétique l'émancipe, développant sa réflexion, ouvrant sur une éthique. Le social devient une construction organisatrice au lieu d'être l'acceptation d'un donné subsistant à l'extérieur de l'homme.

60 mots

Total : 160 mots

Méthodologie de la dissertation

Remarques préliminaires

Éviter le spectre du hors-sujet

Avant de commencer l'analyse de votre citation, recopiez-la intégralement sur une feuille à part que vous garderez constamment à vos côtés, pour vérifier que vous ne glissez pas vers le hors-sujet et pour revenir sur les termes mêmes du sujet au début de chaque partie, au niveau des transitions et en conclusion. Ce conseil est un des principaux à retenir, voire le plus précieux. Vous ne devez jamais perdre de vue la citation qui vous est donnée, elle doit rester au cœur de l'attention, d'un bout à l'autre de votre copie. Vous ne devez en effet jamais faire de la citation un prétexte pour réciter des morceaux de cours qui n'ont rien à voir avec elle. Une dissertation n'est en aucun cas un cours et ne doit pas se présenter comme tel. Vous devez commenter chacun des mots de la citation, retraduire vos thèses en usant d'expressions de la citation, commenter sa lettre, interroger l'usage des adverbes (« très », « uniquement », « spécifiquement »...), commenter les modalités sur lesquelles joue l'auteur (constat/devoir-être/possibilité)...

Faire un brouillon efficace

Au brouillon, organisez-vous pour que votre esquisse soit très proche de la version finale. Vous n'aurez plus qu'à suivre votre brouillon si celui-ci ne s'éparpille pas dans tous les sens.

Pour préparer l'introduction, marquez nettement sur une page quatre alinéas, correspondant respectivement à : 1/ l'amorce ou l'accroche ; 2/ la citation intégralement recopiée avec son auteur et le titre de l'ouvrage dont elle est extraite et son analyse (avec quatre astérisques pour la reformulation, les définitions, le thème abordé et la thèse défendue par l'auteur) ; 3/ le problème/la problématique et le plan avec des liens logiques pour articuler les thèses entre elles ; 4/ les œuvres du corpus simplement mentionnées ou bien « épinglées » par une courte expression qui les « pousse » vers le sujet à traiter (titre souligné, auteur, éventuellement date, dans l'ordre chronologique de parution des ouvrages de préférence).

Vous pouvez remplir ces cases du brouillon de l'introduction dans le désordre, par exemple commencer par le 4/, facile à faire puisque vous connaissez bien les œuvres de votre corpus et que cela peut vous donner des idées, puis le 2/, central, puis le 3/, qui en découle directement, et ensuite imaginer le 1/, car on trouve souvent l'amorce après avoir analysé le sujet et trouvé la problématique. Pour finir, vous vérifiez l'enchaînement global et lissez le tout pour que ce soit cohérent.

En règle générale, et c'est un conseil décisif ici, il convient de faire remonter les bonnes idées trouvées à la fin du brouillon au début pour élever le niveau général de la copie et marquer votre correcteur dès la lecture de l'introduction. Cela vous permettra naturellement d'élaguer les idées trop vagues trouvées au début de la recherche. Donc attendez d'avoir votre plan détaillé finalisé au brouillon pour recopier votre introduction au propre.

L'introduction

L'amorce ou l'accroche

Elle doit former comme un cadre qui va mettre en relief le sujet posé, ou comme un arrière-plan sur lequel le sujet va venir se détacher. C'est comme un éclairage adéquat porté sur le texte : on allume la bonne lampe avant de lire la citation.

L'accroche ne doit pas être trop générale, auquel cas n'importe quel sujet pourrait être aussi bien introduit par celle-ci. Ce serait l'équivalent d'un vague néon qui n'éclaire rien. Il ne sert donc à rien d'apprendre une accroche bateau par cœur, ce serait toujours trop vague et donnerait l'impression d'être « plaqué » sur le sujet.

L'accroche permet une entrée en matière progressive, pour ne pas arriver trop brutalement à la citation. Elle peut être historique, si la citation y invite, c'est-à-dire mentionner des événements de l'histoire mondiale ou française célèbres, à portée symbolique ou universelle (la Seconde Guerre mondiale, la Révolution, la colonisation…). Elle peut par ailleurs être conceptuelle, auquel cas on amène progressivement une notion qui nous semble « phare » pour comprendre le sujet. Elle peut encore être fondée sur un exemple précis qui montre bien la complexité d'un problème, l'ambivalence d'une notion (la possibilité de la valoriser positivement d'un côté et négativement de l'autre). On peut aussi utiliser l'étymologie, si cela s'y prête, ou faire varier le sens d'un terme de la citation qui sera essentiel en montrant l'amplitude de sens qu'il peut avoir, sa déclinaison, son large spectre. Il faut choisir entre ces options d'accroche la plus percutante. C'est l'attaque de votre morceau.

Souvent, les étudiants veulent mobiliser une citation qu'ils ont apprise par ailleurs en cours ou vue en colle pour se rassurer en ayant une accroche toute prête. Mais ce n'est pas à conseiller, car elle arrive souvent « comme un cheveu sur la soupe ». Vous avez déjà une citation à commenter avec votre sujet, il ne faut pas vous en distraire ou vous en éloigner. Il vaut mieux garder votre citation apprise par cœur pour le développement qui viendra, au moment approprié, et à ce moment-là prendre le temps de bien montrer son lien précis et exact avec le sujet de la citation, l'utilité de cette citation pour éclairer celle qui est au cœur du sujet. Explicitez alors cette citation, évitez de faire des allusions vagues et illustrez-la avec les œuvres du corpus pour en faire réellement quelque chose. De manière générale, il faut vous focaliser sur la citation à expliquer, à discuter, et sur votre corpus. Mobiliser d'autres auteurs que celui qui vous est proposé et ceux du programme n'est de manière générale pas à conseiller, sauf pour certains concours où l'on veut au contraire mesurer la culture générale des candidats (bien se renseigner auprès de votre professeur sur l'esprit de chaque concours). Vous pouvez utiliser les concepts d'un autre auteur que celui au programme pour nourrir votre réflexion, mais sans vous « étaler » sur lui, voire sans mentionner son nom : retraduisez son concept dans le vocabulaire des œuvres de votre corpus et illustrez sa pensée par des exemples tirés du programme. Là, vous gagnerez en profondeur.

La citation et son analyse dans l'introduction

Pour cette étape qui suit l'amorce, vous devez recopier l'intégralité de la citation, ne pas la « tronçonner » en plusieurs morceaux. Vous devez mentionner le nom de son auteur et l'œuvre dont est tirée la citation, en soulignant le titre, sans guillemets (les guillemets sont réservés aux citations ou pour montrer une distance critique relativement à son propre propos).

Vous devez reformuler la pensée de l'auteur pour l'éclairer. Attention, il ne s'agit pas en cela d'en rester à la simple paraphrase ou à la tautologie. Pour le tester, vérifiez que chaque phrase ajoute bien une nouveauté, qu'elle apporte un plus en termes de précision, de distinction, par rapport à la citation telle quelle.

Expliciter consiste à repérer les concepts importants, à les définir, à faire surgir les concepts implicites. Vous devez dégager à la fois le thème de la citation (ce sur quoi porte la citation, son objet) et la thèse de l'auteur (ce qu'il défend sur ce thème, sa position, son angle d'attaque pour aborder ce thème). Pour expliciter, vous pouvez aussi donner un exemple court et parlant.

Pour être certain de bien comprendre la citation, il faut garder en tête l'ensemble du texte dont elle est tirée et la comprendre dans la continuité de celui-ci. Faites attention à ne pas vous focaliser sur un seul des aspects de la citation et vous jeter tête baissée vers la problématique et le plan, car on reprocherait alors à votre argumentation de n'avoir fourni qu'une analyse partielle de la citation. Vous devez relier les diverses thématiques qui surgissent en une thèse et ne pas laisser tomber un de ces aspects, même secondaire.

Tous les mots de la citation comptent, y compris et surtout les petits adverbes (« très », « nécessairement », « trop »...), sur lesquels il vous faudra jouer pour construire votre problématique et nuancer le propos de l'auteur. Vous pouvez aussi souligner la tonalité de la citation (emphatique, lyrique, polémique, ironique, théâtral...) et indiquer des champs lexicaux spécifiques, relever des figures de style (métaphore, comparaison, litote, oxymore...). N'oubliez pas d'en faire quelque chose, car souvent les candidats annoncent de belles idées dans l'introduction et oublient de les développer dans la suite, ce qui est bien dommage et déçoit le correcteur.

Si au brouillon, on trouve trop d'idées pour cette analyse, on sélectionne lors du passage au propre les idées essentielles et on garde les autres pour nourrir le développement, notamment les transitions.

La problématique et l'annonce du plan

La problématique doit découler de l'analyse. L'analyse met en effet au jour des tensions, des contradictions, des paradoxes, des difficultés, des décalages, des ambiguïtés dans la compréhension de tel ou tel terme. La problématique qui en découlera prendra par exemple cette forme : « Comment se fait-il que... alors que... ? » Énoncez les difficultés que présente la thèse de l'auteur avant de rassembler toutes les questions qui naissent dans une seule et même problématique qui va venir unifier solidement votre plan. Si vous trouvez plusieurs questions au brouillon au titre de candidat à la problématique, cherchez une formulation qui puisse les unifier sans être ni trop complexe, ni trop alambiquée, ou bien sélectionnez la plus générale, la plus simple et la plus claire, la plus proche de la citation, et conservez les questions secondaires pour relancer le questionnement au niveau des transitions de votre développement. Le questionnement ne doit en effet pas être réservé à l'introduction, il faut continuer à s'interroger tout au long de la dissertation. Si une question s'éloigne trop de la citation mais vous semble intéressante tout de même pour traiter la citation, c'est sans doute qu'il s'agit non pas de la problématique, mais de l'enjeu. Vous pouvez la garder en tête et y répondre en fin de troisième partie, à titre de prolongement ultime de la réflexion.

Une bonne problématique doit couvrir l'ensemble des thèmes abordés par la citation. Elle ne doit donc être ni trop large, ni trop étroite. Elle doit épouser parfaitement la citation. Pour reprendre le vocabulaire de Henri Bergson, elle ne doit pas être une « cote mal taillée ». Elle doit être bien ajustée à la citation. Elle doit également contenir une tension pour donner envie d'y répondre, montrer l'urgence d'un problème (exemple : « Faut-il aller jusqu'à défendre que… s'il est vrai que… ? »). Elle peut ouvrir sur plusieurs voies possibles, plusieurs thèses qui vont successivement être abordées par la suite dans votre plan (exemple : « Faut-il comprendre que… ou bien plutôt au contraire que… ? », « Ne faudrait-il pas mesurer les limites qu'il y a à soutenir que… ? »). Une bonne problématique est « grosse » du plan à venir. Le plan en découle directement, il en émerge, il en « naît » littéralement.

Le plan doit articuler des thèses plutôt que des thèmes, pour plus de clarté dans le propos. Il ne faut pas se contenter d'indiquer des « axes » de manière flottante. Des axes sont souvent interchangeables entre eux et ce n'est pas cela que l'on cherche pour bâtir une dissertation solide. Un plan thématique reste confus d'un point de vue argumentatif. C'est une argumentation qu'il faut produire, non pas un cours ou un commentaire libre. Si vous avez trouvé des thèmes ou des axes, incluez-les dans des thèses, autrement dit des prises de position qu'il est possible de défendre pour répondre à la problématique choisie. En bref, développez les thèmes trouvés (objets de réflexion) en thèses (défenses de position). Cela va vous permettre de mieux trouver les arguments pour étayer ces thèses ensuite.

Plusieurs plans sont tout à fait possibles. Mais on peut conseiller d'aller toujours d'abord dans le sens de la thèse soutenue par l'auteur de la citation. On lui fait confiance, on nourrit son propos, on l'expose dans toute son ampleur, on articule les concepts-clés qu'il suggère, on l'illustre précisément avec le corpus, en comparant des extraits entre eux pour montrer la richesse de vue qu'apporte cette position. La première partie est comme une mini-explication de texte de la citation. Toutefois, on mesure dans un second temps, et ce sera l'objet de notre seconde partie, les limites à son propos. Ces limites peuvent provenir soit d'une trop grande généralité du propos, soit d'une ambiguïté dans la compréhension de tel ou tel mot, soit d'une occultation d'une partie du problème, partie que notre corpus au contraire vient précisément révéler, soit encore du danger de soutenir les conséquences ultimes de la thèse de l'auteur (pessimisme extrême, enthousiasme excessif, radicalité sans nuance). Vous pouvez jouer sur les modalités que sont : la « réalité » (« c'est bien le cas que... », « c'est un fait que... », « de fait... »), la « nécessité » (« il faut bien que... même si dans la réalité, ce n'est pas toujours le cas », « on devrait... », « il faudrait pourtant bien... »), la « possibilité » (« s'il le faut, comme on vient de le montrer, est-ce qu'on le peut toujours ? », « peut-on néanmoins imaginer qu'il soit possible de... ? »).

N'oubliez pas de mettre des liens logiques solides entre les parties de votre plan et non des liens logiques faibles de simple juxtaposition. Le plan le plus simple et qui fonctionne en général très bien s'articule ainsi : « *Certes*, dans un premier temps, on peut défendre avec notre auteur la thèse selon laquelle... *Toutefois*, sa thèse présente des limites, car on peut nuancer dans un second temps son propos en défendant au contraire que... Dans un dernier temps, nous verrons si tout l'intérêt de la citation ne réside pas *plutôt* dans le fait qu'elle pointe tel ou tel aspect décisif... » Dans ce plan, les deux premières parties s'opposent, la troisième creuse et approfondit un aspect que les deux premières parties n'avaient pas encore mis en lumière ; un angle de vue plus subtil et plus original sur la citation est adopté. On tire un fil qu'on n'avait pas encore tiré dans les deux premières parties.

Un autre plan est toutefois possible et facile à réaliser si la citation est longue et complexe, notamment en ce qui concerne les sujets des concours qui n'ont pas à aborder la partie « résumé » et ne consistent donc qu'en une discussion autour d'une longue citation (par exemple, pour la filière BCPST). On peut, si la citation est longue, choisir de défendre : I) dans un premier temps la première partie de la thèse défendue par la citation, II) renforcée et prolongée, dans un second temps, par la deuxième partie de la thèse de la citation, et prendre en III) la contrepartie à ces deux morceaux de thèse : « I) Certes, on peut défendre d'abord avec l'auteur que...,

II) parce qu'il a raison d'aller jusqu'à dire que…, III) toutefois, il convient de nuancer ces deux points, en soulignant que… ».

Une dernière possibilité de plan consiste à défendre en I) la thèse de l'auteur de la citation, de montrer en II) à quoi peut conduire cette thèse poussée à l'extrême, de la rendre par conséquent insoutenable, ridicule, voire dangereuse, et III) à montrer l'intérêt de nuancer par conséquent le propos en posant les conditions strictes de sa validité (« l'auteur a bel et bien raison de soutenir cela, à condition toutefois de bien préciser que… »).

La mention des œuvres du corpus

En fin d'introduction, vous devez mentionner les titres des œuvres au programme, complets, sans fautes, soulignés, avec les auteurs de chaque œuvre, sans fautes à leur nom, et éventuellement les dates de leur parution. Vous devez les placer dans l'ordre chronologique de préférence.

Vous pouvez en une courte formule les « saisir », les « attraper » en les « poussant » vers le sujet précis posé, par exemple en faisant surgir un thème de la citation qu'ils abordent avec acuité. Attention, il s'agit d'un très bref résumé bien « circonstancié », c'est-à-dire réalisé en fonction du sujet précis posé. Aucune utilité de résumer l'œuvre en quelques mots qui n'auraient aucun lien avec le sujet posé, car on ne comprendrait pas pourquoi y avoir recours. Si l'on trouve que c'est trop long, on ne mentionne que les œuvres et on conserve les idées pour le développement.

Chercher à faire ce résumé très synthétique qui met en lien chaque œuvre du corpus avec le sujet précis posé permet de ne pas passer à côté de l'essentiel de ce que peut apporter chaque ouvrage. Car si on se lance dans la rédaction du plan détaillé et qu'ensuite on cherche des exemples précis, on risque de s'éparpiller et d'oublier la raison principale pour laquelle telle ou telle œuvre du corpus est extrêmement appropriée pour illustrer la citation proposée.

Dernier conseil concernant l'introduction : elle doit être recopiée sous forme d'un seul bloc, mais en respectant les quatre alinéas du brouillon pour indiquer typographiquement son articulation. Il faut absolument éviter le métadiscours, c'est-à-dire de commenter votre méthode (« nous en arrivons à notre problématique... », « nous suivrons donc un plan en trois parties... » : évitez ces tournures et contentez-vous de formuler votre problématique et votre plan). Suivez la méthode sans dire que vous la suivez, le correcteur comprendra bien ce que vous faites si vous le réalisez comme il faut. Le métadiscours est trop scolaire et alourdit le style. Cela rajoute des phrases inutiles. Or, tout doit être efficace.

La construction du plan détaillé et la rédaction du développement

Une fois ce brouillon d'introduction établi, prenez le temps de faire un plan détaillé. S'il est solide et précis, la rédaction sera rapide et vous serez confiant lors de sa progression, ce qui est décisif, car l'épreuve est également une épreuve de résistance psychologique. Il s'agit de ne jamais perdre ses moyens. Si l'on est convaincu de la solidité de son plan, on avancera sans s'arrêter sans cesse, sans effacer, sans tourner en rond.

Le plan détaillé doit comporter un ensemble clair de thèses I/II/III solidement articulées entre elles par des liens logiques. Les transitions peuvent être pensées dès cette étape. Encore une fois, vous irez plus vite à la rédaction si votre plan vous paraît solide et convaincant dès le brouillon, et la qualité des transitions y contribue grandement. Vous avancerez, assuré d'arriver au but, si vous avez installé et consolidé par avance les moyens d'avancer.

Formulez les I/II/III sous forme de thèses. Une thèse est une prise de position sur un thème, nous l'avons dit. C'est une réponse possible à la problématique. Ensuite, sous chaque thèse, formulez plusieurs arguments. Un argument est une raison de défendre cette thèse. Il est général. Puis, pour chaque argument, indiquez des exemples possibles tirés des œuvres. Il faut dans l'idéal trois grandes parties, chaque grande partie est défendue par trois arguments et chaque argument, par trois exemples. Souvent, les candidats énoncent leur thèse et ensuite en viennent directement à leurs exemples tirés des œuvres : il faut d'abord prendre le temps de formuler de manière générale l'argument qu'illustreront diversement ces exemples.

Pour augmenter la cohérence du plan, il est possible de faire en sorte que II) a) vienne nuancer I) a), II) b) vienne nuancer I) b), et II) c) vienne nuancer I) c), voire de retravailler les exemples donnés en I) pour les éclairer sous l'angle d'une nouvelle thèse, qui en approfondit le sens.

Il faut que toutes les œuvres du corpus soient citées dans une proportion égale. Les œuvres du corpus étudiées toute l'année doivent être mises à l'honneur pour éclairer diverses positions possibles, qui naissent elles-mêmes de la thèse contenue dans la citation proposée. Définir des thèses et des arguments généraux solides est une première chose, mais le choix des exemples tirés des œuvres est tout aussi décisif. Vérifiez que vos exemples sont bien les meilleurs pour illustrer tel argument. Si ce n'est pas le cas, il faut bouger l'exemple de place dans le plan : s'il ne convient pas bien pour le I), il viendra peut-être illustrer la position contraire ou nuancée du II).

Le plan doit avoir la rigueur, la solidité, la cohérence d'une dissertation de philosophie. Un test pour vérifier si votre plan est bon, c'est d'intervertir les parties entre elles, d'intervertir les arguments entre eux. S'ils ne peuvent être intervertis entre eux, c'est que le plan est solide. S'ils peuvent sans dommage être intervertis, c'est que vous n'avez pas encore assez pensé leur articulation logique, pas assez pensé leur ordre. Une vraie dissertation suit une méthode, un chemin, où chaque étape résulte de l'étape précédente. Veillez à l'ordre des arguments en créant une gradation entre eux, du moins fort au plus fort. Créez du lien logique entre vos arguments, de cause à conséquence notamment.

Les exemples doivent témoigner quant à eux de la finesse d'analyse de la littérature comparée. Il ne faut pas faire comme si le correcteur savait très bien ce dont vous parlez. Il a bien évidemment lui aussi lu les œuvres, mais il faut lui réexpliquer le contexte d'un exemple, dire qui sont tel ou tel personnage dont vous parlez, définir un concept-clé, commenter les figures de style, s'attarder sur la manière dont le texte contribue à éclairer le thème (un poème n'a pas le même effet qu'une pièce de théâtre, un essai philosophique ne recourt pas aux mêmes moyens qu'un roman...). Contrastez les exemples pour montrer votre finesse d'analyse. Il faut surtout éviter l'impression de donner un pur catalogue d'exemples sans lien entre eux. Ne passez pas « du coq à l'âne ».

Il faut veiller à bien intégrer vos citations apprises par cœur dans le corps du développement, en usant de guillemets et en étant précis (« dans le chapitre 3 de... », dans le prologue de... »). Plusieurs manières de mettre à l'honneur les ouvrages du corpus et de montrer qu'on les a lus avec attention sont possibles. Soit, on connaît une citation longue, appropriée, on la mentionne et on l'explicite, on l'analyse. On profite de ce degré de précision qu'apporte une citation longue en ne passant pas trop vite à la suite. Soit, on ne se souvient que d'une courte partie d'une citation, d'une expression, et on l'utilise pour « colorer » notre référence. Cela apporte toujours un plus. Soit, on parle de manière plus large d'une péripétie dans un roman, on décrit la personnalité d'un personnage, ses réactions changeantes au cours du livre. Soit encore, on approfondit l'analyse stylistique au niveau de l'ensemble d'une des œuvres, par contraste avec les autres. On commente par exemple les ressources particulières d'un aphorisme philosophique par rapport à celles que recèle un sonnet... Plus on arrive à de la précision, mieux c'est. Attention toutefois à ne pas vouloir à tout prix « caser » une citation qui n'est pas judicieuse par rapport au sujet posé. Vous risquez, emporté par votre élan, de vous égarer vers le hors-sujet. Attention à ne pas traiter un sujet en se servant du corrigé d'un autre, cela risque de vous faire là encore glisser vers le hors-sujet.

Les transitions doivent tirer le bilan de la partie qui précède, montrer que cette dernière doit être dépassée, soit parce que certains termes compris dans un certain sens peuvent recevoir un nouveau sens, soit parce que la première thèse est trop générale, soit parce que la première thèse est trop partielle. La transition se détache typographiquement sous la forme d'un court paragraphe avec une ligne sautée avant et après. Elle creuse des définitions, relance la problématique. Elle mobilise des expressions de la citation pour montrer que l'on n'a jamais perdu de vue l'objectif qui consiste à l'éclairer. Ne pas se contenter ici d'une transition formelle, creuse, vide, sans contenu réel, sans apport.

La conclusion peut boucler la boucle en trois temps, avec trois alinéas, sans sauter de ligne. Elle revient en premier lieu sur la citation, en laissant entrevoir comment vous vous positionnez par rapport à la thèse de l'auteur : soit vous êtes intégralement en accord avec elle, soit vous la nuancez (ce qui est le cas le plus fréquent), soit vous vous y opposez car le propos tenu y reste vraiment trop partiel et ne vise pas l'essentiel, que pourtant le corpus met selon vous en lumière. En second lieu, vous redéfinissez le thème de manière subtile et nuancée pour montrer le degré de précision qu'a apporté votre argumentation. Enfin, en troisième lieu, vous montrez soit en quoi le corpus se trouve particulièrement bien éclairé par cet angle d'approche spécifique, soit, réciproquement, en quoi le corpus éclaire particulièrement bien l'aspect spécifique que la citation vous a conduit à mettre en lumière. Ainsi, vous mettez au jour combien la citation donnée à commenter, le thème le et corpus de textes au programme entrent en résonance et forment un ensemble cohérent.

La relecture (10 à 20 minutes)

Il faut consacrer entre 10 et 15 minutes à la relecture pour une épreuve de 3 heures et entre 15 et 20 minutes pour une épreuve de 4 heures. Une première relecture sera consacrée de manière systématique aux accords (sujet-verbe, nom-adjectif) et aux prépositions (« à », « en », « de »). Cela éliminera plus de la moitié des fautes de votre copie. Une seconde relecture sera attentive aux mots manquants et à la pertinence des liens logiques, aux transitions manquantes à compléter par des astérisques. Compléter les mots manquants évitera l'impression d'un travail bâclé. Barrez tout paragraphe qui glisse vers le hors-sujet, ou bien reliez-le mieux au sujet par une phrase qui « raccroche les wagons » entre eux. Il vaut toujours mieux un paragraphe hors sujet barré qu'un paragraphe hors sujet. Il vaut mieux une transition ajoutée après coup grâce à un astérisque qu'une absence de transition entre deux parties. Une troisième relecture sera consacrée à la ponctuation. N'oubliez pas qu'il faut avoir recours à tous les points possibles, y compris le point-virgule, plus fort que la virgule pour marquer la respiration du texte. Le point d'exclamation est plutôt à prohiber, car il marque souvent trop d'emphase. Notez bien les points et les majuscules, y compris aux noms propres, aux noms de villes, de pays, à des mots comme l'État, les Français, les Allemands, les Japonais…

Le temps de relecture doit être prévu dans la gestion globale de l'épreuve, le négliger serait une grossière erreur. L'épreuve est aussi une épreuve d'expression, on teste votre orthographe autant que votre connaissance thématique et votre connaissance du corpus. Mal orthographier le nom d'un auteur au programme ou de personnages importants est un signe pour le correcteur que vous n'avez peut-être pas beaucoup ouvert les ouvrages en dehors des cours. Ne l'invitez pas à présupposer cela, surtout dès l'introduction ! Attention également à bien recopier sans fautes le nom de l'auteur de la citation, à ne pas faire de fautes en recopiant son propos. Les erreurs sont ici des marqueurs pour votre correcteur, qui sera plutôt enclin dès le début de sa lecture à placer votre copie dans le bas du panier. Même si la suite est convenable, vous risquez de ne pas atteindre la note escomptée.

Dissertations corrigées

Sujet nº 1

Sujet type Centrale (4 heures, résumé en 200 mots + dissertation)
Voir page 343 pour la partie Résumé du sujet, qui comporte un extrait de l'ouvrage de Henri Bergson cité dans la consigne ci-dessous.

Consigne

Henri Bergson énonce dans *Les Deux Sources de la morale et de la religion* que « les origines de cette mécanique sont peut-être plus mystiques qu'on ne le croirait ; elle ne retrouvera sa direction vraie, elle ne rendra des services proportionnés à sa puissance, que si l'humanité qu'elle a courbée encore davantage vers la terre arrive par elle à se redresser, et à regarder le ciel ». Vous direz dans quelle mesure cette analyse de la mécanique permet d'éclairer le travail au travers des trois ouvrages de notre programme annuel.

Analyse du sujet

Bergson évoque le rapport de la technique à ce qu'il appelle la mystique. Par mystique, on peut entendre le lien établi par les individus avec des puissances absolues, divines, ou bien avec la pureté d'idées ou de valeurs qui dépassent les individus. Il rappelle que le travail a courbé l'homme dès l'origine de l'agriculture vers la terre, mais souligne que le machinisme et la grande industrie l'ont courbé encore davantage. Comment lever à nouveau les yeux vers le ciel ? Comment le travailleur, plié à la nécessité de remplir des besoins et de suivre le cours imposé par les saisons, les contraintes imposées par le déterminisme naturel, peut-il faire du travail aussi le lieu d'une quête d'absolu, de pureté, de vérité, de sens ? La difficulté et l'intérêt du sujet sont de placer le mécanisme entre la dure nécessité, symbolisée par la courbure de l'échine du travailleur penché sur sa récolte, et la grâce de la reconnexion au ciel permise par ce labeur même. On retrouve l'ambivalence de la pesanteur et de la grâce invoquée par Simone Weil, mais la citation va plus loin en invoquant que dès l'origine, le travail reconnectait l'homme au ciel, ce que Virgile semble évoquer en mentionnant les divinités sous le patronage desquelles se font les semences et les récoltes. Le travail ne nous met-il que face à la matérialité de rapports de force ? N'est-il qu'une affaire de domination et de souffrance ? Ou bien est-il source de valeurs ? Lesquelles ? Si ce n'est pas à la religion qu'on veut reconduire le travail, est-ce qu'on peut *a minima* dire qu'il faut qu'il ouvre sur une éthique des valeurs ? Comment prendre au sérieux la métaphore proposée par Bergson d'un homme entre terre et ciel ? Tourner ses yeux vers le ciel, qu'est-ce que cela signifie pour le travailleur ? Prendre en compte les aléas, le hasard qui peuvent faire échouer la chaîne opératoire des gestes maîtrisée par le travailleur ? Ou bien en appeler à la chance ? On sent que l'homme est à la merci de forces diverses, pris entre la nécessité des contraintes naturelles et le besoin spirituel de nourrir l'âme par des valeurs absolues. Travailler, est-ce faire l'épreuve de la nécessité qui fait courber l'échine, ou bien est-ce s'émanciper en se sentant libre de contempler non seulement sa propre création, mais la création de l'ensemble de tout l'univers ? Dans le théâtre de Vinaver, il semble *a priori* plus difficile de décrypter ce qui tiendrait lieu d'une mystique. Les dieux mythologiques sont bien invoqués par Monsieur Onde (p. 303) mais tout cela semble assez grotesque et à première vue sans lien avec le monde plus prosaïque de l'usine. Le monde de l'usine où s'organisent les protagonistes semble en effet nous reconduire à la bassesse des moyens mercantiles nécessaires pour faire acheter le produit, ils se consacrent à la publicité, au marketing, à la recherche de concepts qui doperont les ventes artificiellement, car le produit n'aura pas vraiment changé de nature. Toutefois, l'usine dépeinte, qui semble être tout le contraire d'une église, puisque tous les moyens sont bons pour arriver à ses fins, qu'il s'agisse d'une promotion ou de l'obtention d'un objet devenu fétiche, n'incarne-t-elle pas en un sens le culte moderne qu'on voue à la production et à la consommation ? La manière dont un produit miracle est recherché comme s'il s'agissait de quelque chose de vraiment sacré ? Karl Marx décrit et critique dans *Le Capital* ce qu'il nomme le fétichisme de la marchandise (« Le caractère fétiche de la marchandise et son secret [1] ») : le produit se met à avoir, en plus de sa valeur d'usage, une valeur d'échange sur le marché du travail : pourquoi la production industrielle nous fait-elle vouer ainsi un véritable culte aux marchandises ? Qui en sont les nouveaux dieux ? Est-ce comique ? Dérisoire ? En quoi croyons-nous quand nous travaillons ensemble à la production d'un bien ? Peut-on parler d'avoir foi dans son travail, dans son usine comme on a foi dans un dogme ? Peut-on aller jusqu'à lui sacrifier sa vie ? Faut-il parler de l'ouvrier comme d'un martyr ? Les patrons de l'entreprise décrite dans *Par-dessus bord* ne restent pas nécessairement à la place qu'on attendait qu'ils tiennent : on a tendance à diviniser les patrons, ceux qui donnent des ordres et décident de la pluie et du beau temps, mais est-ce que la pièce de Vinaver ne nous rappelle pas surtout leur côté « humain trop humain » ? Ne les ramène-t-elle pas du ciel sur la terre ?

Dissertation

Introduction

[Accroche] Dans l'œuvre de Zola qu'est *Germinal*, on suit le destin tourmenté de mineurs dont les conditions de travail sont abominables. Ils entrent dans les entrailles de la terre sans aucune sécurité, et leurs dirigeants sont sans égard pour leur vie. Ils ne comptent pour rien à leurs yeux et ils les sacrifient sans pitié. Pourtant, la solidarité des mineurs entre eux va soudain leur faire prendre conscience de la valeur du collectif lors de grèves et leur

1. Karl Marx, *Le Capital*, *op. cit.*, p. 81.

faire relever la tête. Les valeurs de justice, de dignité, de respect vont être invoquées par les travailleurs qui exigent de ne plus être humiliés par des conditions inhumaines. L'ambivalence du travail semble ici manifeste.

[Citation et analyse de la citation] C'est cette ambivalence que questionne le philosophe français Henri Bergson dans *Les Deux Sources de la morale et de la religion* en disant que « les origines de cette mécanique sont peut-être plus mystiques qu'on ne le croirait ; elle ne retrouvera sa direction vraie, elle ne rendra des services proportionnés à sa puissance, que si l'humanité qu'elle a courbée encore davantage vers la terre arrive par elle à se redresser, et à regarder le ciel ». **[Définitions]** Le travail se définit habituellement comme le moyen pour l'homme de maîtriser la matière en transformant le donné naturel en produits destinés à remplir ses besoins les plus essentiels, ou bien des désirs plus superficiels lorsque la civilisation devient plus raffinée, sensible au luxe. Le travail est un moyen pour des fins qui sont posées extérieurement à lui. Il ne semble pas source en lui-même de valeurs. Il nous reconduit à la terre, qu'il faut cultiver pour se nourrir. En outre, l'industrialisation conduit l'homme à plier non seulement sous le poids du déterminisme naturel, mais aussi sous celui de l'oppression sociale, car les ouvriers reçoivent sans cesse des ordres qu'ils doivent exécuter sans discussion. **[Reformulation de la thèse de l'auteur]** Travailler, c'est donc doublement faire l'épreuve de la nécessité, comme contrainte naturelle d'abord, puis comme obligation sociale. La mécanique apparaît comme une puissance disproportionnée, qui peut écraser l'individu sous sa pesanteur. On ne peut toutefois en revenir à l'outil et aux traditions ancestrales de production. Mais Bergson semble dire que bien orienté et repensé, le travail peut, y compris sous sa force mécanisée, devenir source d'élévation mystique pour l'âme des travailleurs. C'est par la mécanique que l'homme peut, selon lui, paradoxalement, être reconduit à sa patrie céleste, les idées, les valeurs, l'absolu, Dieu. Le travail pourrait ouvrir à une forme de foi, la croyance en des valeurs absolues.

[Problématique et annonce de plan] Pourquoi le travail place-t-il l'homme entre terre et ciel ? Qu'a-t-il d'infernal et qu'a-t-il de divin ? Comment peut-il suivre un mouvement dialectique qui fait tantôt passer par des moments d'aliénation et tantôt par d'autres moments d'émancipation marqués par une joie pure, absolue, car partagée par un groupe solidaire ? Est-ce que le travail révèle la condition de l'homme moderne ? Est-ce que la mécanique permet autant que l'artisanat de libérer l'homme ? N'y a-t-il pas dans le passage de l'outil de l'artisan à la machine-outil une dégradation, qui brise l'homme, au fond de lui-même, qui brise en lui tout espoir ? Travailler, est-ce peiner seulement dans une expérience de tristesse et de malheur inouïs ? Qu'est-ce qui peut nous faire relever la tête, quand on est aux pièces, enchaînés à notre machine et à la cadence infernale qu'elle nous impose ? *[Problématique :]* Nous chercherons à savoir si le travail est une expérience ambivalente, qui permet le passage paradoxal du plus grand asservissement à l'émancipation la plus forte ou bien si cet espoir d'émancipation n'est pas vain. *[Annonce du plan :] Dans un premier temps*, nous défendrons avec Bergson que le travail nous place *certes* entre terre et ciel, car c'est une expérience de la pesanteur autant que de la grâce, offrant la perception d'éclairs de solidarité au milieu de la plus grande des solitudes. *Toutefois*, nous verrons s'il ne faut pas défendre *dans un second temps* une thèse plus pessimiste en décrivant l'absence, en usine, de possibilité pour l'ouvrier de relever la tête, au point qu'il semble souhaitable de critiquer cet univers impitoyable en soulignant par contraste les bienfaits de la vie aux champs, quand l'artisanat glorifie les gestes habiles du travailleur connecté à la nature. *Enfin*, nous nous demanderons si le cœur du sujet ne réside pas *plutôt* dans le terme même de « mystique » et nous interrogerons le lien possible ou impossible du travail avec l'univers religieux. Le mécanisme signe-t-il la fin définitive de l'aura ? Si l'argent est le seul dieu qui reste dans notre système capitaliste de production, ne risque-t-on pas aussi la mystification en croyant à des idéologies creuses qui tentent vainement de se substituer à la religion disparue pour faire vibrer le collectif ? De quelles idéologies pourvoyeuses de fausses idoles devons-nous nous méfier ?

[Présentation du corpus] Pour illustrer notre propos, nous nous appuierons sur *Les Géorgiques* du poète latin de l'Antiquité qu'est Virgile. Il y dépeint poétiquement les contraintes qui pèsent sur les agriculteurs, les aléas qui peuvent venir ravager des cultures semées avec patience et savoir-faire, mais aussi comment les forces divines viennent seconder les hommes pour produire le miracle de la récolte. On y trouve un éloge des premiers outils et des gestes sacrés du paysan. Nous illustrerons également notre propos avec *La Condition ouvrière* de Simone Weil, une philosophe française qui s'est confrontée elle-même à l'esclavage que constitue pour elle la vie en usine pour analyser les causes de la liberté et de l'oppression sociale. Comme chez le spiritualiste qu'est Bergson, on trouve chez Weil une mystique du travail dont nous explorerons les miracles. Enfin, nous puiserons dans *Par-dessus bord* de Michel Vinaver des exemples pour illustrer les aspects plus prosaïques de l'organisation du travail, la futilité des dirigeants, mais aussi l'inventivité qui brille malgré tout dans une usine en laquelle les gens croient.

Développement

[Thèse I] Le travail est profondément ambivalent : entre terre et ciel, entre nécessité et liberté, entre contraintes naturelles farouches, besoins naturels et nécessaires à remplir et grâce offerte à une société active, qui ouvre son agir collectif sur des valeurs éthiques absolues.

[Argument 1] *Certes*, le travail consiste à répondre à la dure nécessité des lois de la nature. Le travail nous courbe vers la terre. *[Exemple 1 :]* Virgile rappelle ainsi dès le début des *Géorgiques* que l'agriculture consiste à se soumettre aux « aux lois et [...] conditions éternelles que la nature a, dès le début, imposées à des lieux déterminés ». L'homme est soumis à la diversité des milieux naturels dont il ne peut changer les caractéristiques premières. Si le sol est de glaise, les difficultés guettent le travailleur dès lors que le soleil cuit les mottes exposées au soleil. L'eau doit être canalisée, pour ne pas qu'elle se contente d'irriguer un sable stérile (p. 99). À ces contraintes prévisibles, s'ajoutent les aléas de la fortune et de l'infortune qu'il est difficile d'anticiper. Virgile cite les « tempêtes » et invite à se rendre sensible aux changements météorologiques pour chercher à les prévoir (p. 108) en interprétant finement les signes laissés dans le ciel (p. 109) : « [j]amais pluie n'a surpris les gens à l'improviste » (p. 108). *[Exemple 2 :]* Les lois de la nature implacables sont aussi celles qu'éprouve Simone Weil à l'usine dans sa chair, quand elle doit comprendre les contraintes du métal, de la chaleur, saisir les rapports de force qui régissent la machine. Elle manque de se faire « assommer par un balancier » (p. 220), assiste au triste spectacle des ouvrières debout, immobiles, « sous une pluie battante », alors que les portes de l'usine sont ouvertes, mais que l'heure de pointage n'a pas encore sonné (p. 221). Elle raconte à son amie Albertine Thévenon un épisode malheureux : « La première fois, au bout d'une heure et demie, la chaleur, la fatigue, la douleur m'ont fait perdre le contrôle de mes mouvements ; je ne pouvais plus descendre le tablier du four » (p. 59). Elle se brûle au visage, se blesse les doigts et est témoin de beaucoup d'accidents de travail, dont celui où une femme se fait arracher une énorme touffe de cheveux par la machine, tandis qu'on lui raconte qu'une autre s'est fait littéralement traverser la main par une fraiseuse. Travailler, c'est faire des efforts, avec le corps et avec la tête, entièrement prise dans ce qu'il y a à faire. Il est interdit de rêver ou de penser à autre chose, les chefs « engueulent » Simone Weil pour cela, lui rappelant sans cesse qu'on ne dort pas ici. L'usine redouble l'intensité de tempêtes naturelles par un bruit infernal qui s'impose à nous, « un bruit à fendre le crâne » (p. 58).

[Argument 2] Et certes s'y ajoute, dans le monde de l'industrie, le poids de l'obéissance mécanique aux ordres dictés par ceux qui dirigent l'usine. L'industrialisation contraint encore davantage les travailleurs que l'artisanat et ils peinent davantage, car ils ne sont pas indépendants, ne peuvent décider de leurs actions. *[Exemple 1 :]* Simone Weil témoigne du fait que le respect qu'elle avait pour elle-même a été « en deux ou trois semaines » radicalement brisé (p. 59).

L'ouvrier a, comme le dit Bergson, le corps encore plus penché sous le joug du travail que le paysan aux champs. Il rappelle l'animal, une « bête de somme » (p. 59) à laquelle se compare souvent Weil, forçant comme elle peut, malgré sa rage et son sentiment d'impuissance profond, quand elle ne comprend pas les ordres et doit attendre qu'un spécialiste vienne débloquer sa machine enrayée malencontreusement. Le travail en usine conduit à un enchaînement ininterrompu qui tend à plonger l'ouvrière dans une espèce de sommeil qu'il faut supporter sans dormir : « Pour se plier à la passivité épuisante qu'exige l'usine, il faut chercher des mobiles en soi-même, car il n'y a pas de fouets, pas de chaînes ; des fouets, des chaînes rendraient peut-être la transformation plus facile » (p. 338). Travailler, c'est faire l'expérience de la nécessité et de la résistance du réel, faire l'épreuve de l'adversité : « La nécessité est partout, le bien nulle part » dans l'usine (p. 420). *[Exemple 2 :]* Dans *Par-dessus bord*, l'équipe de direction est soumise à divers impératifs : ceux de la production à bas prix, de l'écoulement des stocks, de la concurrence et de la gestion du personnel. Dans l'idéal, il faudrait que les ouvriers prennent des initiatives (p. 253), que l'information (p. 253) parvienne correctement des uns aux autres : « [u]n minimum de flexibilité ça aiderait » (p. 252). Mais ce n'est pas le cas et le représentant, Lubin, se retrouve pris dans un comique de répétition affreux quand il essaie de vendre régulièrement à la droguiste, Mme Lépine, ses produits : « Aujourd'hui c'est en ordre je n'ai besoin de rien » (p. 247), lui répond-elle quasi invariablement. Elle lui refuse sans cesse ses offres commerciales, de sorte que cela devient très drôle, car la scène se reproduit avec des variantes, un grand nombre de fois. Pourtant, à la fin, le produit « miracle » est inventé et se produit un retournement de situation inattendu. Par un coup de théâtre soudain, c'est le succès et Lubin est encensé dans une des scènes finales : « je tiens à dire bien haut que Lubin ça a été et ça restera dans notre souvenir à tous une grande figure de la vente » (p. 404). La hiérarchie entre les postes se fait sentir à travers toute cette farce, où chacun essaie de tenir son rôle tant bien que mal, malgré la faillite de ses entreprises et un activisme vide de tout sens réel.

[Argument 3] Mais par un retournement miraculeux, le travail ouvre aussi à des valeurs absolues pour peu qu'on dirige bien la production industrielle et qu'on pense la société comme ouverte et non comme fermée. *[Exemple 1 :]* Certes, beaucoup de produits industriels se trouvent être futiles et vains. Est-ce le cas du papier toilette vendu par la société Ravoire et Dehaze de la pièce de Michel Vinaver à notre programme ? Non, bien évidemment, mais qui eût pensé qu'il pût devenir le sujet d'une pièce ? Il semble qu'en prenant ce produit, dont personne ne parle, le papier toilette, au degré zéro de la valeur et de la passion, Vinaver ait voulu interroger le risque que la production industrielle, dans sa gestion, tourne au dérisoire, à l'absurde, voire nous plonge dans un monde sans plus aucune. *[Exemple 2 :]* Nous produisons des objets de luxe qui sont autant de gadgets inutiles. Simone Weil souligne à quel point il est indispensable de critiquer la production de produits qui n'ont aucun lien avec les besoins naturels et nécessaires « le superflu non plus n'est pas à sa place dans cette vie » (p. 432). Elle va même jusqu'à condamner « [t]oute publicité, toute la propagande, si variée dans ses formes, qui cherche à exciter le désir du superflu dans les campagnes » et de les regarder comme des crimes (p. 432). L'entreprise de marketing auquel se livre l'entreprise française mise en difficulté par son concurrent américain dans *Par-dessus bord* donne ainsi lieu à des scènes absurdes, bien que le produit vendu soit de première nécessité [*sic !*]. Nous souffrons du vide laissé entre notre âme et le trop grand corps où elle se meut, un corps dont les possibilités ont été démesurément accrues par la rationalisation et le progrès techniques. Il faut donc en appeler à un « supplément d'âme » : chercher les valeurs auxquelles nous sommes sensibles au travers de l'expérience même du travail. *[Exemple 3 :]* Simone Weil invoque ainsi les valeurs de solidarité, de camaraderie, d'égalité entre les collaborateurs de l'usine. *[Exemple 4 :]* Quant à Virgile, tout son ouvrage défend la paix romaine (*pax romana*) prônée par Auguste et invite à abandonner toute idée de violence arbitraire au sein de l'Empire romain : l'heure est à la consolidation de l'Empire, non à son expansion. « Ô trop fortunés, s'ils connaissaient leurs biens, les cultivateurs ? Eux qui, loin des discordes armées, voient la très juste terre leur verser de son sol une nourriture facile » (p. 129). La Justice est évoquée immédiatement après. Les abeilles fournissent avec l'organisation de la ruche un modèle utopique de vie sociale à la fois industrieuse et collaborative, « fidèles au pacte conclu » (p. 160). *[Exemple 5 :]* Indirectement, même si cela reste sur le modèle de la farce, la pièce de Vinaver offre aussi paradoxalement des valeurs à défendre au cœur de l'entreprise : certains y voient la cause de toute leur vie. « [J]e me suis donnée à la société » (p. 411), dit Mme Bachevski, qui a pourtant été renvoyée. Quant à Lubin, on le loue d'avoir « été un honnête homme qui faisait son métier » (p. 405), alors que longtemps, il n'arrivait à rien vendre. L'éthique de l'entreprise est évoquée lors des discours finaux, que ce soit pour se moquer des décalages entre le discours des personnages et la réalité de la situation, ou bien pour questionner, entre les bouffonneries, ce que pourrait ou devrait être en réalité le monde de l'usine bien pensé.

[Transition] Mais ne faut-il pas justement prendre plus au sérieux ce décalage entre les valeurs prônées par les dirigeants et leurs actions véritables ? N'y a-t-il pas sans cesse, sous couvert de « rationalisation » et « d'organisation scientifique du travail », une exploitation cynique des uns par les autres ? Pourquoi les travailleurs ne relèvent-ils pas la tête malgré l'humiliation subie ? Pourquoi ne se révoltent-ils pas ?

[Thèse II] Le travail industriel est source d'aliénation profonde et d'exploitation inévitable des uns par les autres. L'industrie capitaliste a définitivement rendu impossible, en engendrant la lutte des classes, une société juste et égalitaire. Par contraste, le travail artisanal était bien plus humanisant et source de bien davantage de valeurs. La machine ne peut définitivement pas rendre l'homme heureux, il faut donc que l'ouvrier travaille moins et puisse jouir de loisirs abondants ou bien qu'il puisse jouir de la maîtrise technique de gestes plus artisanaux qui exigent son talent et incitent à une reconnaissance.

[Argument 1] L'aliénation dans le monde de l'entreprise est inimaginable par celui qui ne s'y est pas confronté. *[Exemple 1 :]* Simone Weil reproche aux « grrrands [*sic*] chefs bolcheviks » (p. 52) qui prétendent défendre la cause ouvrière de ne jamais avoir passé une heure dans une usine face aux machines pour saisir d'où vient réellement l'aliénation. Seule cette expérience en première personne peut faire comprendre à quel point le travail en usine s'apparente à un esclavage. La division technique du travail entre ceux qui donnent des ordres et ceux qui obéissent est ruineuse et casse toute possibilité de relations sociales vraies : « on est à chaque instant dans le cas de subir un ordre » (p. 332). Elle précise le malheur profond qui pèse alors sur elle : « Un ordre pouvait tomber sur moi dans un moment d'épuisement, et me contraindre à forcer – à forcer jusqu'au désespoir » (p. 284). L'ouvrier devient littéralement considéré comme une chose : « Comme un objet inerte que chacun peut à tout moment changer de place » (p. 332). L'inversion entre les personnes et les choses est patente. Les ouvriers en oublient le sens même de leur existence : « la grandeur d'âme qui permet de mépriser les injustices et les humiliations est presque impossible à exercer » (p. 285). Ils ne peuvent ni penser, ni parler, ni exprimer leurs souffrances. « Rien n'est plus difficile à connaître que le malheur ; il est toujours un mystère. Il est muet, comme disait un proverbe grec » (p. 341).

[Argument 2] Par contraste, le monde artisanal était bien plus épanouissant et l'agriculture nous reconnectait à la terre, aux astres, ce qui était source de bien plus d'épanouissement que l'enfermement dans ce lieu sans âme qu'est l'usine. *[Exemple 1 :]* Virgile dépeint des cultivateurs les yeux rivés vers le ciel, admirant les étoiles filantes : « tu verras des étoiles, précipitées du ciel, glisser et, derrière elles, dans l'ombre de la nuit, laisser de longues traînées de flammes blanchissantes ; souvent tu verras voltiger la paille légère et les feuilles qui tombent, ou des plumes flotter en se jouant à la surface de l'eau » (p. 108). L'agriculture laisse le temps de suivre le rythme des saisons, d'admirer le fruit de son labeur et de le goûter. Le travail artisanal traditionnel ouvre sur une vraie contemplation. Ceux qui vivent à la campagne peuvent même profiter des fruits de la nature sans travailler, loin des tracas de la vie urbaine. « [F]ortuné aussi celui qui connaît les dieux champêtres, et Pan, et le vieux Silvain, et les Nymphes sœurs ! [...] Les fruits que donnent les rameaux, ceux que donnent d'elles-mêmes les bienveillantes campagnes, il les cueille sans connaître ni les lois d'airain ni le forum insensé ni les archives du peuple » (p. 130). Le machinisme ne peut reconduire à aucune mystique, contrairement à ce que défend Bergson. *[Exemple 2 :]* Simone Weil souligne à quel point l'usine est marquée non par le rythme heureux de celui qui artisanalement produit et peut admirer le fruit de son travail, mais par une cadence infernale. Elle critique Taylor et sa prétendue rationalisation des usines. Ses mesures « étaient toutes inspirées par son désir d'augmenter la cadence des ouvriers et par sa mauvaise humeur devant leur résistance » (p. 313). Le tic-tac de l'horloge minute le travail des ouvriers, le chrono devient fou, comme elle le dit dans le Journal d'usine mais aussi dans une lettre à Lazarévitch : « le chronométrage se fait en dépit du bon sens » (p. 63).

[Argument 3] Dans le dispositif qu'est l'usine, il est impossible à la pensée de s'élever. *[Exemple 1 :]* Tout est fait pour rétrécir l'âme : « la pensée demande un effort presque miraculeux pour s'élever au-dessus des conditions dans lesquelles on vit. Car ce n'est pas comme à l'université, où on est payé pour penser ou du moins pour faire semblant ; là, la tendance serait plutôt de payer pour ne pas penser » (p. 68). *[Exemple 2 :]* Dans *Par-dessus bord*, le brainstorm que suscitent Alex et Jiji semble délirant. Réfléchissent-ils réellement à la manière d'optimiser la vente de leur produit miracle ou se livrent-ils tous à un délire verbal vide de sens ? « [C]hacun dit ce qui lui passe par la tête » (p. 346) sans vraiment réfléchir... L'énumération en cascade des noms possibles à donner au produit miracle donne lieu à un théâtre proche de l'absurde. Le langage se vide de sens. *[Exemple 3 :]* La conscience de la monotonie coûte beaucoup à l'ouvrier qui préfère s'abrutir dans le travail plutôt que de penser à ce qu'il fait. La solution pourrait consister à renverser la situation par une grève, suivie d'une révolte et d'espérer que la révolution des moyens de production capitalistes apportera le bonheur. Mais Simone Weil en doute. La violence est reconduite partout où il y a regroupement humain : « Le sentiment révolutionnaire est d'abord chez la plupart une révolte contre l'injustice, mais il devient rapidement chez beaucoup, comme il est devenu historiquement, un impérialisme ouvrier tout à fait analogue à l'impérialisme national. » Une saine révolte contre l'injustice est la grève. Elle permet enfin aux ouvriers de relever la tête, mais « aucune révolution n'abolira ce malheur » qui est la condition même des travailleurs (p. 421). Après son expérience en usine, Weil ne croit plus dans les idéologies du parti communiste : « Le nom d'opium du peuple que Marx appliquait à la religion a pu lui convenir quand elle se trahissait elle-même, mais il convient essentiellement à la révolution. L'espoir de la révolution est toujours stupéfiant » (p. 421-422).

[Transition] Faut-il toutefois admettre que le travail n'ait plus aucun lien avec le sacré dès lors que l'idée de révolution devient chimérique ? L'intérêt de la citation de Bergson n'est-il pas de pointer que dès qu'il est question du travail, même aliéné, on questionne le sacré, l'absolu, les valeurs ? En effet, tout travail nous reconnecte aux autres et faire société interroge sur ce que le vivre-ensemble pourrait être. Le travail nous fait prendre conscience non seulement de la pesanteur des lois de la terre qui s'abattent sur nous quoi qu'on fasse, mais aussi de la liberté que l'on a, collectivement, d'organiser ce vivre-ensemble. La communauté qui travaille ne comporte-t-elle pas toujours quelque chose de sacré ? L'usine est-elle une sorte de temple moderne ?

[Thèse III] Le travail nous reconduit au sacré et à l'absolu, malgré l'expérience du malheur qu'il offre.

[Argument 1] Le travail à l'usine pourrait être le lieu d'une ferveur à nulle autre pareille. *[Exemple 1 :]* Simone Weil décrit ce que pourrait être l'usine : un lieu plein de bruit, où l'on est mêlé à la masse, mais où l'on sent que l'on contribue à une grande entreprise, ensemble. Il pourrait être animé par l'idée d'une communauté humaine qui collabore ensemble à un grand œuvre qui dépasse ce que chaque individu aurait pu réaliser seul. Certes, le travail en usine tel qu'il est et qu'elle l'a vécu, est similaire à de l'esclavage, mais : « Un travail mécanique qui respecterait la dignité humaine retournerait ce rapport » (p. 258). Elle propose de nombreuses réformes possibles pour encourager la camaraderie et l'entraide qu'elle a vues déjà, par éclairs, pointer au milieu de la souffrance. Il faudrait supprimer la grande usine, ou alors y installer à l'intérieur de petits ateliers chaleureux, que l'individu pourrait s'approprier et où il se sentirait chez lui (p. 259). Les sourires qu'elle a échangés avec des travailleurs anonymes au cœur de la souffrance ont été vécus par elle comme des moments de miracle, de grâce absolue, possibles seulement à l'usine. Ce n'est paradoxalement que dans la souffrance extrême et le délaissement, le sentiment d'être abandonné de tous et de Dieu que la grâce peut selon Weil survenir. Sa philosophie du malheur s'appuie sur une mystique du travail pour indiquer vers où la lumière pourrait venir éclairer la condition ouvrière.

[Argument 2] Simone Weil propose en plusieurs points de son ouvrage de prendre la vie des champs comme modèle pour repenser la vie ouvrière. *[Exemple 1 :]* « Le travail du paysan obéit par nécessité à ce rythme du monde ; le travail de l'ouvrier, par sa nature même, en est dans une large mesure indépendant, mais il pourrait l'imiter. C'est le contraire qui se produit dans les usines » (p. 348). *[Exemple 2 :]* Dans les *Géorgiques*, Virgile parle du repos dont profite celui qui a bien travaillé : « Lui aussi a ses jours de fête, où allongé sur l'herbe, tandis qu'au milieu brûle un feu sacré et que ses compagnons couronnent les cratères, il t'invoque, Lénéen, avec une libation » (p. 131). La fête est le moment de remerciement aux dieux de la grâce d'avoir pu produire ce qu'il faut pour assouvir les besoins naturels et nécessaires. Les jeux viennent couronner le labeur : l'effort se prolonge par du plaisir. Weil exige aussi pour le travailleur en usine la possibilité du repos, le retour à un rythme qui permette d'apprécier le travail accompli et d'être valorisé pour ses talents, tout en sentant la part que l'on a jouée dans le grand tout collectif. Dans *Par-dessus bord*, Vinaver travaille sur le couple artificiel/naturel, calculé/spontané, conscient/inconscient. L'entreprise ne peut fonctionner que si sous le vernis des conventions, sous le théâtre des rôles sociaux et sous les masques, on sent sourdre les désirs de chacun, on sent le ton de l'authenticité poindre et si la spontanéité reprend le dessus.

[Argument 3] Certes, la production en série, la standardisation de nos modes de production et de consommation font perdre de leur aura aux objets produits et risquent de faire perdre aux travailleurs et aux consommateurs leur dignité. *[Exemple 1 :]* Dans la pièce de Vinaver, Margerie fantasme sur des objets anciens, uniques, manufacturés à la main, alors que l'entreprise écoule des lots de papier toilette tous identiques. Le marketing semble artificiel et dérisoire, mais Alex et Jiji parviennent à en faire un exercice qui permet aux protagonistes impliqués de laisser le naturel sourdre sous l'artificiel. *[Exemple 2 :]* Simone Weil propose quant à elle de laisser les séries aux machines et de ne laisser aux individus au travail dans l'usine que des conceptions de suites qui mobilisent leur intelligence. Si l'on rapproche les ouvriers des ingénieurs, on compensera la coupure dommageable que la division technique du travail impose par le fait que tous les travailleurs auront à mobiliser leur intelligence technique en plus de devoir maîtriser des savoir-faire et des gestes techniques précis qui seront valorisés par tous, y compris les simples manœuvres. On retrouvera l'homme total, celui dont le corps fait effort en même temps que l'âme s'élève à des valeurs absolues telles que la solidarité, la justice sociale, l'esprit de communauté. « Le peuple a besoin de poésie comme de pain » (p. 424). « Cette poésie ne peut être que religion » (p. 424), selon

Weil. Elle ne croit pas dans les fictions et les rêveries révolutionnaires, mais dans la culture qui, apportée au cœur même de l'usine déshumanisée, peut souder les gens entre eux, tous pouvant vibrer en entendant parler d'Antigone ou d'Électre. La culture ouvrière ne doit pas être une simple vulgarisation appauvrie de la vraie culture intellectuelle : il faut traduire les mythes pour les rendre sensibles aux travailleurs. Ils pourront alors les incarner dans leur labeur, être comme des Christ qui se sacrifient, certes, mais dont le malheur a du sens, parce qu'il révèle le désir intime du bien qui anime tous les individus, quels qu'ils soient.

[Conclusion] Le travail semble éloigner l'homme de l'absolu, parce qu'il suppose l'asservissement des uns aux autres et qu'il rappelle à l'homme la dure nécessité des choses. Le réel qu'il fait rencontrer fait tomber les idéaux de fraternité et de solidarité. Mais il est possible de réenchanter le monde du travail en enracinant l'individu dans des valeurs qui le dépassent, et l'agir collectif en est la condition de possibilité. Créer des idéologies qui incitent l'homme à la violence ne sert à rien. Il faut réformer patiemment la structure de l'usine et corriger la coupure inévitable entre ceux qui donnent des ordres et ceux qui les exécutent par des dispositifs évitant l'humiliation des uns par les autres et permettant à tous de mobiliser corps et âme pour la grande machine. Cela passe par une culture qui intègre le monde du travail sous sa coupe. L'individu ne sera alors plus victime d'un corps social oppressant, mais pourra faire émerger de son labeur le sens de sa vie, participer à un collectif où tous sont traités d'égal à égal. Travailler, c'est à la fois faire l'expérience de la nécessité, sentir la pesanteur de toute chose, mais aussi sentir le don de soi que l'on fait à la collectivité. Les moments de fraternité qui s'en dégagent sont autant de moments de grâce, où l'individu et le collectif semblent bénis des dieux. Comme le dit Bergson, le travail nous place entre ciel et terre. Certes, les ouvrages du programme témoignent tous de structures asservissantes dont on voit mal comment l'humain pourrait sortir complètement, mais ils laissent poindre aussi la possibilité de lever le joug du travail et de ressentir la satisfaction infinie d'avoir fait son devoir, d'être fier de soi et de la joie de lutter ensemble pour davantage d'humanité dans les relations sociales. La religion, ce n'est pas tant le lien de l'individu avec le sacré, que le lien qui nous lie aux autres. C'est l'agir collectif qui est en lui-même une activité sacrée.

Sujet n° 2

Sujet type CC-INP (4 heures, résumé + dissertation)

Voir page 351 pour la partie Résumé du sujet, qui comporte un extrait de l'ouvrage de Gilbert Simondon cité dans la consigne ci-dessous.

Consigne

Dans *Du mode d'existence des objets techniques*, Gilbert Simondon énonce que « La nouvelle magie ne sera pas à découvrir dans le rayonnement direct du pouvoir individuel à agir, assuré par le savoir qui donne au geste la certitude efficace, mais dans la rationalisation de ces forces qui situent l'homme en lui donnant une signification dans un ensemble humain et naturel ». Dites en quoi les œuvres du programme vous semblent aller dans le sens de la thèse de Simondon et bien décrire tous les enjeux du travail humain.

Analyse du sujet

Gilbert Simondon cherche de quelle magie le travail mécanisé pourrait être capable. Il établit un contraste entre l'artisanat, où l'on croit dans l'efficacité d'un geste technique, secondé par des croyances parfois surnaturelles dans le bon vouloir des dieux, rendant notre agir technique fructueux, d'une part, et la rationalisation dont témoigne la production industrielle moderne, d'autre part. Il pense que le mécanisme technique qui régit le travail de l'homme parmi les machines nécessite un nouvel enchantement. Il faut lui donner du sens en insérant l'agir technique dans une culture qui permet de mobiliser non seulement des gestes techniques mais aussi une pensée technique qui mobilise l'inventivité humaine. La machine ne doit pas se fermer aux spécialistes, ingénieurs et hommes de science : tous doivent se mobiliser pour la rendre ouverte à des améliorations techniques futures, en suivant l'esprit des encyclopédistes du XVIIIe et XIXe siècles. La société doit redevenir une société de l'invention. On comprendra ainsi la place de l'homme dans la société et au sein de la nature. Il croit dans un progrès technique dont l'ensemble du monde du travail serait capable. Mais cela ne suppose-t-il pas une révolution du monde de l'usine ? Car l'industrie est aussi le lieu où le progrès technique peut se découpler dangereusement du progrès humain, Simondon pointe cela lui aussi. L'automatisation peut faire perdre aux travailleurs face aux machines le sens même de leur agir. Qu'est-ce qui permet de croire dans la possibilité de donner à tous, du simple manœuvre à l'ingénieur, un sens à l'agir technique ? Simondon ne semble pas ici critiquer la rationalisation dont témoigne le travail industriel. La rationalisation consiste en l'optimisation des produits, pour que le rendement soit optimal et que la machine fasse synergie avec son milieu associé, tout comme l'ouvrier fait corps avec la machine. Mais la machine-outil se distingue de l'outil, qui seul semblait permettre un juste prolongement du corps maîtrisable par l'individu, fier d'avoir appris comment le manier et de dompter par là les forces naturelles. Or, la machine-outil provoque un excentrement de l'individu qui peut se trouver éloigné du couple homme-machine. Simondon pointe ce risque. Comment bien penser l'homme parmi les machines ? Quelle peut être sa juste place ? Comment peut-il se sentir valorisé par le travail rationalisé ? La rationalisation n'est-elle pas un terme creux, créé seulement pour jeter de la poudre aux yeux de la société et l'endormir afin que les violences qui se jouent entre ceux qui donnent des ordres et ceux qui les exécutent se fassent oublier ? L'homme n'est-il que raison ? N'a-t-il pas aussi une sensibilité, un cœur, des sentiments ? Faut-il que le travailleur enfouisse ceux-ci au fond de lui ? Qu'il ravale ses larmes face à la pénibilité de sa tâche, sa monotonie infinie ? Simone Weil rappelle sans cesse cette part de sensibilité en décrivant les émotions du travailleur, ses sentiments de honte, de rage, mais aussi ses sentiments de joie, de bonheur. Vinaver montre des humains qui ont eu l'habitude du conformisme, de ne parler que rendements, chiffres, objectifs, mais qui laissent soudain parler l'instinct, la sensibilité, l'inconscient. Il lève le couvercle sur la cocotte que représente l'entreprise, montrant ce qui se joue souterrainement, sous le vernis de la rationalisation. Virgile décrit l'univers paisible de la production agricole, un monde proche de la nature, où la sensibilité est mobilisée, soit pour apprécier la beauté, soit pour saisir l'harmonie du monde, soit pour saisir la fécondité infinie de la nature. Nos trois ouvrages explorent donc un univers que l'homme cherche à maîtriser, soit par la rationalité technique, soit par la maîtrise de gestes techniques et la connaissance fine des déterminations du milieu. Mais ils indiquent aussi les limites d'une conception du monde du travail focalisé sur la seule rationalité.

Sujet n° 3

Sujet type BCPST

Consigne

Dans *Propos sur le bonheur*, Alain défend que « La peine se fait justement plaisir ; et tout homme préférera un travail difficile, où il invente et se trompe à son gré, à un travail tout uni, mais selon les ordres. Le pire travail est celui que le chef vient troubler et interrompre ». Vous direz dans quelle mesure les œuvres au programme annuel vous permettent ou non de souscrire à cette thèse sur le travail.

Analyse du sujet

Ce propos d'Alain, le maître de Simone Weil, interroge dans un premier temps le passage qui se joue dans tout travail entre effort pénible et joie de réussir ce qu'on avait projeté de faire. Le bonheur au travail ne vient pas de ce qu'un travail est facile, contrairement à ce qu'on pourrait penser. Un travail difficile suppose l'épuisement du corps et de l'âme, mais si ce travail a du sens pour le travailleur, son effort sera oublié grâce à la satisfaction personnelle qu'il en tirera. Il éprouvera de la reconnaissance de la part d'autrui, il sera encensé pour ses talents, il comprendra son rôle dans la société. Par contraste, si le travail est facile, voire monotone, et n'exige de lui aucune compétence spécifique, l'ouvrier sera considéré comme rien par celui qui le dirige. Il sera considéré comme une chose, qu'on déplace selon son bon vouloir. C'est cette réification qui est cause de l'humiliation ressentie par le travailleur. Dès lors que son travail, au lieu d'être le sublime effort destiné à dompter la nature, devient uniquement le lieu où l'on sent sa subordination permanente à un chef, l'individu souffre de son travail sans en éprouver par compensation une quelconque satisfaction. Cela rejoint l'idée de Simone Weil selon laquelle la racine du mal n'est pas dans la souffrance au travail, mais dans l'humiliation ressentie au travail. C'est le sentiment de ne compter pour rien aux yeux du chef qui est la pire souffrance, car elle interdit tout sentiment de dignité, y compris à ses propres yeux. Nos ouvrages que sont *La Condition ouvrière* et *Par-dessus bord* questionnent deux points à distinguer très clairement : d'une part, le fait que tout travail nous confronte à la matière et suppose un effort, du corps et de l'esprit ; d'autre part, le fait que tout travail nous place dans des relations à autrui qui sont des relations de subordination et qui donc peuvent faire sentir le poids de l'oppression sociale. Tandis que *Les Géorgiques*, par contraste, placent certes l'homme sous le patronage des dieux – qui font la pluie et le beau temps –, et pourtant montrent un travail difficile – celui d'exploiter la terre – mais gratifiant, car il ne témoigne pas de cette subordination qui caractérise le travail en usine. Le travail en usine est terrible non pas parce qu'il exige de la force, mais parce que l'ouvrier est soumis à des ordres irrationnels qui lui sont donnés sans cesse. C'est le rapport au temps qu'il faut donc repenser, nous dit Simone Weil. La cadence, contrairement au rythme naturel, morcelle le temps et oblige à se concentrer seulement sur l'instant de la tâche à faire. Pour stopper cet asservissement, il faudrait que l'ouvrier maîtrise le planning de sa journée et puisse se ménager des temps de repos pour travailler à son rythme et admirer le travail achevé. Les patrons de *Par-dessus bord* sont également livrés à une cadence infernale à cause des impératifs de la production et de la vente liés à la concurrence mondiale. La parole, dans le théâtre de Vinaver, est sans cesse interrompue, hachée, haletante. Le tempo de la pièce est effréné. Les protagonistes ne semblent pas tant souffrir d'efforts qu'ils auraient à fournir que de ce temps saccadé, de l'urgence de l'action. Les dirigeants souffrent donc eux aussi du dispositif infernal de l'usine, tout autant que les manœuvres ou les représentants qui doivent écouler les produits. C'est un point que Weil souligne aussi, puisqu'elle s'adresse tantôt aux chefs, tantôt aux ouvriers, pour ouvrir les yeux des uns sur le caractère inhumain de la cadence imposée aux ouvriers, et aux autres sur les impératifs du rendement de l'usine, prise dans la course inévitable avec la concurrence. Par contraste, Virgile souligne combien est paisible le travail au champ, loin de l'agitation et de la violence de la guerre. La citation d'Alain interroge aussi la possible souffrance qui peut provenir d'un travail trop uni, monotone. Ce problème est abordé frontalement par Simone Weil, qui souligne tout le tragique de la prise de conscience de cette monotonie infinie. On ne peut s'assoupir tout à fait, car il faut garder un minimum d'attention à ce qu'on fait et ne pas sombrer dans la rêverie où nous plonge immanquablement pourtant le fait de ne pas avoir à réfléchir à ce que l'on fait. Il faut donc garder son âme éveillée, mais ce n'est que pour saisir la monotonie, l'aspect dérisoire de gestes automatiques et constater que l'on n'a rien mis de soi-même dans ce qu'on a fait : ni ses sentiments, ni ses idées, ni même des gestes dont la finalité aurait été pensée par nous-mêmes. Mais les travailleurs veulent-ils qu'on les change régulièrement de tâche pour autant ? Paradoxalement non, constate-t-elle, étonnée : car ils préfèrent s'abrutir dans leur labeur machinal, ils essayent au maximum de n'avoir pas à penser… La monotonie, au lieu de les révolter, les endort et fait taire toute envie de révolte. Chez Virgile, au contraire, le travail paraît tout sauf monotone. Les saisons font varier les potentialités, les climats offrent de la diversité, les sols ont tous leurs spécificités, les divers animaux ont leurs caractéristiques, bien différentes les unes des autres. C'est la prodigalité de la nature, son flux, son devenir changeant que *Les Géorgiques* magnifient, ce qui crée un fort contraste avec les univers artificiels décrits dans *La Condition ouvrière* et dans *Par-dessus bord*. Mais Weil propose des solutions à cette monotonie et à l'agacement que peut provoquer une subordination sans cesse rappelée au travailleur, et Vinaver introduit énormément de fantaisie dans l'univers gris sur gris de l'entreprise. Comment susciter chez tous les travailleurs le goût de l'inventivité ? Non seulement de produits nouveaux, mais aussi de manières nouvelles de travailler, chez les manœuvres et chez les dirigeants ?

Annexe

Texte d'où est tiré le sujet 3, afin d'approfondir cette référence classique au grand maître de Simone Weil, ainsi qu'une **citation célèbre d'Alain**, qui fait écho à *La Condition ouvrière.*

« Le travail est la meilleure et la pire des choses : la meilleure, s'il est libre, la pire, s'il est serf. J'appelle libre au premier degré le travail réglé par le travailleur lui-même, d'après son savoir propre et selon l'expérience, comme d'un menuisier qui fait une porte. Mais il y a une différence si la porte qu'il fait est pour son propre usage, car c'est une expérience qui a de l'avenir ; il pourra voir le bois à l'épreuve, et son œil se réjouira d'une fente qu'il avait prévue. Il ne faut point oublier cette fonction d'intelligence qui fait des passions si elle ne fait des portes.

Un homme est heureux dès qu'il reprend des yeux les traces de son travail et les continue, sans autre maître que la chose, dont les leçons sont aujourd'hui bien reçues. Encore mieux si l'on construit le bateau sur lequel on naviguera ; il y a une reconnaissance à chaque coup de barre, et les moindres soins sont retrouvés [...]. La peine se fait justement plaisir ; et tout homme préférera un travail difficile, où il invente et se trompe à son gré, à un travail tout uni, mais selon les ordres. Le pire travail est celui que le chef vient troubler et interrompre. La plus malheureuse des créatures est la bonne à tout faire, quand on la détourne de ses couteaux pour la mettre au parquet ; mais les plus énergiques d'entre elles conquièrent l'empire sur leurs travaux et se font ainsi un bonheur. L'agriculture est donc le plus agréable des travaux, dès que l'on cultive son propre champ. »

Alain, *Propos sur le bonheur*, Paris, Gallimard, 1928.

« Le propre du travail est d'être forcé. »

Alain, *Préliminaires à la mythologie*, Paris, L'Harmattan, 1951.

Banque de sujets en vue de la dissertation

Citations de Karl Marx

Weil s'oppose au philosophe, mais reste en grande partie en accord avec lui.

Valorisation du travail en tant qu'il nous distingue de l'animal

« [...] ce qui distingue d'abord le plus mauvais architecte de l'abeille la plus experte, c'est qu'il construit la cellule dans sa tête avant de la construire dans la ruche. Le résultat auquel le travail aboutit préexiste idéalement dans l'imagination du travailleur. »

« On peut distinguer les hommes des animaux par la conscience, par la religion, par tout ce qu'on voudra. Ils commencent à se distinguer des animaux dès qu'ils se mettent à produire des outils. »

Karl Marx, *Le Capital* (1867), livre I, trad. J. Roy, Paris, Flammarion, t. 1, 2014.

Dévalorisation du travail dans le mode de production capitaliste

Par la parcellisation des tâches, l'homme ressent l'humiliation d'être « ravalé au rang d'appendice de la machine ».

Karl Marx, *Le Capital* (1867), livre I, trad. J. Roy, Paris, Flammarion, t. 1, 2014.

« En quoi consiste l'extériorisation du travail ? D'abord, le travail est extérieur au travailleur, il n'appartient pas à son être : dans son travail, l'ouvrier ne s'affirme pas, mais se nie ; il ne s'y sent pas à l'aise, mais malheureux ; il n'y déploie pas une libre activité physique et intellectuelle, mais mortifie son corps et ruine son esprit. En conséquence, l'ouvrier se sent auprès de soi-même seulement en dehors du travail ; dans le travail, il se sent extérieur à soi-même. Il est lui-même quand il ne travaille pas et quand il travaille, il ne se sent pas dans son propre élément. Son travail n'est pas volontaire, mais contraint, travail forcé. Il n'est donc pas la satisfaction d'un besoin, mais seulement le moyen de satisfaire des besoins en dehors du travail. Le caractère étranger du travail apparaît nettement dans le fait que, dès qu'il n'existe pas de contrainte physique ou autre, le travail est fui comme la peste. Le travail extériorisé, le travail dans lequel l'homme devient extérieur à lui-même, est sacrifice de soi, mortification. Enfin l'extériorité du travail par rapport au travailleur apparaît dans le fait que le travail n'est pas le bien propre du travailleur, mais celui d'un autre, qu'il ne lui appartient pas, que dans le travail le travailleur ne s'appartient pas à lui-même, mais à un autre. Dans la religion, l'activité de l'imagination, du cerveau, du cœur humain, agit sur l'individu indépendamment de lui, comme une activité étrangère, divine ou diabolique. De même, l'activité de l'ouvrier n'est pas son activité propre. Elle appartient à un autre, elle est perte de soi-même. »

Karl Marx, *Manuscrits de 1844*.

« Dans une phase supérieure de la société communiste, quand auront disparu l'asservissante subordination des individus à la division du travail et, avec elle, l'opposition entre le travail intellectuel et le travail manuel ; quand le travail ne sera pas seulement un moyen de vivre mais deviendra lui-même le premier besoin vital ; quand avec le développement multiple des individus les forces productives se seront accrues elles aussi et que toutes les sources de la richesse collective jailliront avec abondance, alors seulement l'horizon borné du droit bourgeois pourra être définitivement dépassé et la société pourra écrire sur ses drapeaux : "de chacun selon ses capacités, à chacun selon ses besoins !" »

Karl Marx, *Critique du programme de Gotha* (1875), Paris, Éditions sociales, « Geme », 2008.

Citations sur le rapport de la nécessité à la liberté dans le travail

« La nature seule fait tout dans les opérations de la bête, au lieu, que l'homme consent aux siennes en qualité d'agent libre. »

Jean-Jacques Rousseau, *Discours sur l'origine et les fondements de l'inégalité parmi les hommes* (1755), Paris, J. Bry aîné, 1856-1857.

« Tous les oiseaux de même espèce, à toute époque et tout pays bâtissent leurs nids de manière analogue : c'est en cela que nous voyons la force de l'instinct. Les hommes aux différentes époques et en différents lieux, construisent différemment leurs maisons. Ici, nous voyons l'influence de la raison. »

David Hume, *Enquête sur les principes de la morale* (1751).

« Dans le rapport de son bras créateur à l'objet fabriqué, [l'homme] expérimente la causalité : le grain semé germe ou ne germe pas tandis que le métal réagit toujours de la même manière au feu, à la trempe, à l'action mécanique ; ce monde d'ustensiles se laisse enfermer dans des concepts clairs : la pensée rationnelle, la logique et les mathématiques peuvent apparaître. Toute la figure de l'univers est bouleversée. La religion de la femme était le règne de l'agriculture, règne de la durée irréductible, de la contingence, du hasard, de l'attente, du mystère ; celui de l'*homo faber*, c'est le règne du temps qu'on peut vaincre comme l'espace, de la nécessité, du projet, de l'action, de la raison. »

Simone de Beauvoir, *Le Deuxième Sexe*, Paris, Gallimard, 1949.

« Apparemment jailli de la nécessité, le travail réalise, en fait, l'œuvre de la liberté et affirme notre puissance. »

Jules Vuillemin, *L'Être et le Travail*, Paris, Puf, 1949.

« Il n'y a strictement aucune différence dans la situation réelle d'un ouvrier russe ou tchèque et d'un simple ouvrier français ou américain. Dans l'un comme dans l'autre cas, l'ouvrier est réduit à un rôle de simple exécutant. En aucun sens de ce terme, l'ouvrier russe ne dispose, individuellement ou collectivement, des moyens de production ; en aucun sens, il ne participe à la gestion de la production de son entreprise, de l'État ou de la société. Ses tâches dans l'usine sont décidées, tout comme dans une usine française, par un appareil bureaucratique de direction de la production, formé par des agents de maîtrise, des techniciens et des administrateurs économiques, appareil sur lequel il n'a aucun contrôle, que d'autres que lui nomment, orientent et dirigent. »

Cornelius Castoriadis, *La Société bureaucratique*, Paris, Union générale d'édition, 1973.

« Au temps d'Ulysse, la technique c'était l'art de piloter un bateau ; de rafistoler un cordage, de calfater une coque, voire d'entrer en Troie dans le ventre d'un gros cheval de bois. *Technè*, en grec, est plus proche de ce que nous appelons artisanat que de la technique à proprement parler. Lévi-Strauss a fait l'éloge du bricolage qui maintient parmi nous, souvent dans les marges du loisir, cette forme première, cette forme ingénieuse de la technique. Avec la machine qui prend son énergie hors de l'homme ou des éléments naturels – moteur à vapeur, à pétrole, à électricité – d'autres formes et possibilités apparaissent, la technique change de dimension, elle semble échapper à l'homme dont elle était la servante pour prendre son autonomie.

« On peut se demander si précisément la mutation survenue à l'âge industriel n'a pas modifié l'essence même de la technique en modifiant sa puissance et ses dimensions. On peut se demander si la technique des fusées est bien la même que celle des cerfs-volants. Certes, l'une et l'autre utilisent des lois naturelles, mais de manière et avec des résultats bien différents. Le cerf-volant comme le moulin à eau restent soumis à la nature : pas de vent ou pas d'eau, ils ne fonctionnent pas. La fusée ou la centrale nucléaire fonctionnent par tous les temps, établissant leur principe et leur but en dehors des aléas, ne dépendant que du calcul et de la décision humaine. Une telle technique est capable, nous le voyons bien, de se servir de la nature contre la nature – et de l'homme contre l'homme.

« Il suffit de considérer cette vie qui est la nôtre dans son déchaînement et dans sa discipline impitoyable, avec ses régions industrielles fumantes et brûlantes, avec la physique et la métaphysique de son trafic, avec ses moteurs, ses avions et ses villes millionnaires, pour sentir, avec une terreur mêlée de volupté, qu'il n'existe ici aucun atome qui ne soit au travail et que nous sommes profondément nous-mêmes engagés dans un processus furieux. La mobilisation totale est bien moins l'accomplissement d'une volonté consciente qu'elle ne s'accomplit d'elle-même dans la paix comme dans la guerre, elle est l'expression de l'exigence mystérieuse et inéluctable à laquelle notre vie nous soumet en l'âge des masses et des machines. »

Domenach, *Approches de la modernité*, Palaiseau, École polytechnique, 1985.

Citations sur la paresse

« Les cinq adjectifs indolent, nonchalant, négligent, paresseux, fainéant, expriment un défaut contraire à l'amour du travail. Voilà l'idée qui permet de les employer l'un pour l'autre. Mais si l'on veut de la précision dans les termes, alors la synonymie disparaît : on est indolent par défaut de sensibilité, nonchalant par défaut d'ardeur, négligent par défaut de soin, paresseux par défaut d'action, fainéant par antipathie de la peine. »

Émile Lefranc, *Traité de littérature* (1842).

« Il est de la plus grande importance d'apprendre aux enfants à travailler. L'homme est le seul animal qui soit voué au travail. Il lui faut d'abord beaucoup de préparation pour en venir à jouir de ce qui est nécessaire à sa conservation. La question de savoir si le Ciel ne se serait pas montré beaucoup plus bienveillant à notre égard en nous offrant toutes choses déjà préparées, de telle sorte que nous n'aurions plus besoin de travailler, cette question doit certainement être résolue négativement car il faut à l'homme des occupations, même de celles qui supposent une certaine contrainte. Il est tout aussi faux de s'imaginer que, si Adam et Ève étaient restés dans le paradis, ils n'eussent fait autre chose que de demeurer assis ensemble, chanter les chants pastoraux et contempler la beauté de la nature. L'oisiveté eût fait leur tourment tout aussi bien que celui des autres hommes.

« Il faut que l'homme soit occupé de telle sorte que, tout rempli du but qu'il a devant les yeux, il ne se sente pas lui-même, et le meilleur repos pour lui est celui qui suit le travail. On doit donc accoutumer l'enfant à travailler. »

Emmanuel Kant, *Réflexions sur l'éducation* (1855).

« Quand je suggère qu'il faudrait réduire à quatre heures le nombre d'heures de travail, je ne veux pas laisser entendre qu'il faille dissiper en pure frivolité tout le temps qui reste. Je veux dire qu'en travaillant quatre heures par jour, un homme devrait avoir droit aux choses qui sont essentielles pour vivre dans un minimum de confort, et qu'il devrait pouvoir disposer du reste de son temps comme bon lui semble.

« Le bonheur et la joie de vivre prendront la place de la fatigue nerveuse, de la lassitude et de la dyspepsie. Il y aura assez de travail à accomplir pour rendre le loisir délicieux, mais pas assez pour conduire à l'épuisement [...].

« Les hommes et les femmes ordinaires deviendront plus enclins à la bienveillance qu'à la persécution et à la suspicion. Le goût pour les guerres disparaîtra, parce que celle-ci exigera de tous un travail long et acharné. La bonté est, de toutes les qualités morales, celle dont le monde a le plus besoin, or la bonté est le produit de l'aisance et de la sécurité, non d'une vie de galériens. Les méthodes de production modernes nous ont donné la possibilité de permettre à tous de vivre dans l'aisance et la sécurité. Nous avons choisi, à la place, le surmenage pour les uns et la misère pour les autres : en cela, nous nous sommes montrés bien bêtes, mais il n'y a pas de raison pour persévérer dans notre bêtise indéfiniment. »

Bertrand Russell, *Éloge de l'oisiveté* (1935), trad. M. Parmentier, Paris, Allia, 2002.

Citations sur la fierté du travailleur

« Le moment où à la fin de mon travail, j'appuyais enfin sur l'interrupteur ("Et la lumière fut") était pour moi une source de perpétuelle satisfaction. J'avais la preuve tangible de l'efficacité de mon intervention et de ma compétence. Les conséquences de mon travail étaient visibles aux yeux de tous, et donc personne ne pouvait douter de ladite compétence. Sa valeur sociale était indéniable. [...]

« Ma spécialité, c'était plutôt les circuits d'immeubles résidentiels ou d'éclairage commercial basique, et le résultat de mon travail était généralement dissimulé à la vue, caché à l'intérieur des murs. Ce qui ne m'empêchait pas de ressentir une certaine fierté chaque fois que je satisfaisais aux exigences esthétiques d'une installation bien faite. J'imaginais qu'un collègue électricien contemplerait un jour mon travail.

« Et même si ce n'était pas le cas, je ressentais une obligation envers moi-même. Ou plutôt, envers le travail lui-même – on dit parfois en effet que le savoir-faire artisanal repose sur le travail bien fait, sans aucune considération annexe. Si ce type de satisfaction possède avant tout un caractère intrinsèque et intime, il n'en reste pas moins que ce qui se manifeste là, c'est une espèce de révélation. »

Matthew B. Crawford, *Éloge du carburateur : essai sur le sens et la valeur du travail*, trad. M. Saint-Upéry, Paris, La Découverte, 2010.

Bibliographie

Autour de la notion « le travail »

Hannah Arendt, *Condition de l'homme moderne* (1958), trad. G. Fradier, Paris, Calmann-Lévy, 1961.

Aristote, *Les Politiques*, trad. P. Pellegrin, Paris, Flammarion, 2008.

Jean Baudrillard, *Le Miroir de la production ou l'Illusion critique du matérialisme historique*, Paris, Casterman, 1973.

Jacques Cauvin, *Naissance des divinités, naissance de l'agriculture* (1994), Paris, Flammarion, 1998.

Marie-Noëlle Chamoux, « Société avec et sans concept de travail », *Sociologie du travail*, 36e année, hors-série, *Les énigmes du travail*, 1994, p. 57-71.

Benjamin Coriat, *Penser à l'envers : travail et organisation dans l'entreprise japonaise*, Paris, Bourgois, 1991.

Joffre Dumazedier, *Vers une civilisation du loisir ?*, Paris, Seuil, 1962.

Émile Durkheim, *De la division du travail social* (1893), Paris, Puf, 2013.

Georges Friedmann, *Le Travail en miettes : spécialisation et loisirs* (1956), Paris, Gallimard, 1964.

André Gorz, *Les Chemins du paradis : l'agonie du capital*, Paris, Galilée, 1983.

—, *Métamorphoses du travail, quête de sens*, Paris, Galilée, 1988.

Jürgen Habermas, *La Technique et la science comme idéologie*, trad. J.-R. Ladmiral, Paris, Gallimard, 1973.

—, *Le Discours philosophique sur la modernité* (1985), trad. C. Bouchindhomme et R. Rochlitz, Paris, Gallimard, 1988.

Georg Wilhelm Friedrich Hegel, *Phénoménologie de l'esprit*, IV, A, trad. G. Jarczyk et P.-J. Labarrière, Paris, Gallimard, 1993.

Martin Heidegger, « La question de la technique », in *Essais et conférences*, trad. A. Préau, Paris, Gallimard, 1958.

Hésiode, *Théogonie*, trad. P. Mazon, Paris, Les Belles Lettres, 2002.

Jacques Le Goff, *Pour un autre Moyen Âge : temps, travail, culture en Occident*, Paris, Gallimard, 1977.

André Leroi-Gourhan, *L'Homme et la Matière : évolutions et techniques*, Paris, Albin Michel, 1943.

Karl Marx, *Le Capital* (1867), livre I, trad. J. Roy, Paris, Flammarion, t. 1, 2014.

Dominique Méda, *Le Travail : une valeur en voie de disparition* (1995), Paris, Flammarion, 1998.

Jeremy Rifkin, *La Fin du travail*, trad. P. Rouve, Paris, La Découverte, 1997.
Adam Smith, *Recherches sur la nature et les causes de la richesse des nations* (1776), trad. G. Garnier, Paris, Flammarion, 1991.
Frederick Winslow Taylor, *Principes d'organisation scientifique des usines* (1912), Malakoff, Dunod, 2019.
François Vatin, *Le Travail : économie et physique, 1780-1830*, Paris, Puf, 1993.
Jean-Pierre Vernant, « Travail et nature dans la Grèce ancienne », in *Mythe et pensée chez les Grecs : études de psychologie historique*, Paris, Maspéro, 1965.
Jules Vuillemin, *L'Être et le Travail*, Paris, Puf, 1949.
Simone Weil, *La Connaissance surnaturelle*, Paris, Gallimard, 1950.
Xénophon, *Économique*, trad. P. Chantraine, Paris, Les Belles Lettres, 2008.

Autour de l'œuvre : *Les Géorgiques*, Virgile

Pour un accès simple et direct

Joël Thomas, *Virgile : Bucoliques et Géorgiques*, Paris, Ellipses, 1998.
Silves latines, 2014-2018, Neuilly, Atlande, 2014.
Jacques Perret, *Virgile*, Paris, Hatier, 1967.

Pour approfondir

Florence Dupont, préface à l'édition « Folio classique » des *Bucoliques* et *Géorgiques*, Paris, Gallimard, 2019.
Alain Michel, préface à l'édition « Pléiade » des *Géorgiques*, in *Œuvres complètes de Virgile*, Paris, Gallimard, 2015.
Jean Bayet, *Littérature latine*, Paris, Armand Colin, 1988.
François Ripoli, « Une lecture de l'épisode du jardinier de Tarente », *Vita Latina*, n°s 189-190, 2014.

Pour replacer Virgile dans l'histoire

Xavier Darcos, *Virgile, notre vigie*, Paris, Fayard, 2017.
—, *Auguste et son siècle*, Paris, Art lys, 2013.
Andrea Giardina (dir.), *L'Homme romain*, Paris, Seuil, 1992.

Autour de l'œuvre : *La Condition ouvrière*, Simone Weil

Ouvrages de Simone Weil

Amitié. L'art de bien aimer, Paris, Payot et Rivages, 2016.
La Condition ouvrière (1937), Paris, Gallimard, « Folio essais », 2002.

L'Enracinement : prélude à une déclaration des devoirs envers l'être humain (1949), Paris, Payot et Rivages, 2021.
Grèves et joie pure, Paris, Libertalia, 2016.
L'Iliade ou le poème de la force (1940-1941), Paris, Payot et Rivages, 2014.
Luttons-nous pour la justice ?, Rennes, La Part commune, 2019.
Note sur la suppression générale des partis politiques (1950), Paris, L'Herne, 2014.
La Personne et le Sacré (1957), Paris, Payot et Rivages, 2017.
La Pesanteur et la Grâce (1947), Paris, Plon, 1988.
Réflexions sur les causes de la liberté et de l'oppression sociale (1955), Paris, Gallimard, « Folio essais », 1998.
Œuvres complètes, sous la direction d'André A. Devaux et Florence de Lussy, Paris, Gallimard, 16 tomes parus, 1988-2012.

Ouvrages sur Simone Weil

Laure Adler, *L'Insoumise Simone Weil*, Arles, Acte Sud, 2008.
Geneviève Azam, Françoise Valon, *Simone Weil ou l'expérience de la nécessité*, Neuvy-en-Champagne, Le Passage clandestin, 2016.
Dominique Carliez, *Penser la politique avec Simone Weil*, Ivry-sur-Seine, les Éditions de l'Atelier, 2009.
Florence de Lussy, *Simone Weil*, Paris, Puf, « Que sais-je ? », 2016.
— (dir.), *Simone Weil : sagesse et grâce violente*, Montrouge, Bayard, 2009.
Emmanuel Gabellieri, *Simone Weil*, Paris, Ellipses, 2019.
Jean-Marc Ghitti, *Passage et présence de Simone Weil*, Paris, Kimé, 2021.
Jacques Julliard, *Le Choc Simone Weil*, Paris, Flammarion, 2014.
François L'Yvonnet, *Simone Weil l'altissime*, Paris, Lemieux éditeur, 2015.
Simone Pétrement, *La Vie de Simone Weil*, Paris, Fayard, 1973.
Nadia Taïbi, *La Philosophie au travail : l'expérience ouvrière de Simone Weil*, Paris, L'Harmattan, 2009.

Pour approfondir

Alain, *Éléments de philosophie* (1916), Paris, Gallimard, 2001.
—, *Propos sur le bonheur* (1925), Paris, Gallimard, 1944.
Hannah Arendt, *Condition de l'homme moderne*, Paris, Calmann-Lévy, 1961.
Henri Bergson, *Les Deux Sources de la morale et de la religion* (1932), Paris, Puf, 1984.
François Bon, *Sortie d'usine*, Paris, Minuit, 1982.
Étienne de La Boétie, *Discours de la servitude volontaire* (1576), Paris, Payot, 2002.
Xavier Guchet, *Pour un humanisme technologique : culture, technique et société dans la philosophie de Gilbert Simondon*, Paris, Puf, 2010.

Karl Marx, *Le Capital*, Livre I, Paris, Puf, « Quadrige », 1993.
Blaise Pascal, *Pensées*, Sellier 142, Paris, Librairie générale française, « Le Livre de poche », 2000.
Platon, *La République,* 493 a-d.
Gilbert Simondon, *Du mode d'existence des objets techniques* (1958), Paris, Aubier, 2012.

Autour de l'œuvre : *Par-dessus bord (version hyper-brève),* Michel Vinaver

Éditions de Par-dessus bord

Par-dessus bord : version hyper-brève, in *Théâtre complet*, vol. 2, Arles, Actes Sud, 2003.
Par-dessus bord : version intégrale, Paris, L'Arche, 2009.

Œuvres de Michel Vinaver

Iphigénie Hôtel, in *Théâtre complet*, vol. 2, Arles, Actes Sud, 2003.
La Demande d'emploi, in *Théâtre complet*, vol. 3, Paris, L'Arche, 2004.
L'Ordinaire, Arles, Actes Sud, 2002.
Albert Camus, Michel Vinaver, *S'engager ? Correspondance (1946-1957) assortie d'autres documents*, Paris, L'Arche, 2012.
Écrits sur le théâtre, Lausanne, Éditions de l'Aire, 1982.
Écrits sur le théâtre 2, Paris, L'Arche, 1998.

Études et entretiens sur l'œuvre de Michel Vinaver

Roland Barthes, « Notes sur *Aujourd'hui* », et « *Aujourd'hui ou Les Coréens* », *Écrits sur le théâtre*, Paris, Seuil, 2002.
Logbo Blede, *Le Théâtre de Michel Vinaver : expression d'un monde au travail*, Paris, Publibook, 2012.
David Bradby, *The Theater of Michel Vinaver*, Ann Arbour, The University of Michigan Press, 1993.
Catherine Brun, *Michel Vinaver : une pensée du théâtre*, Paris, Honoré Champion éditeur, 2015.
Simon Chemama, *Vinaver, le théâtre de l'immanence*, Paris, Honoré Champion éditeur, 2016.
Kevin Elstob, *The Plays of Michel Vinaver. Political Theater in France*, New York, Peter Lang, 1992.

Gérald Garutti, « Une épopée du capitalisme. *Par-dessus bord* de Michel Vinaver », *Sens public*, 2008. Consultable en ligne : http://sens-public.org/static/git-articles/SP582/SP582.pdf

—, « Une épopée du capitalisme. Dialogue avec Michel Vinaver », *Cahiers sens public*, 2009/3, n° 11-12. Consultable en ligne : www.cairn.info/revue-cahiers-sens-public-2009-3-page-149.htm.

—, Michel Vinaver, « Un capitalisme héroïque et euphorique », entretien réalisé en octobre 2007, *Dossier pédagogique*, mise en scène de *Par-dessus bord* par Christian Schiaretti, *Cahiers du TNP*, 8, 2008.

—, « Mai 1968 : de la libération à l'aliénation », entretien réalisé en décembre 2007. Consultable en ligne : www.theatreonline.com/Spectacle/Par-dessus-bord-Version-integrale/21574

Bérénice Hamidi-Kim, « *Par-dessus bord* : portrait de cadres dans le vent », Théâtre/Chantier ≠ 1, *Scènes du néomanagement*, 2016. Consultable en ligne : www.thaetre.com/2016/01/09/capitalism-a-vinaver-story-berenice-hamidi-kim/

Delphine Rey-Galtier, *Michel Vinaver*, Lausanne, Ides et Calendes, 2019.

Marie-Hélène Roblet, « Le *theatrum mundi* de Michel Vinaver », *Esprit*, octobre 2009. Consultable en ligne : https://esprit.presse.fr/article/boblet-marie-helene/le-theatrum-mundi-de-michel-vinaver-15451

Anne Ubersfeld, *Vinaver dramaturge*, Paris, Librairie théâtrale, 1989.

Pour approfondir

Christian Biet, Christophe Triau, *Qu'est-ce que le théâtre ?*, Paris, Gallimard, « Folio essais », 2006.

Luc Boltanski, *Les Cadres. La formation d'un groupe social*, Paris, Éditions de Minuit, 1982.

—, Ève Chiapello, *Le Nouvel Esprit du capitalisme*, Paris, Gallimard, 2011 (1999).

Danièle Linhart, *Travailler sans les autres ?*, Paris, Seuil, 2009.

Daniel Madelénat, *L'Épopée*, Paris, Puf, 1986.

Dominique Méda, *Le Travail. Une valeur en voie de disparition ?*, Paris, Flammarion, 2010 (1995).

Jean-Pierre Sarrazac, *L'Avenir du drame : écritures dramatiques contemporaines*, Belfort, Circé, 1999.

Alain Viala, *Histoire du théâtre*, Paris, Puf, 2005.

Cet ouvrage a été mise en pages par

<pixellence>

PEFC
10-31-3532

Certifié PEFC

Ce produit est issu de forêts gérées durablement et de sources contrôlées

www.pefc-france.org

Imprimé en France sur papiers
issus de forêts gérées durablement

Sepec Numérique

1, rue de Prony - ZA des Bruyères
01960 Peronnas

IMPRIM'VERT®

Achevé d'imprimer en Mai 2022
Numéro d'impression : N17932220544